Lothar Gall
Wilhelm von Humboldt

Lothar Gall

WILHELM VON HUMBOLDT

Ein Preuße von Welt

Propyläen

Propyläen ist ein Verlag
der Ullstein Buchverlage GmbH
www.propylaeen-verlag.de

ISBN 978-3-549-07369-8

© Ullstein Buchverlage GmbH, Berlin 2011
Lektorat: Rainer Wieland
Alle Rechte vorbehalten
Gesetzt aus der Sabon
bei Pinkuin Satz und Datentechnik, Berlin
Druck und Bindearbeiten: GGP Media GmbH, Pößneck
Printed in Germany

INHALT

Einleitung

Wilhelm von Humboldt vereinigte in der Geschichte seines Lebens unterschiedliche Lebens- und Daseinsformen, die er freilich in seinem Selbstverständnis, in Bezug auf seine Person und auf die Formung und Entwicklung seiner Persönlichkeit, rückblickend stets als im Kern zusammenhängende und aufeinander bezogene Stufen seines fast siebzig Jahre währenden Lebensweges, als konstituierende Elemente seiner individuellen Existenz betrachtete. Geboren als wohlhabender Spross der adlig-bürgerlichen Führungsschicht Preußens am Ende des sogenannten Alten Reiches, sah er sich von allem Anfang an vor die Möglichkeit gestellt, aber zugleich auch dem Zwang ausgesetzt, sein Leben und seine nähere und weitere Zukunft in völliger Freiheit selbst zu wählen und zu gestalten. Nach dem Studium und einer kurzen Phase im preußischen Staatsdienst verbrachte er seine ersten Ehejahre als eine Art Privatgelehrter im Thüringischen auf den Gütern seines Schwiegervaters, eines ehemaligen preußischen Kammerpräsidenten, der in Opposition zu der Steuer- und Wirtschaftspolitik seines Landesherrn, Friedrich II., früh den Dienst quittiert hatte. Hier knüpfte er Verbindung zu Schiller und dann auch zu Goethe, mit denen er bis zu ihrem Tod einen Briefwechsel unterhielt. Er wurde zu einem Jünger und zunehmend auch zu einem Partner der beiden mehr und mehr als Hauptrepräsentanten des geistigen und literarischen Lebens der Zeit betrachteten Dichtergrößen, die ihn rasch als ebenbürtiges Mitglied ihrer jeweiligen, zum Teil einander überschneidenden Kreise akzeptierten.

Nach dem Tod seiner Mutter ebenso wie sein Bruder Alexander zu Reichtum gekommen, löste sich Wilhelm dann zumindest räumlich aus diesem Kreis. Nach Paris übergesiedelt – da ihm der Weg nach Italien, sein eigentliches Ziel, durch die kriegerischen Unruhen auf der Appeninhalbinsel zunächst versperrt war –, wurde er rasch ein Vertreter der weltläufigen, vor allem in der französischen Hauptstadt konzentrierten europäischen kulturellen Szene. Er verbrachte dort insgesamt vier Jahre. Von da unternahm er mit seiner Familie große Reisen in den Süden Frankreichs und nach Spanien, wo ihn vor allem Geschichte und Sprache des Baskenlandes beschäftigten. Seit Ende 1802 war er, auf seine eigene Bewerbung hin, Diplomat Preußens beim Heiligen Stuhl. Hier beschäftigte er sich, neben seinen, wenig Zeit beanspruchenden eigentlichen Dienstgeschäften, vor allem mit den antiken Überlieferungen Italiens und Griechenlands und wurde darüber, an die intensive Beschäftigung mit der antiken Welt, insbesondere Griechenlands, seit seiner Jugend anknüpfend, zu einem herausragenden Kenner der klassischen Antike. Anfang 1809 wurde er, wieder eine ganz neue Phase seines Lebens, zum revolutionären, weithin epochemachenden Erneuerer des preußischen Bildungswesens, der höheren Schulen ebenso wie der Universitäten. Nach seinem Ausscheiden aus diesem Amt wurde er preußischer Gesandter in Wien und stieg hier schon bald, im Zuge des sich verschärfenden Konflikts Russlands und Preußens und dann auch der Habsburger Monarchie und Englands mit dem napoleonischen Frankreich, an der Seite Hardenbergs zum führenden Diplomaten Preußens auf, der in Wien entscheidende Schritte zur deutschen Erhebung unternahm und auf dem anschließenden Wiener Kongress gemeinsam mit Hardenberg Preußen vertrat – er zugleich getragen vom nationalen Gedanken, was ihn im Weiteren in immer stärkeren Gegensatz zur preußischen Politik brachte, die von Hardenberg aus reinem Machtkalkül mit vorangetrieben wurde. Nach seiner Entlassung aus dem preußischen Staatsdienst Ende 1819, in dem er zum Schluss noch, in immer schärferem Gegensatz und Konflikt mit Hardenberg, zum Staatsminister ernannt worden war, zog er sich nach Tegel zurück und widmete sich in den letzten bald fünfzehn Jahren seines Lebens ganz dem, was er nun als seine

Wilhelm von Humboldt,
Büste von Bertel Thorvaldsen

eigentliche Lebensaufgabe ansah: der universellen Erforschung der Sprache.

Humboldt selber hat schon zu Beginn seines Erwachsenendaseins, in seiner Schrift mit dem Titel »Ideen zu einem Versuch, die Gränzen der Wirksamkeit des Staats zu bestimmen« die Devise formuliert, unter der er in seinem Selbstverständnis die verwirrende Vielgestaltigkeit seines weiteren Lebens gleichsam zu einer Einheit zusammengefasst hatte. Wie für diese Schrift, so hätte er sagen können, sei auch für sein ganzes, so viele Bereiche umfassendes Leben der oberste Grundsatz, »das Ziel gewesen, das ich überall vor Augen gehabt«: »die höchste und proportionierlichste Ausbildung aller menschlichen Kräfte zu einem Ganzen«.[1] Sein Leben habe, anders gewendet, im Letzten und alle seine Entscheidungen bestimmend, unter dem Gesetz gestanden, die eigene Persönlichkeit, das, was in ihr steckte, im Rahmen des dem Menschen

überhaupt Möglichen zur Vollendung zu führen. »Willst Du ins
Unendliche schreiten, / Geh nur im Endlichen nach allen Seiten«,
so hat es Goethe, nach seiner Art verklausuliert, ausgedrückt[2]
und an anderer Stelle hinzugefügt: »Höchstes Glück der Erden-
kinder / Sei nur die Persönlichkeit.«[3]
Um diese Persönlichkeit, bezogen auf die Gestalt Wilhelm von
Humboldts, geht es im Folgenden, geleitet von dem Grundsatz,
dass nichts einer unbefangenen Betrachtung so sehr im Wege steht
als ein vorzeitiges Urteil über sie – ein Urteil, vor dem Humboldt
selber, in Bezug auf seine Person, zeitlebens zurückgeschreckt ist.
Persönlichkeit, das bedeutet zunächst ja vor allem, jedenfalls in
der Perspektive Humboldts, jenseits aller Objektivierungen, jenseits aller Versuche, sie gleichsam von außen her zu beschreiben,
das Menschenbild, von dem jemand sich leiten lässt und das er
zugleich zu repräsentieren beansprucht. Dieses Menschenbild ist
in jenem schon zitierten Satz enthalten, in dem er »auf das an
dem Menschen« Bezug nimmt, »was eigentlich seiner Natur den
wahren Adel gewährt«, nämlich sein fortdauerndes Bestreben,
»die höchste und proportionierlichste Ausbildung aller menschlichen Kräfte zu einem Ganzen« zu erreichen.
Das ging einen entscheidenden Schritt über die an der Gat-
tungsidee »Mensch« orientierte Vorstellungswelt der Aufklärung
hinaus, setzte an die Stelle des von ihr umschriebenen abstrakt-
allgemeinen Menschenbildes – ohne auf den Gedanken der Gat-
tung »Mensch« und alle daran geknüpften Überlegungen und
Postulate zu verzichten – das Bild des in seiner physischen wie
in seiner geistig-psychischen und damit zugleich psychologischen
Ausformung und Gestalt jeweils einmaligen Individuums.
Humboldt sah und verstand sich also von früh auf als dezi-
dierter Individualist, als Individualist freilich, der, nur scheinbar
im Widerspruch dazu, dem Allgemein-Menschlichen stets mit
größter Aufmerksamkeit begegnete und ihm zugewandt blieb; die
letzten fünfzehn Jahre seines Lebens widmete er sich der Frage,
was die unendliche Vielfalt der Sprachen der Menschheit verbinde und welche Schlüsse man daraus für die allen Menschen
gemeinsame Grundstruktur ihrer Sprachbildung und damit ganz

allgemein ihres Denkens und ihrer gesamten Kultur ziehen könne. Dass sich im Individuellen, und das hieß zugleich im Einmaligen, stets das Allgemeine des menschlichen Daseins spiegele, ohne das Individuelle im Kern zu verformen oder gar auszuschalten, ja zu vernichten, empfand er zeit seines Lebens als eines der größten Geheimnisse der menschlichen Existenz. Die Bewahrung und die bewusste Pflege des Spannungsverhältnisses zwischen diesen beiden Polen, darin sah er eine der Grundvoraussetzungen aller menschlichen Kultur, einer Kultur, die in den Hervorbringungen der Kunst und der Poesie in seinen Augen ihren höchsten und verbindlichsten Ausdruck fand, getragen jeweils von einzelnen herausragenden Individuen.

Sie und ihre Werke seien freilich, und das war das andere, was seinem ausgeprägten Individualismus zur Seite stand, stets getragen von übergreifenden, das Allgemein-Menschliche in je besonderer Ausprägung berührenden, ja repräsentierenden Ideen. In ihnen verbinde sich gleichsam das Individuelle und das Allgemeine. In diesen Ideen werde das unmittelbar anschaulich. Sich mit ihnen immer wieder intensiv zu beschäftigen, das bildete neben allen konkreten Herausforderungen des Lebens, vor die er sich im Zeichen rasch wechselnder Konstellationen und Umstände seiner Zeit immer wieder aufs Neue gestellt sah, ein Element der Kontinuität seines Daseins, das seinen Charakter und seine Weltanschauung zunehmend formte und prägte.

Alle die hier eingangs nur kurz und kursorisch skizzierten Faktoren seines Selbstverständnisses, seines Menschenbildes, seiner Welt- und Lebensauffassung treten freilich erst im Rückblick auf sein ganzes Leben, erst in der Perspektive auf sein abgeschlossenes Dasein hervor. Es ist die Perspektive des Historikers, die sich von der Perspektive des unmittelbaren Zeitgenossen wie von dem Selbstverständnis der behandelten Person, sofern sich dieses auf deren unmittelbare Gegenwart bezieht, insofern grundsätzlich unterscheidet, als sie das, was damals Zukunft war, nun als Vergangenheit betrachtet und mit Blick auf diese beurteilt. Die Herausforderung an jeden Biographen besteht aber darin, die Perspektive der unmittelbaren Zeitgenossen wie der behandelten

Person mit zu berücksichtigen und zu versuchen, die vergangene
Gegenwart jeweils zu rekonstruieren und von daher den Horizont
der Handelnden und ihrer Vorstellungen und Überzeugungen zu
erschließen.

Diesem Bemühen soll, bei all seinen Grenzen, der Versuch dienen, sich im Folgenden so eng wie möglich an die Chronologie zu
halten, um so der Vergangenheitsorientiertheit in seinem Urteil
über die damalige Zukunft jedenfalls bestimmte Beschränkungen
aufzuerlegen. Dabei wird man sich stets vor Augen halten müssen, dass Perspektive und Urteil des Historikers unabweislich von
der Kenntnis der weiteren Entwicklung bestimmt sind, über die
der Held der Darstellung und seine unmittelbaren Zeitgenossen
nicht verfügten.

Diese weitere Entwicklung hat allerdings jeweils bestimmte
Aspekte seines Wirkens in den Vordergrund geschoben: sein Ringen um die Lösung der deutschen Frage unter Betonung der Rolle
Preußens, seiner Heimat im engeren Sinne; den Kampf um eine
Verfassung, die einen Ausgleich schaffen sollte zwischen der monarchischen Staatstradition und den Selbstbestimmungsrechten
und Forderungen der zu Selbstbewusstsein erwachenden Nation;
sein Ringen um eine grundlegende Neuordnung des bestehenden
Hochschul- und Bildungswesens, angefangen von der Volksschule
bis hin zur Universität, der er mit der Gründung der Universität
Berlin formal und inhaltlich ein ganz neues Zentrum schuf; seine
Kultur- und Bildungspolitik im Allgemeinen, der er in vieler Hinsicht neue Impulse gegeben hat; schließlich sein Wirken als Diplomat, wo er sich um eine Neugestaltung der Beziehungen zwischen der traditionellen Staatenwelt und den neu in Erscheinung
getretenen, um Selbstbestimmung ringenden Nationen bemüht.
Schließlich haben auch seine weitgespannten Bemühungen um
die wissenschaftliche Durchdringung der Sprachenwelt in kosmo-
politischer Perspektive zunehmend Aufmerksamkeit gefunden.

All dies hat jeweils, entsprechend den Schwerpunkten des Interesses an dem entsprechenden Thema in der jeweiligen Zeit, in
der Literatur ein unterschiedliches Echo gefunden. Darüber ist
freilich das Interesse an der Person als solcher vielfach etwas zu-

rückgetreten. Gerade über sie aber erschließt sich, wie zu zeigen sein wird, der innere Zusammenhang der Erschließung der verschiedenen Bereiche durch Humboldt, das, was sein Interesse und sein Handeln vor allem vorantrieb, was dessen Richtung und Zielsetzung wesentlich mitbestimmte: der ganz auf seine Person bezogene Glauben, mit der Beschäftigung mit den unterschiedlichsten Bereichen die Dimension der eigenen Individualität ständig zu erweitern und sich darüber, im Interesse an der eigenen Person, immer genauer kennenzulernen.

Diese extreme Ichbezogenheit bildete freilich nicht nur ein spezifisches Charakteristikum seiner Person, sondern das vieler Vertreter des geistigen Lebens seiner Zeit. Auch an Goethe, an Schiller, an Kleist, an Novalis und zahlreichen ihrer Zeitgenossen lässt es sich beobachten. Es bildete den Untergrund des ausgeprägten Individualismus, der die Zeit beherrschte und prägte. In seinem Zentrum stand der Satz: Erkenne dich selbst. Von ihm geleitet hat sich Humboldt sehr bewusst und gezielt unterschiedlichsten Herausforderungen und Lebensumständen,»Lagen«, wie er das nannte, ausgesetzt und gestellt, immer mit Blick auf die Wirkung, die von hier aus auf die eigene Lebens- und Weltsicht ausging.

Im Rückblick hat man diese ganz auf die eigene Person, härter formuliert: auf das eigene Ego bezogene Haltung gern idealisiert, sie als Streben nach individueller Erfahrung mit dem Ziel bezeichnet, dadurch zu höheren Werten zu gelangen. Humboldt selber freilich hat seine eigene Haltung sehr viel nüchterner beschrieben. Es gehe ihm darum, in Konzentration auf das eigene Leben und die eigene Person die eigene Existenz in allen ihren Dimensionen kennenzulernen, also auch hinsichtlich dessen, was man üblicherweise vor anderen, aber letztlich auch vor sich selber verschweige oder verdränge. Das galt vor allem für das weite Feld der Sexualität. Hier hat er im persönlichen Gespräch und in Briefen und Tagebuchaufzeichnungen große Offenheit bekundet bis hin zum Eingeständnis frühkindlicher masochistischer Phantasien und der Neigung zu rein sexualistischen Beziehungen zu Frauen unterschiedlichsten Standes. Als einer seiner Biographen, S. A. Kaehler, dies hundert Jahre später einmal, freilich unter massiver persönlicher Distanzierung, offen ansprach, musste er sich von seinem Kritiker – es war Friedrich Meinecke – vorwerfen lasse, er betreibe gezielt eine Herabwürdigung Humboldts.

Heute sieht man die Dinge sehr viel nüchterner, ja ist geneigt, gerade dies als Indiz für die Bereitschaft Humboldts zu begreifen, sich bewusst allen Bereichen seiner persönlichen Existenz zu öffnen und von hier aus sein ganzes Leben zu betrachten. »Erkenne dich selbst«, das war, wie wir sehen werden, die oberste Devise seines ganzen Lebens und umschrieb das, was ihn bei allen seinen Handlungen und Entscheidungen im Letzten antrieb.

DIE ANFÄNGE

Anfang des Jahres 1762, fünfeinhalb Jahre vor Wilhelm von Humboldts Geburt am 22. Juni 1767 in der königlichen Garnisonsstadt Potsdam, hatte sich das »Mirakel des Hauses Brandenburg« ereignet, wie man es in Preußen bald nannte. Nur knapp war das Land einer militärischen und damit zugleich politischen Katastrophe entgangen. Frankreich, die Habsburger Monarchie und das zaristische Russland hatten, angeführt von der österreichischen Kaiserin Maria Theresia und der russischen Zarin Elisabeth, in dem militärischen Konflikt mit Preußen mehr und mehr das Übergewicht erlangt. Ihr Kampf war geleitet von dem Ziel, den Aufstieg Preußens zur europäischen Großmacht wieder rückgängig zu machen und das Land erneut und endgültig in die zweite Reihe zu verweisen.

Bevor dieses Ziel jedoch erreicht war, war die Zarin am 5. Januar 1762 gestorben, und ihr Sohn und Nachfolger Peter, ein Bewunderer des preußischen Königs, hatte die russische Armee sogleich zurückgezogen. Da auch Frankreich, durch die gleichzeitig geführte Auseinandersetzung mit England um die beiderseitigen Kolonien militärisch zunehmend erschöpft, zur Aufgabe des gemeinsamen Kampfes tendierte, hatte sich Maria Theresia gezwungen gesehen, ihre militärische Auseinandersetzung mit Preußen aufzugeben und dessen Anspruch auf Gleichberechtigung in Mitteleuropa stillschweigend anzuerkennen.

Durch das mit dem Tod der Zarin Elisabeth ausgelöste plötzliche Ausscheiden Russlands aus dem Krieg und den darauffolgenden Rückzug Habsburgs und Frankreichs – am Ende stand der Friede

Alexander Georg von Humboldt

von Hubertusburg vom 15. Februar 1762 – hatte das durch den sieben Jahre dauernden Krieg schwer in Bedrängnis gebrachte Preußen in den folgenden Jahren an den inneren und äußeren Wiederaufbau des Landes gehen können. Bei diesem Wiederaufbau hatte sich der preußische König neben der Armee vor allem auf die adlig-bürgerliche, ganz auf ihn ausgerichtete, reformerisch gesinnte Beamtenschaft des Landes stützen können, die das neue Preußen repräsentierte.

Dieser Beamtenschaft entstammte auch der Vater Wilhelm von Humboldts, der »Obristwachtmeister der Kavallerie« Alexander Georg von Humboldt, der im Siebenjährigen Krieg das Vertrauen Friedrichs des Großen erworben hatte und Adjutant beim Prinzen von Braunschweig gewesen war. Nach seiner Verabschiedung war er 1764 königlicher Kammerherr bei der Prinzessin Elisabeth von Preußen geworden, der ersten Gemahlin des späteren Königs Friedrich Wilhelm II.[4] Nach der Scheidung dieser Ehe hatte er

Marie-Elisabeth von Humboldt

sein Amt niedergelegt und sich, durch ererbten Gutsbesitz und durch die königliche Pension zu einigem Wohlstand gekommen, vorzeitig in den Ruhestand zurückgezogen. Den Adelstitel hatte die Familie erst 1738 erlangt. In diesem Jahr war seinem Vater, dem königlich preußischen Hauptmann Johann Paul Humboldt – einem Nachkommen bürgerlicher Amtsschreiber, Bürgermeister, auch Rentmeister, dann Hofkammergerichts- und Legationsräten im kurfürstlichen, schließlich königlichen Dienste – der erbliche Adel verliehen worden.

Geheiratet hatte Alexander Georg von Humboldt erst relativ spät, selber schon Mitte vierzig, im Jahre 1766. Seine 21 Jahre jüngere Frau Marie-Elisabeth von Holwede, geborene Colomb, Wilhelms Mutter, entstammte einer ebenfalls ursprünglich bürgerlichen Familie südfranzösisch-hugenottischer Kaufleute, die nach der Aufhebung des Edikts von Nantes 1685 zunächst nach Kopenhagen, dann nach Preußen emigriert war. Sie brachte in

die Ehe neben nicht unerheblichem mobilem Kapital beträchtlichen Grundbesitz ein, der ihr aus dem väterlichen Erbe wie aus
dem zufloss, was ihr eben jung verstorbener erster Mann hinterlassen hatte. Darunter befand sich auch das »Schlösschen und
kleine Vorwerk Tegel«, das ursprünglich eine königliche Domäne
gewesen und von einem kleinen Gutshof zum Jagdschloss für den
Kurfürsten umgebaut worden war.

Kindheit und Jugend

Hier verbrachten Wilhelm und sein zwei Jahre jüngerer Bruder
Alexander, der am 14. September 1769 in dem Colomb'schen
Haus in der Jägerstraße in Berlin zur Welt gekommen war, die
Sommermonate – die übrige Zeit lebte man in Berlin. »Ich bin in
Tegel«, umschrieb Wilhelm rückblickend in einem Brief an seine
Braut den Eindruck der Landschaft und was sich mit ihr an Er-
innerungen an seine Jugend verband:
   »Ich sah heute zum erstenmal diese Gegenden in diesem Jahre
wieder. Mit sonderbaren, nie ausgesprochenen Gefühlen erblickte
ich die Höhen, die Täler, die mir so manche schöne Freude ge-
währten von den ersten Jahren meiner Kindheit an. Wie mein
Blick in der ersten weitstrebenden Jugend an dem See hing und
sich hinausdachte, weiter und immer weiter über die Fluren und
Wälder, und wie sich das in mir abbildete, und ich so voll Mut
und Lust war, weit zu wirken, große Taten zu vollbringen. Ich las
damals viel griechische Geschichte. Die Bilder der Vorzeit standen
groß vor mir da, und ich sehnte mich, jenen Männern nachzurin-
gen. Ich mied meine Gespielen und jede Gesellschaft.«
   Das freilich war durchaus auch eine Selbststilisierung, der Versuch, dem eigenen Leben rückblickend eine eigene, ja besondere
Richtung und Farbe zu verleihen. »Unbegreiflich ist mir noch der
Gang, den ich nehmen musste, um so anders zu werden, als ich
jetzt bin. Alle Ideen von Schönheit waren mir so fremd, ich fühlte
nur eine unverletzliche Pflicht und in ihrer Erfüllung den süßen
Lohn.«[5] Anders gewendet: In der schönen Landschaft und Umge-

Alexander von Humboldt

bung, in der er am Ende die letzten fünfzehn Jahre seines Leben verbringen sollte, fühlte er sich, wie in den Wintermonaten in der Stadt, zutiefst einsam und isoliert, enger verbunden nur mit seinem Bruder.

Dieser war zwar seiner ganzen Anlage nach sehr viel extrovertierter als Wilhelm. Aber auch er schrieb, rückblickend auf seine Kindheitsjahre in Tegel und auf »den Genuß, den die reizende, anmuthsvoller Natur hier in so reichem Maße gewährt«, er werde dadurch zugleich »zurückgerufen durch die widrigste[n] Eindrükke, durch Erinnerungen an meine Kinderjahre, die fast jeder leblose Gegenstand hier rege macht«. »Hier in Tegel habe ich den größeren Teil dieses traurigen Lebens zugebracht, unter Leuten, die mich liebten, mir wohl wollten, und mit denen ich mir doch in keiner Empfindung begegnete, in tausendfältigem Zwange, in entbehrender Einsamkeit, in Verhältnissen, wo ich zu steter Verstellung, Aufopferungen gezwungen wurde.«[6]

Beide erhielten sie wie die meisten Kinder der adlig-bürgerlichen Beamtenschaft des Landes, die sich mehr und mehr als die
eigentliche Führungsschicht Preußens empfand, Unterricht von
Privatlehrern, die die Eltern für sie ausgesucht hatten. Bei ihnen
lag zugleich ihre ganze Erziehung auch jenseits der speziellen,
von ihnen festgelegten Schulfächer. Deren Grundrichtung freilich
bestimmten die Eltern mit der Wahl der Erzieher, und diese Wahl
spiegelte zugleich die Grundeinstellung der Eltern, die Traditionen und die Richtung, die sie der Erziehung der Söhne gegeben
wissen wollten.

Im Zentrum standen neben Englisch und Französisch die klassischen Sprachen, also Latein und Griechisch, und die politischen
und kulturellen Zusammenhänge, aus denen sie emporgewach-
sen waren und die sie repräsentierten. Daneben die, vor allem
preußische, Geschichte, die Geographie in groben Umrissen, Anfangsgründe der Mathematik und der Physik und vor allem, ganz
zentral, die Philosophie – die Philosophie der Aufklärung, auf der
das gesamte Lehrgebäude beruhte und von der aus es begründet
wurde. Das alles selbstverständlich formuliert in der deutschen
Sprache, deren ständig vervollkommneter Gebrauch gleichsam
zu den Grundvoraussetzungen des Unterrichts gehörte. Zeichnen
und das Einüben in die künstlerische Formenlehre bildeten ebenso einen Teil der Ausbildung wie die Beschäftigung mit Grundfragen der Religion und das Kennenlernen wichtiger Werke der
deutschen, aber auch der französischen und der englischen, der
italienischen und der spanischen Literatur.

Es war insgesamt ein gewaltiges Programm, und dem jungen
Wilhelm hat sich darüber je länger, je stärker der Eindruck einge-
prägt, dass über dieser forcierten Ausbildung für die verschiedenen Lebensberufe das, was man die Bildung des Menschen in
einem tieferen, auf den Menschen als Gesamtexistenz zielenden
Sinne nennen konnte, zu kurz kam. Der Mensch wurde hier als
Objekt und nicht als Subjekt, also als ein sich jeweils nach ganz
eigenen, in ihm gleichsam naturwüchsig vorhandenen Anlagen
und Begabungen entfaltendes eigenständiges Individuum betrachtet und behandelt. Jahre später hat er dafür die schon zitierte

Wilhelm von Humboldt

Formel gefunden, es gehe hierbei um das »an dem Menschen, was eigentlich seiner Natur den wahren Adel gewährt«, nämlich um »die höchste und proportionierlichste Ausbildung seiner Kräfte zu einem Ganzen«.[7]

Der erste der wechselnden, zumeist ganz jungen Hauslehrer, der freilich vor allem für den schon einige Jahre älteren, aus der ersten Ehe ihrer Mutter stammenden Stiefbruder angestellt worden war, war der aus Halle stammende Theologe Johann Heinrich Campe, der später als Buchverleger und Kinder- und Jugendbuchautor berühmt werden sollte. Er war 1769 nach Berlin gekommen und Hofmeister bei den Humboldts geworden. Bei ihm lernte Wilhelm, wie er rückblickend schrieb, »lesen und schreiben« und »etwas Geschichte und Geographie nach damaliger Art, die Hauptstädte, die sogenannten sieben Wunderwerke der Welt usf.«[8] Bereits 1773 gab Campe seine Stellung bei den Humboldts auf und wurde Feldprediger im Regiment des Kronprinzen Fried-

rich Wilhelm, dann Lehrer am Philanthropin in Dessau. Es folgten zwei weitere Hauslehrer und kurzzeitig noch einmal Campe,
bevor 1777 Gottlob Johann Christian Kunth, der Sohn eines pro-
testantischen Geistlichen, bei Amtsantritt erst zwanzig Jahre alt,
die Stelle übernahm. Zwölf Jahre blieb er der Lehrer der beiden
Humboldts.[9]

Kunth hatte in Leipzig begonnen, Theologie zu studieren, sich
aber mehr mit den alten Sprachen und neben Französisch und
Italienisch auch mit juristischen Themen beschäftigt, da er eine
Stellung im Staatsdienst anstrebte; ihn hatte der Vater Humboldt
auf einer Berliner Gesellschaft getroffen und ihn spontan für die
gerade wieder frei gewordene Stellung als Hofmeister und Erzieher seiner Kinder engagiert.

Als Lehrer hat Kunth in fachlicher Hinsicht, im Hinblick auf
die alten und neuen Sprachen, auf die Geschichte und die Geographie, auf die Anfangsgründe von Mathematik und Physik, auf
die Philosophie und die literarische Bildung und vieles mehr, bei
beiden Vorzügliches geleistet. Und doch ist es bezeichnend, dass
sie beide in ihren zahlreichen Äußerungen darüber, wie »öde und
freudlos« die Kindheit »dahingewelkt«, wie gedrückt und widrig
ihre Jugend gewesen sei, zwar nie direkt auf Kunth Bezug nah-
men, wohl aber auf die von ihm so wesentlich mitgeprägte Atmosphäre der Familie.

Jedenfalls bestimmten er und die Mutter, die beim Amtsantritt Kunths 31 Jahre alt war und Kunth über viele Jahre eng
verbunden blieb, durch ihre Kühle und emotionale Distanz zu
den Kindern die Verhältnisse des Hauses nach dem plötzlichen
Tod des Vaters Anfang Januar 1779, der die beiden zehn- und
achtjährigen Söhne als Halbwaisen zurückließ. Diese schilderten
rückblickend immer wieder die kühle, allein auf die intellektuel-
le Leistungsfähigkeit konzentrierte, von persönlichen Gefühlen
kaum berührte Art der Mutter. Ihr entsprach offenbar die Haltung und Grundeinstellung des Lehrers, auch wenn das nicht eigens betont wurde. Von einem Gegengewicht zur Art der Mutter
war jedenfalls nie die Rede.

Sehr wohl aber bei beiden von Kunths pädagogischen Fähigkeiten und der Breite und Intensität des von ihm vermittelten Wissens. »Er leitete meine ganze Kindheit. Wie ich jetzt bin, so ward ich«, bemerkte Wilhelm in feiner Differenzierung in einem Brief an seine Braut, »nicht durch ihn, aber bei ihm, auf seine Veranlassung.«[10] Konkret hieß das: Überbetonung des Intellektuellen, der geistigen Fähigkeiten und Leistungen, nicht aber, und wenn dann höchstens indirekt, der Persönlichkeitsbildung, der Akzentuierung der jeweiligen Individualität.

Dazu gehörte auch, was beide Söhne noch in späteren Jahren nur indirekt benannten, zumal wenn es das Gebiet des Erotischen berührte: der fast völlig fehlende Kontakt der Heranwachsenden zur Lebenswelt der Gleichaltrigen, der von der Mutter wie vom Lehrer ganz bewusst auf ein Minimum reduziert wurde. Bei dem Jüngeren, dem von seinem ganzen Charakter her sehr viel extrovertierter angelegten Alexander, gelang das nur begrenzt. Er entdeckte bei den, wenn auch seltenen, Begegnungen mit Gleichaltrigen schon früh seine homosexuellen Neigungen, die ihm zugleich eine ganz neue Gefühls- und Erlebniswelt eröffneten. Wilhelm jedoch führte seine schon früh deutlich empfundene Einsamkeit und Isolierung lange Zeit hindurch nicht so sehr auf die äußeren Lebensumstände, sondern auf seine charakterlichen Anlagen zurück. »Es war eine tötende Gleichgültigkeit in mir«, beschrieb er sich in bewusster Selbststilisierung 1790 in einem Brief an seine Braut, »so gar keine Erwartung und kein Bemühen, mir Freude zu machen, so ein bloßes Umtreiben und ein ewiges Studium. Denn die meisten Menschen und Dinge waren mir nur so weit lieb, als ich an ihnen lernen konnte. Sehr lang hätt ich die Stimmung nicht erduldet [...] so kalt, so ungenießend, so nicht hoffend und nicht fürchtend zu sein.«[11]

Der Durchbruch in eine andere Welt und in eine andere Lebensstimmung erfolgte bei Wilhelm, als die Mutter ihm und auch seinem Bruder unter der Leitung ihres Hofmeisters, also Kunths, den Zugang in die Berliner Gesellschaft erlaubte, von der sie bis dahin bewusst ferngehalten worden waren.[12] Die Berliner Gesellschaft, das bezeichnete für die Mutter das Bildungsmilieu der »Berliner Aufklärung« mit zwei Dutzend tonangebenden Männern an der Spitze, die das Niveau und die Richtung der in privaten Zirkeln erörterten Themen bestimmten. Zu diesen Zirkeln gehörte auch der Kreis, der sich im Haus des jüdischen Ehepaars Marcus und Henriette Herz in der Neuen Friedrichstraße traf. In ihn fanden die Brüder Humboldt durch Kunth Zugang, der mit dem Arzt Marcus Herz über gemeinsame philosophische Interessen in Kontakt gekommen war.

Über den Herz'schen Kreis kamen die Brüder dann auch rasch in Verbindung zu ähnlichen, vom gleichen Geist aufklärerischen Denkens und liberaler Überzeugungen getragenen Gruppierungen, die das gesellschaftliche Leben ihrer Zeit in der preußischen Hauptstadt bestimmten. In ihnen herrschte ebenfalls eine oftmals sehr weitgehende Freiheit des Umgangs miteinander, auch in den Beziehungen zwischen den Geschlechtern. Vor allem der noch nicht zwanzigjährige Wilhelm von Humboldt, der bisher in großer Distanz zum weiblichen Geschlecht gehalten worden war, öffnete sich auch in dieser Beziehung ganz dem geselligen Leben der Hauptstadt. Sein, freilich schwärmerisch bleibendes, Interesse galt vor allem der Dame des Herz'schen Hauses, Henriette Herz, die sich seinem Werben gegenüber auch nicht ganz unzugänglich zeigte.

Vor allem aber beeindruckte die beiden Brüder, zumindest anfangs, die Offenheit, mit der in diesen Kreisen alle die Gesellschaft bewegenden Fragen kritisch erörtert wurden. Neben Moses Mendelssohn waren es vor allem die Werke Immanuel Kants, die die Diskussionen bestimmten. Einer der führenden Kantianer war Marcus Herz selber. Er hatte den Philosophen schon 1766 während seines Medizinstudiums in Königsberg kennengelernt und seither nicht nur alle seine Schriften intensiv verfolgt, sondern für sie, für Kants ganzen Ansatz, im Namen der aufklärerischen Grundhaltung entschieden geworben. Persönlich in engem Kontakt mit Kant, bekannte er sich nachdrücklich zu dessen Selbsteinschätzung, die dieser gegenüber Herz einmal so formulierte: Mit seiner »Kritik der reinen Vernunft« – sie erschien 1781 – habe er das Spannungsverhältnis zwischen »mundus sensibilis« und »mundus intelligibilis« einer Lösung zugeführt, die »eine gänz-

Henriette Herz

liche Veränderung der Denkungsart in diesem uns so innigst an-
gelegenen Teile menschlicher Erkenntnis« bedeute.[13]
   Kants Schriften gehörten unter dem Einfluss von Marcus Herz
zur intensiven Lektüre in der »Lesegesellschaft«, in die Anfang
1786 durch Kunth auch die Humboldt-Brüder eingeführt wurden.
Ihr gehörten unter der Leitung von Johann Jakob Engel, Lehrer
am Berliner Joachimsthaler Gymnasium und seit 1779 Mitglied
der Schulkonferenz zur Reformierung des preußischen Unterrichtswesens,[14] unter anderen der Prediger und Diakon an der
Marienkirche, Johann Friedrich Zöllner, und der Kammergerichts-

rat Ernst Ferdinand Klein an, der sich seit Jahren mit dem Entwurf eines »Allgemeinen Landrechts für die Preußischen Staaten« beschäftigte. An der privaten Vorlesung über das Naturrecht, die Klein von März 1785 bis Februar 1786 hielt, nahm Wilhelm auf Kunths Vermittlung teil. Ferner zählte zu diesem Kreis der Geheimrat im Auswärtigen Ministerium, Christian Wilhelm von Dohm, der dem Grafen von Arnim Privatunterricht in Nationalökonomie erteilte, ein Unterricht, an dem, wieder durch Vermittlung von Kunth, auch die beiden Humboldt-Brüder teilnahmen, außerdem der Oberkonsistorialrat Wilhelm Abraham Teller und der Lehrer am Berliner Gymnasium zum Grauen Kloster, Karl Philipp Moritz – alles prominente Vertreter der sogenannten Berliner Aufklärung.

Vorbereitet durch den intensiven, auch philosophischen Unterricht durch Kunth, wurden die Brüder trotz ihrer Jugend in diesem Kreis schon bald wenn nicht als gleichberechtigte Gesprächspartner, so doch als vielversprechende Jünger akzeptiert. Eine nähere Beziehung gewann Wilhelm vor allem zu Johann Jakob Engel, der die Gespräche der »Lesegesellschaft« leitete und ihn privat in Philosophie unterrichtete. »Meine erste bessere Bildung bekam ich durch Engel«, schrieb er fünf Jahre später rückblickend an seine Braut:[15] »Er ist ein sehr feiner und lichtvoller Kopf, vielleicht nicht sehr tief, aber so schnell auffassend und darstellend, wie ich es nie wieder gefunden habe.« Und er fügte, den Satz in bezeichnender Weise aufbrechend, hinzu: »versteht sich [nicht] nur in intellektuellen Dingen«. »Er gewann mich äußerst lieb, und ich hatte eine Anhänglichkeit an ihn, eine Achtung – so in dem empfundenen Sinne des Worts – eine Liebe, die in den höchsten Enthusiasmus überging.«

Im Zentrum aber stand in den Berliner Jahren der Humboldt-Brüder der Kreis um das Ehepaar Herz. Gelesen wurde in ihm vielerlei. »Kleinere und größere Aufsätze, lyrische und epische Dichtungen, Dramatische usw. wechselten ab, und sowohl Männer als Frauen lasen vor«, so die Schilderung von Henriette Herz.[16] Die Absicht aber, die die Auswahl der Lektüre trug und die Diskussionen bestimmte, die sich daran knüpften, war sehr eindeutig:

Es ging darum, im Spiegel dieser Texte alle menschlichen Ordnungen und alle menschlichen Verhältnisse vorurteilsfrei im Licht
der eigenständigen Vernunft zu prüfen und damit, wie Kant 1784
das Ziel der Aufklärung formuliert hatte, den »*Ausgang des Menschen*« zu gewinnen, »*aus seiner selbstverschuldeten Unmündigkeit*«. »*Unmündigkeit*«, so hatte es in Kants Antwort auf die Frage
»Was ist Aufklärung?« weiter geheißen, »ist das Unvermögen, sich
seines Verstandes ohne Leitung eines anderen zu bedienen. *Selbst-
verschuldet* ist diese Unmündigkeit, wenn die Ursache derselben
nicht am Mangel des Verstandes, sondern der Entschließung und
des Mutes liegt, sich seiner ohne Leitung eines andern zu bedienen. Sapere aude! Habe Mut, dich deines *eigenen* Verstandes zu
bedienen! ist also der Wahlspruch der Aufklärung.«[17]

Kants Artikel erschien fast gleichzeitig mit der Antwort von
Moses Mendelssohn auf die gleiche Frage in der »Berlinischen
Monatsschrift«, dem zentralen Organ der Berliner Aufklärung.
Beide Artikel, vor allem derjenige von Kant, fixierten in schon
bald kanonisierter Form deren Grundrichtung. Für Wilhelm freilich blieb deren streng rationalistische, auf den Willen konzentrierte Akzentuierung gerade vor dem Hintergrund seiner schon
von ganz ähnlichen Ideen bestimmten und geleiteten Jugendzeit
unter der Direktive seines Lehrers Kunth eine blutleere, dem
Leben in seiner ganzen Vielgestaltigkeit fremde Abstraktion. Er
wollte die Fülle des Lebens, des geistigen wie des emotionalen,
kennenlernen und sich ihr gegenüber nicht durch abstrakte und
trockene Vernunftregeln verschließen.

In diesem Sinne trat er einem der »Tugendbünde« bei, die überall im Zeichen jener Welle der »Empfindsamkeit« geschlossen
wurden, die in den 1780er Jahren die jungen Leute in Preußen
überschwemmte. In Humboldts Fall war es der »Bund der Freunde«. Er war auf eine Initiative von Henriette Herz und Karl von La
Roche sowie der Mendelssohn-Töchter Dorothea und Henriette
1787 gegründet worden – mit eigener Satzung, Geheimschrift
und »Bundesrat« und mit dem Ziel der gegenseitigen Erziehung
zur sittlichen Vervollkommnung, der gegenseitigen Seelenbeich-
te und schonungslosen Offenheit gegeneinander.[18] In ihn war

Humboldt zu Weihnachten 1787 aufgenommen worden. Dem
auf wenige Personen beschränkten, kurzlebigen Bund gehörte als
auswärtiges, »korrespondierendes« Mitglied auch Caroline von
Dacheröden an. Sie war die einzige Tochter ihres früh verwitwe-
ten Vaters, des ehemaligen Präsidenten der Mindener Kriegs- und
Domänenkammer Karl Friedrich von Dacheröden, der 1771 in
Opposition gegen die Steuerpolitik Friedrichs II. den preußischen
Dienst quittiert hatte, und lebte auf den thüringischen Gütern des
Vaters beziehungsweise im Winter in Erfurt. »Korrespondieren-
de« Mitglieder waren auch deren Freundin Caroline von Lengefeld – später verheiratete von Beulwitz und schließlich, nach
abermaliger Scheidung und Wiederverheiratung, von Wolzogen,
die Schwester von Schillers späterer Frau – sowie Therese Forster,
Tochter des Göttinger Philologen Christian Gottlob Heyne und
Frau des Weltreisenden Georg Forster, den Humboldt im Weiteren zum vertrauten Freund gewann. Durch Karl von La Roche,
der seinerseits mit Humboldt freundschaftlich verbunden war,
lernte Caroline von Dacheröden Humboldt näher kennen – wor-
aus dann binnen kurzer Zeit eine Liebe und Bindung erwuchs, die
ihr Leben lang halten sollte. Davon wird gleich noch ausführlich
die Rede sein.

Studium

Zunächst freilich trennte ihn sein weiterer Lebensweg von Berlin
und damit auch von der engen Bindung an den »Bund der Freunde«. Gemeinsam mit seinem Bruder, unvermeidlicherweise wieder
begleitet von Kunth, wurde er als Student der Jurisprudenz, der
Bruder als Student der »Kameralistik«, an der Universität Frankfurt an der Oder, der Viadrina, eingeschrieben. Sehr anregend war
das dort verbrachte Semester freilich nicht, wobei noch hinzukam,
dass Wilhelm im Unterschied zu seinem Bruder jedem Kontakt
mit seinen Studienkollegen aus dem Wege ging. »Der ältere Humboldt war zu kalt und zu fleißig, um irgend jemals Freundschaft zu
suchen«, notierte Wilhelm Gabriel Wegener, ein Theologiestudent

in Frankfurt, mit dem Alexander befreundet war, rückblickend in seiner Autobiographie.[19]

Ganz anders aber verliefen die folgenden Semester an der hannoverschen Universität Göttingen, zu diesem Zeitpunkt eine der führenden Hochschulen des Alten Reiches – deren Besuch preußischen Staatsbürgern durch ein königlich-preußisches Edikt von 1749 an sich verboten war. Hier, an der gerade eben fünfzig Jahre alten, wegen der an ihr tätigen Lehrer und ihrer Modernität im gesamten deutschen Sprachraum hochangesehenen Universität, eröffneten sich Humboldt, nun erstmals allein, ohne seinen »Hofmeister« und anfangs auch ohne seinen Bruder, geistig und lebensweltlich ganz neue Horizonte. Er begann nun das Leben eines unabhängigen und wohlhabenden jungen Adeligen zu führen, der sich freilich von der großen Mehrheit seiner Standesgenossen durch seine breite, sicher fundierte Bildung unterschied – und diese ihm vermittelt zu haben, das war, so skeptisch Humboldt zunehmend dessen Erziehungsideal gegenüberstand, die unbestreitbare Leistung seines Lehrers Kunth.

Die Jurisprudenz, der vor allem sein Studium er widmen sollte, beschäftigte ihn allerdings in Göttingen nur am Rande. Weit mehr zogen ihn die Vorlesungen des Experimentalphysikers Georg Christoph Lichtenberg an, noch stärker die Kollegs des klassischen Philologen Christian Gottlob Heyne, der über die Vermittlung der alten Sprachen zu einer Altertumswissenschaft vorstieß, die die Kultur und Geschichte der antiken Welt in ihrer ganzen Breite vor den Zuhörern wiederauferstehen ließ.[20] Das Feld der neueren Geschichte erschloss sich ihm aus der welthistorischen, vom Geist der Aufklärung geleiteten Perspektive des berühmten Historikers August Ludwig von Schlözer und das allgemeine Staatsrecht aus den Vorträgen des mit Schlözer in vielem geistesverwandten Juristen Johann Stephan Pütter. Vor allem aber warf er sich nun mit großer Energie, an die intensiven Einführungen in die Philosophie durch Engel in Berlin anknüpfend, auf das Studium Kants und dessen »Kritik der reinen Vernunft«, deren Einsichten sein Denken und seinen geistigen Horizont wie kaum etwas anderes prägten.

Drei Schwerpunkte seiner geistigen Interessen bildeten sich in
der Göttinger Zeit neben der von früh auf als Grundlagenwis-
senschaft verstandenen und gepflegten Philosophie heraus: das
Gebiet der auf den klassischen Sprachen gründenden, Geschichte,
Kultur und Tradition verbindenden Altertumswissenschaft, wie
sie in Göttingen Christian Gottlob Heyne schulebildend repräsentierte. Das in universal-aufklärerischem Geist betrachtete Feld
der neueren Geschichte, wie es August Ludwig von Schlözer vor-
führte. Und der in enger Verwandtschaft mit den Lehren Schlözers
und seiner Schule von Johann Stephan Pütter entfaltete Bereich
der neueren Staatslehre. Hinzu kam dann schrittweise auch das in
jener Zeit mächtig aufblühende Feld der Literatur, und zwar der
antiken wie vor allem auch der zeitgenössischen, der modernen
Literatur. Für Wilhelm hieß das vor allen das Drama und die Poesie – das führte ihn in den 1790er Jahren zu engem Kontakt mit
Friedrich Schiller.

Die Mutter und vor allem der Lehrer begleiteten die immer
deutlichere Ausprägung dieser Interessenschwerpunkte mit großem Wohlwollen. Hatte doch die Ausbildung des Heranwachsenden und das, was dabei von früh auf thematisch im Zentrum gestanden hatte, dafür entscheidende Grundlagen gelegt. Allerdings
gingen sie davon aus, dass all dies Interessenschwerpunkte neben
seinem eigentlichen Berufsweg sein würden, der ihn als Jurist in
den preußischen Staatsdienst führen sollte, sei es als Diplomat
oder auch als Beamter in die innere Verwaltung.

In der Tat hat Wilhelm von Humboldt nach zwei längeren
Reisen jeweils im Anschluss an die Göttinger Semester, wie das
bei jungen Adligen in der Zeit üblich war, am 13. Februar 1790
eine Eingabe an den preußischen König Friedrich Wilhelm II.,
den Nachfolger Friedrichs des Großen, gerichtet, mit dem Ziel, im
Justizdepartement beschäftigt zu werden. Schon zwei Tage später
wurde ihm eine Anstellung als Referendar beim Stadtgericht in
Aussicht gestellt, wenn er vorher die entsprechende Prüfung ab-
gelegt habe.

Dieser Prüfung unterzog er sich drei Wochen später bei seinem
einstigen Berliner Privatlehrer, dem liberalen Kammergerichtsrat

Ernst Ferdinand Klein, der ihn in Naturrecht unterrichtet hatte. Im Anschluss daran wurde Humboldt einige Monate am Stadtgericht beschäftigt. Während dieser Zeit legt er eine zweite juristische Prüfung ab, die ihn gleichzeitig für den Dienst im Departement für Auswärtige Angelegenheiten qualifizierte. Mitte Juni 1790 erhielt er den Titel »Legationsrat« und wurde kurz darauf an das übergeordnete Hof- und Kammergericht in Berlin berufen. Nur gut ein Jahr später allerdings endete diese juristische Blitzkarriere im preußischen Staatsdienst. Am 19. Mai 1791 reichte Humboldt beim König sein Gesuch um Beurlaubung ein, das sogleich bewilligt wurde.

Begründet wurde das Gesuch ganz allgemein mit Familienangelegenheiten. Dahinter aber stand vor allem der Kurswechsel in der inneren Politik Preußens mit der Stoßrichtung gegen die sich in der Bürokratie immer mehr ausbreitenden aufklärerischen, auf grundlegende Reformen drängenden Tendenzen. Aber auch dies war für Humboldts Beurlaubungsgesuch mehr der äußere Anlass als der eigentliche tiefere Grund. Dieser lag darin, dass er, materiell schon weitgehend unabhängig, seinem Lebensweg fortan eine ganz andere Richtung geben wollte, eine Richtung, die seinen Interessen wie vor allem der Entfaltung seiner Persönlichkeit, wie er sie vor Augen hatte, entsprach. Um diese Entscheidung und die Gründe, die ihn dazu führten, richtig zu verstehen, bedarf es einer eingehenderen Betrachtung seiner Biographie von dem Zeitpunkt an, an dem er sich als Student in Göttingen von der Betreuung durch seinen Lehrer und Erzieher endgültig löste und sein Leben in jeder Beziehung in die eigene Hand nahm.

Immanuel Kant hatte seine »Kritik der praktischen Vernunft«, die Wilhelm von Humboldt nach der »Kritik der reinen Vernunft« kurz nach ihrem Erscheinen in Göttingen intensiv studierte, mit der ganz abstrakt formulierten These begonnen, dass Erkenntnis nicht ohne den »rohen Stoff sinnlicher Eindrücke« gewonnen werden könne. Das nahm der junge Wilhelm, erstmals befreit von der strengen Aufsicht seines Lehrers und Erziehers, durchaus konkret und wörtlich. Alles Denken, alle Einsichten in die Zusammenhänge des Lebens seien zugleich in geheimnisvoller

Weise gebunden an die physische Existenz des Einzelnen, an die
Erfahrungen, die er auch in dieser Hinsicht in der Begegnung mit
anderen machte. Konkret bezog er das vor allem auf die Liebes-
begegnungen mit anderen Menschen, genauer mit Personen des
anderen Geschlechts; Männern gegenüber hingegen blieb er, nach
einem Wort von Joseph Görres, damals wie später »kalt wie De-
zembersonne«.

Diese Begegnungen waren anfangs abstrakt-schwärmerischer
Natur wie vor allem im Falle der mehr als zehn Jahre älteren
Henriette Herz in Berlin. Sehr rasch aber wandelte sich diese
schwärmerische Grundhaltung, die ihn in Berlin mit dem »Bund
der Freunde« verbunden hatte, in ein die ganze Person durch-
dringendes Liebesbegehren, das sich zunächst auf verschiedene
Objekte, das heißt gleichzeitig oder doch kurz hintereinander auf
mehrere Frauen richtete.

Dass dieses Begehren fast stets einen sexuellen Hintergrund
hatte, ja wesentlich, bisweilen sogar ausschließlich von ihm getragen wurde, war Humboldt schon früh bewusst. So sprach er
von seiner – allerdings wohl noch platonischen – Liebschaft mit
Therese, der Tochter des Göttinger Philologen Christian Gottlob
Heyne, als von einer Beziehung zu einem so »herrlichen Weib«,
wie es ihm bisher noch nicht begegnet sei[21] – wobei es ihn wenig
störte, dass sie seit drei Jahren mit Georg Forster verheiratet war,
dem durch seine »Reise um die Welt« berühmt gewordenen Na-
turforscher. Dass Therese davon sprach, wie Wilhelm berichtete,
dass Liebe »ja eben in diesem gänzlichen Ueberlassen, in dieser
gänzlichen Hingebung« bestehe,[22] reizte ihn umso mehr.

Im gleichen Jahr 1788 war ihm bei einem kurzen Kuraufent-
halt in dem in der Nähe Göttingens gelegenen Badeort Pyrmont
Charlotte Hildebrand begegnet, die Tochter eines Pfarrers, in die
er sich gleichfalls »unsterblich« verliebt hatte. Rund dreißig Jahre
nach den drei Tagen in Pyrmont sollte er ihr wiederbegegnen und
mit ihr – sie hieß inzwischen, verheiratet und bald darauf wieder
geschieden, Charlotte Diede – einen Briefwechsel beginnen, den
er bis zu seinem Tode fortführte.

Wenige Tage nach der Begegnung mit Charlotte Hildebrand

erreichte ihn ein Brief einer ein Jahr älteren Frau, die über ihren Verehrer, Karl von La Roche, für den Berliner »Bund der Freunde« gewonnen worden war und in diesem Zusammenhang auch von einem der Mitglieder des Bundes, eben von Wilhelm von Humboldt, gehört hatte. Was ihr La Roche gesprächsweise von diesem erzählte, hatte sie offenbar so fasziniert, dass sie ihn unbedingt kennenlernen wollte. So schrieb sie ihm, diktiert von dem Geist emotionaler Empfindsamkeit, der zum Stil der jungen Leute in jener Zeit gehörte, einen Brief, den sie ihren Verehrer, eben Karl von La Roche, bat, dem »teuren Wilhelm« zu überbringen.

Es handelte sich um die bereits erwähnte Caroline von Dacheröden, die nach dem frühen Tode ihrer Mutter mit ihrem Vater lebte. Einsam und von einem Gefühl der inneren Leere durchdrungen, hatte sie sich sogleich der Ideen- und Gefühlswelt geöffnet, die nach den Erzählungen La Roches den Berliner »Bund der Freunde«, den »Tugendbund«, beherrschten und die in Wilhelm von Humboldt, dem weltoffenen und zugleich, wie ihr Freund ihn schilderte, empfindsamen Göttinger Studenten, eine höchst lebendige Verkörperung fand. Er solle sie doch bitte einmal besuchen, hieß es in dem ersten Brief, dem im Verlauf der nächsten Jahre und Jahrzehnte noch Tausende weitere folgen sollten. »Laß mich, mein Bruder, Dich nicht vergebens bitten. Denke, daß ich in einer Wüste lebe, wo mein Herz sich von Erinnerungen tränkt und von Hoffnungen nährt. Laß Dir von Carln sagen, daß ich gut bin und ein warmes, liebevolles Herz im Busen trage, daß mich verlangt, es mit heiligen Banden an das Deine zu knüpfen, und daß es Dir entgegenwallt mit reiner schwesterlicher Liebe.«[23]

Humboldt, stets auf neue Liebesabenteuer aus, ließ sich nicht lange bitten. Schon drei Wochen später erschien er, sich auf die Bekanntschaft ihrer Väter berufend und ihrem, Carolines, Rat folgend, sein persönliches Interesse an der erst kürzlich in der Erfurter Umgebung aufgestellten Dampfmaschine vorgebend, am Sommerwohnsitz ihres Vaters, in Burgörner in der Grafschaft Mansfeld. Sein Kommen hatte er ihr mit einem gefühlvollen längeren Gedicht angekündigt. Statt auf eine, wie er zunächst annahm, vor allem für ein erotisches Abenteuer offene junge Frau traf er hier indes auf jemanden, der in geistiger, in emotionaler, in ästhetischer, aber auch in erotischer Beziehung – was sich alles freilich erst im Verlauf ihrer Bekanntschaft in dieser dann sein ganzes weiteres Leben bestimmenden Klarheit zeigte – all das verkörperte, was er sich insgeheim erträumt hatte.

Bei ihr war freilich das Gefühl, hier den Menschen ihres Lebens getroffen zu haben, von Anfang an sehr viel stärker und ausgeprägter als bei ihm. »Als Du fort warst, mein Wilhelm, war eine fürchterliche Leere in meinem Herzen und eine Angst, ein Gefühl der Verlassenheit, des Alleinseins«, schrieb sie ihm gleich nach seiner Abreise. Dann aber habe die Erinnerung an die letzten gemeinsam verbrachten Stunden alles andere in den Hintergrund gedrängt. »Lieber Bester! daß man so lieben kann, wie wir uns lieben, das ist doch des Himmels bestes Geschenk, ist aller Tränen des Schmerzes, aller Leiden wert. Nur in solcher Liebe fühlt man sich lebendig in allen Kräften seiner Seele, erhoben über die Schläge des Schicksals und näher dem Urquell ewiger Liebe! Gott! ich danke Dir für diese Stunden der Wonne, die Du Deinem schwachen Geschöpf gabest aus der Fülle meines Herzens. Dieses Überströmen meiner Seele ist Dir, der Du die Liebe bist, der schönste Dank.«[24]

Und Humboldts Antwort? Zunächst gar keine. Er hatte sich in Göttingen wieder tief in seine Studien hineingestürzt und dann seine erste längere Reise in den Südwesten und Westen des Reiches begonnen, über die er für die Freunde im »Berliner Tugendbund« ein Tagebuch führte. Erst Ende Oktober schickte er einige wenige Zeilen mit der Frage, ob er in den Weihnachtsferien nach Erfurt kommen solle – was dann aber bis zum nächsten Sommer das einzige Mal sein werde. Kein Wunder, dass sie sich etwas zurückzog, die Gemeinsamkeit ihrer Gefühlswelt mit der ihres Freundes Carl und der Wilhelms betonte, der sie auch noch diejenige ihrer Freundin Caroline von Beulwitz, geborene von Lengefeld, anschloss – »Du musst dieses herrliche Weib sehen, wenn Du hierher kommst.«[25] Dieses »herrliche Weib«, das Humboldt in ihrem Namen für den Berliner Bund gewinnen sollte, bemühte sich in jenen Tagen, in Konkurrenz mit ihrer Schwester Charlotte, um

Caroline von Humboldt, geb. von Dacheröden

den gerade, unbesoldet, zum Professor in Jena ernannten Friedrich Schiller – ein Zeugnis dafür, wie locker die Liebesbeziehungen auch im Kreise von schon Verheirateten in jenem Milieu waren.

Angesichts derartiger Lockerheiten in den Beziehungen zwischen den Geschlechtern, zumindest in seinen Kreisen, hatte der junge Wilhelm von Humboldt wenig Hemmungen, seinem ausgeprägten Drang nach Liebesbeziehungen auf den verschiedensten Ebenen zu folgen. Von den rein sexuellen, die es damals wie später zahlreiche gab, wissen wir im Einzelnen nur wenig. Immerhin bekannte er sich auch in der Folge sehr offen dazu. »Ich lasse der

Begierde ungescheut die Zügel schiessen«, schrieb er noch 1816
in einer dann sehr rasch liegengelassenen Autobiographie, »und
erkenne in dem Genuss, selbst in dem, den viele ausschweifend
nennen würden, eine grosse, und wohltätig fruchtbare Kraft.«[26]
   Über seine im engeren Sinne erotischen, stets sexuell auf-
geladenen Beziehungen jener Jahre hingegen wissen wir sehr viel
mehr. Von seinem Verhältnis zu Therese Forster war schon die
Rede, auch von seiner Beziehung zu Charlotte Hildebrand, der
wenige Wochen später sein erstes Zusammentreffen mit Caroline von Dacheröden folgte. Nachdem Therese Forster mit ihrem
Mann nach Mainz gezogen war, wo dieser, nach einer Professur in
Wilna, 1788 eine Stelle als Bibliothekar beim dortigen Landesher-
ren, dem Fürsterzbischof, gefunden hatte, bemühte er sich, freilich vergeblich, um ihre jüngere Schwester. Gleichzeitig machte
er Emilie von Berlepsch den Hof, die mit dem hannoveranischen
Hofrichter Friedrich Ludwig von Berlepsch verheiratet war. Sie
war, wie er in seinem Tagebuch notierte, zwar eine eingebildete,
eitle und geschwätzige Frau, aber offenbar reizte sie ihn, zehn
Jahre älter als er, in sexueller Hinsicht.
   Als er Anfang Januar 1789, fünf Monate nach ihrer ersten Begegnung, Caroline von Dacheröden wiedersah, schien sich deren
Stimmung insofern etwas gewandelt zu haben, als es ihr vor
allem darum zu tun war, Humboldt mit Caroline von Beulwitz,
ihrer Freundin, zusammenzubringen, um diese durch ihn für den
Berliner Bund zu gewinnen: Sie, dieses »herrliche Weib«, solle
»die Zierde unserer Vereinigung sein, unser aller Stolz und unser
Liebling«. Humboldt traf diese andere Caroline in Rudolstadt und
fand die Einschätzung seiner Caroline bestätigt. Auch er fand sie
ein »herrliches Weib«, was wiederum seine Caroline, obwohl sie
selber das Treffen veranlasst und seine Reaktion gewissermaßen
verbal vorbereitet hatte, in ihrem Urteil bestärkte, die anderen
»Tugendbündler« hätten mit ihrer Meinung wohl recht, »dass
Du bloß Weiber aufsuchtest, Dich mit ihnen zu weit und mit zu
vielen verbreitest«.[27]
   Wilhelm hat dem nicht widersprochen. Er unterhalte Verbindungen zu vielen Frauen und auf verschiedenen Ebenen, so

hat er auch seiner späteren Frau gegenüber dann immer offener eingeräumt und im Weiteren auch sie zu einer solchen Haltung anderen Männern gegenüber ermuntert. Es wurde das zu dem, was man heute eine »offene Beziehung« nennt, ohne dass darüber die Intensität und das volle wechselseitige Vertrauen ihrer Beziehung, kurz ihre lebenslange Liebe zueinander, gelitten hätten.

Das war ein Teil, ein sehr wichtiger Teil seiner Welt- und Lebensanschauung, die sich in ihm in jenen Jahren ausbildete und befestigte. Diese Welt- und Lebensanschauung wurzelte in der tiefen Überzeugung, dass der Mensch die Welt nur durch die Brille seiner eigenen Individualität sehen und erkennen könne und dass daher die Konzentration *auf* und die lebenslange Beschäftigung *mit* dieser Individualität die eigentliche Aufgabe und das eigentliche Ziel dieses Lebens sein müsse. Nur auf diesem Wege werde er zugleich eindringen in das, was, in dem Einzelnen in tausendfacher Form durch charakterliche Anlagen und Lebensumstände gebrochen, das Wesen der menschlichen Existenz schlechthin ausmache. Das je Besondere spiegele also gleichzeitig das Allgemeine, und zwar je genauer und allgemein verbindlicher, desto mehr sich der Einzelne auf seine jeweilige Individualität konzentriere und ihre jeweilige Prägung durch die Begegnung mit anderen Menschen und die wechselnden Lebensumstände, die »Lagen«, wie er das nannte, genau und in steter Reflexion verfolge. Von daher erhielt für ihn die ganz egozentrische Konzentration auf das eigene Leben und die eigene Individualität ihre innere Begründung und zugleich eine äußere Rechtfertigung.

Von dieser Welt- und Lebensanschauung hat sich Humboldt von seinem frühesten Erwachsenendasein an leiten lassen und von ihr aus alle seine grundsätzlichen Lebensentscheidungen begründet und innerlich gerechtfertigt. Das galt, ganz äußerlich, für seine über viele Jahrzehnte ständig wechselnden und sich stets auf vielen Ebenen abspielenden Beziehungen zu Frauen mit dem bis zu deren Tod unantastbaren Kern des Verhältnisses zu Caroline von Dacheröden, die er mit gerade 23 Jahren heiratete. Es galt aber vor allem für seine erste, schon angesprochene grundlegende Lebensentscheidung, sich aus dem eben erst angetretenen

preußischen Staatsdienst für am Ende nicht weniger als dreizehn
Jahre beurlauben zu lassen und, materiell unabhängig, ein Leben
als Privatmann zu führen.

Dies verwies ihn zusätzlich ganz auf sich, auf eine, von äußeren
Umständen weitgehend unabhängige, private Existenz. »Lange
genug gewohnt, wie ein Kind am Gängelbande geführt zu werden,
harrt der Mensch, die gebundenen Kräfte nach eigener Willkühr
in Thätigkeit zu setzen und, sich selbst überlassen, der eigene
Schöpfer seines Glüks oder Unglüks zu werden«, hatte sein Bruder Alexander zwei Jahre vorher, Ende März 1789, die Stimmung
formuliert, die hinter den Lebensentschlüssen stand, die sie beide
wenig später fassten.[28]

Reisen und Eintritt in den preußischen Staatsdienst

Zunächst freilich war Wilhelm von Humboldt den Weg weiter-
gegangen, den seine Mutter und sein Lehrer Kunth für ihn vorgesehen hatten und auf den seine ganze bisherige Ausbildung
ausgerichtet gewesen war. In der Zeit der in vieler Hinsicht anregenden Göttinger Semester, die ihm neue Perspektiven eröffneten, hatte er, auch das ganz üblich für einen Nachkommen des
Beamtenadels im damaligen Deutschland, mehrere Reisen unternommen, über die er sorgfältig Buch führte.

Die erste dieser Reisen vom 18. September bis zum 8. November
1788 führte ihn in einem großen Bogen von Kassel über Marburg,
Gießen, Frankfurt am Main und Darmstadt nach Mainz und von
dort den Rhein hinunter nach Koblenz, Köln und Aachen und dann
zurück über Jülich, Düsseldorf, Recklinghausen und Paderborn
nach Göttingen. Der Herausgeber des Humboldt'schen Reisetagebuchs in der Akademieausgabe der »Gesammelten Schriften« gab
ihm den Titel »Tagebuch der Reise nach dem Reich«. Das ver-
fälscht freilich die Perspektive des Tagebuchschreibers, für den
das Reich einschließlich Preußens und der Habsburger Monarchie
noch die übergreifende Einheit bildete. Auf sie bezog sich damals
wie später sein national gefärbter und untermauerter Patriotis-

mus, ja dieser verstärkte sich noch, als Preußen sich in den 1790er Jahren mehr und mehr von der Ideenwelt des aufgeklärten Bürgertums abkehrte und auf der anderen Seite »Deutschland« als geistige und kulturelle Einheit, als eine »Kulturnation« eigenen Rechts im Zeitalter des Klassizismus immer größeres Gewicht erhielt. Das Reisetagebuch spiegelt in vielem, wenn auch meist unausgesprochen diesen Geist.

Dabei konnte er vielerorts beobachten, dass der Impetus der Aufklärung nicht nur die adlig-bürgerlichen Eliten der verschiedenen Länder beherrschte, sondern auch deren Monarchen, die zum Teil – man denke nur an Weimar, zu dessen Untertanen im weitläufigen Sinne Humboldt in den nächsten Jahren wurde – ihre Politik weitgehend von ihm bestimmen ließen. Schon auf seiner ersten Station, Arolsen, gewann er im Gespräch mit dem Fürsten, mit der Hofgesellschaft und der Führungsschicht einen überaus positiven Eindruck vom geistigen, vom kulturellen und auch vom politischen Leben in der Stadt. »Es muß sehr angenehm sein da zu leben. Es herrscht in der Gesellschaft ein recht guter Ton«, notierte er, »es sind viele vernünftige, oder wenigstens belesene Menschen da, die Gegend ist sehr schön, die Stadt klein, aber niedlich gebaut.«[29] Kritisch allerdings betrachtete er auch hier die ganz vom Adel bestimmte Agrarverfassung, die dringend, so ließ er erkennen, einer grundlegenden Änderung bedürfe. Das Gleiche gelte für das Finanzwesen, das ganz im Argen liege und seit alters auf der Ausbeutung der bürgerlichen Mittelschicht und der Bauern beruhe.

Über Marburg, seine nächste Station, fiel sein Urteil hingegen in jeder Hinsicht negativ aus. »Als Stadt betrachtet« sei Marburg »leicht die hässlichste und unangenehmste, die man sich denken kann. Die Häuser alt und hässlich, die Strassen unrein, eng, krumm und so bergigt, dass man an einigen Orten, wo es zu steil ist, Stufen angebracht hat, die Beleuchtung äusserst schlecht, die Stuben niedrig, schief und uneben. Die Universität soll sehr schlecht sein, und der Landgraf nichts darauf verwenden.«[30]

Im Weiteren allerdings, bei der Beschreibung seines Aufenhaltes in Gießen, in Frankfurt am Main und in Darmstadt, konzentrierte er sich ganz auf die Personen, die er traf, und auf die Meinungen, die sie zu verschiedenen Themen äußerten, vor allem über das am 9. Juli 1788 erlassene »Edikt, die Religionsverfassung in den preußischen Staaten betreffend«, das offenbar weit über Preußen hinaus die Gemüter erregte.

Dieses Edikt stammte aus der Feder von Johann Christoph von Wöllner. Nach der Entlassung des aufgeklärten und liberalen Ministers Freiherr von Zedlitz war dieser zum Geheimen Staats- und Justizminister und Chef des geistlichen Departements ernannt worden und steuerte einen Kurs gegen den bis dahin, unter Friedrich dem Großen, in der preußischen Beamtenschaft vorherrschenden Geist der Aufklärung und religiösen Toleranz. Es ging Wöllner insbesondere darum, wie er offen bekundete, die »wahre christliche Lehre« ganz unter die Kontrolle der preußischen Staatsgewalt zu bringen und sie »vor allen aufklärerischen Irrlehren« zu schützen. Es sollte kein Geistlicher, kein Prediger oder Schullehrer sich »unterfangen«, seine theologischen Ideen oder religiösen Überzeugungen nur an der Vernunft statt an der staatlich autorisierten Kirchenlehre zu orientieren. Widrigenfalls, so betonte Wöllner, habe er staatliche Strafen zu erwarten.[31]

Besonders farbig wurde Humboldts Tagebuchbericht über seinen Besuch in Mainz. Schon rein äußerlich hat ihn die Stadt mit ihren vielen Türmen, den zahlreichen Palästen, mit dem alten Schloss, mit ihrer Lage am Rheinufer und der Perspektive auf den Taunus tief beeindruckt. All das, so Humboldt, »gewährt einen unbeschränkten hinreissenden Anblik«. Hinzu kam das Wiedersehen mit den Forsters, insbesondere mit Therese Forster. Mit ihnen verbrachte er einige Tage und führte, wie er berichtet, höchst anregende Gespräche.

Sie kreisten zentral um die Personen, die er gerade kennengelernt hatte oder noch, als die maßgeblichen Leute der Stadt, kennenlernen sollte. Wie die Reise offenbar vor allem das Ziel hatte, mit diesen Leuten ins Gespräch zu kommen. Darin war er offenkundig sehr erfolgreich. Als ihn Forster einmal nach seinem Berufsziel fragte, habe dieser sich gewundert, »dass ich nicht ins auswärtige Departement ginge, ich besässe die Kenntnisse dazu, und das Exterieur, das man an Höfen und in grossen Gesellschaften brauche«. »Das leztere Urtheil freute mich sehr«, so Humboldt: »Es wäre mir sehr lieb, wenn ich in diesem Punkt seit meiner Entfernung von Berlin gewonnen hätte, und ich schmeichle es mir selbst.«[32]

Zu den maßgeblichen Personen in Mainz gehörte Karl Theodor von Dalberg, damals Koadjutor des Erzbistums – er wurde später, 1802, Erzbischof und Kurfürst von Mainz und 1806, als zentrale Figur bei der Gründung des Rheinbundes von Napoleons Gnaden, »Fürstprimas« für Deutschland und Großherzog von Frankfurt. Über ihn erhielt Humboldt von Forster ein sehr negatives Urteil. »Er hätte etwas schlaffes, welkes, hängendes in seinem Gesicht, wahrscheinlich die Folge ehemaliger Ausschweifungen. So schiene auch sein Charakter zu sein, gut, aber schwach. Von seinen Schriften urtheilte er wie die meisten, dass sie nichts taugen. Seine Eitelkeit soll sehr weit gehen, wie auch seine Schriftstellerei schon zeigt.«

Humboldt selber hat sich von diesem Urteil nur wenig beeinflussen lassen. Es war Dalberg, der Mentor und väterliche Freund seiner späteren Frau Caroline, der Humboldt anregte, sich in einer eigenen Schrift zu der damals vielerorts leidenschaftlich diskutierten Frage nach dem Verhältnis des spätabsolutistischen, fürsorgend in die Gesellschaft eingreifenden Staates und dem nach seiner möglichst freien Entfaltung strebenden Individuum zu äußern. Humboldt hat diese Anregung Dalbergs – des Bruders des Intendanten des Mannheimer Nationaltheaters, des Förderers und Protektors des jungen Schiller – sogleich aufgegriffen. Unter den kritischen Augen Dalbergs, der mehr und mehr zum Wortführer des reformerisch eingreifenden Staates wurde, hat er seine Schrift »Ideen zu einem Versuch, die Gränzen der Wirksamkeit des Staates zu bestimmen« verfasst. Sie formulierte, 1792 zum kleineren Teil in Schillers »Thalia« und in der »Berlinischen Monatsschrift« veröffentlicht – ganz wurde sie erst Anfang der 1850er Jahre publiziert –, eine der Kernideen seines politischen Denkens. Davon wird noch ausführlich die Rede sein.

Friedrich Heinrich Jacobi

Mainz bildete offenkundig den Höhepunkt seiner fast zwei Monate dauernden Reise in das südwestliche und westliche Deutschland. Von Mainz reiste er nach Bonn, Köln und Aachen und dann über Düsseldorf und Westfalen wieder zurück nach Göttingen. Seinem Reisetagebuch zufolge blieben die Eindrücke, die er von daher mitnahm, sehr viel oberflächlicher als das, was er an Anregungen durch seinen Aufenthalt in Mainz erhielt. Immerhin traf er auch hier, ausgerüstet mit einem dicken Packen entsprechender Empfehlungsschreiben, eine ganze Reihe interessanter Persönlichkeiten. Das Treffen mit ihnen wurde vielfach zum Ausgangspunkt von über den Tag hinausreichenden Verbindungen – wie sein Bruder begann er nach seiner einsamen Jugend gleichsam ein Netzwerk zu knüpfen, das beide in den nächsten Jahren und Jahrzehnten ständig erweiterten.

So begegnete er in Aachen wieder Christian Wilhelm von Dohm, von dem er drei Jahre zuvor in Berlin in das Gebiet der politischen Ökonomie und der Staatsrechtslehre eingeführt worden war und der kurz danach preußischer Gesandter in Kurköln geworden war. Mit ihm, der mit Forster eng befreundet war, führte er tagelange intensive Gespräche insbesondere über die Aufgaben und den Zweck des Staates und die Grenzen der Staatsgewalt.

Das war ein Thema, das die Zeitgenossen im Zeichen des immer weiteren Ausbaus des fürsorgerischen Spätabsolutismus und seiner Grenzüberschreitungen in den Bereich der, naturrechtlich interpretierten, Persönlichkeitsrechte tief bewegte. Es wurde bei Humboldt nicht zuletzt durch die Auseinandersetzung über die Religionsfreiheit und ihre Grenzen angestoßen, und selbstverständlich durch die kurz zuvor ausgebrochene Revolution in Frankreich. Das war ein Hauptthema in seinen Gesprächen mit Dohm, der an den Überzeugungen der Aufklärung strikt festhielt und die sich abzeichnende kultur- und religionspolitische Wende in Preußen mit größtem Misstrauen beobachtete.

Einer ganz ähnlichen Haltung und Gesinnung begegnete Humboldt bei einem zunächst gar nicht vorgesehenen, von Forster angeregten Besuch bei Friedrich Heinrich Jacobi, der in Pempelfort bei Düsseldorf lebte. Jacobi, der Humboldt auch menschlich tief beeindruckte, verband allerdings seine aufklärerischen Grundüberzeugungen, die er mit Humboldt teilte, mit einer Daseinsauffassung, die auf die Gefühle und die individuelle Spontaneität menschlicher Existenz abhob, deren Denken und Handeln bestimme. Darin sah er die eigentlichen Bestimmungsgründe des Menschen jenseits der für alle Menschen gleichen, naturrechtlich fixierten Grundlagen seines Daseins, um die der gemeinsame Kampf aller Aufklärer gehen müsse.

Diese auf das Individuelle und damit zugleich Einmalige in jedem Menschen abhebende Vorstellung, die seinem eigenen, zu-

nächst noch sehr vage ausgebildeten Individualitätsideal in ihrer
Grundtendenz ganz entsprach, hat Humboldt tief in sich aufgenommen. »Wenn man sich zu den Gegenständen selbst begibt,
hält man nichts anderes eher für wahr als bis man es selbst an-
geschaut hat, so mag der Weg vielleicht langsamer sein, aber er ist
auch sicherer und reizender und der Stoff des Nachdenkens ebenso unerschöpflich als die Menge der Gegenstände in der Natur«,
schrieb er Jacobi unter dem Eindruck ihrer Gespräche nach seiner
Rückkehr nach Göttingen.[33] Die Welt aus unmittelbarer Anschauung zu erfassen und sie in direktem Dialog zwischen ihr und der
eigenen Individualität zu begreifen, und zwar in allen ihren auch
sinnlichen und emotionalen Aspekten – das war der Gedanke, den
er aus ihren Gesprächen mitnahm und den er tief in seine eigene
Vorstellungswelt und in sein ganzes Denken einfügte.

Es gab ihm zugleich die innere Rechtfertigung, sich ganz seinen eigenen Gefühlen und Empfindungen hinzugeben, in ihnen
jeweils Bildungselemente seiner Persönlichkeit zu sehen. Das
galt in hohem Maße für sein Verhältnis zu Frauen, das einen besonderen Platz in Humboldts Denken und Fühlen einnahm, allen
voran das zu Caroline. In diesem Verhältnis kam schrittweise alles
zum Tragen, was Jacobi ihm theoretisch über die ideale Beziehung
eines einzelnen Individuums zu einem anderen dargelegt hatte:
die Spontaneität, die Offenheit, die Öffnung zur unmittelbaren
Emotionalität, die durch den anderen das eigene Selbst, auch seine
Grenzen und Schwächen, zu verstehen lehre. Dies alles freilich
nur, wie er dann immer wieder betonte, im Umgang mit einer
Person anderen Geschlechts – was für ihn ein unabdingbares und
zugleich in seinem Ursprung letztlich geheimnisvolles Element
menschlicher Existenz darstellte. In ihm wurzelte generell und
auch jenseits des Erotischen sein Verhältnis zu Frauen.

Anfang Januar 1789 hatte Wilhelm Caroline kurz wieder-
gesehen, ohne dass es dabei zu einer weiteren Vertiefung ihrer
Beziehung gekommen wäre. Er konzentrierte sich ganz auf sein
Studium in Göttingen, vor allem bei Heyne, dem Altertums-
wissenschaftler, aber auch, gemeinsam nun wieder mit seinem
Bruder, der inzwischen gleichfalls nach Göttingen gekommen war,

unter anderen bei dem weit über die Grenzen seines Faches hinaus angesehenen und höchst geistreichen Experimentalphysiker Georg Christoph Lichtenberg. Bei ihm besuchten sie ein »Privatissimum« über »Licht, Feuer und Elektrizität«. Hier wurden die in diesem Zusammenhang damals neuen Elemente in den Rahmen einer allgemeinen, zugleich philosophisch untermauerten Naturerklärung gestellt und gleichzeitig Lichtenbergs Theorien einer experimentellen Überprüfung unterzogen.

Einen ähnlich großen Einfluss übte schließlich auf die beiden Brüder Johann Friedrich Blumenbach aus, ein Mediziner und enger Freund Lichtenbergs, der kurz zuvor nach Göttingen berufen worden war. Dieser Einfluss bezog sich vor allem auf Blumenbachs Forschungsinteressen, die von der Gesteinsanalyse über die vergleichende Anatomie sämtlicher Lebewesen bis hin zu der allgemeinen Menschenkunde reichten, die daran anknüpften und so den Gesamtbereich der »Natur« umfassten. Sie gipfelten in dem, was er als »Bildungstrieb« (nisus formativus) in allen lebendigen Körpern bezeichnete, und zwar, wie er betonte, »vom Menschen bis zur Made und von der Ceder bis zum Schimmel herab«, und diese veranlasse, »ihre bestimmte Gestalt anfangs anzunehmen, dann zu erhalten und wenn sie zerstört worden, wo möglich wieder herzustellen«[34] – ein Gedanke, der, wenn auch in anderer, strenger naturwissenschaftlich begründeter Form bis in unsere Gegenwart hineinwirkt.

Besonders beeindruckt hat Wilhelm dabei die seinen eigenen, zunächst freilich noch ganz vagen Grundvorstellungen entsprechende, hier »naturwissenschaftlich« begründete These, dass der aus der Verbindung von männlichen und weiblichen Elementen entstehende »Zeugungsstoff« unter dem Einfluss des Bildungstriebes stets neue, in ihrer individuellen Gestalt im Rahmen der vorgegebenen allgemeinen Form – eben des Menschen – ganz einmalige Ausprägungen finde. Das erschien ihm eine höchst einleuchtende Erklärung für die unendliche Vielfalt von Individualitäten auf der Basis einer einheitlichen und insofern dann auch vergleichbaren Grundform, die in einer allgemeinen Anthropologie zu fassen sei.

Nach diesen höchst inspirierenden Studien in Göttingen auf
den verschiedensten Gebieten, die sein eigenes Denken formten
und prägten, brach er im Juli 1789 – sein Studium betrachtete er
nach insgesamt vier Semestern als abgeschlossen – gemeinsam mit
seinem ersten Lehrer Campe, der sich mittlerweile als Pädagoge
und Schriftsteller einen Namen gemacht hatte, zu seiner zweiten
großen Reise auf. Sie führte ihn über Westfalen und das Rheinland, wo er in Aachen erneut mit Christian Wilhelm von Dohm
zusammentraf und die durch die politischen Ereignisse in Frankreich im höchsten Grade aktualisierte Frage nach den Grenzen der
Staatsmacht wieder aufgriff, in das Zentrum der revolutionären
Umwälzung, nach Paris.

Während Campe den völligen Umsturz aller bisherigen Ordnung in Frankreich, der mit der Erklärung der Versammlung des
Dritten Standes zur Nationalversammlung, mit dem Sturm auf
das königliche Staatsgefängnis in der Hauptstadt, die Bastille,
und vor allem der Aufhebung aller ständischen Privilegien Anfang August 1789 seine ersten Höhepunkte erreichte, wie die Vertreter der Aufklärung in Deutschland, wie Kant in Königsberg,
wie Schiller in Jena und viele andere, begeistert begrüßte, blieb
Humboldt von den Ereignissen seltsam unberührt. Zwar sah auch
er, dass hier die Forderungen der Aufklärung, aller Freiheitsfreun-
de, mit großen Schritten in die Praxis umgesetzt wurden. Aber er
stellte gleichzeitig die Gegenbilanz auf: die enormen Ausbrüche
an Gewalttätigkeit breiter Massen der städtischen Bevölkerung,
die all das begleiteten, die zunehmenden Versorgungsschwierig-
keiten und in ihrem Gefolge die Ausbreitung von Hunger und
nackter Existenzangst, die allgemeine Krisenstimmung, die weite
Kreise des Volkes beherrschten und radikalen, auf die Beseitigung
aller Ordnung zielenden Kräften den Weg bereiteten. Ja, diese
negativen, zerstörerischen Elemente schienen ihm zunehmend zu
dominieren. Statt in eine neue, den allgemeinen Erwartungen zumal des aufgeklärten Bürgertums und des mit ihm verbündeten
reformbereiten Teils des Adels entsprechende Ordnung zu führen,
verbreiteten sich seiner Meinung nach Dunkelheit und Chaos.

Den Schock, den die weitere Entwicklung nach 1792 bei jenen

Kräften auslöste, die 1789 nicht nur im Hinblick auf Frankreich als entscheidende Zeitenwende, als Beginn eines neuen, glücklicheren Zeitalters der Menschheitsgeschichte begrüßt hatten, ihn hat der junge Wilhelm von Humboldt gleichsam schon im angeblichen Aufbruch vorweggenommen. Sehr rasch verließ er Paris und das revolutionäre Frankreich wieder und reiste nach Mainz zu den Forsters und dann in die Schweiz, wo er für längere Zeit blieb.

Nicht in den äußeren Umständen und den Erwartungen, die viele, ja die meisten Menschen mit ihnen, meist von Illusionen und vagen Hoffnungen beherrscht, verbanden, liege, so seine Auffassung, für den einzelnen Menschen seine wahre Zukunft, sondern in der Konzentration auf sich selber und auf die Ideen, die sich in ihm im Dialog mit sich selber und mit Gleichgesinnten herauskristallisierten. Diese Grundansicht, die sich in ihm während der letzten Jahre herausgebildet hatte, bestärkt durch seine Gespräche mit Jacobi und durch das Bild der Antike, das ihm vor allem in den Vorlesungen von Heyne in Göttingen vermittelt worden war, sie fand durch seine Erlebnisse und Erfahrungen im revolutionären Frankreich eine zusätzliche Bestätigung. Von ihr ließ er sich auf seinem ganzen Lebensweg entscheidend bestimmen. Dabei blieb ihm die Beschäftigung mit der eigenen Person, auch mit ihren Abgründen, der fortwährende innere Dialog mit ihr ein zentrales Moment der Selbsterfahrung und zugleich seines Verhältnisses zu der ihn umgebenden Welt.

Ebenso überraschend wie schlaglichtartig beleuchten das die quasi autobiographischen Selbstbeobachtungen ganz am Anfang seines Berichtes über seine zweite große Reise vom Juli bis November 1789, die ihn vom Rheinland über das revolutionäre Paris in die Schweiz führte. Zwischen Duisburg und Krefeld habe er den Rhein mit einer Fähre überquert. »Auf der fähre arbeitete ein mädchen mit, äußerst häslich, aber stark, männlich, arbeitsam. Es ist unbegreiflich, wie anziehend für mich solch ein anblick, und ieder anblick angestrengter körperkraft bei weibern – vorzüglich niedrigeren standes – ist. Es wird mir beinah unmöglich, meine augen wegzuwenden, und nichts reizt so stark iede wollüstige begier in mir. Diess rührt noch aus den iahren meiner ersten kindheit her«, fuhr er fort. »Wie sich zuerste meine Seele mit weibern beschäftigte, dachte sie sich immer sklavinnen, durch allerlei arbeit gedrükt, tausend martern gepeinigt, auf die verächtlichste weise behandelt. Noch iezt hab' ich sinn für solche ideen. Noch iezt kann ich wie ehemals mir romane denken, die dieses inhalts sind.« – »Wie zuerst diese richtung in mir entstand, bleibt mir immer ein räthsel [...] aber das ist gewiss, dass sie, nur verbunden mit den lagen, in die ich kam, meinen ganzen iezigen charakter gebildet hat, dass aus ihr«, so entfaltete er diese Selbstdarstellung und Selbstanalyse weiter, »einsame beschäftigung der einbildungskraft, abneigung gegen gesellschaft und umgang entstand, ferner aus ihr wollust – die auch iezt noch bei mir unverkennbar das gepräge iener ideen hat – aus der wollust liebe, weiberfreundschaft, beschäftigung mit weibern überhaupt durch diess alles studium der charaktere, streben sich in andrer ideen hineinzudenken, ihre handlungsweise anzunehmen, mit einem wort raffinirte kunst des umgangs, die mich endlich dahin führte andren – allen was ich wollte, manchen viel, mir nichts zu sein, die iede wahre ursprüngliche, eigne empfindung so in mir abschliff, dass keine herrschend blieb, die endlich die gleichgültigkeit und die leere hervorbrachte, an der ich iezt kranke.«[35]

Heute würden wir, aus dieser Selbstdeutung des eigenen Charakters, ja seines ganzen Wesens aus Erfahrungen und Erlebnissen seiner frühen Kindheit, die er als solche voraussetzte, deren Ursprung ihm jedoch im Letzten unklar blieb, den Schluss ziehen, dass Humboldt hier die Grundeinsichten der wissenschaftlichen Psychoanalyse, ganz bezogen auf seine eigene Person, vorwegnahm. Er schilderte die prägende Kraft des Unterbewusstseins und leitete diese Kraft her aus den in ihm angelegten erotischen Elementen, den, wie man später sagen sollte, Trieben, die er freilich, auch hier ganz auf sich bezogen, individualisierte und nicht, wie die spätere wissenschaftliche Psychoanalyse, generalisierte, wobei sie nur die krankhaften Abweichungen von der allgemeinmenschlichen Triebstruktur registrierte. Ob es sich hier schon um eine solche krankhafte Abweichung von dem im Unterbewusstsein verankerten allgemeinen Triebverhalten handelte oder nur um eine Spielart in ihrem Rahmen, sei dahingestellt. Vieles spricht jedoch dafür, dass ihn die scharfe Selbstanalyse und sein ausgeprägter individualistischer Ansatz dazu geführt haben, auch hier den ganz individuellen Charakter der in seinem Unterbewusstsein wirkenden Kräfte zu betonen.[36]

Vor allem trat hier wie an vielen anderen Stellen ein Grundzug seines Wesens immer deutlicher hervor: die alles beherrschende Konzentration auf sich selber, ein ausgeprägter Egozentrismus, freilich auch ein Moment schonungsloser, ja mitunter irritierender Offenheit. Er sah seine Umwelt nicht nur, wie jedermann, mit seinen eigenen Augen, sondern bezog sie vollständig, in jedem einzelnen Aspekt auf sich, auf seine Persönlichkeit, die er durch sie und durch seine Auseinandersetzung mit ihr geformt sah.

Man kann es freilich auch andersherum wenden: Seine Persönlichkeit sah er schrittweise aufgebaut und gebildet durch die Begegnung und den Dialog mit anderen Menschen, dem er darum eine ganz zentrale Stellung einräumte. Und dieser Dialog musste, das war von früh auf und stets festgehalten seine Überzeugung, in völliger Freiheit und Autonomie des Einzelnen stattfinden. Nur so sei das Bildungsziel erreichbar, die »höchste und proportionierlichste Ausbildung« der Kräfte des Menschen »zu einem Ganzen«.[37]

Was vermittelte ihm aus der Perspektive dieses ganz auf sich, auf seine Person bezogenen Bildungszieles seine zweite große Reise nach Frankreich, ins südwestliche Deutschland und in die Schweiz im Sommer und Herbst 1789? Der großen, übergreifenden, die Menschen in ganz Europa bewegenden Vorstellung und Überzeugung, hier, im revolutionären Frankreich, beginne eine ganz neue Epoche der Weltgeschichte, stand er, wie gesagt, zunächst skeptisch gegenüber, ja mehr noch, er registrierte in seinen Aufzeichnungen die zentralen Debatten und Beschlüsse der Nationalversammlung, die die Revolution mit mächtigen Schritten vorantrieben, überhaupt nicht. Zugespitzt gesagt, konnte sein Bericht, konzentriert auf die wichtigsten Orte, Gebäude und Plätze der Stadt, die er sehr genau schilderte, aus jeder anderen Zeit stammen. Er vermittelte den Eindruck eines vor allem an Kunst, Architektur und Geschichte interessierten Besuchers in einem der Zentren der europäischen Welt, dessen aktuelle Bedeutung als Schauplatz weltbewegender, zukunftsbestimmender Ereignisse mit keinem Wort erwähnt wurde. Was er rückblickend zu diesen Ereignissen, die sich vor seinen Augen abspielten, bemerkte, war diktiert von seiner Grundeinschätzung, an der er lange festhielt, nämlich dass vor allem Elemente der Gewaltsamkeit und der Willkür das Ganze bestimmt und dass sich hinter den großen Parolen und pathetischen Aufrufen in erster Linie Kräfte individuellen Ehrgeizes und persönlichen Machtwillens verborgen hätten.

Bezeichnenderweise hat er denn auch seinen Aufenthalt in der französischen Hauptstadt im Wesentlichen auf Besichtigungen begrenzt und kaum Kontakte zu denjenigen aufgenommen, die die Entwicklung politisch vorantrieben. »Was soll ich in dem schmutzigen Paris, in dem ungeheuren Gewimmel von Menschen?«, beschrieb er schon zwei Tage nach seiner Ankunft seine Stimmung. »Ich war nur jetzt zwei Tage hier, und beinahe ekelt es mich schon an.« – »Bei dem unaufhörlichen Gewirre, bei der unbeschreiblichen Menge von Menschen verschwindet das eigene Individuum so ganz, kein Mensch bekümmert sich um einen, keiner nimmt Rücksicht auf einen, ja, man wird selbst in dem Strom fortgerissen, dass man auch sich selbst nur wie ein Tropfen gegen den Ozean erscheint.«[38] Dabei blieb es auch die nächsten Tage. Und so hat er die Stadt nach Abschluss seiner Besichtigungstour, von dem, was andere wie sein Begleiter Campe mit größter Spannung und Aufmerksamkeit verfolgten, vergleichsweise unberührt, am 27. August 1789 wieder verlassen.

Von Paris reiste er nach Mainz, wo er länger als vierzehn Tage bei den Forsters blieb, ein Aufenthalt, den er rückblickend zu den glücklichsten seines ganzen bisherigen Lebens zählte[39] – allerdings überschattet von einer neuen Affäre Therese Forsters mit dem sächsischen Legationsrat Ludwig Ferdinand Huber, der ihr zweiter Mann werden sollte. Von Mainz führte ihn seine Reise über Heidelberg nach Stuttgart. Dort besuchte er Schillers alten Lehrer und Freund an der dortigen Karlsschule, den Philosophen

Jakob Friedrich Abel, und führte lange Gespräche mit ihm – unter anderem über Kants Philosophie der Moral, der er in der noch zugespitzten Form, die Abel ihr gab, vorwarf, die allgemeine Theorie und die Praxis, sprich das Gebiet der menschlichen Leidenschaften und Neigungen, lebensfremd voneinander zu trennen.

Dieser Vorwurf war nicht nur abstrakt-allgemein begründet, sondern bezog sich, wie stets bei ihm, auf seinen ganz persönlichen Erfahrungshintergrund, konkret auf das Nebeneinander von allgemeinen Prinzipien der Moral, der »praktischen Vernunft«, mit Kant zu sprechen, und der konkreten, von sinnlichen Bedürfnissen bestimmten Lebenspraxis in einer Person. Dieses Nebeneinander konstituiere und charakterisiere, so Humboldt, in seiner je spezifischen individuellen Ausprägung das Wesen und die Unverwechselbarkeit einer Persönlichkeit. Abel scheine oft zu vergessen, schrieb er an Forster, »dass, was er in Gedanken trenne, in sich doch nur Eins sei. So sondere er Seele und Leib, so Verstand, Herz und Willen von einander ab.«[40]

Für ihn bedeutete das unter anderem, dass er seine stark ausgeprägte Sexualität nicht nur zum Wesen seiner Persönlichkeit rechnete, sondern auch deren vergleichsweise hemmungslose Befriedigung mit unterschiedlichsten Partnern stets als etwas empfand, was durch seine spezifische Anlage nicht nur bedingt, sondern gerechtfertigt sei, da es eben mit dem Wesen seiner Persönlichkeit untrennbar zusammenhänge und ein selbsterzwungener Verzicht darauf zu einer negativen Veränderung seines Charakters führen würde.

Von Stuttgart reiste er, dem Beispiel vieler seiner wohlhabenden Zeitgenossen folgend, die ein ganz neues Verhältnis zur Natur entdeckten, in die Schweiz. Von Zürich ausgehend durchquerte er, teils mit dem Wagen, meist aber zu Fuß, hin und her reisend vor allem die inneren Kantone der Schweiz und wurde von dem ihm bis dahin ganz ungewohnten Anblick der Landschaft mit ihrem abrupten Wechsel von teils schneebedeckten riesigen Bergen, zerklüfteten Seen, mal engeren, dann wieder breiteren Tälern und dareingefügten Höfen, kleineren Ortschaften und zahlreichen mittelgroßen Städten stets aufs Neue überrascht.

»Ieder schritt giebt bilder unwiderstehlicher alles zerschmet-
ternder gewalt, und widerstrebender trozender stärke«, schilderte
er in seinem Reisebericht seinen Eindruck und die Gedanken, die
sich in ihm damit verbanden. »Bei den spuren von verwüstungen
die man in iedem augenblik wahrnimmt, bei dem gefühl einer
zahllosen reihe verflossener jahrhunderte – das sich mir nie in dem
grade aufdrängte – dämmert in der seele ein ahnden unabsehbar
ferner, wieder zertrümmernder und wieder schaffender zukunft
auf. Vergangenheit und zukunft, schöpfung und untergang waren
überhaupt die ideen, die sich meiner seele am heftigsten bemeis-
terten; alles stellte mir den strom des ewig umwandelnden schik-
sals dar, und nie erschienen mir menschliche schiksale, menschliche plane in einer verächtlicheren kleinheit.«[41] Es war eine Welt,
die ihm zugleich ganz neue Perspektiven auf die innere Welt, auf
die Abhängigkeit des Menschen von der Natur und ihren Wand-
lungen eröffnete. In diesem Sinne war es gleichzeitig ein inneres
Bildungserlebnis, das von den Eindrücken dieser Reise ausging,
und Humboldt hat es, stets konzentriert auf die eigene Person und
deren innere Entwicklung, ganz in diesem Sinne aufgenommen
und in sich bewahrt.

Vergleicht man die Eindrücke seiner Frankreich-, seiner Paris-
reise auf einem der Höhepunkte der Französischen Revolution mit
denen seiner Reise in die Schweiz, so kommt man zu dem Schluss,
dass die der Letzteren sehr viel prägender und bestimmender gewesen sind. Hier eröffnete sich ihm, angestoßen durch das visuelle
Erlebnis einer ihm bisher unbekannten Umwelt, ein ganz neuer
Erlebnis- und Erfahrungsraum. Und daraus erwuchs für ihn, als
eine seinen weiteren Lebensweg mitbestimmende Kraft, das Bedürfnis nach regelmäßigem Wechsel seiner äußeren Umwelt, nach
Reisen nicht nur, sondern nach Wohnungs- und Ortswechseln, und
das über Staats- und Ländergrenzen hinweg. Er wurde in diesem
Sinne zugleich, wie sein jüngerer Bruder Alexander, bei aller sich
in seinem späteren Leben dann wieder verstärkenden Bindung an
seine engere preußische Heimat, ein Kosmopolit.

Begonnen hatte er seine Reise in die Schweiz allerdings auf
dem ihm bekannten und schon vertrauten Wege seiner ersten

größeren Reise – der ihm freilich in Frankreich noch weitgehend verschlossen geblieben war, was ihren für ihn unbefriedigenden Charakter teilweise zu erklären vermag –, nämlich mit dem ihm meist von außen empfohlenen Besuch berühmter Persönlichkeiten. In diesem Fall war es der evangelische Theologe, Philosoph und Schriftsteller Johann Kaspar Lavater. Dieser war vor allem durch seine Schriften zur Physiognomik bekannt geworden, in denen er die Ansicht vertrat, aus den Körperformen auf den Charakter eines Menschen schließen zu können. Vor allem aus dem Bau und der Form des Gesichts eines Menschen könne man, so Lavater, Einsichten in dessen Anlagen und Eigenarten gewinnen.

Auf den ersten Blick war das eine absonderliche Idee. Vertiefe man sich aber in sie, so Humboldt, so gewinne man, bei aller kritischen Distanz, doch den Eindruck eines interessanten Perspektivenwechsels. Er bestehe darin, »die ganze Sinnenwelt [...] nur als eine Art anzusehen, wie die unsinnliche erscheint, nur als einen Ausdruck, einen Chiffre von ihr, den wir enträthseln müssen«. Daraus ergebe sich die Hoffnung, »immer mehr zu entziffern von dieser Sprache der Natur, dadurch – da das Zeichen der Natur mehr Freude gewährt, als das Zeichen der Konvention, der Blik mehr als die Sprache – den Genuß zu erhöhen, zu veredeln, zu verfeinern, die grobe Sinnlichkeit, deren eigentlicher Charakter es ist, im Sinnlichen nur das Sinnliche zu finden, zu vernichten, und immer mehr auszubilden den ästhetischen Sinn, als den wahren Mittler zwischen dem sterblichen Blik und der unsterblichen Uridee«.[42]

Das war eine sehr eigenwillige Interpretation der Lavater'schen Ideen, die Humboldt nur gesprächsweise und bestenfalls fragmentarisch kennengelernt hatte; »ich habe sein Werk nie gelesen«, bekannte er in seinen Tagebuchaufzeichnungen.[43] Was ihn daran faszinierte, war das dahinter vermutete, die Persönlichkeit des einzelnen Menschen in je individueller Form bestimmende Zusammenspiel von geistig-psychologischen und sinnlich-physischen Faktoren, wobei die genaue Betrachtung und Analyse der Letzteren den direkteren Zugang zum Grundcharakter der fraglichen Person eröffneten.

Das entsprach seinen eigenen Vorstellungen vom Zusammenwirken geistig-psychischer und körperlich-sinnlicher Elemente
bei der Formung der Persönlichkeit. »Wenn ich mich mehr ein-
gebungen augenblicklichen gefühls überlassen, als vernunftrai-
sonnements folgen soll«, sei es ihm oft so gewesen, »als sei die
sinnenwelt nur eine art, wie die aussersinnliche dem sterblichen
blikke erscheint, nur ausdruk, nur sprache, nur chiffre dessen, was
unmittelbar uns nicht sichtbar ist«. Mit dieser Formel suchte er in
seinen Tagebuchaufzeichnungen den Zusammenhang zwischen
Vernunft- und Gefühlseindrücken zu umschreiben, wobei er, für
seine eigene Vorstellungswelt, ja seine ganze Lebens- und Denk-
art höchst charakteristisch, dem Gefühlseindruck, dem Eindruck
der unmittelbaren sinnlichen Erfahrungen, eine Schlüsselfunk-
tion zur Eröffnung des Zugangs zu jener der das Leben letztlich
bestimmenden Welt der »Ideen« zuweist, die »unmittelbar«, das
heißt mit reinen Vernunftgründen, »uns nicht sichtbar ist«.[44]

Wie stets bei Humboldts Begegnungen und Gesprächen führten
diese zu Reflexionen über seine eigene Gedanken- und Gefühlswelt, Reflexionen, die sich oft, wie auch in diesem Falle, weit von
der Position seines jeweiligen Gesprächspartners entfernten, ihr
Zentrum ganz in der Konzentration auf die eigene Person fanden – dem für ihn zeit seines Lebens interessantesten Gegenstand
überhaupt. Dass er ein interessanter Gegenstand dann auch für
die Mit- und für die Nachwelt sein würde, nahm er im Zeichen eines grenzenlosen Individualismus gewissermaßen mit Selbstver-
ständlichkeit an, und nicht nur seine unbestreitbaren Leistungen
auf den verschiedensten Gebieten, sondern auch das sein Leben
weit überdauernde Interesse an seiner Person bestätigten, wenn
man so will, diese Selbsteinschätzung.

Das ausgeprägte Interesse an der eigenen Person konzentrierte
sich bei Humboldt wie bei vielen seiner Zeitgenossen in dieser
Epoche eines gesteigerten Individualismus nicht allein auf das
Sein der eigenen Person, sondern im gleichen, ja vielleicht noch
in stärkerem Maße auf das Werden, auf die Entwicklung der Person. »Geprägte Form, die lebend sich entwickelt«, so hat Goethe in
seinen »Urworten. Orphisch« unter dem Titel »Dämon« den zen-

tralen Gedanken dieses Individualismus auf den Begriff gebracht.
Die Persönlichkeit, die in jenem ständigen Prozess des Werdens
immer wieder zu sich selbst komme, hat dieser als »das höchste
Glück der Menschenkinder« bezeichnet. Wie aber, auf welchem
Wege sollte sich dieses Werden vollziehen – diese Frage beschäf-
tigte den eben zweiundzwanzigjährigen, materiell unabhängigen
Humboldt damals in starkem Maße, innerlich gestellt vor die Ent-
scheidung über seinen weiteren Lebensgang.

Es war schon davon die Rede, dass ihm sein Erzieher, seine Mutter, seine ganze Umwelt nahelegten, ja es nach der Rückkehr von
seiner zweiten »Bildungsreise« Mitte Dezember 1789, die ihn zum
Abschluss noch einmal nach Mainz, zu den Forsters geführt hatte,
für ganz selbstverständlich hielten, dass er nun in den preußischen
Staatsdienst eintreten werde. Tatsächlich hat er sich am 13. Februar
1790 in einer Eingabe an den König darum beworben, im Justizdepartement beschäftigt zu werden. Schon zwei Tage später war ihm
eine Anstellung als Referendar beim Stadtgericht in Berlin in Aussicht gestellt worden. Wenige Monate später hatte er seine zweite
juristische Prüfung bestanden, die ihn auch für den Dienst im Departement für auswärtige Angelegenheiten qualifizierte, und im
Juni 1790 hatte er den Titel »Legationsrat« erhalten.

Rückzug ins Privatleben

Das alles schien den Beginn einer steilen Karriere des eben Drei-
undzwanzigjährigen im preußischen Staatsdienst anzukündigen.
In Wahrheit aber bedeutete es einstweilen nur, wie sich schon bald
zeigte, eine Episode in seinem weiteren Lebensgang: Am 19. Mai
1791, ein gutes Jahr nach seiner Aufnahme in den preußischen
Staatsdienst, reichte Wilhelm von Humboldt beim König ein
Beurlaubungsgesuch ein mit der lakonischen Begründung, zwin-
gende Familienangelegenheiten machten dies nötig. Das Gesuch
wurde sogleich bewilligt, und erst elf Jahre später sollte er, unter
gänzlich veränderten Voraussetzungen und Bedingungen, in den
Dienst zurückkehren.

Was war geschehen? Monate vor seiner ersten Anstellung in
Berlin hatte er nach seiner langen Reise nach Frankreich und in
die Schweiz Caroline von Dacheröden wiedergesehen und sich
erneut und diesmal sehr heftig in sie verliebt. Auf einem Ball in
Erfurt am 16. Dezember 1789 hatte Humboldt ihr spontan einen
Heiratsantrag gemacht, und sie war darauf ebenso spontan eingegangen. Seither betrachteten sie sich als heimlich verlobt – heimlich, da beide davon ausgingen, dass ihr jeweiliger noch lebender
Elternteil, ihr Vater und seine Mutter, dieser Verlobung, jedenfalls
zum gegenwärtigen Zeitpunkt, nicht zustimmen würden.

Einer solchen Zustimmung aber bedurfte es, vor allem was
Humboldt anging, schon aus materiellen Gründen: Er hatte noch
keinen Beruf, noch kein eigenes Einkommen, und seine Mutter
würde, wie er wusste, sekundiert von ihrem engsten Berater
Kunth – der inzwischen als Assessor beim Manufaktur- und
Kommerzkollegium in den preußischen Staatsdienst getreten war,
wo er es schließlich bis zum Direktor der Generalverwaltung für
Handel und Gewerbe brachte –, nicht geneigt sein, ihr ererbtes
Vermögen zugunsten eines einkommenslosen Hausstandes ihres
ältesten Sohnes anzutasten. Erst als sich ihm nach seiner Eingabe
an den König die konkrete Aussicht auf eine Karriere im Staatsdienst eröffnete, entschloss sich Humboldt, die Mutter und kurz
darauf auch Kunth über seine Verlobung und seinen festen Willen, Caroline zu heiraten, ins Bild zu setzen.

Die Mutter allerdings reagierte überaus kühl. Sie äußerte nicht
einmal den Wunsch, Caroline näher kennenzulernen. Und auch
Carolines Vater, der sich, bei aller Sympathie für Wilhelm und bei
allem Verständnis für die offenkundige Neigung seiner Tochter,
seinen künftigen Schwiegersohn im Hinblick auf dessen Alter,
dessen berufliche Stellung und dessen schon erreichte Karriere
wohl etwas anders vorgestellt hatte, äußerte, zumindest anfangs,
gewisse Bedenken.

Im Frühjahr 1790 schließlich waren sich beide Seiten der Zustimmung ihrer Eltern einigermaßen sicher, obwohl vor allem
Frau von Humboldt auch weiterhin ihren Zweifeln über die zu erwartende Dauerhaftigkeit dieser Verbindung, nicht zuletzt in ma-

terieller Hinsicht, Ausdruck gab, wobei sie immer wieder betonte, von ihr könne der Sohn nur sehr begrenzt finanzielle Unterstützung erwarten. Wie aber sahen die beiden Verlobten die Zukunft der von ihnen so leidenschaftlich angestrebten Ehe, einer Ehe, die sich von den Verhältnissen der meisten ihrer Altersgenossen stark unterschied – sowohl was die mit ihr verknüpften Erwartungen anging, als auch was die davon abgeleiteten weiteren Lebenspläne betraf?

Bei Caroline waren diese Erwartungen und Lebenspläne ganz an seine Person geknüpft, wobei sie gleichzeitig auf diese Person zeit ihres Lebens den stärksten Einfluss ausübte. Und bei Wilhelm? Zwei Monate vor ihrer heimlichen Verlobung hatte er in seinem Bericht über seine Reise in die Schweiz mit Blick auf zwei eben verheiratete, ganz junge Paare einmal grundsätzlich bemerkt: »Wenn der verstand und die erfahrung der iungen leute nur so aufs höchste ihrem alter gleich ist als es doch meistens der fall sein mag, so seh ich nicht ab, wie das gute ehen hervorbringen kann. Eine andre Unbequemlichkeit ist die – die man doch, wenn man einmal im allgemeinen spricht, nicht übersehen darf – dass das alter der eheleute nie in dem richtigen verhältnisse stehen kann.« »Denn wenn der mann so jung heirathet«, fuhr er fort, »so muss das mädchen meistentheils wenigstens beinah gleich alt sein. Ausserdem aber ist für den männlichen charakter frühes heirathen allemal schädlich. Die Bildung des Mannes erfordert erfahrung, mannigfaltige verbindungen, vielfaches interesse; dadurch allein erhält er vielseitigkeit. Diess aber erfordert dass nur er selbst, nur sein charakter zwek aller seiner handlungen und schritte sei. Ist er verheirathet, so hört das auf. Er lebt dann nicht mehr für seine bildung, höchstens für sein glük.«[45]

Hatte all das, was er hier grundsätzlich, als Quintessenz allgemeiner Lebenserfahrung, formulierte, plötzlich keine Gültigkeit mehr? Oder betrachtete er seinen eigenen Fall als die berühmte Ausnahme von der Regel oder, besser gesagt, als das Ergebnis einer ganz besonderen, einmaligen Situation, die zwei Personen zusammengeführt habe, die sich in jeder Hinsicht ergänzten, ohne dabei in irgendeiner Weise ihre jeweilige Individualität und die

Besonderheiten ihres Wesens und ihrer davon geprägten Verhaltensweisen einzubüßen?

Das mag man als eine Einschätzung im Rausch der Verliebtheit beiseiteschieben. Humboldt hat jedoch an ihr bis zum Tode seiner Frau festgehalten, und auch ihre Briefe und Äußerungen bei den verschiedensten Gelegenheiten sprechen die gleiche Sprache. Sie empfanden ihre Beziehung ungeachtet mancher anderer, die sie beide im Laufe ihres Lebens eingingen, als etwas Einmaliges, das ihre individuelle Besonderheit und ihre Lebenseinstellung wie kaum etwas anderes bestimmt habe.[46]

Vor diesem Hintergrund muss man die auf den ersten Blick irritierende Tatsache sehen, dass sich in seiner Lebensführung bis hinein in den sexuellen Bereich nicht nur in seiner Verlobungszeit, sondern während seiner ganzen Ehe praktisch nichts änderte. Nachdem er schon in seinen autobiographischen Aufzeichnungen bis zu seiner Verlobung immer wieder seine erotischen und rein sexuellen Beziehungen offen vermerkt hatte, finden sich auch für die weitere Zeit entsprechende, oft sehr eindeutige Hinweise.

Konkret bedeutete das, dass er auch während seiner Verlobungszeit, allein in Berlin lebend, seinen bisherigen Lebenswandel einschließlich des häufigen Genusses käuflicher Liebe unbeirrt fortsetzte; dass er neben seiner Arbeit zuerst am Berliner Stadtgericht und dann am Hof- und Kammergericht, die ihn zwar in der Sache jeweils stark beschäftigte, aber innerlich kaum je fesselte, seinen Bekanntenkreis und seine Beziehungen intensiv pflegte und seine Freundschaften vertiefte.

Eine engere Verbindung auch bei amourösen Abenteuern nahm er etwa zu dem aus einer ostfriesischen Familie stammenden Schweden Karl Gustav Freiherr von Brinkmann auf, der nach dem Studium in Halle, wo er sich auf den diplomatischen Dienst vorbereitet hatte, seit Anfang 1790 in Berlin lebte. Vor allem aber lernte er hier den preußischen Kriegsrat Friedrich Gentz näher kennen. Zu ihm entwickelte sich rasch eine enge Freundschaft. Beide Anfang zwanzig, fühlten sie sich in ihrer Welt- und Lebensanschauung, ihren von der Ideenwelt der Aufklärung geprägten politischen und weltanschaulichen Grundüberzeugungen, nicht zuletzt durch ihr gemeinsames Interesse an Kant und seinen philosophischen Lehren miteinander verbunden, die sie in nächtelangen intensiven Diskussionen erörterten. Dazu kam, dass sie sich auch in ihrer, um es so auszudrücken, praktischen Lebensauffassung auf der gleichen Welle bewegten und vielfältige Liebesabenteuer mit mehr oder weniger käuflichen Damen unterhielten. »Mein häufigster, ich möchte sagen, mein einziger Umgang jetzt ist Gentz«, schrieb Humboldt nach Brinkmanns Abreise an diesen.

Was im Übrigen ihr persönliches Verhältnis anging, so war sehr deutlich, wem in dieser Verbindung letztlich der führende Part zukam. Gentz bewunderte Humboldts ganze Lebensart, seinen Bildungsgrad, seine Offenheit für philosophische Fragen, seine gleichzeitige Konzentration auf die juristischen Fachprobleme, verbunden mit der Lebhaftigkeit und Leichtigkeit seines gesellschaftlichen Umgangs auf allen Ebenen. Die ihm von Gentz und auch von Brinkmann entgegengebrachte freundschaftliche Bewunderung hat Humboldt durchaus geschmeichelt und sein Selbstvertrauen zusätzlich gesteigert. Aber im Hintergrund beschäftigte und bedrängte ihn in jenen Monaten in Berlin immer mehr die Grund- und Kernfrage: was aus seinem weiteren Leben werden, wie er es innerlich gestalten solle.

Diese Frage verband sich auf das Engste mit seiner Beziehung zu seiner Verlobten, die sich in jener Zeit, trotz oder vielleicht gerade wegen ihrer räumlichen Trennung, immer weiter vertiefte. Sie müssten, davon war er mehr und mehr überzeugt, diese Frage gemeinsam, in beide Seiten bindender Weise entscheiden. Geradezu drängend wandte er sich mit ihr in seinen Briefen an sie: Er stehe vor der Alternative, entweder in einer materiell gesicherten, aber, wie er zugleich betonte, ihn innerlich wenig befriedigenden Zukunft im preußischen Staatsdienst zu leben, oder in völliger Freiheit, in Konzentration auf sich und das Zusammenleben mit seiner künftigen Frau, eine ganz unabhängige geistige und seelische Existenz zu führen.

Wozu er neigte, wurde schnell immer deutlicher. »Still und ungekannt werden wir nur uns leben, in uns und unsern Gefühlen

einen Himmel von Freuden finden. Nur für so ein Leben bin ich
gemacht«, hatte er ihr schon Anfang April 1790 geschrieben.[47]

Dieser Gedanke vertiefte sich in den sechs Wochen, die er von
Anfang August bis Mitte September mit ihr auf dem väterlichen
Gut in Burgörner verbrachte, wo er sich innerlich immer enger
mit ihr verband. Er bedrängte sie nun immer offener mit der Frage nach der gemeinsamen künftigen Lebensgestaltung, die ihn in
den folgenden Monaten, auch im Zeichen der schrittweisen Zustimmung der Mutter und Kunths zu ihren Eheplänen unter dem
Eindruck seiner Ernennung zum Legationsrat, nachdrücklich beschäftigte. »Die Arbeit gibt mir […] an sich keine Freude«, schrieb
er ihr Ende Oktober 1790. »Äußere Vorteile strebe ich nicht dadurch zu erreichen, ich hätte nie ehrgeizig werden können, und
in sich freut mich selbst die Güte der Arbeit nicht.« – »Recht
lieb wird mir diese Laufbahn nie werden, das fühle ich«, fügte er
knapp vierzehn Tage später, am 11. November 1790, hinzu. »Die
Geschäfte werden meinen inneren Neigungen immer fremd bleiben, die äußeren Vorteile mich nie reizen.«[48]

Und Caroline? Sie bestärkte ihn nachdrücklich in der dahinter-
stehenden Deutung seines eigenen Wesens und seiner eigentlichen Lebensziele. »Laß es mich Dir aufrichtig sagen, lieber Bill«,
schrieb sie ihm am 24. November 1790, »Du bist nicht für den
Dienst gemacht, es gehört eine gewisse Art Eitelkeit dazu, von der
Dein Wesen ewig geschieden sein wird, sich viel von dem großen
Nutzen vorzuerzählen, den man stiftet, Dein Blick ist zu fein und
durchdringend, als dass Dir die Wahrheit entgehen sollte. Ich will
nicht sagen«, fuhr sie geradezu prophetisch fort, »dass es nicht
vielleicht im Dienst Stellen gibt, wo ein Mann auf seinen rechten
Platz zu stehen kommt und sich einen ausgebreiteten und wohltätigen Würkungskreis zu schaffen vermag, aber sie sind selten,
und seltener ist's wohl noch, diesen Würkungskreis in den schönen Jahren der Jugend zu erlangen.«[49]

Von Caroline nachhaltig darin bestärkt, kam er Ende des Jahres
1790 zu einem endgültigen Entschluss, wie er, an ihrer Seite, sein
künftiges Leben gestalten wollte. In einem ausführlichen Brief[50]
gab er noch einmal einen längeren Rückblick auf sein bisheriges

Leben und darauf, wie sich in ihm schrittweise seine jetzige Entscheidung vorbereitet habe. Er wähle »diesen Weg, weil ich gewiß
war, auch mit mittelmäßigen Talenten und mit Fleiß und Ordnung könnte man da nützlich wirksam sein«. Er habe sich »an
die strengste Ordnung, den sklavischsten Fleiß« gewöhnt, im Unterschied zu seinem Bruder, der »trieb, wozu er Neigung hatte«.
Er »hatte nur innere Neigung zu den Dingen, die den Kopf edel
und schön beschäftigen«, er »lebte mit einem Wort, in zehnfacher
größerer innerer Freiheit«. Ihm selber habe es erst in Göttingen
und dann auf seinen Reisen, in näherem Kontakt mit anregenden
und geistreichen Persönlichkeiten wie Johann Stieglitz, einem
Studenten, der wie er aus Berlin stammte und mit dem er sich in
Göttingen befreundet hatte, wie Jacobi, wie Forster, wie er »große
Charaktere in andern näher sah« und sich selber »tiefer studierte«, auch in ihm gedämmert, »dass doch eigentlich nur das Wert
habe, was der Mensch in sich ist«. »Nun änderten sich alle meine
Ideen über Nützlichkeit. Den Weg zu suchen, der mich, nur mich
zum höchsten Ziele führte, schien mir meine Bestimmung.« Dem
habe sich sein ganzer weiterer Lebensweg fortan unterzuordnen.

Und in der Tat: Die praktischen Lebensentscheidungen, die er
nun gemeinsam mit Caroline traf, folgten konsequent diesem
Entschluss. Sie machten sie zunächst ihren Familien bekannt. Und
beide Seiten, das heißt sowohl ihr Vater als auch seine Mutter,
fügten sich, wenngleich schweren Herzens, diesen Entscheidungen schließlich, die Mutter nochmals unter Hinweis auf die damit wohl verbundenen schweren materiellen Probleme für das
junge Paar. Nur der Bruder erklärte das Ganze schlichtweg für
eine verrückte Idee mit unabsehbaren und letztlich verhängnis-
vollen Folgen für Wilhelm und seine künftige Schwägerin. Das
aber schoben diese kühl beiseite. Am 19. Mai 1791 reichte Wilhelm beim König sein Entlassungsgesuch ein, freilich mit einer
Einschränkung: Aus seiner Anstellung beim Departement für
auswärtige Angelegenheiten bat er, mit Blick auf eine mögliche
fernere Zukunft, beurlaubt zu werden. »Freilich möchte aber
diese Thür wohl zu denen gehören, die nicht gebraucht werden«,
schrieb er an Friedrich Heinrich Jacobi, der seit seinem Besuch auf

dessen Landsitz in Pempelfort bei Düsseldorf Ende Oktober 1788
zu seinem engeren Bekanntenkreis zählte.[51]

Sein Gesuch wurde ihm ohne weiteres bewilligt. Am 29. Juni
1791 feierten er und Caroline in einer großen Gesellschaft im
Hause des Vaters in Erfurt ihre Hochzeit. Eingeladen waren unter
anderen auch ihre langjährigen vertrauten Freundinnen Caroline von Beulwitz und deren Schwester Charlotte, Letztere seit
kurzem mit Friedrich Schiller verheiratet, dem neuen Star am
Himmel der Dichter und Dramatiker, der inzwischen, allerdings
ohne Gehalt, zum Professor für Geschichte an der Universität
Jena berufen worden war.

Humboldt hatte mit ihm, der ihm vor allem aufgrund seiner
vieldiskutierten Elegie über »Die Götter Griechenlandes«, die im
März 1788 im »Teutschen Merkur« erschienen war, vertraut war,
im Dezember des gleichen Jahres auch persönliche Bekanntschaft
geschlossen. Und aus dieser Bekanntschaft entwickelte sich in den
nächsten Jahren, seine persönlichen Lebensvorstellungen stark
beeinflussend, eine immer enger werdende Freundschaft. Sie eröffnete ihm zugleich die zunächst geistige, dann aber bald auch
persönliche Verbindung zu den den Weimar-Jenaischen Kreis bestimmenden Figuren mit Goethe und Herder an der Spitze. Das
sollte sich in den nächsten Jahren breit entfalten, ihn dazu bestimmen, zweieinhalb Jahre später, Anfang 1794, sich auch räumlich
noch näher an diesen Kreis anzuschließen, als dessen Mittelpunkt
er persönlich Schiller betrachtete: Humboldts Umzug nach Jena
hatte auch symbolische Bedeutung.

Auf der Suche nach einer inneren Existenz

Nach der Heirat hatte das junge Paar abwechselnd im Sommer auf den väterlichen Gütern in Burgörner und dann in Auleben bei Nordhausen unweit von Halle und im Winter in Erfurt gewohnt. »Ich habe mich nun von allen Geschäften losgemacht, Berlin verlassen und geheirathet, und lebe auf dem Lande, in einer unabhängigen, selbst gewählten, unendlich glücklichen Existenz«, schrieb er zweieinhalb Wochen nach der Trauung an seinen vertrauten Mainzer Freund Georg Forster. »Ich empfinde dieß doppelt, indem ich es Ihnen sage; ich kenne Ihr warmes, liebevolles Herz. Ihre innige Theilnahme. Ich besorge auch von Ihnen nicht die Misbilligung des Schritts, den ich that, die ich von andren erfuhr.« Und er fuhr fort: »Die Säze, dass nichts auf Erden so wichtig ist, als die höchste Kraft und die vielseitigste Bildung der Individuen, und dass daher der wahren Moral erstes Gesez ist: bilde Dich selbst und nur ihr zweites: wirke auf andre durch das, was Du bist, diese Maximen sind mir [so] zu eigen, als dass ich mich je von ihnen trennen könnte.«[52] Ein knappes Jahr später hat er das, was er damit meinte, in die berühmt gewordene Formel gekleidet, es gehe hierbei um das »an dem Menschen, was eigentlich seiner Natur den wahren Adel gewährt«, nämlich um »die höchste und proportionierlichste Ausbildung seiner Kräfte zu einem Ganzen«.[53]

Unter diese Devise stellte er dann, wie er immer wiederholt und betont hat, die Gestaltung seines ganzen weiteren Lebens. Erst in ihrer Konkretisierung, erst mit der Beschreibung dessen, was mit der »höchsten und proportionierlichsten Ausbildung seiner Kräfte zu einem Ganzen« im Einzelnen gemeint sei, erhielt die Devise

freilich innere Substanz. Und gerade darum, um diese Frage kreiste sein ganzes Denken. Die Antwort lag, so seine Grundannahme,
in seinem eigenen Inneren, genauer darin, wie sich die in ihm
angelegten Kräfte und Talente, Begabungen und Fähigkeiten in
ihm entfalteten und sich jeweils harmonisch ergänzten. Anders
gesagt: Das Individuum, jedes Individuum stehe in einem ständigen Selbsterfahrungs- und Selbstbildungsprozess, und das Ziel
müsse sein, schrittweise aus sich die in ihm naturhaft-geheim-
nisvoll angelegte individuelle Persönlichkeit herauszuformen.
»Werde Du selbst«, so lautete der über allem stehende Satz, und
der Weg dazu bestand nach Humboldt in der immer genaueren
und umfassenderen Kenntnis seiner selbst – auch mit manchen in
dem Wesen der Person tief verborgenen Neigungen und Antrie-
ben. In jedem Menschen sei, so die dahinterstehende Grundthese,
ein solches Streben nach Selbstvollendung durch Selbsterfahrung
gewissermaßen von Natur aus angelegt und müsse nur durch eine
entsprechende Gestaltung des eigenen Lebens, durch Konzentration auf sich selber geweckt werden.

Hinter dem allen, hinter dem Schleier eines ausgeprägten und
zugespitzten Egozentrismus, der die meisten Vorstellungen und
Handlungen begleitete, steckte im Kern ein Idealismus besonderer Art, dem alles Leben, alles Denken und Tun, letztlich von
übergreifenden, die Menschen lenkenden Ideen bestimmt schien.
Und den Ausprägungen dieser »Ideenwelt« galt dann auch das
konkrete Interesse Humboldts in den folgenden Monaten und
Jahren.

Den Zugang zu ihnen meinte er zunächst auf dem Wege über
die philosophisch fundierte Erkenntnistheorie zu finden. In diesem Sinne konzentrierte er sich in den Monaten nach seiner Heirat auf das erneute intensive Studium vor allem von Immanuel
Kants »Kritik der reinen Vernunft« und der »Kritik der praktischen Vernunft«. Er knüpfte damit an das an, was er bereits in
Berlin, in Göttingen, bei seinen Gesprächen auf seinen Reisen mit
sehr verschiedenen Partnern aufgenommen hatte, und suchte es
systematisch zu vertiefen. Das hat ihm weit über philosophische
Grundbegriffe hinaus philosophisches Denken und vor allem ein

tieferes Verständnis für Kernfragen der Philosophie eröffnet, das ihn sein ganzes weiteres Leben begleitete.

Erste politische Schriften

Daneben beschäftigte er sich intensiv mit der durch die Französische Revolution auch in Deutschland zu höchster Aktualität gelangten Frage nach dem künftigen Verhältnis des Einzelnen zum Staat, und das hieß für ihn insbesondere, wie weit dessen Rechte gegenüber dem Einzelnen gehen sollten. Angestoßen wurde er dazu, wie gesagt, vor allem durch Gespräche mit dem in Erfurt residierenden Mainzer Koadjutor Karl Theodor von Dalberg, mit dem sein Schwiegervater, der ehemalige preußische Kammerpräsident Karl Friedrich von Dacheröden, auch gesellschaftlich eng verbunden war und den Humboldt in dem von ihnen gebildeten »schöngeistigen Kreis« – dem auch Caroline von Dacheröden, die jetzige Frau von Humboldt, seit längerem angehörte – näher kennengelernt hatte.

Dalberg war Wortführer eines spätabsolutistischen-patriarchalischen, zugleich aber der Gedankenwelt der Aufklärung verpflichteten Staatsgedankens. Der Staat sollte den Einzelnen und die Gesellschaft insgesamt fürsorgend lenken und sie im Dienste großer Ziele und Ideale, gleichsam als Vater des Ganzen, ihre Ordnung und ihr Verhalten bestimmend, führen und dirigieren. Dem widersprach Humboldt mit aller Entschiedenheit. Nicht der Staat, auch nicht die Gesellschaft als die Gemeinschaft der bisherigen Untertanen seien in der Welt und für ihre Entwicklung das Entscheidende, sondern allein das Individuum und seine möglichst freie Entfaltung und Entwicklung. In deren Interesse müssten der Staat und sein Einfluss auf das Leben des Einzelnen so weit wie möglich zurückgedrängt und alles den freien Entschlüssen und überhaupt dem freien Willen des Individuums überlassen bleiben, soweit dieser nicht die Freiheit und damit die »Sicherheit« für die Lebensführung aller menschlichen Individuen beeinträchtige.

Das seien die entscheidenden Grundsätze für das Miteinander

der Menschen, auch und vor allem für ihr Zusammenleben in der übergreifenden Gemeinschaft, im Staat. Zunächst sprach er von ihnen in einer kurzen Schrift »Ideen über Staatsverfasssung, durch die neue französische Constitution veranlasst«, die mit dem Untertitel »Aus einem Brief an einen Freund vom August 1791« – gemeint war Friedrich Gentz – Anfang 1792 in der »Berlinischen Monatsschrift« erschien.[54] Diese Verfassung, ja die ganze Revolution gründe im Letzten auf der Idee, dass man an die Stelle des »Prinzips«, dass »die Regierung für das Glük und das Wohl, das physische und moralische, der Nation« sorgen müsse – eines Prinzips, das in der Tat zum Ausgangspunkt und zur Basis des »ärgsten und drükkendsten Despotismus« geworden sei –, »das System einer gemässigten, aber doch völligen und unumschränkten Freiheit, das System der Vernunft« als »Ideal der Staatsverfassung« setzen müsse. Das aber abstrahiere von der jeweils gegebenen, historisch gewachsenen und geprägten Lebenswelt der Menschen. »Die Vernunft«, so Humboldt sehr grundsätzlich, habe »wohl Fähigkeit, vorhandenen Stoff zu bilden, aber nicht Kraft, neuen zu erzeugen.« Diese liege allein bei dem jeweils individuell, aber im Rahmen der gegebenen, historisch gewachsenen Verhältnisse handelnden Menschen. »Staatsverfassungen lassen sich nicht auf Menschen, wie Schösslinge auf Bäume pfropfen. Wo Zeit und Natur nicht vorgearbeitet haben, da ists, als bindet man Blüthen mit Fäden an. Die erste Mittagssonne versengt sie.«

Die neue revolutionäre Konstitution Frankreichs werde also, so seine Prophezeiung, keinen Erfolg haben. »Aber«, so fügte er hinzu, »sie wird die Ideen aufs neue aufklären, aufs neue jede thätige Tugend entfachen, und so ihren Segen weit über Frankreichs Gränzen verbreiten.« – »Ich bin überzeugt«, schrieb er ein gutes Jahr später an seinen Freund Brinkmann, »daß etwas Gutes und Großes aus dem Chaos hervorgehen wird, und selbst bei meinen trüben Quellen glaube ich hie und da durchzusehen, wie es kommen könne. Aber daß alles Gute so durch Blut wandern, jeder Übergang zum Besseren erst wieder das viel Schlechtere mit sich führen muß!«[55] Freilich, fügte er hinzu, »daß eine völlig neue Epoche jetzt beginnt, ist kein Zweifel«.

Anknüpfend an diese kleine Schrift, die durch die erste Revolutionsverfassung veranlasst worden war, hat er dann in einem größeren Werk die »Ideen« entfaltet, die seiner Meinung nach für die weitere politische Entwicklung maßgebend sein müssten und die jedenfalls sein ganzes politisches Denken fortan beherrschten.[56] In der ersten Hälfte des Jahres 1792 entstanden und mit Freunden und Bekannten, darunter neben Gentz vor allem Carl von Dalberg und Friedrich Schiller, breit diskutiert, trug die Schrift den Titel »Ideen zu einem Versuch, die Gränzen der Wirksamkeit des Staats zu bestimmen«.[57]

Dabei übernahm er ohne näheren Kommentar den Begriff der »Nation« aus der Ideenwelt vor allem der französischen Aufklärung als die zu Selbstbewusstsein erwachte Gemeinschaft der Untertanen eines Staates. Erst im Weiteren füllte er ihn aus der Ideenwelt zunächst der deutschen Klassik im Sinne einer Sprach- und Kulturgemeinschaft und verwendete ihn ganz in der Art vor allem von Friedrich Schiller, mit dem er sich über den Begriff intensiv austauschte. Wie dieser hob er die »Nation« von der Staatsgemeinschaft sehr deutlich ab, ihre Prägung durch Kultur und Geschichte dabei betonend, zunächst unter Voranstellung der kosmopolitischen Grundlagen.

Schiller hatte er, wie bereits erwähnt, über Caroline von Dacheröden, seine spätere Frau, kennengelernt, die mit den beiden Schwestern Charlotte und Caroline von Lengefeld eng befreundet war. Um beide Schwestern warb Schiller damals, obwohl Caroline zu diesem Zeitpunkt schon mit einem Herrn von Beulwitz verheiratet war, entschied sich dann aber für die Verlobung mit Charlotte. In diesem Zusammenhang fand seine erste Begegnung mit dem gleichfalls frischverlobten Wilhelm von Humboldt statt, aus der sich sehr rasch eine immer enger werdende Freundschaft entwickelte.

Ihm hatte Humboldt zwei Jahre später das Manuskript seiner »Ideen«, ebenso wie Gentz und Dalberg, mit der Bitte zugesandt, dazu kritisch Stellung zu nehmen. Schiller teilte, wie er Humboldt schrieb, deren Grundthesen sehr weitgehend. Auf seine Initiative wurde ein kleiner Teil des Aufsatzes in der von ihm herausgege-

benen Zeitschrift »Neue Thalia« veröffentlicht, nachdem, wieder
auf Schillers Rat hin, drei Kapitel zuvor schon in der »Berlinischen
Monatsschrift« publiziert worden waren.

Humboldts Bemühungen, für das ganze Werk einen Verleger
zu finden, führten zunächst jedoch zu keinem Erfolg. Und als
Schiller schließlich doch eine Publikationsmöglichkeit fand, sah
sich Humboldt seinerseits veranlasst, im Anschluss vor allem
an seine eingehenden Gespräche mit Dalberg,[58] eine gründliche
Überarbeitung des Ganzen ins Auge zu fassen. Zu ihr kam es dann
aber nicht. So ist die Schrift im vollen Umfang erst lange nach
Humboldts Tode, im Jahr 1851, erschienen und vielleicht nicht in
der Form, die er am Ende vor Augen hatte.

Wie dem auch sei – in ihrer Grundtendenz spiegelt sie doch das
wider, was ihn an Kerngedanken damals bewegte und woran er,
nochmals sei es wiederholt, dann zeit seines Lebens festhielt. Die
verschiedenen politischen Theorien und Theoretiker hätten sich,
so Humboldt, bisher vor allem mit der Frage nach dem wechselseitigen Anteil der Regierung und der Regierten am Staatsgeschäft
und nach der Verteilung der verschiedenen Funktionen innerhalb
der Staatsverwaltung beschäftigt. Weit weniger aber hätten sie
sich mit dem eigentlichen Grundproblem befasst, nämlich mit der
Frage, was überhaupt zu den Aufgaben des Staates gehöre, wo er
in das »Privatleben der Bürger« eingreifen dürfe und worin das
»Maass ihrer freien ungehemmten Wirksamkeit« bestehe.

Die Menschen in den Stadtstaaten der Antike, die wirklich
gleichberechtigte Bürger dieser Staaten gewesen seien, hätten im
Dienst an dem von ihnen allen mitbestimmten und mitgestalteten
Gemeinwesen ihren Hauptdaseinszweck gesehen. Für den Menschen der Gegenwart jedoch sei sein »wahrer Zweck [...] nicht
der, welchen die wechselnde Neigung, sondern welchen die ewig
unveränderliche Vernunft ihm vorschreibt – die höchste und
proportionierlichste Bildung seiner Kräfte zu einem Ganzen. Zu
dieser Bildung ist Freiheit die erste und unerlässliche Bedingung.
Allein«, fuhr er fort, »ausser der Freiheit erfordert die Entwik-
kelung der menschlichen Kräfte noch etwas andres, obgleich mit
der Freiheit eng verbundenes: Mannigfaltigkeit der Situationen.«

Auch diese sei jedoch an das Leben des Einzelnen und an die individuelle Art und Form seiner Lebensgestaltung geknüpft, könne sich also nur in der völligen Freiheit von staatlichen Vorgaben und Richtlinien entfalten.

Von diesen weit ins Grundsätzliche vorstoßenden Prinzipien her entwickelte Humboldt sodann seine Überlegungen im Einzelnen, wobei er in der Betonung des prinzipiell Neuen seines Ansatzes in vielem recht weitschweifig wurde. Der Staat habe allein, so betonte er immer wieder, für die »Sicherheit« seiner Angehörigen zu sorgen. Alles andere sei Sache des Einzelnen beziehungsweise – das haben viele seiner Interpreten, vor allem auch seiner Kritiker übersehen –, der freien Verbindung von Einzelnen zu den verschiedensten Zwecken. In diesem Sinne verstand er etwa später auch die von ihm mitbegründete Universität Berlin vor allem als freie Verbindung von Lehrenden und Lernenden unter der die Einhaltung ihrer meist selbstgesetzten Regeln kontrollierenden Oberaufsicht des Staates. Das konnte man, sehr weitläufig verstanden, als ein Element der »Sicherheit« im Gemeinwesen interpretieren, und Humboldt hat es auch so verstanden. Auf dieser Linie lag, dass er gleichzeitig die Unabhängigkeit der Universität nach englischem Vorbild auch materiell, durch Zuweisung einer dauerhaften staatlichen Dotation in Form von Grundstückdomänen, zu sichern versuchte – was ihm freilich am Ende nicht gelang.

»Jedes Bemühen des Staats« sei »verwerflich, sich in die Privatangelegenheiten der Bürger [...] einzumischen, wo dieselben nicht unmittelbaren Bezug auf die Kränkung der Rechte des einen durch den andren haben«. Denn auf diese Weise entmündige man den Bürger in der einen oder anderen Form, welche im Prinzip positiven Ziele man dabei auch verfolge. Statt ausschließlich auf sich selbst und das freie Zusammenwirken mit anderen Individuen zu vertrauen, lehne sich der Bürger an den Staat an, handle im Sinne von dessen Vorgaben und Planungen und verliere so mehr und mehr die Fähigkeit, sein Leben aus eigener Kraft, aus sich selbst heraus zu gestalten. Diese Fähigkeit aber sei es, die aus dem Menschen erst ein wirklich freies, selbstverantwortlich handelndes In-

dividuum mache. Sicher: »Sich selbst in allem Thun und Treiben
überlassen, von jeder fremden Hülfe entblösst, die sie nicht selbst
sich verschaffen, würden die Menschen auch oft, mit und ohne
ihre Schuld, in Verlegenheit und Unglük geraten. Aber das Glük,
zu welchem der Mensch bestimmt ist, ist auch kein andres, als
welches seine Kraft ihm verschafft; und diese Lagen gerade sind
es, welche den Verstand schärfen und den Charakter bilden.«

Es fällt mit Blick auf die schwerwiegenden und sich laufend
verstärkenen wirtschaftlichen und gesellschaftlichen Probleme
der Menschen in der heraufziehenden modernen Welt leicht, hinter solchen Sätzen allein die Blickverengung eines wohlhabenden
Mitgliedes der damaligen Elite zu sehen, die alles sich steigernde
wirtschaftliche und soziale Elend zumindest indirekt der Gängelung der Menschen durch den spätabsolutistischen Wohlfahrtsstaat zuschrieb. Insofern ist das spätere Urteil des Historikers und
liberalen Unterhausabgeordneten George Peabody Gooch verständlich, der meinte: »His state is only possible in a community
of Humboldts.«

Schaut man jedoch in der Perspektive der Zeit genauer und
zugleich unbefangener hin, so wird man schwerlich bestreiten
können, dass sich für Humboldts Argumente manches geltend
machen lässt. Seine These jedenfalls, dass nur das frei und selbstverantwortlich handelnde, von staatlicher Gängelung so weit als
möglich befreite Individuum in der Lage sei, nicht nur politischen,
sondern auch wirtschaftlichen und sozialen Fortschritt herbeizuführen, hat die Mehrheit der preußischen Reformer geleitet
und ihr Handeln inspiriert. Sie hat gleichzeitig zur Belebung und
Dynamisierung der vorhandenen wirtschaftlichen und gesellschaftlichen Kräfte in der noch ständisch gebundenen Bevölkerung und damit zu dem beigetragen, was die Zeitgenossen die
»Erweckung der Nation« nannten.

Humboldt selber freilich sah die ganze Frage zunächst noch wesentlich vom Standpunkt des Individuums aus. Dieses sollte von
allen äußeren Zwängen und Fesseln befreit werden, soweit diese
nicht allein der Idee der »Sicherheit« des Bürgers dienten, verstanden als Sicherheit vor auswärtigen Feinden wie vor Feinden

im Inneren der jeweiligen Staatsgemeinschaft. Dadurch sollte ihm
der Freiraum geschaffen und auf Dauer erhalten werden, in dem
er, geleitet von seiner inneren, seelischen »Energie«, seinen eigentlichen Lebenszweck erfüllen könne, nämlich die, wie die ständig wiederholte Parole lautete, »höchste und proportionierlichste
Bildung seiner Kräfte zu einem Ganzen«.

Das war, bei aller Abstraktheit und Allgemeinheit der Formel,
ganz auf seine Person, ganz auf das Ziel bezogen, auf das hin er sein
eigenes Leben gestaltete. Es war, kritischer gesagt, die ideologische
Überhöhung des eigenen Egozentrismus, worin er auch die Welt
der »sinnlichen Empfindungen, Neigungen und Leidenschaften«
einbezog, »welche sich zuerst und in den heftigsten Aeusserun-
gen im Menschen zeigen«: »Sie sind es gleichsam, welche wenigstens zuerst der Seele eine belebende Wärme einhauchen, zuerst
zu einer eigenen Thätigkeit anspornen. Sie bringen Leben und
Strebekraft in dieselbe.«[59]

Dahinter stand, als die ganze eigene Lebensauffassung und
Lebensperspektive bestimmende Idee, der Kult der eigenen Persönlichkeit. Er beherrschte Humboldt zeit seines Lebens, freilich
getragen von dem Gedanken, dass der Kult der eigenen Persönlichkeit zugleich den Weg eröffne zur Einsicht in das, was an über-
individuellen Kräften und Ideen das Wesen und den Charakter
des Menschen bestimme und seinem Leben letztlich die Richtung
weise.

In schärfster Opposition gegen den absolutistischen Fürsor-
gestaat, der dem Individuum jede wirkliche Selbstbestimmung
und damit die Voraussetzung nehme, die eigene Persönlichkeit zu
entfalten, suchte Humboldt also den Staat radikal auf die Funktion zu beschränken, für die »Sicherheit« des Einzelnen in seinem
Verhältnis zu seiner Umwelt nach außen und im Inneren des jeweiligen Staates zu sorgen. Er sollte, wie Ferdinand Lassalle, einer
der ersten Führer der Arbeiterbewegung, zwei Generationen später ironisch kommentierte, im Verhältnis zum Einzelnen die Rolle
eines bloßen Nachtwächters übernehmen.

Von dieser Grundlage aus entfaltete Humboldt im Detail das,
was er jeweils unter dem Stichwort »Sorgfalt des Staats für die

Sicherheit …« zusammenfasste und von all dem abgrenzte, in was sich der Staat bisher nach seiner Auffassung widerrechtlich einge- mischt hatte und in immer stärkerem Maße einmischte: in Fragen der Erziehung, der Religion, der Lebensweisen des Einzelnen und der Gemeinschaft, ja der Beziehungen der Menschen insgesamt, soweit sie nicht Probleme der wechselseitigen Sicherheit betra- fen.[60]

So wichtig die Schrift für Humboldts politische und soziale Grundvorstellungen und sein ganzes politisches Denken war – für die ganz überwiegende Mehrheit seiner Zeitgenossen blieb sie insofern einfluss- und bedeutungslos, als sie, wie gesagt, nur zu einem sehr kleinen Teil damals gedruckt wurde. Humboldt sel- ber wandte sich in der Folgezeit ganz anderen Problemen zu. Sie kreisten um die Frage, worin für den Einzelnen als leitende Idee, als Lebensideal das ihn bestimmende Menschenbild bestehe. Die- se Frage richtete er, allgemein gesprochen, an ganz verschiedene historische Phänomene, wobei es ihm stets um das Exemplarische im Allgemein-Menschlichen zu tun war.

Das Erste, was ihn in dieser Hinsicht in den folgenden Monaten intensiv beschäftigte, waren, anknüpfend an seine altphilologi- schen Studien bei Heyne in Göttingen und an seine eingehende Lektüre griechischer Autoren, prinzipielle Überlegungen über die Bedeutung und den Wert des Altertumsstudiums. Ausgangspunkt war der weit ausgreifende Plan eines Sammelwerkes unter dem Titel »Hellas«, in dem in zwangloser Folge Übersetzungen und Beiträge zur Kenntnis des antiken Lebens und zum tieferen Ver- ständnis der griechischen Schriftsteller erscheinen sollten. Für dieses Sammelwerk plante und entwarf er, von dem zu diesem Zeitpunkt als Professor in Halle wirkenden Friedrich August Wolf, den er im Haus seines künftigen Schwiegervaters schon 1790 kennengelernt hatte, in langen Gesprächen dazu ermuntert, einen einleitenden Grundsatzartikel.

Friedrich August Wolf war, selbst ein Schüler Heynes in Göt- tingen, ein Altersgenosse Schillers, also acht Jahre älter als Hum- boldt. Erwerb und Verbreitung der »Kenntnis der altertümlichen Menschheit« lautete das weitgesteckte Ziel seiner wissenschaftlichen Bemühungen, die er in seinen Vorlesungen und Vorträgen und in zahlreichen Abhandlungen ausbreitete. Er beherrschte die klassischen Sprachen und das überlieferte Quellenmaterial wie kaum ein anderer in seiner Zeit und gründete darauf ein umfassendes Bild der antiken Welt, die er wie viele seiner Zeitgenossen in Deutschland als das leitende Vorbild der Gegenwart ansah. Und in Humboldt, der ihn im Sommer 1792 in Halle besuchte und ihn für das nächste Weihnachtsfest nach Auleben einlud – daran knüpfte sich im Weiteren ein reger Briefwechsel zwischen beiden –, fand er darin wie auch in Schiller einen begeisterten Anhänger, der mit diesem Idealbild vor allem der griechischen Antike vollständig übereinstimmte. Von dieser gemeinsamen Basis aus entwarf Humboldt einen einleitenden Grundsatzartikel für ein Sammelwerk mit dem Titel »Hellas«, den er außer an Wolf an Schiller, an Dalberg und an Körner übersandte mit der Bitte um eine möglichst ausführliche Stellungnahme.

Vor allem Wolf und daneben auch Schiller äußerten sich dazu prinzipiell positiv, während in Körners und Dalbergs Antworten die kritischen Bemerkungen überwogen, vor allem auch was die Stringenz der Gedankenführung und den Stil anging.[61] Da die Planungen für das große Sammelwerk unter dem Titel »Hellas« nicht über Ansätze und Vorüberlegungen hinauskamen, gab Humboldt das Ganze schon bald wieder auf; der Artikel ist unter dem Titel »Über das Studium des Altertums, und des Griechischen insbesondere« erst mehr als hundert Jahre später, 1896, mit anderen einschlägigen Entwürfen durch Albert Leitzmann veröffentlicht worden.[62] Auch dieser Entwurf spiegelt jedoch die Intensität seiner altphilologischen Studien, und vor allem zeigt er, was Humboldt daraus für sich ganz persönlich an leitenden Vorstellungen und Überzeugungen zog.

Das antike Griechenland, so seine Grundthese, sei in seiner Sprache, in seiner Kunst, in seiner ganzen Kultur, aber auch im Politischen und hinsichtlich der Lebensformen und der Lebensgestaltung seiner Bürger das schlechthin exemplarische Vorbild, an dem sich der Mensch in seinem Bestreben, zur »höchsten, proportionierlichsten Ausbildung« seiner Kräfte zu gelangen,

orientieren müsse. Um diese Grundthese kreiste der ganze, über
weite Strecken abstrakt-lehrbuchhaft formulierte Beitrag. Sie
wurzelte, geweckt und genährt durch seine intensive Beschäftigung mit der griechischen Literatur seit seiner frühen Jugend
und wissenschaftlich vertieft durch sein Studium der Altertumswissenschaft bei Heyne in Göttingen, in der tiefverankerten und
nicht weiter begründeten, gleichsam dogmatischen Überzeugung,
dass die Welt der Antike und hier insbesondere die altgriechische
Welt das Fundament für die gesamte weitere Entwicklung bis zur
unmittelbaren Gegenwart gebildet habe und weiterhin bilde. Wer
sich mit ihr beschäftige und sie immer weiter durchdringe, werde
daher zu den tiefsten Einsichten in die Welt der Gegenwart und
auch der Zukunft gelangen.

Begegnung mit Schiller und Umzug nach Jena

Bei kaum jemandem ist die besonders in Deutschland am Ausgang
des 18. Jahrhunderts verbreitete Gräkomanie so ausgeprägt gewesen wie bei Wilhelm von Humboldt. Sie verband ihn zugleich auf
das Engste mit Schiller, mit Goethe, aber auch mit den Schlegels
und den sogenannten Romantikern sowie mit der Mehrzahl der
führenden Gelehrten der Zeit. Sie stellte gleichsam das Bindeglied
zwischen ihnen allen dar, und Humboldt wurde mehr und mehr,
auch wenn er in literarischer Hinsicht kaum hervortrat, zu einer
Art orthodoxem Wortführer und Repräsentanten dieser Gräkomanie.

Auch wenn der Archäologe und Kunsttheoretiker Johann Joachim Winckelmann schon eine Generation früher in ästhetischer
Hinsicht das Bild des antiken Griechentums mit seiner Formel
von »edler Einfalt und stiller Größe« geprägt hatte, so ist die um-
fassendere, alle Lebensbereiche einbeziehende Vorstellung und
leitende Idee vom antiken Griechentum erst an der Schwelle vom
18. zum 19. Jahrhundert entstanden. Und an ihrer Entstehung und
dogmatischen Ausformulierung hat kaum jemand so intensiven
Anteil genommen wie Wilhelm von Humboldt.

Der Ort und der Zusammenhang, von dem all dies seinen Ausgang nahm, lassen sich räumlich und zeitlich sehr genau bestimmen. Er datiert, so kann man sagen, von Anfang Februar 1794, als die Humboldts von ihrem bisherigen Wohnort auf den väterlichen Gütern beziehungsweise in Erfurt nach Jena zogen, um hier in engstem Zusammenhang mit den Schillers zu leben. Seit ihrem ersten persönlichen Zusammentreffen bei der Hochzeitsfeier der Humboldts Ende Juni 1791 waren Schiller und Humboldt sich immer öfter begegnet, und daraus hatte sich ein freundschaftliches Verhältnis zwischen dem vielgefeierten und mittlerweile in Jena lebenden Schiller und dem acht Jahre jüngeren Humboldt entwickelt.

Beide beschäftigten sich zu diesem Zeitpunkt intensiv, wenngleich nicht unkritisch mit den Schriften des führenden Philosophen der Zeit, mit Immanuel Kant. Dabei gelangten beide, von sehr verschiedenen Ausgangspunkten her, zu der Frage, wie sich das Denken rein von den Vernunftlehren der Aufklärung her mit den Erfahrungen und Erlebnissen ihrer je konkreten Lebenswelt verbinden und welches Menschenideal sich aus jener Verbindung ableiten lasse. Für Humboldt lag dieses Ideal in der zur leitenden Idee stilisierten Erscheinung des Menschen in der griechischen Antike, und auch Schiller bewegten ganz ähnliche zu Idealen erhobene Ideen über die antike Welt.

Humboldt, den die Anschaulichkeit und unmittelbare Lebendigkeit derartiger Ideen tief bewegte, suchte sie gleichzeitig auf das ihnen angeblich zugrunde liegende Urbild der griechischen Antike zurückzuführen. Hierüber und über alles, was sich daraus an Schlussfolgerungen ergab, kamen sie nach der Übersiedlung der Humboldts nach Jena in immer tiefergehende Gespräche. In ihnen vertrat Humboldt insofern gleichsam den Part des Historikers, als er gegenüber der ins Ideale gesteigerten Welt der reinen Ideen Schillers die freilich von ihm gleichfalls ins Idealische überhöhte Welt der griechischen Antike hervorhob, wie sie sich aus den literarischen Zeugnissen jener Zeit darstellte. Diese studierte er, geleitet vor allem von Wolf in Halle, intensiv. An Wolf schrieb er in jenen Tagen: »Besonders heilsam muß das Studium eines

Charakters wie der griechische in einem Zeitalter wirken, wo
durch unzählige Umstände die Aufmerksamkeit viel mehr auf
Sachen als auf Menschen, mehr auf Massen von Menschen als auf
Individuen, mehr auf äußeren Wert und Nutzen als auf inneren
Gehalt und Genuß gerichtet ist und wo hohe und mannigfache
Kultur sehr weit von der ersten Einfachheit abgeführt hat. In
solchen Zeiten muß es sehr heilsam sein, auf Nationen zurück-
zublicken, bei welchen dieses alles beinahe umgekehrt war.« Man
hat Humboldts Position denn auch wie folgt zusammengefasst:
»Die charakteristischen Merkmale des Altertums und der Neuzeit werden dialektisch aufeinander bezogen, um beide in einer
höheren Synthese aufzuheben, die nach Humboldts Auffassung
auch seine Zeit noch nicht erreicht hat, sondern eine fortdauernde
Aufgabe darstellt.«[63]

Beide, Humboldt wie Schiller, hoben dabei immer wieder das
Beispielhafte, das Exemplarische jenes Abschnitts der Menschheitsgeschichte hervor, ja sie gelangten Schritt für Schritt dahin,
die geistig führenden Figuren der eigenen Zeit – worunter sie
stillschweigend auch sich selber verstanden – als eine Art geistige
Wiedergeburt des Menschen der griechischen Antike in der klassischen Zeit anzusehen.

Das gilt vor allem für Humboldt, für den das Studium der Antike zugleich ein Weg war, mit Blick auf sich selber das Wesen des
Menschen und die in ihm wirkenden Kräfte zu erkunden. Als eine
solche Kraft sah er mit Schiller in erster Linie die Idee des Schönen, die nicht aus der sinnlichen Erfahrung erwachse, sondern,
wie gerade das Studium des Menschen der Antike verdeutliche,
unmittelbar im Wesen des Menschen angelegt sei. Sie dränge
auf eine Verwirklichung in der Kunst, sei es in dem schöpferi-
schen Akt der Hervorbringung durch den Künstler, sei es in der
Rezeption durch den sich der Kunst öffnenden Betrachter. Auch
in dem Rezipierenden, dem Genießenden also wirke die Idee des
Schönen, seine Persönlichkeit formend – ein Gedanke, der gerade
Humboldt, bei dem das Rezeptive das Schöpferische zeit seines
Lebens so deutlich überwog, tief beeindruckt hat. Er stärkte sein
Selbstbewusstsein ganz außerordentlich, hob ihn auch in dieser

Hinsicht gleichsam auf eine Ebene mit Schiller und Goethe, deren Gedanken- und Ideenwelt er im Ansatz und in der Zielrichtung voll und ganz teilte, ohne sie schöpferisch in eigenen Werken umsetzen zu können.

Diese Gleichgerichtetheit der Ideen und der Schlussfolgerungen, die sie daraus in jeweils sehr unterschiedlicher Form in ihren Werken zogen, haben Schiller wie Goethe mit Blick auf Humboldt durchaus anerkannt. Daraus ist es zu erklären, dass beide sich in ihren Kontakten und Gesprächen mit Humboldt ganz auf einer Ebene fühlten, auch wenn dieser auf dem Gebiet, auf dem sie ihr Ansehen und ihren Ruhm erwarben, dem der Dichtkunst, über – freilich weitausgreifende und kühne – Absichten und Pläne kaum hinauskam.

Dabei spielte allerdings eine sehr entscheidende Rolle, dass Humboldt im persönlichen Gespräch wie auch in seinen Briefen immer wieder erkennen ließ, wie intensiv und tief eindringend er sich mit den zur Debatte stehenden Fragen und Themen beschäftigte, wie weit er sich über jede Art des bloßen Dilettantismus erhob. Hinzu kam, dass seine äußeren Umgangsformen, die ganze Art seines Auftretens geprägt waren von seiner gesellschaftlichen Position eines materiell unabhängigen, sein Leben völlig selbst bestimmenden Mitglieds der sozialen Elite, das, von Jugend gewöhnt an den Verkehr mit den führenden Kräften der Gesellschaft, über sich nur die herrschenden Regenten anerkannte, im Fall Humboldts mit dem preußischen König an der Spitze.

So ausgeprägt Humboldts Bewunderung für den fast zwanzig Jahre älteren Goethe und sein Werk war, eine Bewunderung, die sich nach 1794 im Zuge ihres häufigeren Zusammentreffens noch steigerte – enger war sein Verhältnis von Anfang an zu Schiller. Sie verband neben sehr persönlich gefärbter Sympathie – die bei Humboldt mit seiner zeit seines Lebens im Verhältnis zu Männern ausgeprägt kühl-distanzierten Art ganz aus dem Rahmen fiel – die Neigung, die Welt und die Menschen vom Standpunkt übergreifender Ideen zu betrachten und zu beurteilen. »Wahrheit« und »Schönheit«– das waren die Stichworte für diese Ideen, die sie beide einerseits über die Erkenntnistheorie eines Immanuel Kant und andererseits über die griechische Antike zu durchdringen und sichtbar zu machen und gleichzeitig zu vermitteln hofften. Es gehe darum, so die Formulierung Schillers in der Vereinbarung mit dem Stuttgarter Verleger Cotta über die Gründung der Literaturzeitschrift »Die Horen«, »die Idee der Bildung durch Wahrheit und Schönheit einem breiteren Publikum nahezubringen«.

Schiller hat Humboldt, in dem er einen Geistes- und Gesinnungsverwandten erkannte, sogleich an der Redaktion der neuen Zeitschrift beteiligt, die durch die Mitarbeit von Goethe, von Herder, von Voß, von Hölderlin sehr rasch zum zentralen Organ der dann so genannten »deutschen Klassik« wurde. »Humboldt«, schrieb Schiller Mitte Mai 1794 nach seiner Rückkehr von einer längeren Reise in seine schwäbische Heimat an seinen Freund Körner, mit dem auch Humboldt seit einem vierwöchigen Besuch in Dresden im September 1793 eine enge persönliche Freundschaft geschlossen hatte,[64] »ist mir eine unendlich angenehme und zugleich nützliche Bekanntschaft, denn im Gespräch mit ihm entwickeln sich alle meine Ideen glücklicher und schneller. Es ist eine Totalität in seinem Wesen, die man äußerst selten sieht, und die ich außer [in] ihm nur in Dir gefunden habe.«[65]

Dieser enge persönliche Kontakt, von dem Schiller hier sprach, begleitete auch die Entstehung zentraler theoretischer Schriften in seinem Lebenswerk, so die Essays »Ueber die ästhetische Erziehung des Menschen« (1795) und »Ueber naive und sentimentalische Dichtung« (in: Die Horen, 1795–1797), und eine Reihe sogenannter Lehrgedichte wie »Das verschleierte Bild zu Sais« (1795) oder »Die Macht des Gesanges« (1796). Humboldt war ihm dabei eine Art Mentor für Metrik und Versbau, wobei Schiller gelegentlich mehr scherzhaft dessen Pedanterie registrierte.

Angeregt nicht zuletzt durch Goethes auf den Idealtypus zielende Gestaltüberlegungen, die er in häufigen Gesprächen mit diesem ebenso wie sein Bruder Alexander kennenlernte, hat Humboldt sich damals im intensiven geistigen Austausch mit Schiller mit der Frage beschäftigt, wie sich in dem als Idee konzipierten »ganzen Menschen« das männliche und das weibliche Element im einzelnen Individuum in unendlichen Variationen verbänden. Ge-

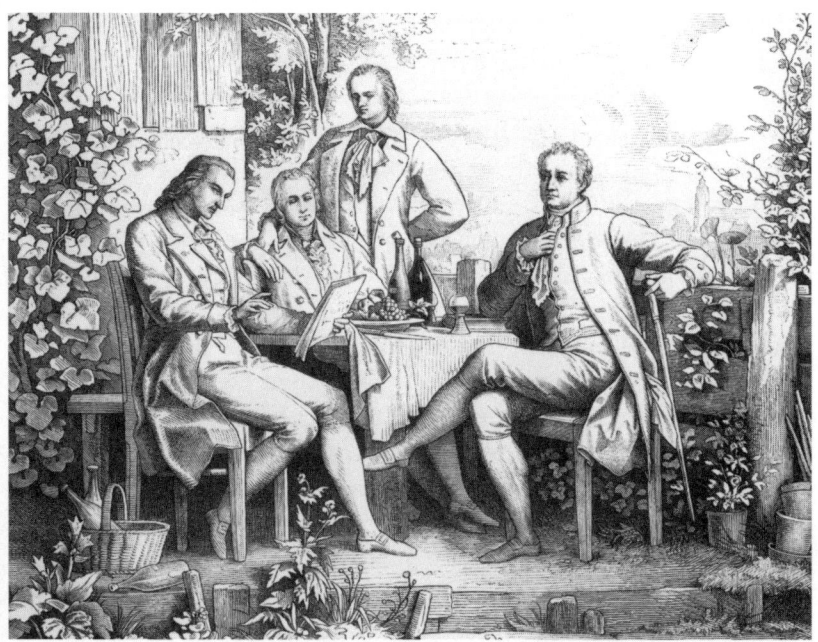

*Friedrich Schiller, die Brüder Humboldt und
Johann Wolfgang von Goethe (v. l. n. r.)*

leitet von dieser übergreifenden Frage hat er in seiner Jenaer Zeit
zwei Aufsätze verfasst, die beide 1795 in den »Horen« erschienen. Sie bezogen sich, wie einer seiner ersten Biographen, Rudolf
Haym, es formuliert hat, auf das »Verhältnis der Geschlechter zu
einander, was zum Ausgangs- und Mittelpunkt seiner Vertiefung
in das Wesen der menschlichen Natur wurde«.[66]

Der erste Aufsatz, den Humboldt um den Jahreswechsel 1794/95
fertigstellte, trug den Titel »Ueber den Geschlechtsunterschied
und dessen Einfluss auf die organische Natur«.[67] Sein Ausgangspunkt war ein in speziellem Sinne natur-philosophischer. Er bezog
die geistige und die sinnlich-physische Natur des Menschen unmittelbar aufeinander. »Schon in dem körperlichen Theil seines
Wesens« finde »der Mensch mit unverkennbarer Schrift dasjenige ausgedrückt, was er in seinem moralischen zum Dasein zu
bringen streben soll.« Beide, die physische und die moralische

Welt, machten letzten Endes ein großes Ganzes aus, und »die Erscheinungen in Beiden gehorchen nur einerlei Gesetzen«.

Von dieser These ausgehend entwickelte Humboldt seine Idee
von dem in allen Bereichen der belebten Natur, im geistig-moralischen wie im physisch-sinnlichen, wirkenden Dualismus zweier
von Fall zu Fall jeweils unterschiedlich akzentuiert ausgeprägter
Kräfte: der männlichen und der weiblichen, die sich in dem ge-
heimnisvoll bleibenden Akt der Zeugung zu etwas ganz Neuem
vereinigen, das aber wiederum entweder männlich oder weiblich
akzentuiert sei. Dieser Akt der Zeugung aber sei nicht allein auf
den biologischen Vorgang beschränkt, sondern stelle ganz allgemein das Prinzip aller geistigen und aller physischen Entwicklung, ja allen Lebens dar. Vorbereitet und eingeleitet werde die Vereinigung beider Elemente im Akt der Zeugung, fügte Humboldt
hinzu, beim Menschen durch die geheimnisvolle Kraft der Liebe,
die zugleich zu einem Ausgleich der, wie gesagt, unterschiedlich
stark ausgeprägten männlichen beziehungsweise weiblichen Elemente bei den jeweiligen Partnern führe.

In dem zweiten Aufsatz, dem er den Titel »Ueber die männliche und weibliche Form« gab,[68] beschäftigte er sich vor allem
mit der Mischung beider Elemente im einzelnen Individuum, die,
so betonte er, eine unendliche, die jeweilige Individualität bestimmende Variationsbreite aufweise. »Die höchste und vollendete
Schönheit«, also das Ideal der Schönheit, erhalte man nur, »wenn
man das Charakteristische beider Geschlechter in Gedanken zu-
sammenschmelzt und aus dem innigsten Bunde der reinen Männ-
lichkeit und der reinen Weiblichkeit die Menschlichkeit bildet«.

Anders gewendet: Die Idee der idealen »Menschlichkeit« sei
ein rein geistiges Konstrukt, Ergebnis der »productiven Einbildungskraft«, »welche aus dem Gebiet der Erfahrung in ein idea-
lisches übergeht, allen zufälligen Ueberfluss und alle zufälligen
Schranken von ihrem Gegenstand absondert, und das Unendliche
der Vernunft in eben so bestimmte Formen einkleidet, als sonst
nur die zufällige und beschränkte Geburt der Zeit, das wirkliche
Individuum, zeigt«. »Mit diesem wunderbaren Vermögen« sei vor
allem der Grieche der antiken Welt »von der Natur ausgestattet«

gewesen, und in seinem Sinne habe er denn auch »seinen Olymp mit idealischen Gestalten« ausgestattet.

Im Weiteren suchte Humboldt diese zentrale Idee anhand der Gestalten der olympischen Götterwelt zu illustrieren und zugleich zu belegen mit dem Ziel, in ihnen die ins Idealische überhöhte Verkörperung des im Menschen Angelegten herauszuarbeiten, das im einzelnen Individuum nur jeweils sehr unvollkommen zum Ausdruck gelange, eben weil sich in ihm das Männliche und das Weibliche kaum je in idealer Weise verbänden. »In der Natur des Göttlichen« strebe »alles der Reinheit und Vollkommenheit des Gattungsbegriffs entgegen«. Mit anderen Worten, hier werde in unterschiedlicher Ausprägung das Ideal des Menschlichen sichtbar.

Dieser hier nur andeutend und vieles verkürzend wiedergegebene Gedankengang war, wie oft bei Humboldt, sehr kompliziert entwickelt und dargestellt. Und entsprechend fiel die Reaktion seiner ihm nahestehenden Leser aus. Körner, dem Schiller den Aufsatz, den er in der Substanz sehr gehaltvoll, allerdings reichlich vertrackt fand, zur Beurteilung geschickt hatte, betonte, es fehle ihm an Klarheit des Stils und an Anschaulichkeit.[69] Noch schärfer äußerte sich Friedrich Schlegel in einem Brief an seinen Bruder August Wilhelm: man könne die Aufsätze in ihrer Substanz nicht wirklich verstehen.[70] Ähnlich lautete auch das Urteil Immanuel Kants gegenüber Schiller: Er könne die Darlegungen, die an Schwärmerei grenzten, nicht »enträtseln«, »ein so guter Kopf mir auch der Verfasser zu seyn scheint«. Für ihn, Kant, sei der Geschlechtsunterschied immer etwas Unerklärbares gewesen und bleibe es auch nach der Lektüre der Aufsätze Humboldts.[71] Und Schiller selber urteilte in einem Brief an Körner vom 7. November 1794: »Ich fürchte wirklich, er hat zum Schriftsteller kein rechtes Talent, er wird diesen Mangel durch Kunst nicht viel verbessern.«[72]

Goethe hat sich auf die Abstraktionen von Humboldts Ideenwelt mit ihrer überhöhenden Interpretation dessen, was sich aus der Überlieferung altgriechischer Vorstellungen und Ideen angeblich ergab, nicht weiter eingelassen — sofern er sie überhaupt

ernsthaft zur Kenntnis genommen hat. Und auch Schiller hat
sich, so stark er zunächst von diesen die Vorherrschaft menschlicher Idealvorstellungen betonenden Gedanken angetan gewesen
war, im Weiteren wieder von ihnen entfernt. Humboldt selbst
hat seine in der Tat höchst komplizierten Überlegungen über den
Wechselbezug zwischen männlichen und weiblichen Elementen
im Menschen, die nur im Idealfall zu einer harmonischen Einheit in der Beziehung zwischen einem konkreten Mann und einer
konkreten Frau fänden und mehr eine leitende Idealvorstellung
seien, nicht weiterverfolgt.

Neben dem intensiven geistigen Austausch mit Schiller, der um
philosophische und literarische Fragen, speziell um das Vorbild der
Antike und um Schillers Werk kreiste, beschäftigten Humboldt
zunehmend sehr praktische Lebensprobleme. Seine Mutter war
im Herbst 1795, wohl an Krebs, schwer erkrankt, und die Söhne
mussten sich um sie und gleichzeitig, als potentielle Erben gemeinsam mit ihrem Stiefbruder Ferdinand von Holwede, um die
Verwaltung ihres umfangreichen Grundbesitzes kümmern. Der
ältere, Wilhelm, zog im Juli 1795, mit seiner mittlerweile vierköp-
figen Familie – 1792 war seine nach der Mutter gleichfalls Caroline
genannte Tochter, 1794 sein nach dem Vater Wilhelm benannter
ältester Sohn zur Welt gekommen – wieder nach Berlin beziehungsweise nach Tegel. Er unternahm von dort längere Reisen
nach Norddeutschland, nach Hamburg, nach Lübeck, nach Eutin,
nach Wandsbeck. Hier lernte er unter anderen Johann Heinrich
Voß, den Mitbegründer des »Göttinger Hains« und Herausgeber
des »Göttinger Musenalmanachs« und späteren Homerübersset-
zer, und den damals schon über siebzigjährigen Friedrich Gottlieb
Klopstock sowie den Dichter Matthias Claudius und den Theologen und Philosophen Franz Xaver von Baader kennen.[73]
Aber so anregend die Begegnung und die Gespräche mit ihnen
auch sein mochten – sie vertieften nur noch die Stimmung wach-
sender Selbstzweifel, die Humboldt in jenen Monaten zunehmend
befiel. Das alles waren Männer, die im geistigen und literarischen
Leben durch eigene Werke einen festen Platz gefunden hatten,
die durch Produktivität auf ihrem jeweiligen Gebiet hervorragten.

Was aber hatte er hier zu bieten neben weitausgreifenden, aber letzten Endes dann wieder verworfenen Plänen?

So hatte er die Idee eines umfassenden Werkes über die Entwicklung des Geistes der Menschheit entwickelt und damit begonnen, mit einem großangelegten Rückblick auf das zu Ende gehende 18. Jahrhundert zugleich den Umriss des ganzen, von mehreren Autoren auszufüllenden Unternehmens zu skizzieren. »An dem Schlusse eines vollendeten Jahrhunderts«, so begann er diesen das Gesamtkonzept umreißenden Rückblick, »bietet sich unserm Nachdenken sehr natürlich die Frage dar: wo stehn wir? welchen Theil ihres langen und mühevollen Weges hat die Menschheit zurückgelegt? befindet sie sich in der Richtung, welche zum letzten Ziel hinführt? und wie weit ist es ihr gelungen, in dieser Richtung bereits fortzuschreiten?«[74]

Nach wenigen Abschnitten aber war das Ganze liegengeblieben, es wurde erst mehr als ein Jahrhundert später aus dem in Tegel überlieferten Nachlass ediert. »Ich fühle sehr wohl, woran es mir fehlt«, hatte er während der Arbeit daran an Schiller geschrieben: »An der Kraft, die ihren Gegenstand mit Leidenschaft angreift, die von ihm fortgerissen wird und dauernd an ihm festhängt – an Genie.« »Ich bin überzeugt«, antwortete Schiller ihm, »was Ihrem schriftstellerischen Gelingen vorzüglich im Wege steht, ist sicherlich nur ein Übergewicht des urteilenden Vermögens über das frei bildende und der zuvoreilende Einfluss der Kritik über die Erfindung, welcher für die letztere immer zerstörend ist. Ihr Subject wird Ihnen zu schnell Object und doch muß alles auch im wissenschaftlichen nur durch das subjective Wirken verrichtet werden. In diesem Sinne würde ich Ihnen natürlicherweise die eigentliche Genialität absprechen, von welcher Sie doch, in einer anderen Rücksicht, wieder so vieles haben.« – »Ihre individuelle Vollkommenheit liegt daher«, so schloss er, »sicherlich nicht auf dem Wege der Production, sondern des *Urtheils* und des *Genusses*«.[75] »Was Sie über mich sagen«, antwortete Humboldt ihm knapp vierzehn Tage später, »habe ich bewundert. Sie haben mich in *einem* Moment so treffend und ganz ausgesprochen, daß diese paar Zeilen Ihres Briefes eine vollständige Grundlage einer Cha-

rakterisierung von mir abgeben könnten. Nur trauen Sie mir noch
immer zuviel Natur und mit Unrecht nur überhaupt Genialität
zu.«[76]

Humboldts Stimmung verdüsterte sich im Herbst und Winter
1795/96, die er mit seiner Familie vorwiegend im Haus der Mutter
in Berlin verbrachte, mehr und mehr. Zu der Krankheit der Mutter kam eine Erkrankung seiner Frau, die sich lange hinzog. Und
er selber wurde, noch nicht dreißig Jahre alt, von rheumatischen
Beschwerden heimgesucht, die seine ursprüngliche Lebenszuver-
sicht auch vom Physischen her zunehmend belasteten. Hinzu
kamen wachsende materielle Sorgen, da ihm der Zugriff auf das
Vermögen der Mutter nach wie vor verwehrt blieb.

Gerade einmal vier Jahre nachdem er aus dem kaum begonnenen Staatsdienst wieder ausgeschieden war, geheiratet und mit
großen Erwartungen eine in jeder Hinsicht völlig freie Existenz
begonnen hatte, konzentriert nur auf sein privates Leben und auf
seine weitgespannten geistigen und künstlerischen Interessen,
war er innerlich und äußerlich in eine tiefe Krise geraten. Hatte er seine produktive Begabung, seine Fähigkeiten und Talente
überschätzt? War das, was er als sein eigentliches Lebensziel bezeichnet hatte, die »höchste und proportionierlichste Ausbildung
seiner Kräfte zu einem Ganzen«, schon von den äußeren, den materiellen Lebensbedingungen her unerreichbar, von den eigenen
Anlagen ganz zu schweigen?

Was die äußeren Lebensbedingungen anging, so änderten
sich freilich die Umstände in den kommenden Monaten grundlegend. Anfang November 1796 war er mit seiner Frau, die erneut
schwanger war, und mit den beiden Kindern wieder nach Jena
zurückgekehrt. Hier hatten sie die Schillers, mit denen sie mittlerweile eine sehr enge Freundschaft verband, mit großer Herz-
lichkeit wieder aufgenommen. Sie hatten Berlin verlassen, da die
Krankheit der Mutter zwar andauerte, aber im Augenblick nach
dem Urteil der Ärzte keine unmittelbare Gefahr zu drohen schien.
Wenig später erreichte sie jedoch die Nachricht, dass die Mutter
beziehungsweise Schwiegermutter am 14. November 1796, gerade 55 Jahre alt, gestorben war.

Bei beiden Söhnen, bei Wilhelm und Alexander, der im Frühjahr 1796 gleichfalls nach Berlin gekommen war, hielt sich die Trauer in Grenzen. Dazu war die – auch emotionale – Distanz zu der Mutter von früher Jugend an zu groß gewesen. »Du weißt, mein Guter«, schrieb Alexander an einen Freund, »dass mein Herz von dieser Seite nicht empfindlich getroffen werden konnte. Wir waren uns von je her fremd; aber«, fügte er hinzu, »wen hätte das unselige endlose Leiden der Verschiedenen nicht rühren sollen.«[77]

Zunächst war der plötzliche Todesfall für beide Brüder mit erheblichen Kosten verbunden, da die finanziellen Zuschüsse der Mutter für ihre Lebenshaltung nun ausblieben, sie andererseits für die Kosten, die mit dem Todesfall und all dem, was damit zusammenhing, erst einmal mit aufkommen mussten, bevor die Erbschaft, die ihnen und dem Stiefbruder zustand, geregelt war. Hierzu bedurfte es langer Verhandlungen, bis über die Verteilung der verschiedenen Einkünfte der Mutter und ihrer Hauptquelle, den reichen, aber vielfältig verteilten Grundbesitz, Einigkeit erzielt war.

Eine maßgebliche Rolle spielte dabei der langjährige Vertraute der Mutter und einstige Privatlehrer der Söhne, Gottlob Johann Christian Kunth. Nunmehr im preußischen Staatsdienst tätig, hat er seine Rolle als Erbschaftsverwalter mit großer Umsicht und zu allgemeiner Zufriedenheit wahrgenommen. Freilich dauerte es bis zu deren Abschluss einige Zeit, und beide Söhne – Alexander hatte Ende 1796 gleichfalls den Staatsdienst verlassen und war zu seinem Bruder nach Jena gezogen – gerieten zeitweise in starke finanzielle Probleme, bei deren Überwindung ihnen niemand Geringerer als der weimarische Staatsminister Goethe mit Blick auf das zu erwartende große Erbe unter die Arme griff. Zu beiden hatte Goethe in den vergangenen Jahren engere Kontakte geknüpft, von denen der Briefwechsel mit ihnen – den beide Seiten dann über Jahrzehnte fortführten – ein lebendiges Zeugnis bietet.

Nach Abwicklung der Erbschaftsangelegenheit, die sich über viele Monate hinzog, waren beide Söhne jedoch wohlhabend, ja, reich; Wilhelm erbte unter anderem das Gut und das Schlösschen Tegel und das Berliner Stadthaus der Mutter in der Jägerstraße.

Und beide gingen sogleich daran, ihre großen, langgehegten Pläne zu verwirklichen. Alexander bereitete sich systematisch auf eine mehrjährige Reise nach Mittel- und Südamerika vor, um dort die geologische und biologische Umwelt zu erkunden und zu erforschen – ein gewaltiges und in dieser Zeit ganz einmaliges Vorhaben, das ihn nach ihrem erfolgreichen Abschluss zu einer Weltberühmtheit machen sollte. Und Wilhelm plante mit seiner inzwischen, seit Februar 1797, mit der Geburt seines zweiten Sohnes Theodor auf drei Köpfe angewachsenen Kinderschar eine lange Reise nach Rom, um hier die antike Welt von einem ihrer Zentren aus zu studieren.

Während Alexander sein Vorhaben, wenn auch mit einer gewissen zeitlichen Verzögerung, seit Juli 1799 umsetzte, scheiterten Wilhelms Pläne allerdings zunächst einmal an den politischen Umständen: Der Feldzug Napoleons nach Italien mit seinen militärischen und anschließend politischen Folgen, die zu einer weitgehenden Umgestaltung der Verhältnisse im nördlichen und mittleren Teil der italienischen Halbinsel führten, ließ die Reise nach Italien – an der sich im Übrigen auch Goethe zeitweise zu beteiligen plante – im Augenblick als zu gefährlich erscheinen. Stattdessen beschloss die Familie nach einigem Hin und Her, von dem gleich noch die Rede sein wird, nach Paris zu ziehen, der Hauptstadt des revolutionären Frankreich, mit dem Preußen, aus der antifranzösischen Front ausscheidend, seit Mai 1795 in einem Sonderfrieden, dem Vertrag von Basel, verbunden war.

Von Jena nach Paris

Für Wilhelm markierte dieser Entschluss, von Jena nach Paris zu ziehen, in doppelter Weise eine tiefe Zäsur. Einmal löste er sich damit, ohne die innere Verbindung aufzugeben, äußerlich aus dem Bannkreis der Weimarer Klassik, konkret der Sphäre vor allem Schillers und Goethes, die ihn bei aller Gemeinsamkeit der Weltbetrachtung, der geistigen und literarischen Grundkriterien und der Orientierung an der Welt- und Lebensauffassung der Antike doch zugleich in gewisser Weise beengt und in der Entfaltung seiner Persönlichkeit gehemmt hatte, auch wenn das für ihn nur ein vages Gefühl war. Die Lebenskrise, in die er 1795/96 geraten war, war, so glaubte er, auch ein Ergebnis dieser von außen auf ihn einwirkenden Faktoren.

Zum anderen markierte der Entschluss, nach Paris zu ziehen, auch in seinem privatesten Leben eine tiefe Zäsur. Bis 1796 hatte er sein ganzes persönliches, sein privates Dasein auf die enge, als einmalig empfundene Verbindung mit Caroline, seiner Frau, gegründet. Darin aber war nun plötzlich insofern eine tiefe Veränderung eingetreten, als sich seine Frau, unübersehbar, in einen jüngeren Mann, in Friedrich Wilhelm von Burgsdorff, verliebt hatte, den sie, gemeinsam mit ihrem Mann, in einem Berliner Salon kennengelernt hatte. Burgsdorff war ihnen nach Jena gefolgt und hatte sich, gleichsam als Dauergast, bei ihnen etabliert. »Sie wissen«, schrieb die zu diesem Zeitpunkt hochschwangere Caroline am 1. Dezember 1796 an ihre Freundin Rahel Levin, »nun auch gewiß recht innig wie es mir ist in seinem Anschaun, seiner Nähe, wie sein Wiedersehn eine Fülle von Glük und Leben für mich aufschloß [...] Meine süße Kleine, bewahren Sie es tief in Ihrem Herzen wie ich ihn liebe, wie ich ihn verbunden fühle mit dem Besten in mir.«[78]

Über Dresden reisten Wilhelm und Caroline mit ihren nun drei Kindern in Begleitung von Burgsdorff und dessen Freund, dem Maler und Bildhauer Christian Friedrich Tieck, zunächst nach Wien, wo sie Alexander und dessen Freund Reinhard von Haeften trafen, die sie beide nach Rom begleiten wollten. In Wien freilich erreichten sie immer neue Nachrichten von dem Siegeszug Napoleons auf der bisher von habsburgischen Sekondogenituren weitgehend beherrschten italienischen Halbinsel. Hier gründete der Korse in Ober- beziehungsweise Mittelitalien zwei ganz von Frankreich abhängige Republiken und eroberte gleichzeitig die Republik Venedig, die er im Weiteren gegen Abtretung der österreichischen Niederlande der Herrschaft Wiens überließ.

Diese radikale Umgestaltung Ober- und Mittelitaliens wurde schließlich im Frieden von Campo Formio vom 17. Oktober 1797 zwischen der französischen Republik und dem habsburgischen Kaiserhaus formal besiegelt. Mit der aus Mailand, Modena, Ferrara, Bologna und Romagna gebildeten Cisalpinischen Republik und der Ligurischen Republik, geformt aus Genua und den angrenzenden Gebieten, waren aber extrem instabile politische Gebilde entstanden, in denen hinter dem Schleier des formal vollständigen Sieges der Anhänger der Französischen Revolution Parteigänger dieser Revolution und ihre Gegner miteinander rangen.

Angesichts dieser Situation entschlossen sich Wilhelm und seine Familie, wieder begleitet von Burgsdorff und Tieck, nach langem Abwarten in Wien, wo sie zwei Monate blieben, Mitte Oktober statt nach Rom nach Paris zu ziehen. Italien sei »jetzt so tumultuarisch und Postpferdelos«, schrieb der in Wien zurückbleibende Bruder Alexander an einen Freund, »dass niemand hin kann«. Wilhelm denke »1 Jahr oder 2 in Paris zu bleiben und dann durch das südliche Frankreich nach Italien zu gehen«. Er selber warte »den Tumult ab« und bleibe mit seinem Freund »wahrscheinlich den Winter in Salzburg«.[79] Da sich die Verhältnisse in Italien nicht veränderten, folgte auch er ein halbes Jahr später, im Mai 1798, seinem Bruder nach Paris.

Dieser hatte sich inzwischen dort fest eingerichtet und eine große Wohnung in der Rue de Verneuil im Faubourg St. Germain gemietet. Aus den ursprünglich ins Auge gefassten ein bis zwei Jahren wurden, unterbrochen durch zwei längere Reisen nach Südfrankreich und nach Spanien, am Ende vier. Er führte nun, auch nach Paris von dem Geliebten seiner Frau begleitet, eine Ehe zu dritt. Das hatte ihn schon in Wien und jetzt in Paris dazu veranlasst, auch seinerseits erneut ganz offen wechselnde erotisch-sexuelle Beziehungen einzugehen, also an das wiederanzuknüpfen, was vor seiner Eheschließung und noch in der Verlobungszeit bei ihm gängige Praxis gewesen war – wenn er denn diese Lebensführung überhaupt je ganz aufgegeben hatte.

Im Unterschied zu der Zeit in Jena, in der er, bei aller Weitläufigkeit der besprochenen Themen und erörterten Fragen, gesellschaftlich auf einen vergleichsweise kleinen Kreis mit Schiller als Zentrum und obersten Bezugspunkt beschränkt geblieben war, knüpften er und seine Frau in Paris in kurzer Zeit vielfältige gesellschaftliche Kontakte. Das fiel ihnen angesichts ihrer sozialen Stellung im Paris der Direktorialzeit nicht schwer, wo zunehmend die alten, aus Amtsadel und besitzendem Bürgertum zusammengesetzten Eliten wieder ihren Platz in der Hierarchie der Gesellschaft zurückgewonnen hatten. Hinzu kam, dass sie beide die französische Sprache perfekt beherrschten, also auch in dieser Hinsicht für jeden Kontakt offen waren.

Im Gespräch, im geselligen Austausch mit den führenden Köpfen der Zeit seinen eigenen geistigen Horizont ständig zu erweitern, darin sah Wilhelm von Humboldt bis dahin, konzentriert auf die eigene Person, sein eigentliches Lebensziel. Die Zweifel freilich, ob ihn dieser Weg zum Ziel führen werde, hatten sich dann laufend vermehrt und 1795/96, auch im Zusammenhang mit der Affäre seiner Frau, wie geschildert, schließlich eine schwere Lebenskrise ausgelöst. »Wohl ist es außerordentlich wahr, Mangel an Lebendigkeit und vorzüglich an Unabhängigkeit der Phantasie ist leider nur zu sichtbar in mir«, schrieb er Anfang September 1797 aus Wien an Schiller. »Es ist eigentlich ein doppelter Mangel: die Einbildungskraft ist nicht unabhängig und der Verstand nicht alleinherrschend. Dieser im eigentlichen Sinn tantalische Zustand quält mich schlechterdings unaufhörlich. Unternehme ich eine Verstandesarbeit, so bin ich im Abstrahieren nicht tief, im Analysieren nicht streng, im Räsonieren überhaupt nicht systematisch und trocken genug; wage ich an etwas Poetisches zu denken, so sind mir die Flügel gelähmt und die Sehnen zerschnitten.«[80]

Das Leben in Paris mit seinen vielfältigen gesellschaftlichen Beziehungen und Anregungen sollte ihn, so hoffte er, aus dieser Krise herausführen und geistige Anregungen in den verschiedensten Richtungen vermitteln. In diesem Sinne hat er sehr bewusst das Gespräch mit den unterschiedlichsten Personen gesucht, immer geleitet von dem Bestreben, in ihre jeweilige Welt einzudringen und von der Begegnung mit ihr zu profitieren. So hat er lange Unterhaltungen mit Sieyès geführt, einem der führenden Köpfe der Revolution und einer der bestimmenden Figuren der Direktorialzeit – er wurde wenig später einer der politischen Wegbereiter Napoleons –, über die aktuelle Politik und über das deutsch-französische Verhältnis, speziell über die dominierenden geistigen Strömungen hier und dort. Über Malerei sprach er vor allem mit Jacques-Louis David, dem gefeierten Vertreter des revolutionären Aufbruchs auch in der Kunst, der dann zu einer Art Hofmaler Napoleons werden sollte. Über das Theater der Zeit vertiefte er sich nicht zuletzt in Gesprächen mit Madame Talma, der Frau des großen Schauspielers, die in Paris einen eigenen Salon mit Kollegen, Freunden und Bewunderern ihres Mannes unterhielt. Mit Madame Angélique Vandreuil, der Tochter Diderots, unterhielt er sich lange über die zeitgenössische französische Literatur und die Rolle, die ihr Vater darin gespielt hatte, mit der Marquise de Condorcet, der Witwe des Philosophen, über die Politik der jüngsten Vergangenheit und das tragische Ende ihres Mannes. Mit Thérèse Lavasseur schließlich, der Witwe Jean-Jacques Rousseaus, und ihrem Kreis kam er in lange Erörterungen über das Werk ihres Mannes und dessen Einfluss auf die Zeitgenossen – Erörterungen, die eingebettet waren in den Austausch über zentrale Fragen der politischen Philosophie der Zeit.

Zu den vielfältigen Begegnungen im Rahmen des sich ständig erweiternden gesellschaftlichen Kreises, der sich um die Humboldts in Paris bildete – ihr Haus wurde in der Tat, wie Caroline schrieb, ein »point de ralliement« von Deutschen und Franzosen –, gehörte auch das Zusammentreffen mit Madame de Staël, der Tochter Jacques Neckers, des einflussreichen Finanzministers der vorrevolutionären Epoche. Mit ihr und ihrem ständigen Begleiter Benjamin Constant führte er ausführliche Gespräche, nicht zuletzt über das Verhältnis zwischen Deutschland und dem nachrevolutionären Frankreich. Kurz, Humboldt wurde auf diese Weise sehr schnell zu einem intimen Kenner der politischen, der gesellschaftlichen, der geistig-kulturellen, der künstlerischen und der wissenschaftlichen Szene der französischen Hauptstadt, die ihn ihrerseits, kosmopolitisch wie die meisten der ihr Angehörenden gesinnt waren, rasch als ihr Mitglied ansah. Er selbst fühlte und gerierte sich mehr und mehr als Weltmann, der überall dazugehörte.[81]

Wirkliche innere Befriedigung aber verschaffte ihm das alles nicht. Im Gegenteil. Die Fülle der Eindrücke, Anregungen und Impulse, die aus dem turbulenten gesellschaftlichen, kulturellen und politischen Leben der französischen Hauptstadt täglich auf ihn einwirkten, ohne doch, wie ihm immer klarer wurde, eine dauerhafte Spur zu hinterlassen, bewirkte je länger, je mehr, dass die Zeit in Jena, aber auch im heimischen Berlin rückblickend in einem anderen Licht erschien. Hatte er sie in Verbindung mit seiner sich immer deutlicher abzeichnenden Lebenskrise zunehmend als beengend, als seine persönliche Entfaltung und Entwicklung behindernd empfunden, so trat im Rückblick nun das, was sie ohne Zweifel ausgezeichnet hatte, immer klarer hervor: die Konzentration auf einen bestimmten, an der Welt der Antike orientierten Lebensstil, den man gleichzeitig in idealisierter Form als historischen Typus zu rekonstruieren suchte; daran anknüpfend das Bestreben, orientiert vor allem an den Lehren Immanuel Kants, zu einem in der Natur des Menschen angelegten einheitlichen Bild menschlicher Erkenntnismöglichkeiten und menschlicher Moralvorstellungen zu gelangen; schließlich die Betonung der Bedeutung übergreifender, die Menschen verbindender Ideen für den Gang der Geschichte.

Um diese Fragen war es, wie sich Humboldt unter dem Eindruck des turbulenten gesellschaftlichen Lebens in Paris mit seinen vielfältigen, aber zugleich auch oft irritierenden Anregungen erinnerte, bei ihren Gesprächen und Erörterungen gegangen. Und das hatte eine gemeinsame Geisteshaltung, eine Art Gesinnungsgemeinschaft jenseits aller divergierenden Meinungen im Einzelnen erzeugt, die er nun zunehmend schmerzlich vermisste und in ihm gleichzeitig das Bewusstsein weckte und verstärkte, dass sich der Untergrund, die Basis des Denkens bei Franzosen und Deutschen, grundlegend unterschied.

Anders gewendet: In Paris wurde ihm immer klarer bewusst, welche Bedeutung die nationale Herkunft, die Prägung durch das »Nationale« für jeden Menschen, also auch für ihn habe, wie sehr sie sein ganzes Denken und seine Art zu leben, beeinflusse. Er sei, schrieb er Ende Oktober 1798 an Jacobi, »mitten in Frankreich nur

ein sehr viel eingefleischterer Deutscher als vorher geworden«.[82]
Das Preußische hingegen erschien ihm von früh auf stets nur als
eine Spielart, als eine besondere Ausprägung des Deutschen, wie
es am deutlichsten und klarsten, so seine Überzeugung, in den
großen geistigen Gestalten hervortrat, in seiner Zeit in Personen
wie Schiller, wie Goethe, wie Kant. Humboldt bleibe »mitten in
dem neugeschaffenen Paris seiner alten Deutschheit getreu, und
scheint nichts als die äusre Umgebung verändert zu haben«,
schrieb Schiller Ende 1797 an Goethe. »Es ist mit einer gewißen
Art zu philosophieren und zu empfinden wie mit einer gewissen
Religion; sie schneidet ab von aussen und isoliert, indem sie von
innen die Innigkeit vermehrt.«[83]

Es war daher zugleich ein Zeugnis für diese Entdeckung der
Bedeutung des Nationalen, hier des Deutschen, dass Humboldt
schon während seines Aufenthaltes in Wien im Herbst 1797 damit begann, eine Schrift über Goethes soeben erschienene Dichtung »Hermann und Dorothea« zu verfassen, an der er dann
den ganzen folgenden Winter in Paris weiterarbeitete.[84] Denn in
dieser Schrift, die sich zu einem kleinen Buch ausweitete, hob er
nach der ausführlichen Schilderung der ästhetischen und speziell
künstlerischen Qualitäten des Werks – mit der er freilich weder
bei Goethe noch auch bei Schiller auf mehr als auf höfliche Anerkennung stieß und die auch sonst beim Publikum kaum Be-
achtung fand – den »vaterländischen Charakter unseres Dichters«
hervor im Vergleich »mit den alten und den neueren Dichtern
anderer Nationen«. Diese hätten, wie gerade dieses Gedicht Goethes zeige, das Humboldt mit dem Ziel, zugleich eine ausgreifende
Literaturtheorie insbesondere des Epos zu liefern, in allen Einzelheiten analysierte, »mehr Leidenschaft als Seele«, besäßen »mehr
Heftigkeit und Feuer als Innigkeit und Wärme«, und dadurch trä-
te Goethe »wieder dem schönen Gleichgewicht, der stillen Harmonie der Alten näher«. »Dieser zwiefache Gegensatz vollendet,
man kann es mit stolzer Freude behaupten, seinen *Deutschen*
Charakter. Denn eine sichtbare Neigung zur abgesonderten Beschäftigung des Geistes und des Herzens und ein stärkerer Hang
nach Wahrheit und Innigkeit in beiden als nach in die Augen fal-

lendem Glanz und leidenschaftlicher Heftigkeit sind Hauptzüge
der Eigenthümlichkeit unsrer Nation, welche ihre besten philosophischen und dichterischen Producte unverkennbar an sich tragen
und durch die, wenn das Genie des Künstlers hinzukommt, seine
Werke zugleich einen reichhaltigeren Stoff und eine grössere innere Festigkeit erlangen.«[85]

Gerade die Begegnung mit Frankreich und den verschiedenen
Strömungen und Tendenzen des Landes, die er aufmerksam, aber
zugleich vielfach auch kritisch registrierte,[86] verstärkte und befestigte bei ihm die Neigung, das, was jenseits des jeweils Individuellen, in der Kunst, im geistigen und gesellschaftlichen Leben
das spezifisch Deutsche ausmache und den Charakter der Nation
präge, hervorzuheben und gleichzeitig positiv zu akzentuieren –
oft in der Form, dass er die besondere Nähe des Deutschen zu
dem letztlich unerreichbaren altgriechischen Ideal betonte. Der
aus den Lehren der Aufklärung abgeleitete und auch in vieler
Hinsicht praktizierte Kosmopolitismus beider Brüder Humboldt
erhielt von daher bei Wilhelm, in der Betonung der jeweiligen
nationalen Eigenheiten unter deutlicher positiver Voranstellung
der eigenen, der deutschen Eigenheiten, eine stark nationale Ausprägung.

Sie verstärkte sich unter dem Eindruck der nachfolgenden historischen Entwicklung, der sich schrittweise durchsetzenden napoleonischen Vorherrschaft in Europa, immer mehr. »Jede Nation
nemlich, wie jeder Mensch überhaupt, braucht, dünkt mich«,
schrieb er Ende Oktober 1798 an Jacobi, »eine innere Triebfeder,
eine lebendige immer rege Kraft, aus der sich seine höhere Thätigkeit, sein eigentümliches Daseyn entwickeln kann. Ein solches inneres Prinzip des Lebens vermisse ich in dieser Nation [der fran-
zösischen]; und gerade weil ich dies wahrhaft heilige Feuer, das
allein die Menschen zugleich läutert und nährt, mehr als irgendwo sonst in der deutschen Nation antreffe, so wächst dadurch, wie
ich nicht läugne, meine tiefe Achtung und meine innige Anhänglichkeit für sie.«[87]

Lange bevor der nationale Gedanke in Deutschland unter dem
Eindruck der französischen Besatzung und der mit ihr verbunde-

nen Belastungen zu einer massenbewegenden Kraft wurde, hat
er bei Wilhelm von Humboldt in der Auseinandersetzung mit
der Mentalität der Franzosen und dem französischen Geistesle-
ben seine besondere Ausprägung gefunden. Sie unterschied sich
freilich grundlegend von dem zunächst auf Frankreich konzentrierten dumpfen und aggressiven Fremdenhass des deutschen
Nationalismus in den folgenden Jahren und Jahrzehnten, der etwa
in Heinrich von Kleists »Hermannsschlacht« seinen literarischen
Ausdruck fand. Das wahre Deutschtum, das anderen Nationen
zum Vorbild dienen könne, sah er im Geist der Klassik und in
seinen führenden Gestalten, in Goethe und Schiller, verkörpert.
Darauf bezog sich seine eigene Idee der deutschen Nation, an der
er auch bei seiner späteren Mitwirkung an den preußischen Reformen, wie zu zeigen sein wird, unbeirrt festhielt.[88]

Stärker als Goethe und Schiller, die zeit ihres Lebens, abgesehen von ihren Reisen, im Lande blieben, führte er, sosehr er von
den geistigen und seelischen Werten, der eigenen, der deutschen
Nation durchdrungen war, gleichzeitig in seiner ganzen Grundstimmung und in seiner Offenheit gegenüber den geistigen und
künstlerischen Bewegungen seiner Zeit das Leben eines Kosmopoliten. Ja, er beklagte gelegentlich selbstkritisch, wie beeinfluss-
bar, die eigene geistige Produktivität oft hemmend, ihn diese Offenheit mache.

Auch um den von allen Seiten auf ihn einwirkenden geistigen,
künstlerischen, auch politischen Strömungen und Richtungen zu
entgehen und wieder mehr zu sich selbst zu finden, entschloss
er sich Anfang September 1799, mit seiner Frau und seinen drei
Kindern – ihre Affäre mit Wilhelm von Burgsdorff war mittlerweile beendet, dieser nach London abgereist – zu einer langen
Reise nach Südfrankreich und Spanien aufzubrechen. Erst Mitte
April 1800, fünf Monate nach dem napoleonischen Staatsstreich,
kehrten sie nach Paris zurück, wo Caroline einen Monat später,
am 17. Mai 1800, zum vierten Mal niederkam, mit einer Tochter,
die den Namen Adelheid erhielt.

Reise nach Spanien

Es war dies am Ausgang des 18. Jahrhunderts mit drei halbwüchsigen Kindern, auf vor allem in Spanien schlechten Straßen, in primitiven Herbergen, auf Mauleseln oder in rumpelnden Kutschen, bei Hitze und Staub, eine höchst beschwerliche Reise, auch wenn sie von Dienern und Zofen und einem deutschen Hauslehrer, einem Kupferstecher namens G. C. Gropius, begleitet wurden. Dieser half den Humboldts gleichzeitig, eine für Goethe bestimmte Aufstellung und Beschreibung der Gemälde anzufertigen, die sie auf ihrer Reise in Klöstern und privaten Sammlungen zu Gesicht bekamen. Die Reise führte, wie Humboldt in seinem ausführlichen Reisetagebuch im Einzelnen festhielt,[89] über Orléans und Limoges nach Bordeaux und von da über Lourdes, Bayonne und die Pyrenäen nach Burgos, Valladolid, zum Escorial, wo sie am Namenstag des Königs bei Hof präsentiert wurden, und schließlich nach Madrid, wo sie, von Anfang November bis Ende Dezember 1799, fast zwei Monate blieben. Dann ging die Reise weiter über Toledo, Córdoba, Sevilla, Cádiz, Granada nach Barcelona und über Perpignan, Toulouse und Orléans wieder nach Paris.

Neben dem kontinuierlichen Besuch von Kunstsammlungen, zu dem sie beide, Humboldt und seine Frau, vor allem die längeren Gespräche mit Goethe angeregt hatten, die nicht zuletzt um die Entwicklung der bildenden Kunst gekreist waren, und neben dem Studium der spanischen und mauretanischen Architektur beschäftigten sie auf dieser Reise vielfältige Begegnungen und Gespräche mit spanischen Gelehrten, Künstlern und sonstigen Vertretern und Wortführern des öffentlichen Lebens. Daneben notierte Humboldt immer wieder sprachliche Verwandtschaften zwischen dem Spanischen – das er zunehmend perfekt beherrschte – beziehungsweise dem Altspanischen, dem Provenzalischen und dem Französischen beziehungsweise Altfranzösischen und suchte sie und die Abweichungen in einem übergreifenden System zu fassen, das am Ende vielleicht alle menschlichen Sprachen einbeziehen würde; hier begannen seine sprachgeschichtlichen

und sprachphilosophischen Überlegungen, die mit ihren immer
weiter greifenden Ideen die letzten anderthalb Jahrzehnte seines
Lebens bestimmen sollten.

Vor allem aber verbreitete er sich in seinen Aufzeichnungen
ausführlich über die von Gegend zu Gegend, ja oft von Ort zu Ort
wechselnde Natur und Landschaft und stellte vielfältige Überlegungen an über ihre jeweils prägende Kraft auf die dortigen
Menschen, ihre äußere Gestalt, ihre Lebenssitten und Gewohn-
heiten, auch ihre Sprache, wobei er den Einfluss politischer Umstände, Ereignisse und Konstellationen in der ferneren und näheren Vergangenheit, also das Geschichtliche, stets mit in Rechnung
stellte.[90]

Die Reise erweiterte mit einem Wort sein historisches und
politisches Weltbild durch die Art, wie er die ganz verschiedenen
Eindrücke sammelte und verarbeitete, ganz außerordentlich. Er
wurde auch in dieser Hinsicht »weltläufiger«, weniger geneigt, die
Welt und die Menschen vorschnell nach bestimmten vorgefassten
Meinungen und Anschauungen zu beurteilen. Auf der anderen
Seite freilich beharrte er darauf, dass solche Offenheit gegenüber
dem Anderen, dem jeweils Fremden nicht dahin führen dürfe, auf
die eigene Position, auf das wohlbedachte eigene Urteil also zu
verzichten, das aufzugeben, was die eigene Persönlichkeit ausmache und ihr Wesen bestimme. Im Gegenteil. Die Erfahrungen
und Eindrücke der Reise, jeder Reise sollten den Menschen am
Ende auf sich selbst, auf eine genauere, auf eine abgewogenere
Kenntnis der eigenen Person zurückführen.

Nach mehr als sieben Monaten waren sie, voll der verschiedensten Eindrücke und Erlebnisse, wieder nach Paris zurückgekehrt und hatten hier eine Wohnung in der Rue St. Honoré
in der Nähe der Place Vendôme bezogen. Sein Plan freilich, seine
Reiseeindrücke, den ausführlichen Aufzeichnungen in seinem
Reisetagebuch folgend, in einem Buch zusammenzufassen, das
mit der Bilanz der Reise zugleich ein differenziertes Bild Spaniens
an der Wende vom 18. zum 19. Jahrhundert[91] vermitteln sollte,
blieb unausgeführt. Für diesen Plan wie für manche andere Pläne
gilt, was er sechzehn Jahre später am Anfang einer Selbstbiogra-

phie bemerkte, die dann gleichfalls nur ein Bruchstück geblieben ist: »Es ist immer eine innere Plage meines Lebens gewesen, mit Ideen schwanger zu gehen, die ich zum Gegenstande eines Aufsatzes, eines Buchs, oft eines bedeutenden Werks machen wollte, und nie dazu zu gelangen. Die Umstände, die es verhinderten«, fuhr er fort, »waren nicht gerade äussere, ich war eine lange Reihe von Jahren hindurch in der freiesten, beneidenswürdigsten Lage. Es waren vielmehr innere, deren in der Folge dieser Blätter vorzunehmende Untersuchung den hauptsächlichsten Aufschluss über meine ganze geistige Eigentümlichkeit geben wird«[92] – aber auch die hier angekündigten »folgenden Blätter« sind dann nie geschrieben worden.

Ein Jahr nach seiner Spanienreise ist er, diesmal ohne seine Frau und die Kinder und dementsprechend mit einem kleineren Gefolge, zu einer zweiten, kürzeren Reise – sie dauerte von Mitte April bis Mitte Juni 1801 – ins Baskenland aufgebrochen. Sie führte ihn über Bordeaux, Bayonne, Vitoria und Durango nach Bilbao und dann wieder zurück über Bayonne, Bordeaux und Poitiers nach Paris. Auch über sie berichtet ein ausführliches Reisetagebuch,[93] das allerdings wieder nur punktuell seine Reiseeindrücke wiedergibt, verbunden mit jeweils in die historischen Zusammenhänge eingebetteten Bemerkungen über Land und Leute. Von seinem eigentlichen Interesse, das ihn ins Baskenland führte, nämlich von dem Interesse an der baskischen Sprache – die er, wie sich aus den Aufzeichnungen am Rand und sozusagen nebenbei ergibt, inzwischen zumindest ansatzweise beherrschte –, ist in dem Tagebuch kaum die Rede.

Allerdings hat er den Plan, von dem Reisetagebuch ausgehend, ein Buch über die »Vasken« zu schreiben mit einem ausführlichen Teil über die baskische Sprache, die er auf seiner Reise näher kennengelernt hatte, dann doch in Angriff genommen und auch weitgehend ausgeführt. Zum Druck freilich ist das Ganze damals nicht gekommen. Erst mehr als hundert Jahre später wurde ein Teil des Manuskripts in der Bibliothek Humboldts, die von dessen Gut Ottmachau in das Schloss Günthersdorf in Schlesien gelangt war, von dem Herausgeber der Akademieausgabe der Gesammelten

Schriften entdeckt und dann in dieser Ausgabe gedruckt.[94] Es trug den von Humboldt selbst festgelegten Titel »Die Vasken, oder Bemerkungen auf einer Reise durch Biscaya und das französische Basquenland im Frühling des Jahrs 1801, nebst Untersuchungen über die Vaskische Sprache und Nation, und einer kurzen Darstellung ihrer Grammatik und ihres Wörtervorraths«. Der zweite Teil, nämlich die »Untersuchungen über die Vaskische Sprache und Nation ...«, ist allerdings wohl definitiv verloren. Er hat freilich in der Substanz, was den Rückblick auf die historisch ältesten Elemente der baskischen Sprache anging, im Wesentlichen Eingang gefunden in die 1821 erstmals veröffentlichte Schrift Humboldts mit dem Titel »Prüfung der Untersuchungen über die Urbewohner Hispaniens vermittelst der Vaskischen Sprache«.[95]

Der wiederentdeckte erste Teil des ursprünglichen Manuskripts bestand nach einem einleitenden Kapitel über den »Völkerstamm« der Basken, »der eine lange Reihe von Jahrhunderten hindurch seine ursprüngliche Sprache und grossentheils seine ehemalige Verfassung und Sitten erhalten« habe, in einer sprachlichen und stilistischen Zusammenfassung und Kommentierung der entsprechenden Abschnitte seines Reisetagebuchs. An dem folgenden zweiten Teil, der seine eigenen Eindrücke von Land und Leuten mit grammatischen, lexikalischen und antiquarischen Untersuchungen zu einem Gesamtbild vereinigen sollte,[96] hat er in den folgenden Monaten bis in die römische Zeit intensiv gearbeitet, seine Fertigstellung dann aber immer wieder aufgeschoben und schließlich ganz aufgegeben.

Rückkehr nach Deutschland

Kurz nach der Rückkehr von seiner Reise ins Baskenland entschloss sich die Familie im August 1801, mit ihren mittlerweile vier Kindern Paris zu verlassen und nach Deutschland zurückzukehren. Die erste Station ihrer Reise war erneut Jena, wo die Humboldts die Familie Schiller besuchten und ihre in den vergangenen Jahren fast ganz abgerissene Verbindung erneuerten. Von da ging die Reise nach Tegel, das seit der Erbteilung 1796 Wilhelm allein gehörte. Hier verbrachten sie den Rest des Sommers, um im Spätherbst nach Berlin überzusiedeln.

Die Heimkehr nach Deutschland, das Wilhelm aus der Ferne, aus dem zwar in vieler Hinsicht anregenden und geistig wie politisch umtriebigen, aber doch zugleich auch als fremd empfundenen Paris mit immer positiveren Augen betrachtet hatte, erwies sich dann sehr rasch in vieler Beziehung als enttäuschend. Die alte, enge Beziehung zu Schiller ließ sich, so rasch zumindest, nicht wiederherstellen. Und auch das Verhältnis zu Goethe blieb distanziert. Berlin schien ihm im Vergleich zu Paris ausgesprochen provinziell, und was er von der deutschen Literatur der Gegenwart zur Kenntnis nahm, enttäuschte ihn auf der ganzen Linie.

»Außer Schiller und einigen wenigen Sachen der Schlegels ist poetisch nichts zu nennen«, schrieb er Ende Oktober 1801 in einem Brief.[97] Auch »im historischen Fach« stehe »gar nichts Bedeutendes zu erwarten«. So stießen Informationen aus der preußischen Regierung, man suche einen diplomatischen Vertreter Preußens beim Heiligen Stuhl und dabei sei unter anderen auch sein Name gefallen – er hatte seinerzeit, vor rund zehn Jahren, ja nur um Beurlaubung aus dem diplomatischen Dienst gebeten –, sogleich auf Humboldts Interesse.

Rom, eines der Zentren, ja lange Zeit hindurch *das* Zentrum der antiken Welt, die ihn von Jugend auf beschäftigte, war schon fünf Jahre zuvor das Ziel seiner weitgespannten Reisepläne gewesen, ein Ziel, das zu verfolgen ihm die große Erbschaft aus dem Vermögen seiner Mutter plötzlich ermöglicht hatte. Sein ganzer Lebensstil, die kostspieligen Reisen, der Unterhalt des Haushaltes mit den inzwischen fünf Kindern – am 28. Mai 1802 war die Tochter Gabriele geboren worden –, hatte erhebliche Löcher in sein Vermögen gerissen. Dabei kam hinzu, dass die Einkünfte aus diesem meist in Grundbesitz bestehenden Vermögen in den unruhigen Zeiten der territorialen Neuordnung halb Europas durch das von Napoleon beherrschte nachrevolutionäre Frankreich starken Schwankungen unterworfen waren und insgesamt eher zurückgingen. In dieser Situation war die Aussicht auf ein regel-

mäßiges Einkommen aus einem staatlichen Amt zusätzlich ver-
lockend, zumal dieses Amt, wie er wusste, nur einen begrenzten
zeitlichen Aufwand verlangte und ihm reichlich Zeit für die Verfolgung seiner privaten Interessen lassen würde.

So hat er seine Bereitschaft, diese Stelle zu übernehmen, sogleich deutlich erkennen lassen. Und da er aufgrund seines sozialen Ranges, seiner Herkunft, seiner Ausbildung und seiner,
wenn auch kurzen, Bewährung im preußischen Staatsdienst, seiner Sprachkenntnisse und seiner Auslandserfahrung die an den
Posten geknüpften Bedingungen in jeder Hinsicht erfüllte, kam
er sogleich zum Zuge. »Meine Sache ist entschieden«, schrieb er
am 11. Mai 1802 an Schiller, »und es ist gewiß, Lieber, daß ich im
Herbst nach Italien gehe. Sie wissen«, fuhr er fort, »daß seit längerer Zeit das Sprachstudium mich am ernstlichsten beschäftigt.
Ich glaube, in den allgemeinen Ideen darüber nicht unbedeutende
Fortschritte gemacht zu haben; ich habe einen allgemeinen Plan,
den ich, sobald ich nur zunächst eine ruhige Muße habe, vollenden
und vorlegen werde. Dann muß an der Ausführung – denn mein
Plan geht auf eine allgemeine Enzyklopädie des gesamten Sprachstudiums und mithin aller Sprachen – stückweise durch mich und
andre gearbeitet werden.«[98]

Seine Idee, das Sprachstudium im Sinne einer »allgemeinen Enzyklopädie […] aller Sprachen« voranzutreiben, hatte ihn schon
sehr früh, während seiner Reisen nach Spanien und ins Baskenland, erfasst. Und er hat an ihr im Unterschied zu manchen anderen Plänen bis an sein Lebensende festgehalten und ihr, nach vielfältigen Unterbrechungen durch seinen Dienst im preußischen
Staat, die er stets in gewisser Weise als eine Ablenkung von seiner
eigentlichen Lebensaufgabe empfand, die letzten fünfzehn Jahre
seines Daseins vollständig gewidmet. Aus Rom schrieb er am
22. Oktober 1803 an Brinkmann: »Mein Sprachstudium treibe ich
hartnäckiger, als je […]. Der innre geheimnißvoll wunderbare Zusammenhang aller Sprachen, aber vor allem der hohe Genuß, mit
jeder neuen Sprache in ein neues Gedanken- und Empfindungs-
system einzugehen, ziehen mich unendlich an. Nichts ist bisher
so schändlich betrieben worden, als eben die Sprachen, ich glaube

einen Schlüssel gefunden zu haben, der jede interessant zeigt und den Pfad zu allen erleichtert.«[99]

Zunächst freilich stürzten er und seine Frau sich in das Leben des päpstlichen Rom, das sie vor allem als ehemalige Hauptstadt der antiken Welt betrachteten und erkundeten. Anfang September 1802 waren sie zu ihrer Reise aufgebrochen. Nach einigen Tagen in Weimar, wo sie zum letzten Mal mit Schiller zusammentrafen, und über mehrere Stationen in Süddeutschland und in Oberitalien kamen sie am 25. November 1802 in Rom an.

WIEDER IM PREUSSISCHEN STAATSDIENST: ROM

Kurz nachdem Humboldt mit seiner Familie Ende November 1802 vor den Toren der Stadt provisorisch in der Villa di Malta am Monte Pincio Wohnung bezogen hatte, hatte er sein neues Amt angetreten, zu dem er Mitte Mai 1802 auf Fürsprache des preußischen Kabinettsrates Karl Friedrich von Beyme und auf Vorschlag des Außenministers Christian Graf Haugwitz ernannt worden war. Traditionell war es schon recht gut dotiert, doch erhielt Humboldt noch 1800 Taler mehr im Jahr als sein Vorgänger Wilhelm Uhden, der aus persönlichen Gründen um seine Abberufung und Versetzung gebeten hatte – seine Frau hatte ihn verlassen und lebte seither mit dem aus Dänemark stammenden, seit 1797 in Rom ansässigen Bildhauer Bertel Thorvaldsen zusammen.

In politischer und diplomatischer Hinsicht aber war dieser »Residentenposten beim Heiligen Stuhl« – Humboldt wurde zum Geheimen Legationsrat und wenig später zum Kammerherren ernannt – durch die Säkularisation und die Neuordnung Ober- und Mittelitaliens durch Napoleon weitgehend bedeutungslos geworden. Der Kirchenstaat war seit dem Konkordat, das Bonaparte 1801 mit Pius VII. geschlossen hatte, nur noch ein Reststaat »auf Abruf« ohne eigenständiges politisches Gewicht; 1808 wurde er erneut von französischen Truppen besetzt und 1810 von Frankreich formell einverleibt; diese Annexion dauerte bis 1814/15, bis zum Sturz Napoleons. Humboldt hatte als preußischer Resident praktisch nur konsularische Aufgaben zugunsten in Rom lebender katholischer preußischer Untertanen wahrzunehmen und verfügte nicht einmal über einen eigenen Sekretär, ja nicht einmal über einen Schreiber. Ähnlich wichtig oder besser gesagt unwichtig war auch seine Funktion als preußischer Vertreter im Königreich Neapel-Sizilien, die er wenig später zusätzlich übernahm; hinzu kamen im Sommer 1803 noch die Vertretung von Hessen-Darmstadt und die von Fulda-Oranien, die gleichfalls mit wenig Arbeit verbunden waren.

Humboldt war sich der weitgehenden Bedeutungslosigkeit seiner Ämter in diplomatischer Hinsicht völlig bewusst, auch wenn in der umfangreichen, ganz auf das Prinzipielle im Verhältnis zwischen dem preußischen Staat und der Kurie zielenden Dienstinstruktion alles genau beschrieben war, was ihn in seinem Verhalten leiten solle. Insbesondere sollte er es vermeiden, der Kurie irgendwelche Konzessionen zu machen, welche dem »vollen Umfang Unserer Majestätsrechte circa sacra und aller Unserer Gerechtsame in geistlichen Angelegenheiten« widersprächen.[100] Das aber hieß de facto, dass er auf jede Art der Verhandlungstätigkeit mit dem Vatikan, aus der dieser weiterreichende Schlüsse ziehen konnte, verzichten und allein als konsularische Instanz in Rom wirken sollte.

Begegnung mit dem Rom der Antike und der Gegenwart

Gerade aufgrund dieser faktischen Beschränkung seiner Stellung, die ihm von vornherein bewusst war, hatte er sie jedoch erstrebt. Sie würde ihm hinreichend Zeit für die Wahrnehmung seiner eigentlichen Interessen lassen, nämlich der Beschäftigung mit der antiken Geschichte und der Sprachwissenschaft.

Was das päpstliche Rom angehe, schrieb Humboldt in dem schon zitierten Brief an Schiller vom 10. Dezember 1802, so lasse sich »ohne sonderlichen prophetischen Geist« sagen, dass es »sich seinem politischen Untergang naht. Die päpstliche Regierung, deren Glanz und Größe immer mehr auf der Meinung anderer und eigenem Stolze beruhte, hat jetzt, da diese beiden Stützen wanken, ganz ihren Charakter verloren.« Und was ihn selber betreffe, so gebe es bei dieser Lage der Dinge »wenigstens fürs erste der Geschäfte nicht so viele, dass sie mich von eigenen Studien abhalten sollten«.

In diesem Sinne haben er und seine Frau, fern von jedem direkten Interesse an der aktuellen politischen Entwicklung und ihren möglichen Folgen, in Rom das Leben von wohlhabenden und unabhängigen Privatleuten geführt. Sie bauten um sich herum einen Kreis von Künstlern und Wissenschaftlern vor allem aus Deutschland auf, von Künstlern und Wissenschaftlern, die entweder in Rom lebten oder hier über kürzere oder längere Zeit zu Besuch weilten. Sie führten mit ihnen lange Gespräche über Kunst, über Architektur, über Literatur, über Philosophie, über Dramen und Theater, über Musik, über die Fortschritte der Wissenschaft in den verschiedenen Bereichen. Dabei standen immer wieder der Bezug auf Deutschland und dessen Entwicklung in Kunst und Literatur, in Philosophie und in den Wissenschaften im Mittelpunkt, mit der Klassik um Goethe und Schiller und ihrem Kreis und ihre Auseinandersetzung mit den Romantikern im Zentrum.[101]

Gleichzeitig erschlossen sich die Humboldts die Stätten und Ruinen des antiken Rom, besuchten die Sammlungen der Päpste und Kardinäle und das, was auf dem aufblühenden Kunstmarkt zu besichtigen war. Humboldt vertiefte sich in die Schriften des klassischen Altertums, deren Lektüre ihm sprachlich weder im Griechischen noch im Lateinischen besondere Schwierigkeiten bereitete. Auch bemühte er sich weiterhin um Übersetzungen aus dem Pindar, die er schon 1792 begonnen hatte, und um die Übertragung des »Agamemnon« von Aeschylos ins Deutsche, die ihn von Anfang 1797 an zwanzig Jahre hindurch immer wieder beschäftigte; schon 1793 hatte er in einem Brief an Wolf bemerkt, »der Agamemnon hat mich sehr stark angezogen, er ist wohl unstreitig Aeschylus schönstes Stück«.[102]

Man sieht schon anhand dieser ersten, ganz knappen Aufzählung der Humboldt'schen Aktivitäten während seiner römischen Zeit, wie sich seine Bildungswelt gerade in diesen Jahren ständig erweiterte und vertiefte, während sich seine diplomatische Tätigkeit in engen Grenzen hielt; spöttisch bezeichnete er seine

Arbeit auf diesem Feld einmal als bloßes »Berichten von Neuig-
keiten«.[103]

Gegen Ende des römischen Aufenthaltes konzipierte und begann er noch zwei große Artikel, die beide freilich Fragmente blieben und erst sehr viel später aus seinem Nachlass veröffentlicht
wurden. Sie belegen jedoch seine intensive Beschäftigung mit der
antiken, insbesondere der griechischen Geschichte und die ausgedehnten Kenntnisse, die er auf diesem Gebiet erworben hatte,
und zeigen gleichzeitig, wie er diese Kenntnisse immer wieder
mit der aktuellen Geschichte seiner eigenen Zeit in Verbindung
brachte – allerdings stets in einem weitläufigen, mit Blick auf die
historische Perspektive gerichteten Sinne, der von der unmittelbaren politischen Gegenwart und seiner eigenen Stellung in ihr,
zumindest auf den ersten Blick, weitgehend abstrahierte.

Aber zurück an den Anfang des römischen Aufenthaltes. Sowohl an Schiller als auch an Goethe sandte Humboldt lange Briefe, in denen er ausführlich berichtete, wo und wie er mit seiner
Familie wohnte, wen er getroffen hatte, welche Orte er schon
besucht und was er als Nächstes vorhatte. Vor allem aber suchte
er in seinen Briefen an Schiller wieder anzuknüpfen an ihre alte
Jenaer Beziehung, an den engen geistigen Austausch über alle sie
jeweils beschäftigenden Fragen und Probleme bis hin in den per-
sönlichsten Bereich.

Was ihn selber angehe, so könne er »nicht leugnen, dass ich
eine große Sehnsucht nach einer wichtigen Arbeit habe«, schrieb
er Schiller am 30. April 1803, ein knappes halbes Jahr nach seiner
Ankunft in Rom. »Meine jetzige Lage widerstrebt der Ausführung
nicht, sie ist ihr vielmehr auf mancherlei Weise beförderlich. Aber
was ich arbeiten möchte, will sich noch nicht in mir gestalten.« –
»Wenn ich von einer Sehnsucht nach einer Arbeit spreche«, fuhr
er fort, »so ist es auch eigentlich die, aus mir herauszulegen, was
mich innerlich bewegt, was das Resultat eines sehr ernstlichen
Nachdenkens und mancher Erfahrung ist. Aber eben weil es das
ist, so entgeht es mir wie eine Kugel; ich finde keine Handhabe
und keine Form. Auch ist in mir ein wunderbares Schwanken
zwischen reinen Ideen und Beobachtungswesen.«[104]

Mit anderen Worten: Humboldt fühlte sich, trotz aller äußeren Anregungen, innerlich unbefriedigt, ohne eine feste, klar umrissene Aufgabe, die zugleich ein Lebensziel, eine Lebensaufgabe hätte umschreiben können. »Ich glaube nicht, dass ich diese Schwierigkeiten je überwinden werde; wie bisher werde ich schwerlich zu mehr kommen, als ein mittelmäßiges Ganzes zu schreiben, in dem einzelnes gründlich Gutes ist. Auch wäre es mir gar nicht um das Schreiben zu tun; ich habe nicht einmal Eitelkeit darauf, aber in Ideen besitzt man eigentlich nichts, was man nicht außer sich hinlegen kann, und um seine Ideen bis zur Darstellung zu bringen, muß man sie darstellen. Auch wünscht doch jeder, dass etwas hinter ihm zurück bleibe. Darum werde ich also ewig in einer Art schwermütiger unbefriedigter Sehnsucht bleiben, bis es mir gelingt oder bis von keinem Gelingen oder Mißlingen mehr die Rede ist. Auf jeden Fall ist es mir gut«, so beendete er diesen tief in sein Inneres führenden Ausbruch, der mehr als eine augenblickliche Stimmung umschrieb, »wieder auf einen neuen Schauplatz gekommen zu sein. Wo ich keine Gegenstände der Beobachtung habe, wo ich mit Büchern und mir lebe, selbst bei dem besten Umgang, da werde ich abgezogen, dunkel, phantastisch. Helle und Anschaulichkeit gibt mir nur noch das eigne Anschauen. Darum ist es mir gut, dass ich ehmals selbst unser schönes Zusammenleben trennte und reiste, und auch die jetzige Reise wird mir wohltun.«[105]

In dieser Stimmung traf ihn Mitte August 1803 die ihn tief erschütternde Nachricht vom plötzlichen Tode seines besonders geliebten ältesten Sohnes Wilhelm. Seine Frau hatte sich im Juli, um der Sommerhitze Roms zu entgehen, mit den Kindern in das nicht weit von Rom gelegene Bergdorf L'Ariccia begeben, wo der Sohn plötzlich über Kopfschmerzen klagte und kurz darauf hohes Fieber bekam. Begleitet von starkem Nasenbluten, das nicht aufhören wollte, verfiel er zusehends, bekam, wie die Mutter ihrem Vater rückblickend berichtete, Zuckungen an Armen und Beinen. Aus der Fieberphantasie kurz aufwachend, habe er »Liebe Mutter, Vater, Vater« gerufen, zu röcheln angefangen, »sein Kopf sank tiefer an meine Brust, und nach drei oder vier Sekunden war er tot«. Kurz darauf sei Humboldt eingetroffen. »Daß der Knabe nicht mehr die Freude gehabt hat, seinen Vater zu sehen, und der Vater sein Kind, ist vermehrte Bitterkeit in dem Kelch dieser Leiden.«[106] Wenig später wurden auch der zweite Sohn Theodor und die Tochter Caroline anscheinend von der gleichen Krankheit befallen, deren genaue Ursache bis heute ungeklärt ist. Beide überlebten sie aber glücklicherweise.

Der Sohn wurde bei der Pyramide des Cajus Cestius in Rom beerdigt, wo die nichtkatholischen Fremden, die in Rom starben, ihre letzte Ruhestätte fanden. Humboldt hat diesen Schlag lange nicht, ja eigentlich nie überwunden. »Dieser Tod hat mir auf der einen Seite alle Sicherheit des Lebens genommen«, schrieb er am 27. August 1803, zwölf Tage nach dem plötzlichen Tod des erst neunjährigen Sohnes an Schiller. »Ich vertraue nicht meinem Glück, nicht dem Schicksal, nicht der Kraft der Dinge mehr. Wenn dies rasche, blühende, kraftvolle Leben so auf einmal untergehn konnte, was ist dann noch gewiß? Und auf der anderen Seite«, fuhr er fort, »habe ich wieder auf einmal so eine unendliche Sicherheit mehr gewonnen. Ich habe den Tod nie gefürchtet und nie kindisch am Leben gehangen, aber wenn man ein Wesen tot habe, das man liebte, so ist die Empfindung durchaus verschieden. Man glaubt sich einheimisch in zwei Welten.«[107]

Im Leben des Elternpaares markierte der Tod seines ältesten Sohnes zugleich einen tiefen Einschnitt. Schon wenige Monate später, Ende Februar 1804, entschloss sich Caroline, äußerlich unter Hinweis auf das sie stark belastende Klima Roms, die Stadt mit ihren beiden nun ältesten Kindern, der Tochter Caroline und dem Sohn Theodor, zu verlassen – die beiden jüngsten Töchter, die noch nicht vierjährige Adelheid und die gerade eineinhalbjährige Gabriele, blieben unter der Obhut eines Kindermädchens beim Vater. »Ich weiß wohl«, schrieb ihr Wilhelm Ende März 1804, »dass unser Leben von jetzt an nicht mehr so glücklich sein kann. Es ist einmal in seinem Inneren gestört. Aber, Liebe, es kommt nicht eigentlich darauf an, glücklich zu leben, sondern sein Schicksal zu vollenden und alles Menschliche auf seine Weise zu erschöpfen. Das isolierte Dasein, das man jetzt allein fühlt, kann nicht alles sein und nicht ewig dauern«, fuhr er in einer dunkel-metaphy-

sisch gefärbten Formulierung fort. »Wie unbegreiflich es auch sei,
so ist der einzelne immer nur Ausfluß *einer* Kraft, von der er nur
einen Teil empfindet, die er aber ausspinnen muß und rein ausspinnen, um die Wahrheit, das eigentliche Wesen wiederzugewinnen, in dem dann nicht wieder immer ein Kampf mit einer entgegengesetzten, in dem eine volle ungeteilte Empfindung ist, wo
das Schicksal aufhört, sich der Empfindung entgegenarbeitend zu
zeigen, und Schmerz, Verlust und Trennung sich nur als Irrtümer
auflösen, als schwere Träume zerstreuen. Es kommt nur darauf
an, das innere Wesen festzuhalten, mit einer Art schonungsloser
Kühnheit ins Leben einzugreifen und es auszuleben.«[108]
    Ob sich in diesen Sätzen auch etwas von dem spiegelt, was
sein Verhältnis zu seiner Frau, bei aller wechselseitigen Freiheit
ihrer Beziehung, untergründig mitbestimmte, sei dahingestellt.
Jedenfalls war ihm klar, dass für ihre Abreise aus Rom und ihre
Übersiedlung nach Paris im Anschluss an einen mehrwöchigen
Aufenthalt bei ihrem Vater in Erfurt nicht allein gesundheitliche
Gründe, die Belastungen durch das römische Klima, ausschlag-
gebend waren. Noch als sie beide in Paris waren, hatten sie den
hier lebenden, rund fünfzigjährigen schlesischen Grafen Gustav
von Schlabrendorff mehrfach getroffen, ein ausgesprochenes Ori-
ginal von bizarrem und wildem Äußeren, der, materiell völlig be-
dürfnislos, nach Wilhelms Worten wie ein »Diogenes von Paris«
in der französischen Hauptstadt lebte. Vor allem Caroline hatte zu
ihm ein engeres Verhältnis geknüpft, das sich offenbar zu einer
Liebesbeziehung entwickelt hatte. Jedenfalls schrieb sie Schlabrendorff aus Erfurt, ihren Plan, von dort nach Paris zu reisen,
verfolge sie nur aus dem Grunde, ihn wiederzusehen. »Ach, es ist
nicht Freude, die ich bei Dir suche, ich bringe Dir auch keine, aber
Du bist es, nach dem ich verlange, mit allen Deinen Eigentümlich-
keiten, die Sehnsucht, die Du mir im Herzen, in der tiefsten Seele
gelassen hast, die kann mir nichts stillen als wieder Du selbst.«[109]
    Humboldt selber führte in Rom in keiner Weise eine einsied-
lerische Existenz. Schon bald nach ihrer Ankunft in Rom hatten
er und seine Frau ihre erste Wohnung in der Villa di Malta als zu
klein für die große Familie und als im Winter zu kalt und zu zugig

befunden und gegen eine sehr viel größere im Palazzo Tomati an der Via Gregoriana nahe der Spanischen Treppe getauscht, in der schon Humboldts Vorgänger in Rom, Wilhelm Uhden, gewohnt hatte. Und hier war ihr Haus schon bald zu einem der geistigen und gesellschaftlichen Mittelpunkte der Stadt geworden, wo sich vor allem die in Rom lebenden Deutschen, aber auch Franzosen und natürlich Italiener trafen. »Wir haben uns auf den Fuß gesetzt, Mittwoch und Sonntag immer zu Hause zu bleiben und zu empfangen«, berichtete Caroline schon wenige Wochen nach ihrer Ankunft ihrem Vater. »Die anderen Tage sind mit hiesigen ›conversazioni‹ besetzt, wo man sich doch zuweilen sehen lässt.« Wenn sie noch etwas besser eingerichtet seien, »werde ich meinen Mittwochs- und Sonntagstee etwas mehr Extension geben, d. h. Gefrorenes und allerlei Backwerk hinzufügen, und so werden sie sich schon vor den römischen Conversazioni distinguieren. Bei Torlonia, einem Bankier, der Millionen besitzt und der zweimal in der Woche mindestens 100 Personen bei sich sieht, bietet man einem auch nicht ein Glas Wasser an.«[110]

Auch während der Zeit des Aufenthaltes von Caroline in Paris – über deren Anlass auch in Rom schon bald vielfältige Gerüchte kursierten – erfuhr dieser rege gesellschaftliche Verkehr im Hause Humboldt keine Unterbrechung. Im Gegenteil. Die Zahl der Gäste, die mehr oder weniger ständig kamen, wuchs immer weiter an. Unter ihnen fanden sich viele berühmte Namen, so der zwei Jahre zuvor ernannte Kardinalstaatssekretär Ercole Consalvi, mit dem Humboldt auch in seiner amtlichen Eigenschaft viel zu tun hatte, der Kardinal Ruffo di Baranello, der an der Spitze süditalienischer Briganten gegen die von den Franzosen gegründete parthenopäische Republik kämpfte, aber auch Lucien Bonaparte, der Bruder Napoleons, der zu dieser Zeit zurückgezogen in Rom lebte. Zu den Gästen gehörten unter anderen auch der Erbprinz von Mecklenburg-Strelitz, ein Bruder der preußischen Königin Luise, der bayerische Kronprinz und spätere König Ludwig I., der österreichische Gesandte Graf Khevenhüller, sowie François-René de Chateaubriand, der zeitweilig die französische Gesandtschaft beim Heiligen Stuhl vertrat.

Vor allem aber versammelten sich im Hause Humboldt zahlreiche Künstler sowie Gelehrte und Schriftsteller. Die Künstler wurden vor allem von Caroline von Humboldt angezogen und von ihr betreut, so die Maler Johann Christian Reinhart und der noch ganz junge Gottlieb Schick, beide Mitglieder einer deutsch-römischen Malergruppe, die man später zusammenfassend die »Nazarener« nannte, einen ursprünglichen Spottnamen der Römer für die gemeinsame Haartracht der Mitglieder aufgreifend, die dann als gemeinsames äußeres Kennzeichen für deren Orientierung an der von ihnen gefeierten mittelalterlichen Welt bezeichnet wurde. Ferner gehörten zu den von den Humboldts betreuten Künstlern die Bildhauer Bertel Thorvaldsen und Christian Daniel Rauch. Der damals noch weitgehend unbekannte Thorvaldsen erhielt durch ihrer beider Vermittlung mehrere wichtige Aufträge, unter anderem zu einem Marmorporträt von Humboldt selber. Und der junge Rauch wurde von ihnen auch finanziell protegiert und in vieler Hinsicht gefördert.

Die Gelehrten und Schriftsteller fielen vor allem in Wilhelms Ressort. Zu ihnen zählte nicht zuletzt der dänische Altertumsforscher Johann Georg Zoëga, mit dem sich Humboldt weitläufig über die antike Welt unterhielt, über ihren Geist und ihren inneren Zusammenhang, wie er sich aus den Kunstwerken und vor allem aus ihrer sprachlichen Überlieferung erschließen lasse. Ferner Friedrich Gottlieb Welcker, der später berühmte klassische Philologe, der nach 1807 Hauslehrer im Hause Humboldt wurde. Mit ihm verband Wilhelm bis ins Alter eine enge, durch die Gemeinsamkeit der wissenschaftlichen Interessen gestiftete Freundschaft.[111] Lange Gespräche führte Humboldt, anknüpfend an ihr Zusammentreffen in Paris, auch mit Madame de Staël, die sich 1805 mit ihrem Freund August Wilhelm Schlegel und ihren drei Kindern für einige Zeit in Rom aufhielt. Sie habe, berichtete er Goethe, »oft und immer mit gleicher Begeisterung von Ihnen gesprochen. Sie ist mir viel werter geworden, als sie war. Sie hatte hier mehr Ruhe und Stille, war nicht so umgetrieben von den Geistern, die auch sie plagen und irreleiten, und wenn ihre Regsamkeit, die sonst nur ermüdend ist, die rechte Bahn trifft, ist sie

stärkend und wohltätig. Schlegel«, fuhr er fort, »war hier viel mil-
der, als ich ihn sonst gekannt habe. Er hat durch den Umgang mit
der [Staël] indes vielleicht weniger an Vielseitigkeit gewonnen als
an Tätigkeit verloren. Er hat ein unleugbares, aber, soviel ich beurteilen kann, immer subalternes Talent, und seine wahre Sphäre
wird er immer nur in Übersetzungen finden.«[112]

Die hier nur eben angedeuteten vielfältigen Kontakte und
Verbindungen, die beide Humboldts in Rom unterhielten und
ständig erweiterten, erreichten einen gewissen Höhepunkt, als
Alexander, Wilhelms Bruder, nach seiner Rückkehr von seiner
jahrelangen Forschungsreise nach Mittel- und Südamerika
Ende April 1805 zu seinem Bruder nach Rom kam und dort für
mehrere Monate blieb. Mitte August 1804 war er nach Europa,
genauer nach Paris zurückgekehrt, inzwischen aufgrund seiner
Reiseberichte und seiner wissenschaftlichen Abhandlungen, die
er aus den Erkenntnissen und analytischen Aufzeichnungen
seiner Reise geschöpft hatte, weltberühmt geworden. Hier traf
er zu seiner Überraschung seine Schwägerin mit ihren beiden
mittlerweile ältesten Kindern – die Nachricht vom tragischen
Tod seines Neffen hat er wohl erst jetzt erhalten – und einer
erst wenige Wochen alten jüngsten Tochter Louise, die am 2. Juli
in Paris zur Welt gekommen war. Auf Bitten der Schwägerin
wurde Alexander deren Pate. Sie starb allerdings bereits nach
dreieinhalb Monaten, in der Nacht zum 18. Oktober 1804. »So
ist sie von uns gegangen und hat eine Öde um uns gelassen, eine
Leere, vor der ich zurückschaudere«, schrieb Caroline zwölf Tage
später an ihren Mann. »Ich sehne mich unaussprechlich nach
Euch«, fügte sie hinzu, »und kann nur etwas, was Ruhe ähnlich
ist, bei Euch wieder finden.«[113]

Die Sehnsucht, wieder nach Rom und zu ihrem Mann zurückzukehren, war dann freilich doch nicht so stark, wobei die immer
noch sehr schlechten, durch Quarantänevorschriften zusätzlich
erschwerten Reise- und Verkehrsverhältnisse besonders in Oberitalien eine Rolle spielten. Erst Ende Januar 1805, fast elf Monate
nach ihrer Abreise, kamen sie und die beiden Kinder nach Rom
zurück. Alexander »denkt ernstlich auf sein Kommen nach Rom

und will dort viel arbeiten«, hatte sie ihrem Mann Anfang November 1804 geschrieben.[114]

In der Tat hatte Alexander das schon früh erwogen. Vorher wollte er noch nach Madrid, um sich beim spanischen König für die Protektion seiner langen Reise nach Mittel- und Südamerika zu bedanken. Wilhelm hatte ihm jedoch nahegelegt, zunächst, mit Blick auf künftige materielle Förderung, ins heimatliche Preußen zu fahren, jedenfalls vom preußischen König weiteren »Urlaub« zu erbitten. Diesem Rat ist Alexander gefolgt, und der erbetene Urlaub wurde ihm sogleich gewährt. Dabei passte aus Berliner Sicht ein mit diesem Urlaub verbundener längerer Aufenthalt des berühmt gewordenen Gelehrten in der Hauptstadt des immer mächtigeren Frankreich, mit dem Preußen seit 1795 in einem Sonderfrieden verbunden war, auch atmosphärisch gut in die Landschaft, als Symbol für die enge Verbundenheit zwischen beiden Staaten.

Als vom preußischen König ausdrücklich beurlaubter preußischer Staatsbürger reiste Alexander von Humboldt also Ende April 1805 zu seinem Bruder, dem preußischen Residenten beim ganz vom napoleonischen Frankreich beherrschten Kirchenstaat. Beide freilich kümmerten sich, wenn überhaupt, nur ganz am Rande um politische Fragen. Sie verstanden sich als geistige Kosmopoliten in einem streng individualistischen Sinne, hier in einer vom römischen Adel bestimmten Gesellschaft, die ihnen und ihren geistigen, ihren wissenschaftlichen und ihren eng damit verbundenen künstlerischen Bestrebungen jeden Raum gewährte.

Darin, den Einzelnen ganz sich selbst zu überlassen, seinen jeweiligen Ideen und Grundvorstellungen, seinen geistigen und künstlerischen Zielen, darin bestehe, so zog Wilhelm von Humboldt fünfundzwanzig Jahre später in einem Rezensionsaufsatz über Goethes zweiten römischen Aufenthalt rückblickend Bilanz, das eigentliche Wesen, der Grundcharakter Roms. »Kein Ort verträgt sich so wenig wie Rom mit dem an sich lobenswerten Eifer der Reisenden, der restlos alles einzelne zu sehen, die daraus geschöpfte Belehrung mit hinwegzunehmen strebt und fertig zu sein glaubt, wenn er diese Reihe der Sehenswürdigkeiten durchgemacht hat. Rom verlangt Ruhe, und dass man die Erinnerung an die Notwendigkeit der Rückreise, wie fest sie bevorstehe, möglichst fern halte. Man muß sich erst selbst leben, ehe man ihm leben kann, sich dem Eindruck still und ungestört überlassen.«[115] Ihm selbst war, nach seiner Selbsteinschätzung, diese Ruhe in reichem Maße zuteilgeworden. Die diplomatischen Geschäfte, »die Gott mich behüten möge, Tätigkeit zu nennen«, hinderten ihn nicht, wirklich sein inneres Leben wie in eine neue geistige Heimat dorthin zu versetzen, »sich frei dem reinen Genusse der sich so lieblich allen Sinnen erschließenden und doch eine so unergründliche Tiefe darbietenden Erscheinung zu überlassen«.[116] »Ich glaube wirklich«, schrieb er an Friedrich August Wolf, den klassischen Philologen, »man genießt das Leben nur hier. Der Genuß wird hier ein fruchtbares Geschäft und weckt eine Art Verachtung gegen die Thätigkeit. Das werden Sie nicht sehr lobenswürdig finden, mein theurer Freund, aber es ist wahr, und was gibt es eigentlich auch Höheres, als sich und die Natur, die Vergangenheit und die Gegenwart zu genießen.«[117]

In diesem Sinne führte er, nun für Monate in Begleitung seines auch hier gleich ins Zentrum des gesellschaftlichen Interesses rückenden Bruders, sein Leben in Rom – in ständigem Dialog mit den zahlreichen Gästen, die sich in seinem Haus versammelten, in Streifzügen durch die Stadt und ihre Umgebung, in ausgedehntem Briefwechsel mit Freunden und Bekannten, in Erkundung auch der Lebensweise der verschiedenen Schichten der römischen Gesellschaft.[118]

All das erweckt auf den ersten Blick den Eindruck eines rein genießerischen Daseins eines von allen Forderungen des Tages befreiten, wohlhabenden Mitgliedes der Oberschicht, das seinen zentralen Lebenszweck eben in dem Genuss des Daseins und dessen sah, was die wechselnden Umstände dieses Daseins an ihn herantrugen. Schaut man jedoch genauer hin, so wird deutlich, dass sich im Hintergrund oder besser gesagt im Untergrund von all dem eine ganz bestimmte Zielsetzung, eine ganz bestimmte Lebensidee verbarg: sich selber in der Perspektive auf das antike Rom und vor allem dessen, was das antike Rom an Vorstellungen

und Ideen der griechischen Welt bewahrt und überliefert hatte, in
einem tieferen Sinne zu bilden und eben dadurch zur »höchsten
und proportionierlichsten Ausbildung seiner Kräfte zu einem
Ganzen« zu gelangen.

Das war eine überaus komplexe, in letztlich metaphysisch begründeten Vorstellungen vom griechischen Menschentum wur-
zelnde Lebensidee, die Humboldt in sich zu verwirklichen strebte.
Dazu aber bedurfte es, das war die Einsicht, der er in seinen römischen Jahren folgte, gleichsam einer zugleich emotionalen Ver-
senkung in die römische Lebenswelt, die, wenn auch nur in An-
sätzen und durch die nachfolgenden Epochen vielfältig verzerrt,
die antike und in ihr vor allem Elemente der griechischen Tradition bewahrt hatte. »Unsere neue Welt ist eigentlich gar keine«,
bemerkte Humboldt Ende Juli 1805 in einem Brief an Wolf. »Sie
besteht bloß in einer Sehnsucht nach der vormaligen und einem
ungewissen Tappen nach einer zunächst zu bildenden. In diesem
heillosesten aller Zustände suchen Phantasie und Empfindung
einen Ruhepunkt und finden ihn wiederum nur hier.«[119] »Rom
ist der Ort«, so hatte er bereits ein Jahr zuvor, am 23. August
1804, an Goethe geschrieben, »in dem sich für unsere Ansicht das
ganze Altertum in eins zusammenzieht.«[120] Und in einem Brief
an Caroline von Wolzogen vom 23. Juli 1806: »Was wäre Rom
mehr für uns als Babylon, Persepolis, Memphis oder jede andere
Stadt des [...] barbarischen Alterthums, wenn sie nicht von ihrem
ersten Aufkommen an, in griechischem Geiste aufgeblüht, und
hernach mit griechischen Trümmern bereichert wäre? Es ist unmöglich, Rom zu empfinden, ohne vom griechischen Alterthume
tief durchdrungen zu sein.«[121]

Es war im Kern wieder eine Ideenwelt, die Welt der altgriechischen Ideen und Vorstellungen, in der Humboldt auch, ja in
geradezu gesteigerter Weise, in seiner römischen Zeit lebte. Von
daher erklärt sich auch, warum ihn die äußeren, die politischen
Umstände seiner Zeit zunächst weitgehend kaltließen: Sie betrafen
seiner Überzeugung nach die gerade in Rom wiederzuentdecken-
de Überlieferung der Antike in keiner Weise. Für die altrömische
Attitüde des napoleonischen Kaisertums hatte er nur Spott übrig.

Wenn jemand dieser Überlieferung wirklich diente, so waren es deutsche Dichter und Gelehrte und diejenigen, die in ihrem Gefolge gerade im zeitgenössischen Rom zusammenfanden.

Von daher verband sich sein auf den ersten Blick rein genießerisches, in Wahrheit aber von der bewussten Anknüpfung an antike Traditionen geleitetes römisches Dasein unmittelbar mit den gerade in Deutschland vorherrschenden geistigen Strömungen der Zeit. Goethe und Schiller, auch die Romantiker, Winckelmann und seine geistigen Nachfolger, Barthold Georg Niebuhr, die Vertreter der in jenen Jahren aufblühenden klassischen Philologie in Deutschland – sie alle orientierten sich an der klassischen, insbesondere der griechischen Antike, suchten ihren Geist, ihre Grundvorstellungen und ihre leitenden Ideen, ihre ganze Lebenswelt wiederzubeleben und in diesem Sinne ihr eigenes Dasein, ihre Gegenwart zu gestalten. Und in diese geistige Strömung fügte sich Humboldt mit seinem ganzen Denken und seinen leitenden Ideen unmittelbar ein, akzentuierte sie in spezieller Weise. Darüber traten in seiner römischen Zeit seine sprachgeschichtlichen und sprachanalytischen Pläne, sosehr er grundsätzlich an ihnen festhielt, weitgehend zurück. Er konzentrierte sich ganz auf das, was von dem Geist der Antike nicht nur literarisch und künstlerisch, sondern, gerade in Rom, auch lebensweltlich, atmosphärisch überlebt hatte und suchte es für sein eigenes Bild der Antike fruchtbar zu machen, ja diese in sich selber wiederzubeleben.[122]

Zwei programmatische Aufsätze

Aus diesem Geist heraus hat er, wie schon gesagt, zwei größere Aufsätze begonnen, die beide freilich unvollendet blieben und nur als Fragmente überliefert sind. Der eine, konzipiert und begonnen um 1806, trug den Titel »Latium und Hellas oder Betrachtungen über das classische Alterthum«,[123] und der andere von 1807/08 hatte die »Geschichte des Verfalls und Unterganges der Griechischen Freistaaten« zum Thema.[124]

Seine weitläufig angelegten, wohl ursprünglich auf eine umfassende Studie zielenden »Betrachtungen über das classische Alterthum« begannen mit der stichwortartigen Feststellung: »Es giebt einen vierfachen Genuss des Alterthums: in der Lesung der alten Schriftsteller, in der Anschauung der alten Kunstwerke, in dem Studium der alten Geschichte, in dem Leben auf classischem Boden.« Griechenland gewähre dabei »Empfindungen tieferer Wehmuth«, Rom hingegen einen »höheren Standpunkt« und »mehr Vollständigkeit der Uebersicht«. »Alle diese verschiedenen Genüsse« gäben »im Ganzen denselben, nur zu anderen Graden gesteigerten Eindruck«. Das »Charakteristische dieses Eindrucks« bestehe darin, fuhr Humboldt fort, »dass jeder andre Gegenstand immer nur zu einer einzelnen Beschäftigung tauglich« sei, »das Alterthum hingegen eine bessere Heimath, zu der man jedes Mal gern zurückkehrt«, zu sein scheine. Ferner darin, »dass von ihm aus alle mannigfaltigen menschlichen Sinnes- und Vorstellungs-arten verständlich werden, die man, wenn man unmittelbar von einer zur andern überginge, nicht leicht verstehen würde«. Des Weiteren, »dass viele andre Gegenstände auf vielfache Weise er-greifen, allein keiner so alle Ansprüche befriedigt, so in nichts anstößt, so eine vollkommene und zugleich energische Ruhe einflösst«. Schließlich »dass die Beschäftigung mit dem Alter-thum die Untersuchung nie zu einem Ende und den Genuss nie zur Sättigung führt«. Es scheine so, »als könne man auf einem kleinen, eng begrenzten Felde in immer unergründlichere Tiefe graben, um immer grössere Ansichten zu erhalten, das die längst bekannten Formen immer zu neuer Erhabenheit und Lieblichkeit übergehen, und zu neuem Einklang zusammen treten«.

Die ganze, unvollendet gebliebene Schrift blieb auf diesen Ton der uneingeschränkten Bewunderung des griechischen Menschen gestimmt, seiner Kunst, seiner literarischen Werke, seiner Religi-on, seiner Sitten und Gebräuche, seines »öffentlichen« und seines »Privatcharakters« und seiner von diesen bestimmten Geschichte. Sie kreiste um den einen, zentralen Gedanken: dass der Grieche stets von der Idee, vom Ideal ausgegangen sei und in diesem Sinne seine Werke und seine ganze Lebenswelt gestaltet habe. »In dem Griechen waltete die natürlich gelassene, nicht auf irgend etwas

Adelheid und Gabriele von Humboldt

beschränkte, noch an etwas Einzelnes gebundene Menschheit reiner und einfacher als in irgend einer anderen Nation«, stellte er zusammenfassend fest, ohne diesen Glaubenssatz als solchen je in irgendeiner Weise in Zweifel zu ziehen.

Auf die naheliegende Frage, wie es eigentlich dazu komme, »dass jene hinreissend schöne Form der Menschheit allein in Griechenland aufblühte«, gebe es »keine befriedigende Antwort«. »Es war, weil es war«, konstatierte er apodiktisch. Das Griechentum verkörpere eben den Höhepunkt alles Menschlichen, einen Höhepunkt, an dem sich alle Nachgeborenen orientieren müssten. »Wie im Geiste selbst ein Gedanke, wie auf der Leinwand des Malers eine Figur, so entsteht in der Natur durch das Wirken grosser, oder gerade glücklich begeisterter Kräfte eine Form des Lebens, die auf einmal eine neue Reihe geistiger Erscheinungen beginnt.«

Humboldts Hymne auf das Griechentum drehte sich also trotz der Fülle einzelner Beobachtungen und Bemerkungen zu den verschiedenen Themen in seinem Grundton nicht nur im Kreise, sondern bewegte sich auch hinsichtlich der Frage nach den Wurzeln, nach den bestimmenden Elementen des Griechentums ganz im Ungefähren. Eine entscheidende Bedeutung habe sicher, so Humboldt, die Sprache für das Wesen und den Charakter einer Nation. Aber, »wenn schon die Schilderung des Charakters eines Individuums oder gar einer Nation in Verlegenheit setzt, so thut dies noch mehr die des Charakters einer Sprache. Wer sie jemals versucht hat, wird bald inne werden, dass, wenn er etwas Allgemeines zu sagen im Begriff ist, er unbestimmt wird, und wenn er ins Einzelne eingehen will, die festen Gestalten ihm entschlüpfen, so wie eine Wolke, welche den Gipfel eines Berges deckt, wohl von fern eine feste Gestalt zeigt, aber in Nebel zerfliesst, so wie man in dieselbe hineintritt. Es wird daher«, fuhr Humboldt fort, »um diese Schwierigkeit dennoch glücklich zu überwinden, nothwendig seyn, uns in eine ausführlichere Abschweifung über Sprache überhaupt und die Möglichkeit der Verschiedenheit einzelner einzulassen.« Als »erster und höchster Grundsatz im Urtheil über alle Sprachen« müsse gelten, »dass dieselben immer in dem Grade einen höheren Werth haben, in welchem sie zugleich den Eindruck der Welt treu, vollständig und lebendig, die Empfindungen des Gemüths kraftvoll und beweglich, und die Möglichkeit beide idealisch zu Begriffen zu verbinden leicht erhalten«. Nach einigen Erläuterungen über das damit konkret Gemeinte bricht der Text ab.

Den Zugang zu Wesen und Charakter des Griechentums über die Analyse der griechischen Sprache zu eröffnen erschien also in dem als Fragment überlieferten Text als eine noch zu leistende Aufgabe. Sie aber könne man erst in erfolgversprechender Weise in Angriff nehmen, so muss man, den Gedanken Humboldts aufgreifend und weiterführend, hinzufügen, von der Basis einer allgemeinen, nach Möglichkeit sämtliche Sprachen umfassenden Sprachwissenschaft. Eine solche zu begründen und voranzutreiben war dann auch das von ihm während der letzten anderthalb Jahrzehnte seines Lebens verfolgte Ziel.

Zunächst freilich wandte er sich in den letzten eineinhalb Jahren seines Aufenthaltes in Rom der »Geschichte des Verfalls und Unterganges der Griechischen Freistaaten« zu. Damit verfolgte er, wie er einleitend schrieb, einen »dreifachen Zweck«. Zum einen wolle er sich, wie es in einer dann gestrichenen Passage des Textes hieß, »von dem Anblick der Gegenwart« in eine Zeit versetzen, »in welcher der tief rührende, aber immer anziehende Kampf besserer Kräfte gegen übermächtige Gewalt auf eine unglückliche, aber ehrenvolle Weise gekämpft ward«; in einem Brief an den ehemaligen Hauslehrer bei den Humboldts, an Johann Gottfried Schweighäuser, bezeichnete er seine Abhandlung ausdrücklich als »ein Mahnmal für das arme zusammengebrochene Deutschland«.[125] Zum anderen wolle er damit zeigen, »dass Entartung die Schuld des Verfalls Griechenlands nur zum Theil trug, der mehr verborgene Grund aber eigentlich darin lag, dass der Grieche eine zu edle, zarte, freie und humane Natur besaß, um in seiner Zeit eine, damals die Individualität nothwendig beschänkende politische Verfassung zu gründen«. Und schließlich wolle er auf diese Weise einen Standpunkt beziehen, »von dem sich die alte und neue Geschichte in ihrem ganzen Umfange bequem überschauen lässt«. Denn »nicht im Loben des Alten und Bestreiten des Neuen liegt jetzt die Möglichkeit, den Köpfen eine bessere Richtung zu geben«, hatte er schon am 4. Februar 1804 in einem Brief an Brinkmann geschrieben, »sondern nur darin, daß man aus der Vergleichung von beiden die wahre Bahn vorzeichnet«.[126]

Der Untergang der griechischen Staaten habe das Eigentümliche, so begann er seine vom ganzen Ansatz her weit ausgreifende Darstellung, »dass er mehr einem gewaltsamen, als einem Krankheitstode gleicht, wo das Leben erst weicht, nachdem die Kraft schon erloschen ist«. Die Periode des Verfalls Griechenlands habe schon während der Regierungszeit Philipps und Alexanders begonnen, »nicht bloss die innere Freiheit, sondern auch die äussere

Unabhängigkeit« sei »damals schon zum Namen geworden«. Und
doch hätten in dieser Zeit Praxiteles und Apelles gelebt, hätte
die oratorische Kunst mit Isocrates, Aeschines und Demosthenes
einen Höhepunkt erreicht. »Aristoteles erstieg den Gipfel seiner
Grösse, und Plato reicht bis an diese Zeit.« Auch an »weiser und
unternehmender Staatsklugheit, an reiner Vaterlandsliebe, an
ausharrendem Muthe, an ewig gegen seine Fesseln knirschendem
Freiheitssinn« habe es weder damals noch lange nachher gefehlt.
»Gegen die Athenienser, selbst gegen die Thebaner und Spartaner
waren die Macedonier und Römer, die Unterjocher und Eroberer
Griechenlands, nur Barbaren zu nennen. Der bessere und edlere
Theil erlag«, diesen Schluss müsse man aus der Geschichte ziehen,
»und die rohe Uebermacht trug den Sieg davon«.

Das sei fast ein allgemeines Gesetz »in der lebendigen und leb-
losen Natur«. »Die barbarischen Völker besiegen fast immer die
höher gebildeten; einseitige, kalt berechnende, unruhige Nationen
ihre humaneren, sich treuer und inniger den Beschäftigungen des
Friedens weihenden Nachbarn; der rohere Mann beherrscht, und
oft knechtisch, das zartere Weib; das Meer wälzt seine Fluten, Vul-
kane ihre Schlacken auf blühend angebaute Gefilde; die Naturkraft,
im Moralischen wie im Physischen, schreitet ihren Weg, die geistige stemmt sich ihr entgegen, oft mit Erfolg, aber öfter umsonst,
und sucht dann, wenn sie nicht im Verzweiflungsmuth untergeht,
die Freiheit im Inneren wieder, die sie im Aeusseren verliert.«

Wir haben diese Stelle so ausführlich zitiert, weil ihr eigentlicher Bezugspunkt, ausgehend vom Verhältnis zwischen Griechenland und Rom – bei dem Humboldt eindeutig die Position
Griechenlands vertrat –, die unmittelbare Gegenwart war, das
heißt das Verhältnis zwischen dem napoleonischen Frankreich
und dem im Oktober 1806 bei Jena und Auerstedt vernichtend
geschlagenen Preußen als einer der beiden Großmächte Deutschlands. Auf Preußen zielte der Satz, es müsse, wenn es »nicht im
Verzweiflungsmuth« untergehen wolle, »die Freiheit im Inneren
wieder« suchen, die es »im Aeusseren« verloren habe.

Das war ein regelrechtes politisches Programm, das er bereit
war, sollten sich Gleichgesinnte an ihn wenden, auch in der Praxis,

im praktischen Leben zu seinem eigenen zu machen. So gesehen konkretisierten die folgenden Sätze, wenn auch in allgemeiner Form, seine eigene Position, die er in den nächsten Jahren einnehmen und verfolgen sollte. »Jenes Ueberwältigen des Besseren durch unwiderstehliche Gewalt zertrümmert das augenblickliche Glück, aber vermehret die innere Kraft, sie weckend und in sich zurückdrängend; und nicht, oft und meistentheils heilsames, Unglück, am wenigsten des Augenblicks, sondern Schwäche und Entartung sollen in der moralischen Welt vermieden werden. Nicht auf Glück kommt es in ihr an, sondern auf selbstständige, harmonische, aus Edlem entspringende und zu Edlem fortschreitende Kraft, aus der unmittelbar, mitten in und trotz aller Ereignisse des Zufalls, Glück und Heiterkeit von selbst hervorgehn.«

Und er entwarf im Weiteren, von außen her gesehen ganz auf das Verhältnis Griechenlands und Roms bezogen, ein Leitbild, von dem er in dem nächsten Jahrzehnt sein eigenes politisches Handeln bestimmen ließ. Es gehe in der Politik, konkret in der Beziehung zwischen den Staaten oder Staatengruppen entweder um reine Machtpolitik – wie er sie in seiner Gegenwart durch das napoleonische Frankreich verkörpert sah – oder um eine Politik, die sich an Idealen und übergreifenden Überzeugungen orientiere, eine Politik, die in seiner Gegenwart gerade das geschlagene Preußen in Rückbesinnung auf seine leitenden Ideen verfolge.

Mit Blick vordergründig auf das Verhältnis zwischen Griechenland und Rom und seine weitere Entwicklung, im Kern aber auf die Beziehung zwischen Preußen und Frankreich und auf die zwei Wege zielend, die Preußen einschlagen könne, formulierte er: »Wenn die wirklich höhere Kraft einem schlechteren Widersacher erliegt, unterwirft sie sich nur, weil sie nicht mehr zu widerstehen vermag, aber macht nie in schimpflichem Vertrage ihre Sache mit der seinigen gemein, sammelt sich vielmehr mit verdoppelter Anstrengung in sich selbst, wählt sich mühsamere und darum wundervollere Bahnen, und beherrscht, nachdem sie ihrem Sieger augenblicklich gewichen ist, ihn zuletzt durch das langsame, aber mächtige Ausstrahlen ihres Geistes und ihrer Trefflichkeit.«

Das war exakt das Programm der preußischen Reformer, zu

dem sich Humboldt, scheinbar auf längst vergangene Zeiten sich
berufend, hier unmissverständlich bekannte. Es war also im Kern
eine hochpolitische, sein ganzes weiteres Leben bestimmende
Schrift. Sie blieb freilich ein Fragment und unveröffentlicht. Erst
ein knappes Jahrhundert später wurde sie, zusammen mit fünf
anderen, von Albert Leitzmann unter dem zusammenfassenden
Titel:»Sechs ungedruckte Aufsätze über das klassische Altertum
von Wilhelm von Humboldt« publiziert, wobei der politische, an
der damaligen unmittelbaren Gegenwart orientierte Charakter
des Ganzen völlig im Hintergrund blieb.

Dabei tritt er auch im weiteren Verlauf der Schrift immer wieder hervor. So konstatiert Humboldt an einer Stelle:»Vielleicht
noch nothwendiger aber war Bürgererziehung zur Erhaltung der
innern Verfassung.« Und fügt unter Bezugnahme auf die eigene
Gegenwart hinzu:»Wenn es bei uns selten geworden ist, dass ein
Einzelner mit Umsturz der Gesetze oder Hinwegräumung des
rechtmäßigen Herrschers die oberste Macht selbst an sich zu reissen versucht, oder dass entgegengesetzte Partheien die öffentliche
Ruhe in Gefahr bringen, so ist es grossentheils, weil es unter uns
an Bürgersinn und Vaterlandsliebe mangelt und mit diesen Tugen-
den auch die sie, als nothwendige Uebel, begleitenden Laster und
Verbrechen vermisst werden. Privates und öffentliches Interesse«,
fuhr er fort,»sind durch eine weite Kluft geschieden, und Unglück
und Schande der Nation werden nicht mehr als eignes Unglück
und eigne Schande gefühlt« – was die preußischen Reformer und
Humboldt mit ihnen ja gerade als das große Defizit und Problem
ihrer Gegenwart erkannten.»Die körperliche Arbeit und Sorge
für die Bedürfnisse des Lebens ist von den Schultern der Sklaven
[in der antiken Welt] bei uns«, fuhr Humboldt in seiner grundsätzlichen Analyse fort,»auf die Schultern des Volkes gewälzt, der
Wohlhabende aber kennt eine Menge von Beschäftigungen, Vermögen zu erwerben, Musse auszufüllen und Kräfte zu bilden, die
vom Staate durchaus unabhängig sind, oder wenn sie auch mit
der Staatsverwaltung zusammenhängen, doch ziemlich gut unter
jeder Staatsverfassung fortdauern können.«

Das, was die modernen Staaten gegen alle Veränderungen si-

chert – die Humboldt offensichtlich für dringend notwendig er-
achtete –, sei die »Gleichgültigkeit gegen die politische Verfass-
sung«. »Nur Wenige nehmen einen ernstlichen und noch Wenigere
reinen und uneigennützigen Antheil daran, welchen Gesetzen,
welchem Herrscher man gehorche (was das Privatleben bequem
macht, der individuellen Neigung schmeichelt, ist es leichter unter
jedem noch so leidlich durchzubringen, als selbst das entschiedene Uebel mit Muth anzugreifen), der Sorge dafür nachzuhängen
haben wir theils keine Zeit, theils wollen wir die wirklich vorhan-
dene nicht darauf verwenden.« »Diesen Gefahren vorzubeugen«,
so sein indirekt wieder ganz auf die Gegenwart und hier speziell
auf Preußen zielender Schluss, gebe es »kein anderes Mittel, als die
Verfassung des Staats dem Bürger wirklich einzupflanzen, gewisse
auf das Ganze berechnete Maximen dergestalt in ihm herrschend
zu machen, dass sie die individuellen« verdrängen.

Im Weiteren freilich konzentrierte er sich dann ganz, ausgehend von der Geschichte des Verfalls und Untergangs der griechischen Freistaaten, auf die inneren Gründe dieses Verfalls – eine
Analyse, die ihm gewissermaßen unter der Hand zu einer Darstellung jener Elemente des Griechischen wurde, die diesen Verfall als Ideale, als leitende Ideen überdauert hätten, zuerst durch
die Aufnahme durch die siegreichen Römer und dann vor allem in
der Renaissance und in den auf ihr gründenden Strömungen und
Bewegungen der nachfolgenden Zeiten bis hinein in Humboldts
unmittelbare Gegenwart. »Die Deutschen besitzen das unstreitige
Verdienst«, konstatierte er, »die Griechische Bildung zuerst treu
aufgefasst und tief gefühlt zu haben; zugleich aber lag in ihrer
Sprache schon vorgebildet das geheimnisvolle Mittel da ihren
wohltätigen Einfluss weit über den Kreis der Gelehrten hinaus
auf einen beträchtlichen Theil der Nation verbreiten zu können.«
Und er fuhr fort: Der »Deutsche knüpft ... ein ungleich festeres
und engeres Band an die Griechen, als an irgend eine andere, auch
bei weitem näher liegende Zeit oder Nation.«

Das sei freilich zunächst eine thesenhafte Feststellung. »Jede
Geschichte des Wachstums oder des Verfalls einer Nation« sei,
»als Schilderung einer moralischen Erscheinung, weniger reine

Geschichte, als Raisonnement über dieselbe […]. Die Darstellung
des Verfalls der griechischen Freistaaten soll zugleich den Einfluß
des griechischen Geistes auf die Folgezeit und unser Verhältnis
zum Alterthum klar machen, und dadurch über den Gang der
Menschheit und das Streben des Einzelnen Licht verbreiten.«

Dabei machte Humboldt sogleich noch eine grundsätzliche
Einschränkung, die jedoch indirekt seine Eingangsthese unterstrich. »Die beiden letzteren Punkte werden freilich vorzüglich
nur für den Gesichtspunkt eines Deutschen erörtert werden, da
jeder Schriftsteller über praktisch philosophische Gegenstände
absichtlich immer nur für seine Nation schreiben sollte; und
Deutschland (fremde Leser mögen der wehmüthigen Seite dieser
Vergleichung die ehrenvolle verzeihen) in Sprache, Vielseitigkeit
der Bestrebungen, Einfachheit des Sinnes, in der föderalistischen
Verfassung und seinen neuesten Schicksalen eine unläugbare
Aehnlichkeit mit Griechenland zeigt.«

Von dieser Basis aus entwarf Humboldt den weitausgreifenden
Plan seiner Darstellung. Sie sollte zunächst in drei Etappen die
schrittweise Unterwerfung Griechenlands unter die Herrschaft
zunächst Philipps und Alexanders und dann Roms bis zur Einahme
Athens durch Sylla nachzeichnen und dann, in einem zweiten Teil,
»das Fortleben Griechenlands über die Gränzen seines politischen
Daseins heraus« schildern. Hierbei werde es in zwei großen Abschnitten um die »Darstellung des Einflusse des griechischen Cultur 1. auf die Römer, 2. auf die neueren Nationen gehen«.

Ausgeführt wurde von Humboldt allein die Einleitung des
Ganzen unter dem Thema »Von dem griechischen Charakter
überhaupt und der idealischen Ansicht desselben insbesondere«, in der er das über alle Zeiten hinweg Vorbildhafte der
griechischen Kultur und des griechischen »Charakters« nach-
zuzeichnen versuchte. Dann ließ er das Ganze, wohl schon unter
dem Druck der äußeren Umstände in der Entwicklung Preußens nach 1806 und der damit für ihn persönlich verbundenen
einschneidenden Veränderung seiner Lebenssituation, von der
gleich noch ausführlich die Rede sein wird, liegen und nahm die
Arbeit daran nie wieder auf.

Entscheidend aber war der auch nach Veröffentlichung der Schrift lange Zeit in seiner Bedeutung für Humboldts politische Grundhaltung völlig verkannte[127] Ansatz der Arbeit, die in ihrer geplanten Dimension Stoff für ein ganzes Buch geboten hätte. Dieser Ansatz lautete schlicht: Die griechische Geschichte liefert, nicht im Einzelnen und nicht in ihrem konkreten Ablauf, aber in ihrem Kern, in den sie beherrschenden Ideen und Idealen, das Vorbild, ja das Muster für die anzustrebende Entwicklung Deutschlands, für die erwachende deutsche Nation, für das, was sich deren in Preußen wie im übrigen Deutschland aus der Epoche des aufgeklärten Absolutismus heraustretende neue Politiker- und Herrschergeneration zum idealen Ziele setzen müsste. Für ihn selber umschrieb dieser Ansatz die Basis für sein ganzes politisches Handeln: als Chef der in dieser Form neugeschaffenen »Sektion des Kultus und öffentlichen Unterrichts« im Innenministerium und dann zunächst als enger Kollege und vertrauter Mitarbeiter Hardenbergs bei der Leitung der auswärtigen Politik Preußens sowie am Ende als dessen Gegenspieler, im Ringen um die Grundlinie der preußischen Politik insgesamt.

Noch allerdings lag das alles, als er seinen großen Beitrag über den Verfall und Untergang der griechischen Freistaaten konzipierte, weit in der Zukunft, ja außerhalb seiner ganzen Lebensplanung und der konkreten Ziele, die er sich setzte. Er sah sich, auch wenn er die preußischen und mit ihnen die deutschen Verhältnisse mit klarem und entschiedenem Urteil beobachtete, wie gerade dieser Beitrag erkennen lässt, eben als bloßer Beobachter, der sich zudem ganz auf ein weiteres Leben in Rom, jedenfalls aber auf eine weitgehend unabhängige Existenz einstellte.

Wachsende Selbstzweifel

Bei allen vielfältigen Anregungen, die er durch den nicht abreißenden Strom der Besucher vor allem aus Deutschland, durch das Leben in der römischen Gesellschaft, durch die intensiven Gespräche erhielt, die er mit Künstlern, Gelehrten und auch mit nach

Rom kommenden Staatsmännern und Diplomaten führte, empfand Humboldt gleichzeitig, sosehr er das vor anderen, aber auch
vor sich selbst verschleierte, erneut etwas wie eine innere Leere
seiner Existenz. Immer wieder betonte er zwar, wie genussreich
und zugleich entspannt sein Leben sei, wie er durch das Leben
in Rom, durch die italienische Landschaft, durch den Besuch der
Ruinen des antiken Rom, durch die Begegnung mit der Kunst der
antiken Welt, auch durch die mit Hilfe unmittelbarer Anschauung
vertiefte Lektüre ständig neue, seine geistige und auch emotionale
Welt anregende Impulse erhalte. Aber darein mischten sich doch in
wachsendem Maße Selbstzweifel, die Frage, was das alles für seine
innere Entwicklung bedeute, für seine Fähigkeit, daraus, jenseits
des reinen Genusses, produktiv, schöpferisch etwas Bleibendes zu
ziehen. 1805 schrieb er an Christian Gottfried Körner, den Dres-
dener Oberappelationsgerichtsrat und engen Freund Schillers, mit
dem Humboldt seit mehr als zwei Jahrzehnten eng vertraut war:
»Ich fühle mich sehr glücklich, ich bin nie heiterer in einer doch
sehr verwickelten Geschäftstätigkeit, nie fruchtbarer in Ideen,
nie poetischer gestimmt, nie zufriedener mit meiner häuslichen
Lage [...] gewesen als hier. Es fehlt mir bloß Eins«, fuhr er fort,
»als hätte mir die Natur nur Auge, das Hohe zu sehen, und Sinn,
das Tiefe zu fühlen, gegeben, aber Flügel und Sprache versagt. Ich
möchte etwas gemacht haben, in dem ich mich selbst eigentlich
achten könnte, eine Reihe von Ideen entwickelt haben, durch welche die innere Ansicht der Menschheit weiterrückte.«[128]
    Zu diesen inneren, sich gelegentlich zu depressiven Stimmun-
gen steigernden Selbstzweifeln, die seine Begabung und sein Talent betrafen, kamen äußere Ereignisse, die ihn zusätzlich belasteten, auch wenn er sich nach außen hin, im persönlichen Verkehr,
nur wenig davon anmerken ließ. Zuerst und vor allem war es, wie
schon geschildert, der plötzliche Tod seines ältesten Sohnes Wilhelm, der Mitte August 1803 einem tückischen Fieber zum Opfer
gefallen war. Dazu kam im nächsten Jahr die Trennung von seiner
Frau, die erst Ende Januar 1805 nach Rom zurückkehrte. Wenige
Monate später, Anfang Mai 1805, starb, noch keine 46 Jahre alt,
mit Friedrich Schiller der Mann, der, wie er an Körner schrieb,

der »Leitstern aller meiner intellektuellen Richtungen« gewesen
war. »Wenn ich bis jetzt etwas schrieb, wenn ich nur einen Entwurf machte zu schreiben, dachte ich mir eigentlich ihn als einzigen Beurteiler und Richter. Alles Beste in mir war immer an
ihn gerichtet, und zugleich gab er mir auch immer die Stimmung
und die Kraft.«[129] »Nichts hat mich je gleich stark erschüttert«,
bemerkte er in einem Brief an Goethe. »Es ist das erste Mal, dass
ich einen erprüften Freund, mit dem sich durch Jahre des Zusammenseins Gedanken und Empfindungen innig vermischt hatten,
verliere, und ich fühle jetzt die Trennung, die Entfernung, in der
wir in den letzten Jahren lebten, noch schrecklicher.«[130]

25 Jahre später hat Humboldt in einem großen Essay »Über
Schiller und den Gang seiner Geistesentwicklung«, den er der
von ihm veranstalteten Ausgabe des Briefwechsels zwischen
ihm und Schiller voranstellte, das geistige Klima, in dem Schiller
lebte und das seine Werke und sein ganzes Denken bestimmte,
umrissen und gleichzeitig indirekt festgehalten, was ihre Beziehung und den geistigen Austausch zwischen ihnen prägte – obwohl von ihm selber kaum die Rede war. Er zeichnete darin ein
Bild Schillers, das bei aller scheinbaren analytischen Distanz diktiert war nicht nur von fortdauernder Bewunderung für dessen
dichterisches Werk und seine weitgespannten geistig-philoso-
phischen Grundlagen, sondern auch von einem Gefühl der tiefen
emotionalen Verbundenheit mit der Person, die ihr Verhältnis
bestimmt hatte. »Sein Leben endete vor dem gewöhnlichen Ziele«, so schloss Humboldt seinen weit ausgreifenden Essay, »aber
so lange es währte, war er auschließlich und unablässig im Gebiet der Ideen und der Phantasie beschäftigt; von Niemand lässt
sich vielleicht mit soviel Wahrheit sagen, dass ›er die Angst des
Irdischen von sich geworfen hatte, aus dem engen, dumpfen Leben in das Reich des Ideales geflohen war‹; er lebte nur von den
höchsten Ideen und den glänzendsten Bildern umgeben, welche
der Mensch in sich aufzunehmen und aus sich hervorzubringen
vermag. Wer so die Erde verlässt, ist nicht anders als glücklich
zu preisen.«[131]

Seit dem Tod seines ältesten Sohnes Wilhelm hatte Humboldts

Lebensgefühl, verstärkt durch die zeitweilige Trennung von seiner Frau, einen dunkleren Unterton erhalten, und der Tod Schillers vertiefte die ihn immer häufiger erfassende pessimistische
Grundstimmung, seine wachsende kritische Distanz zu seiner
Umwelt, begleitet von zunehmenden Selbstzweifeln. Gleichzeitig
setzte er jedoch alles daran, dieser Stimmung entgegenzuwirken.
»Es gelingt mir auch immer mehr«, schrieb er Ende Juli 1806 an
die seit vielen Jahren mit seiner Frau und ihm befreundete Caroline von Wolzogen, »auf dem Leben überall nur das Erhebende zu
nehmen, und Menschheit und Schicksal sind so unendlich groß
und vielseitig schön, dass es immer möglich ist.« Allerdings, fügte
er hinzu, »nur nicht immer mit leichter Heiterkeit, sondern oft
mit tiefer Bitterkeit. Nur lasse ich die Bitterkeit nie zum Haß
werden, sondern gleich in Verachtung übergehen, und da bleibt
die Seele immer ruhig und rein.«[132]

Obwohl preußischer Diplomat, als der er 1806 formell zusätzlich die preußische Vertretung in Neapel übernommen hatte – am 10. April dieses Jahres wurde er gleichzeitig auf Betreiben
Hardenbergs zum »bevollmächtigten Minister« Preußens in Rom
ernannt –, beschäftigten ihn die politischen Ereignisse in Europa
und auch das Verhältnis seines preußischen Vaterlandes zu Frankreich nur ganz am Rande. Sein eigentliches Interesse galt nach wie
vor der Geschichte, der Kunst und der Kultur der antiken Welt,
die sich ihm von Rom her und von dem, was hier von jener Welt
erhalten geblieben war, auch unmittelbar anschaulich erschloss.

Der äußere und innere Zusammenbruch
des alten Preußen

Dann aber trat ein Ereignis ein, das ihn nicht nur als preußischen
Diplomaten, sondern auch als preußischen Untertanen ganz allgemein und speziell auch als preußischen Grundeigentümer unmittelbar berührte. Am 2. Dezember 1805 hatte Napoleon in der
sogenannten Dreikaiserschlacht bei Austerlitz östlich von Brünn
die gegen ihn im dritten Koalitionskrieg angetretenen Truppen des

Zaren und des Herrschers der Habsburgermonarchie, des römisch-deutschen Kaisers Franz II., geschlagen, der ein gutes Jahr zuvor als Franz I. den Titel »Kaiser von Österreich« in dem neukonstituierten »Erbkaisertum Österreich« angenommen hatte. Kurz darauf, am 15. Dezember 1805, hatte Frankreich mit Preußen im Vertrag von Schönbrunn ein Bündnis geschlossen, das Preußen das Kurfürstentum Hannover zusprach. In den folgenden Monaten freilich hatte Preußen einen Kurs eingeschlagen, an dessen Ende eine verheerende Niederlage stand: In Reaktion auf die Bildung des Rheinbundes, der von zunächst sechzehn Staaten im Süden Deutschlands unter Ägide des französischen Kaisers begründet worden war, und der damit Hand in Hand gehenden Auflösung des »Römischen Reiches deutscher Nation« hatte Preußen, nun wiederum mit Sachsen und dem zaristischen Russland verbunden, von Frankreich ultimativ den Rückzug seiner Truppen vom rechten Rheinufer und die Auflösung des Rheinbundes gefordert. Darauf hatte Napoleon sogleich, bevor noch das preußische Bündnis mit dem Zaren und mit Sachsen militärische Auswirkungen haben konnte, den Feldzug gegen Preußen eröffnet und die preußische Armee, die Armee immerhin Friedrichs des Großen, in der Doppelschlacht bei Jena und Auerstedt in Thüringen vernichtend geschlagen. Kurz darauf war er in Berlin eingezogen und hatte noch vor Ende des Jahres mit Kurfürst Friedrich August III. von Sachsen ein Bündnis geschlossen, der, von Napoleons Gnaden zum König erhoben, als Friedrich August I. dem Rheinbund beitrat.

In der Verfolgung der Reste der preußischen und der russischen Truppen war die Schlacht von Preußisch-Eylau südlich von Königsberg zwar unentschieden ausgegangen; in der ein knappes halbes Jahr später folgenden Schlacht von Friedland, südöstlich von Königsberg gelegen, hatte Napoleon jedoch über Russland gesiegt und wenig später Königsberg besetzt. In dem anschließenden französisch-preußisch-russischen Frieden, der Anfang Juli 1807 in Tilsit in Ostpreußen geschlossen worden war, hatte Napoleon, obwohl Sieger, zwar Russland fürs Erste geschont, mit dem er einen Ausgleich und engere Zusammenarbeit anstrebte; gegenüber Preußen jedoch hatte er seine ganze machtpolitische Überlegenheit einge-

setzt. Er hatte die Abtretung der preußischen Territorien westlich
der Elbe sowie der meisten der nach 1772 von Polen gewonnenen
Gebiete an das von ihm neugeschaffene Herzogtum Warschau er-
zwungen. Einen Teil des im Verlauf der sogenannten polnischen
Teilungen erworbenen »Neuostpreußen« hatte Preußen an Russland übertragen, der Kontinentalsperre gegen England wie Russland beitreten und schließlich sehr hohe Kriegskontributionen
leisten müssen. Mit einem Wort, das gerade zur Großmacht auf-
gestiegene Preußen war zu einer Macht mittleren Ranges herabgedrückt worden, die verzweifelt ums Überleben kämpfte.[133]

Das war die Situation, der sich Humboldt, der im Frühjahr
1806 unter nicht unbeträchtlicher Gehaltserhöhung zum »Mi-
nistre Plénipotentiaire« ernannte preußische Gesandte, gegen-
übersah. Anders als sein Bruder Alexander, der sich in der welt-
städtischen Atmosphäre von Paris am wohlsten fühlte und den
revolutionären Aufbruch und universalen Anspruch Frankreichs
rückhaltlos bewunderte, stand Wilhelm all dem von Anfang an
eher skeptisch gegenüber und verfolgte die Expansionspolitik Napoleons in Europa, die in seinen Augen nur eine ideologisch verschleierte militärische Machtpolitik war, mit zunehmender Sorge.
Der Niedergang und die schließliche Auflösung des überlieferten
Reichsverbandes erfüllten ihn, der er neben seinen Schwächen
auch, aus der Perspektive vor allem der thüringischen Kleinstaa-
ten, die positiven, Kunst und Kultur begünstigenden Seiten des
Alten Reiches kennengelernt hatte, mit Trauer und Bestürzung.
Auch die Niederlage und die nachfolgende Demütigung Preußens
beobachtete er, auch wenn er schon früh zu den Kritikern des absolutistischen Fürsorgestaates Preußen gehört hatte, der sich nach
dem Tode Friedrichs des Großen mehr und mehr von der Aufklärung verabschiedet hatte, mit Fassungslosigkeit.

Dabei kam noch hinzu, dass ihn diese Ereignisse und die Entwicklungen, die mit ihnen in materieller Hinsicht verbunden waren, auch ganz persönlich, in seiner finanziellen Existenz, berührten: Der Ertrag der Güter in Preußen, auf dem seine finanzielle
Unabhängigkeit weitgehend beruhte, war dadurch stark gefährdet,
und das Gleiche galt für den von erheblichen Plünderungen im

Thüringischen betroffenen Grundbesitz seines Schwiegervaters, des ehemaligen preußischen Kammerpräsidenten von Dacheröden, dessen Erbe seiner Frau in absehbarer Zukunft zufallen würde.

Trotz alledem blieb Humboldt, dessen Gehalt aus der preußischen Staatskasse in den folgenden Monaten erst zurückging und dann ganz ausblieb, noch viele Monate im fern von Preußen und Deutschland gelegenen, gleichzeitig aber von französischen Truppen zunehmend bedrohten Rom – ein, so schien es jedenfalls, bloßer Beobachter der alle Verhältnisse in Mitteleuropa auf Kosten vor allem Preußens zutiefst umgestaltenden Szene. In Wahrheit freilich beschäftigte sie ihn mehr und mehr, wie nicht zuletzt seine in jener Zeit begonnene, dann unter dem Druck der Ereignisse als Fragment liegengelassene Studie über die »Geschichte des Verfalls und Unterganges der griechischen Stadtstaaten« bezeugt, von der bereits ausführlich die Rede war.

In ihr setzte er, im Kern der Argumentation, das Verhältnis Altgriechenlands und des antiken Rom mit dem Verhältnis zwischen Preußen und dem napoleonischen Frankreich gleich. Beide, die griechischen Freistaaten und das Preußen seiner Zeit, seien der brutalen Machtpolitik ihres Gegners erlegen. Beide aber, das antike Griechenland in der weiteren Entwicklung und Preußen, wenn es sich nur auf seine wahre, innere geistige Stärke besinne, hätten die Kraft gehabt oder würden sie in der Zukunft erlangen, ihren Gegner zu überwinden und die Verhältnisse in ihrem Sinne zu gestalten.

Wie weit er, Wilhelm von Humboldt, selber berufen sei, an dieser grundlegenden Neugestaltung der Verhältnisse mitzuwirken, ließ er bis zuletzt dahingestellt, auch wenn er im April 1807 in seinen Glückwünschen an Hardenberg, der für kurze Zeit die Leitung der auswärtigen Politik übernommen hatte, geäußert hatte, es sei ihm jetzt »peinlich, hier müßig zu sein und nichts für das bedrängte Vaterland thun zu können«.[134] Erst äußerer Druck, der Einfluss und das Drängen der inzwischen in Preußen an die Macht gelangten Reformer um den Freiherrn vom Stein, um General Scharnhorst, dann auch um Hardenberg, hat ihn am Ende bewegt, sich persönlich zur Verfügung zu stellen und eine grundlegende Reform des gesamten preußischen Bildungswesens in Angriff zu nehmen.

Im Oktober 1808 hat sich Humboldt endlich entschlossen, den ihm schon vor geraumer Zeit auf seinen Antrag hin bewilligten Urlaub anzutreten und nach Deutschland zu reisen. Am 14. dieses Monats verließ er das seit Februar 1808 von französischen Truppen besetzte Rom in Begleitung seines elfjährigen Sohnes Theodor – der Rest der Familie blieb in der Hauptstadt des Kirchenstaates, der zwei Jahre später von Frankreich annektiert wurde – und reiste über Venedig und München nach Erfurt.

Auch diese Reise nutzte er freilich dazu, alte Kontakte zu pflegen und neue Verbindungen anzuknüpfen. In München besuchte er etwa den Philosophen Friedrich Heinrich Jacobi, dem er vor zwanzig Jahren erstmals begegnet war und mit dem er seither einen ständigen Briefverkehr unterhalten hatte. Jacobi, ein Jugendfreund Goethes und mit Humboldt in väterlicher Freundschaft über die Jahre verbunden, war seit mehreren Jahren Präsident der Bayerischen Akademie der Wissenschaften. Der Besuch enttäuschte ihn freilich etwas, auch wenn die Jacobis, wie er an seine Frau in Rom schrieb, »von der äußersten Liebenswürdigkeit« waren.[135] »Jacobi ist, was ich nie geglaubt hätte, 65 Jahre alt und viel weniger geistestätig, auch im Umgang, als sonst; er dreht sich meistenteils nur in den paar alten, längst und oft von ihm ausgeführten philosophischen Ideen herum.«[136]

Vor allem aber erfuhr er schon in München gerüchteweise, dass man in Berlin plane, die römische Position vorerst aufzugeben, und der leitende Minister, der Freiherr vom Stein, und sein Kreis beabsichtigten, ihn in der Zentrale zu verwenden. Gleichzeitig war allerdings davon die Rede, dass Napoleon die Absicht habe, die Entfernung Steins aus seinem Amt zu erzwingen. Wieweit er diese Absicht schon durchgesetzt habe, wisse man zumindest in Bayern nicht, dessen führender Mann, der Minister Montgelas, den Humboldt gleichfalls in jenen Tagen in München traf, eng mit den Franzosen und dem französischen Kaiser zusammenarbeitete. »Macht man mir im einen oder anderen Fall noch Anträge«, fuhr Humboldt in einem Brief an seine Frau von 7. November fort,

»so gebe ich nur nach wenn ich muß, d.h. wenn ich sicher bin, wirklich etwas Eigenes leisten zu können. Nötig«, fuhr er fort, »das fühle ich, wäre es wohl, denn wie viel auch z.B. in Bayern aufgewandt wird, so geschieht doch blutwenig. Überhaupt fehlt, wenn ich von hier urteilen soll, die nötige Regsamkeit, und nicht aus Verzweiflung oder Not, sondern eher aus Apathie, verbunden mit einem gewissen Wohlleben.«[137]

Am Abend des 11. November traf Humboldt bei seinem Schwiegervater in Erfurt ein, noch ohne über seine Zukunft etwas Genaueres erfahren zu haben. Der Schwiegervater habe ihm nur erzählt, schrieb er am nächsten Tag seiner Frau, der preußische Minister Graf von der Goltz habe ihm berichtet, »dass die Mission in Rom unterdrückt und ich zurückgerufen werden solle«. »Die Fälle, zu denen es kommen kann«, so Humboldt, »wären die vier: ein unabhängiger Posten in Berlin« – also wohl die Position eines Ministers –, »der angetragene abhängige, unsere alte Lage in Rom mit verringertem oder gar ohne Gehalt. Meinst Du, dass ich mich auch auf Verzichtleistung alles Gehalts einlassen soll? Wir hätten dann sehr wenig, solange Papa lebt, und müssten uns sehr, sehr einschränken. Aber wir hätten die sieben Hügel, die Pyramide und alles was wir lieben.« – »Das Schwierigste wird sein«, fuhr er fort, »die Ehre zu retten, d.h. die Meinung zu entfernen, dass ich keinen tätigen Posten haben wolle und gegen das Wohl des Vaterland gleichgültig sei. Das ist der schlimmste Punkt in Wahrheit und dem Schein nach, denn das bloße Deprezieren, dass ich dem angetragenen Posten nicht gewachsen sei, wird man für Verstellung oder affektierte Bescheidenheit halten. Wie ruhig wären wir ohne den leidigen Krieg geblieben! Es ist fürchterlich und schmerzlich, sich jetzt so durchschlagen zu müssen.«[138]

Kurz darauf erhielt Humboldt einen Brief von seinem alten Erzieher Kunth, der inzwischen zum Geheimen Rat und engen Berater des Freiherrn vom Stein aufgestiegen war. Er, Kunth, habe Stein Humboldts schwere Bedenken mitgeteilt, sich auf die Pläne einzulassen, ihm die Reform des gesamten preußischen Unterrichtswesens zu übertragen. Darauf habe ihm Stein geantwortet: »Herrn von Humboldt kann ich nicht loslassen. Ich habe ihn des

Königs Majestät als Chef des Erziehungswesens vorgeschlagen. Der Beruf ist ehrenvoll. Die Auswahl der Mitarbeiter bleibt ihm überlassen. Der Aufenthalt in Rom mag angenehm sein, aber das Gesandtenverhältnis ist jetzt dem Staat wenig nützlich. Will H. v. Humboldt seinen Posten, nachdem er das Ganze organisiert, niederlegen und einen von ihm gewählten gesandtschaftlichen Posten wieder antreten, so habe ich dabei nichts zu erinnern.«

Kunth habe hierauf »noch einmal abratend geschrieben«, so Humboldt, »und Dohna vorgeschlagen« – zu diesem Zeitpunkt Präsident der Domänenkammer zu Marienwerder. Er, Humboldt, habe darauf geantwortet, »ginge Stein nur im mindesten in den Vorschlag mit Dohna ein, so solle er ganz von mir schweigen und fortdauernd dazu raten. Beharrte aber der Minister hartnäckig bei mir, so möchte er, Kunth, ihm sagen, ich sei in Erfurt und bereit, auf jeden Wink nach Berlin oder selbst Königsberg zu kommen.«

Bestehe also der Minister auf seinem Einfall, so bleibe ihm nichts übrig, »als nachzugeben und nur das temporäre Arrangement womöglich zu bewirken. Sonst leidet zugleich meine äußere Lage und mein Ruf, der bis jetzt intakt ist.« Er habe aber zu verstehen gegeben, fügte Humboldt hinzu, »dass ich noch mehr Gründe, als ich sage, gegen die Sache habe. Und in der Tat habe ich sie. Was lässt sich jetzt im Preußischen tun, wo man so wenig Mittel hat? Gelehrte zu dirigieren ist nicht viel besser, als eine Komödiantentruppe unter sich zu haben, und dies ganze Fach ist der Beurteilung, gerechter und ungerechter, eines jeden ausgesetzt.«[139]

Eine gute Woche später schienen alle diese Überlegungen bedeutungslos zu werden. Am 24. November 1808 reichte Stein beim König sein Entlassungsgesuch ein, um ihn von dem immer härter und entschiedener werdenden Druck Napoleons in der ganzen Frage zu entlasten, der bis zur Drohung ging, ihn, den König, faktisch zu entmachten. Steins Entlassungsgesuch wurde vom König unmittelbar, am 25. November, angenommen. Gleichzeitig erreichte Humboldt das Gerücht, man hoffe, er werde seine Rückkehr nach Rom möglichst beschleunigen, das entsprechende Reskript sei noch von Stein veranlasst worden. Auch habe der

Karl Freiherr vom Stein

klassische Philologe Wolf die Stelle erhalten, die man zunächst ihm zugedacht habe.

Es heiße im Übrigen jetzt allgemein, schrieb Humboldt am 14. Dezember an seine Frau, dass Graf Alexander zu Dohna, den sie aus dem Kreis um Herz aus den 1780er Jahren kenne, Innenminister werde. »Dohna ist, wie Du weißt, meine Empfehlung. So regiert man die Staaten von Italien aus.«[140] Im sicheren Gefühl, spätestens im März oder April wieder in Rom zu sein, besuchte Humboldt von Erfurt aus viele alte Bekannte aus seiner Jenaer Zeit mit Goethe an der Spitze, bei dem er viele Tage in Weimar verbrachte. Hier freilich erreichte ihn bei einem Essen am Hof durch den Herzog selber die Nachricht, der preußische König habe ihn mit Kabinettsorder vom 15. Dezember zum Leiter der Sektion des Kultus und öffentlichen Unterrichts unter dem neuen Innenminister, dem Grafen Alexander zu Dohna, berufen. Die Entscheidung über die Annahme der Berufung liege allerdings bei ihm, Humboldt.

»Ich leugne Dir nicht, liebe Li«, schrieb er am 28. Dezember aus Weimar an seine Frau, »daß es mich sehr trüb macht. Kann man Gutes zu wirken hoffen in dieser Lage? Opfert man nicht blos sich ohne reellen, viel weniger ohne großen Nutzen? Alles das geht mir entsetzlich im Kopf herum, und ich weiß noch nicht, ob ich nicht entschieden, was auch daraus werden möge, nein sage. Aber ich fürchte«, fuhr er fort, »das Geschrei von Undankbarkeit, Mangel an Vaterlandsliebe, Verlassen der Unglücklichen. Ich fürchte, man wird sagen, der Posten, zu dem man mich rufe, sei welcher er wolle, so sei ja damit nicht gesagt, daß ich sonst keinen Einfluß haben werde; es sei der erste Schritt zu jedem anderen; wenn ich nicht annähme, entziehe ich mich nicht blos diesem Geschäft, sondern aller Teilnahme an der jetzigen, in hohem Grade sorgenvollen Lage. Und Wahrheit ist freilich unleugbar darin.«[141]

Trotzdem schlug er am 17. Januar 1809 von Berlin aus, wo er am 14. Januar angekommen war, den Posten aus und bat den König, ihn nach Rom zurückkehren zu lassen.[142] Allerdings fügte er, sich wie ein Fisch am Haken windend, hinzu, er unterwerfe sich dem Willen des Königs, wenn dieser etwas anderes verfüge. Und daran hielten sich die Minister. Mit Kabinettsorder vom 20. Februar 1809 ernannte ihn der König zum Geheimen Staatsrat und Direktor der Sektion des Kultus und öffentlichen Unterrichts im Ministerium des Innern, wobei, darauf hatte Humboldt bestanden, die Abteilung für Kultus von dem Staatsrat Nicolovius geführt werden sollte. Gleichzeitig wurde ihm, seinem immer wieder geäußerten Wunsch entsprechend, die Möglichkeit offengehalten, später auf seinen römischen Posten zurückzukehren.

Allerdings ging er bei seiner Zusage, das Amt zu übernehmen, davon aus, dass er, wenn er schon nicht Minister werde – was der König ausschloss, da er bei Lage der Dinge, also vor allem im Hinblick auf die Finanzen, die Zahl der Minister keinesfalls vermehren wollte –, doch zumindest voll stimmberechtigtes Mitglied in einem Staatsrat sein würde, wie er in Steins Neuordnung der Verwaltung vorgesehen gewesen war. Da es zur Einrichtung eines solchen Staatsrates dann jedoch nicht kam, war seine Stellung bei aller ihm eingeräumten Selbständigkeit reichlich unbefriedigend.

In einem Konfliktfall, wie er sich gerade auf dem ihm zugewiesenen Gebiet und angesichts der von ihm ins Auge gefassten und sogleich auch begonnenen Reformmaßnahmen unschwer voraussagen ließ, war daher die Schwäche seiner Position geradezu vorgegeben. Aus diesem Grunde hat Humboldt, bei allem Eifer, mit dem er sich sogleich in die neue Aufgabe stürzte, seine Position schon bald als eine Stellung auf Zeit betrachtet, von der er sich über kurz oder lang wieder verabschieden werde, um in den diplomatischen Dienst, nun allerdings auf einen sehr viel bedeutenderen Posten als in Rom, zurückzukehren.

Direktor der Sektion des Kultus und öffentlichen Unterrichts

Wilhelm von Humboldt war einundvierzig Jahre alt, als er Ende Februar 1809 die Leitung der in dieser Form ganz neugebildeten Sektion des Kultus und öffentlichen Unterrichts übernahm. Die Führung der Kultusabteilung überließ er dabei ganz dem Staatsrat Nicolovius, obwohl er auf diesem Gebiet, zumal was den katholischen Teil der Bevölkerung anging, während seiner diplomatischen Tätigkeit als Vertreter Preußens beim Heiligen Stuhl einige Erfahrungen gesammelt hatte.

Von wem aber stammte eigentlich die Idee, dem König ausgerechnet Humboldt für das neugeschaffene Amt vorzuschlagen, von dessen eminenter Bedeutung für die Zukunft, für den geistig-moralischen Wiederaufstieg des militärisch und politisch völlig zusammengebrochenen Preußen man im Kreis der nach 1806 an die Macht gelangten Reformer zutiefst überzeugt war – und mit ihnen der König, von dem angeblich das dann vielzitierte Wort stammte »Der Staat muß durch geistige Kräfte ersetzen, was er an physischen verloren hat«? Von Stein, dem zu diesem Zeitpunkt noch leitenden Politiker selber, der freilich Humboldt persönlich noch gar nicht kannte? Aus dem Kreis der leitenden Beamten, die fast alle der Aufklärung und den Ideen und Zielsetzungen der Reformer anhingen? Spielte gar Kunth, der ehemalige Erzieher der beiden Humboldt-Söhne, die durch ihren Vater der preußischen Königsfamilie eng verbunden waren, hier eine Rolle? Oder beruhte die Idee, was ihre Aufnahme durch den König anging, zunächst gar auf einer Verwechslung Wilhelm von Humboldts mit seinem Bruder Alexander, der durch seine mehrjährige Forschungsreise nach Mittel- und Südamerika und die Berichte, die er darüber erstattet hatte, weltberühmt geworden war und auch beim preußischen König hohes Ansehen genoss – so die Vermutung eines Biographen Wilhelm von Humboldts?[143]

Gewissheit lässt sich in dieser Frage nicht gewinnen. Aber es spricht doch sehr vieles dafür, dass die Regierung für die Stellung desjenigen, dessen Aufgabe es sein sollte, das gesamte Bildungswesen Preußens von der Elementarschule bis hin zur Universität und zur Akademie auf eine neue Grundlage zu stellen und ihm neue einheitliche Grundsätze zu vermitteln und einzuprägen, von vornherein einen Außenseiter suchte. Der Wunschkandidat sollte mit den Ideen und dem Geist der Aufklärung und den beherrschenden Grundvorstellungen der Gegenwart, der sogenannten deutschen Klassik, eng vertraut sein und zugleich, möglichst auch auf internationalem Feld, sein Verhandlungsgeschick wie seine Führungsbegabung bewiesen haben. Kurz, die Wahl Wilhelm von Humboldts überzeugte fast jedermann in der neuen Führungsriege des preußischen Staates – nur denjenigen nicht, auf den sie gefallen war, zunächst jedenfalls.

Nicht dass sich Humboldt der Aufgabe, wie auch jeder anderen, nicht gewachsen gefühlt hätte. Sein Selbstbewusstsein war in dieser Beziehung gewaltig. »Bedeutende Talente stehen weder neben noch über mir«, schrieb er am 1. Januar 1809 an seine Frau, »man wird ohne Not hervorragen können.«[144] Aber dafür seine Existenz als weitgehend unabhängiger Privatmann in Rom aufgeben, die durch seine diplomatischen Verpflichtungen als Vertreter Preußens beim Heiligen Stuhl kaum beschränkt wurde und so ganz seinen Lebenserwartungen entsprach, seinem Bestreben, durch unmittelbare Anschauung immer tiefer in die Welt der Antike einzudringen? Dazu kamen von vornherein Zweifel, ob er in seinem neuen Tätigkeitsfeld wirklich unabhängig sein, ganz nach seinen eigenen Vorstellungen werde handeln können. Zwar war es Steins und seiner engsten Mitarbeiter Ziel, Humboldt als »Geheimen Staatsrat« praktisch den Ministern gleichzustellen, indem sie ihm Sitz und Stimme in dem geplanten Staatsrat als oberstem politischen Leitungsgremium zuwiesen. Aber nach dem Abgang

Steins war, wie erwähnt, von der Bildung eines solchen Staatsrates schon bald nicht mehr die Rede. Humboldts formeller Vor-
gesetzter sollte nun der Innenminister sein, und auch wenn dieser,
der Graf Dohna, den Humboldt von Jugend auf und nicht zuletzt
durch das gemeinsame Studium kannte, in keiner Weise in sein
Ressort hineinregierte – allerdings bestand formal eine Berichts-
pflicht, der Humboldt beziehungsweise seine Sektion dann auch
nachkamen –, hat Humboldt diese Frage immer wieder beschäftigt. Sie bot ihm schließlich, zumindest äußerlich, ein wesentli-
ches Motiv, nach nur eineinviertel Jahren um seine Entlassung
aus dem Amt zu bitten.

Zunächst freilich hat sich Humboldt, kaum war er am 20. Februar
1809 zum Geheimen Staatsrat und zum Direktor der Sektion des
Kultus und öffentlichen Unterrichts ernannt worden, mit größter
Energie in seine neue Aufgabe gestürzt. Als Erstes forderte er von
allen Institutionen, die fortan seiner Sektion unterstanden, einen
genauen Bericht über ihre Aufgaben und vor allem über ihre finanzielle Situation, hier mit dem Ziel, ein »Generaltableau« über
den Finanzzustand zu entwerfen und dabei festzustellen, was die
Anstalten jeweils aus eigenen Mitteln zu decken imstande wären
und inwieweit Zuschüsse möglich und nötig seien.

Humboldt suchte auf diese Weise auch ganz persönlich Klarheit über den inneren und äußeren Zustand der betreffenden
Institutionen zu gewinnen, um sich auf diese Weise ein Bild zu
machen, wo und wie Reformen anzusetzen seien. Zugleich setzte
er sich mit den leitenden Mitarbeitern seiner Sektion in Verbindung und suchte in längeren Gesprächen, Außenseiter, der er war,
deren Vorstellungen und Reformideen zu ergründen, mit dem
Ziel, sie einzeln und als Gesamtgremium auf eine gemeinsame
Linie einzuschwören. Dabei bewährte sich seine vielfach erprobte
Fähigkeit, im kollegialen Dialog zu den von allen gemeinsam zu
tragenden Reformplanungen und -ideen zu gelangen. In einem
Brief an Friedrich August Wolf Ende Juli 1809 hat er dieses von
ihm stets eingehaltene Prinzip einmal so ausgedrückt: Er behand-
le »mit jedem Tag die Section mehr als Section, räume, ohne es
auszusprechen, der gemeinschaftlichen Meynung den Vorzug vor

der einzelnen, selbst der meinigen, ein, und vertilge, so viel ich kann, das fatale ehemalige Ministerwesen, wo man nur den Einzelnen als allmächtig für sein Fach ansah, und seine Räthe höchstens als Leute betrachtete, die das Recht hatten, in den Wind zu reden«.[145]

Die Mitarbeiter

Die Grundlage dafür war freilich, dass die Mitarbeiter insgesamt, bei allen Meinungsverschiedenheiten im Einzelnen, von den gleichen Grundvorstellungen, von den gleichen leitenden Prinzipien hinsichtlich der anzustrebenden und durchzusetzenden Reformen in ihrem jeweiligen Bereich ausgingen. Sie alle waren geprägt, so nahm Humboldt von vornherein an und fand das durch die praktische Erfahrung bestätigt, durch die Ideenwelt der Aufklärung, so wie sie in den vergangenen zwei Jahrzehnten unter dem Einfluss vor allem Immanuel Kants, von dessen Schüler Christian Jakob Kraus, aber auch von Herder und vielen anderen formuliert worden war.

Der ranghöchste dieser leitenden Mitarbeiter war Georg Heinrich Ludwig Nicolovius. 1767, nur wenige Monate vor Humboldt, geboren und Sohn einer wohlhabenden preußischen Beamtenfamilie, hatte er das Friedrichs-Kolleg besucht und anschließend in Königsberg, zunächst vor allem bei Kant und Kraus studiert, sich dann jedoch dem Studium der Theologie zugewandt. Stark von Johann Georg Hamann beeinflusst, den er sein Leben lang verehrte, hatte er, selber streng religiös, nach seinem Examen die Bekanntschaft mit jenen gesucht, die Hamann mehr oder weniger nahestanden, mit dem Philosophen Friedrich Heinrich Jacobi, mit dem Kreis um die Fürstin Gallitzin in Münster, in deren Haus Hamann gestorben war, und mit Friedrich Leopold Graf zu Stolberg-Stolberg in Berlin. Auf dessen Initiative, der Präsident der bischöflichen Kammer in Eutin geworden war, hatte er 1795 dort die Stelle des ersten Sekretärs dieser Kammer übernommen, wo er die Tochter Johann Georg Schlossers, des Schwagers von Goethe, geheiratet hatte. 1804 war er Rat in dem mit der ostpreußischen Kriegs- und Domänenkammer verbundenen Konsistorium geworden. Auf seinen zahlreichen Reisen hat er auch Pestalozzi getroffen, an dessen Lebenswerk er seither, obwohl zunächst skeptisch, lebhaftestes Interesse zeigte. Den Lehren der Berliner Aufklärung und auch Kants stand er allerdings, als bekennender Christ, in manchem eher ablehnend gegenüber, und auch zu der Weimarer Klassik eines Schiller und Goethe wahrte er innerlich Distanz. Andererseits verband ihn eine enge Freundschaft mit dem Historiker Barthold Georg Niebuhr, und der Freiherr vom Stein und dessen enger Vertrauter Heinrich Theodor von Schön schätzten ihn sehr. Stein war es dann auch, der ihn für die Leitung der Kultusabteilung, allerdings unter der Ägide Humboldts, vorsah – er wollte auf diese Weise ein Gegengewicht gegen dessen in religiöser Hinsicht skeptisch-distanzierte Haltung schaffen.

Humboldt empfand diese Lösung einer weitgehenden selbständigen Leitung der Kultusabteilung durch Nicolovius keinesfalls als Herabsetzung. Er hat mit Nicolovius auf der Basis der Lehren von Pestalozzi, zu denen er sich, nach anfänglicher Ablehnung, gleichfalls bekehrt hatte, auf das Engste und Vertrauensvollste zusammengearbeitet. »Die Einführung der Pestalozzischen Methode, wenn sie auf die rechte Weise geschieht, hat meinen ungeteilten Beifall«, schrieb er ihm Ende März 1809.[146] Dabei kam noch hinzu, dass Nicolovius, unbeschadet seiner strengen religiösen Haltung, im persönlichen Umgang, wie Humboldt selber, außerordentlich kooperativ und vom Willen zum Ausgleich bestimmt war. Nie gab es zwischen ihnen amtlich oder außeramtlich eine schwererwiegende Differenz, und ein freundschaftlicher Briefwechsel verband sie bis zu Humboldts Tod.

Noch näher standen Humboldt allerdings die leitenden Beamten der ihm direkt unterstehenden Abteilung. Das galt vor allem für Johann Wilhelm Süvern, der noch kurz vor Humboldts Amtsantritt auf Antrag des Innenministers Graf Dohna am 26. Dezember 1808 zum Mitglied der Sektion berufen worden war. Acht Jahre jünger als Humboldt, hatte er in Jena bei Fichte und vor allem in Halle bei Wolf studiert, war also von dem gleichen Geist durchdrungen wie Humboldt. Schon im Jahr 1800 war er Rektor des Gymnasiums in Thorn geworden, hatte sich hier allerdings vergeblich um grundlegende Reformen bemüht. Auch in Elbing, wohin er 1803 berufen worden war, hatte er sich ohne Erfolg für einen neuen Schulplan eingesetzt. So war er vier Jahre später, 1807, einem Ruf an die Universität Königsberg gefolgt und hatte sich gleichzeitig dem Kreis der »Patrioten« um den Freiherrn vom Stein angeschlossen, mit Scharnhorst, Gneisenau und Heinrich Theodor von Schön an der Spitze. In dem von seinem akademischen Lehrer, dem Altertumswissenschaftler Wolf inspirierten und ein Leben lang fortgesetzten Bestreben, möglichst tief in die altgriechische Lebenswelt und Kultur einzudringen, hatte er sich intensiv mit dem Studium der griechischen Quellen beschäftigt, vor allem mit den Schriften des von ihm besonders bewunderten Sophokles. Gleichzeitig besaß er breite Kenntnisse der zeitgenössischen deutschen Literatur, insbesondere der deutschen Klassik, wobei ihn das Werk Schillers zeitlebens aufs Stärkste anzog. Was den Schwerpunkt seiner wissenschaftlichen und literarischen Interessen anging, erschien er in vieler Hinsicht geradezu als ein Alter Ego Humboldts.

Mit Süvern, der offen und nachdrücklich für Preußens Mission in Deutschland eintrat und sich bereits in einem Memorandum vom 31. August 1808 für eine entschiedene und radikale Reform des öffentlichen Unterrichtswesen ausgesprochen hatte,[147] arbeitete Humboldt während seiner Amtszeit besonders eng zusammen. Aber auch mit Wilhelm Uhden, seinem Amtsvorgänger in Rom, der auf seinen Vorschlag hin am 7. März 1809 zu einem der leitenden Mitarbeiter in der Sektion ernannt worden war, verband ihn ein enges Arbeits- und Vertrauensverhältnis. Uhden,[148] der die Abberufung aus Rom vor allem aus familiären Gründen betrieben hatte – seine Frau hatte sich, wie bereits erwähnt, von ihm getrennt und lebte inzwischen mit dem dänischen Bildhauer Bertel Thorwaldsen zusammen –, hatte seither die Betreuung der »Schul- und geistlichen Angelegenheiten« in Neuostpreußen übernommen und sich den Ruf eines »geistvollen, wissenschaftlich gebildeten und zur Leitung von Schulangelegenheiten vor-

züglich geeigneten Mannes« erworben, wie es in einem Bericht
der für Neuostpreußen zuständigen Verwaltung hieß.[149] Als Jurist
mit freilich ausgeprägten philologischen Interessen war er derjenige, der besonders auf die praktische Umsetzung der einzelnen
Reformschritte, ihre auch formale Praktikabilität und das jeweilige Ineinandergreifen auf der bürokratischen Ebene achtete.

Dem von den Reformern vor allem unter Stein aufgestellten
Organisationsplan der neuen Sektion entsprechend, bedurfte es
noch eines leitenden Beamten, eines »Staatsrates«, der für die Behandlung der »katholischen Angelegenheiten« zuständig war. Auf
Empfehlung Ludwig von Vinckes, der zum Kreis der Reformer
um den Freiherrn vom Stein gehörte und später Oberpräsident
der Provinz Westfalen wurde, schlug Humboldt dafür den Kriegs-
und Domänenrat und Professor des katholischen Kirchenrechts
Johann Heinrich Schmedding vor. Gerade von ihm hatte sich
Humboldt angesichts der potentiellen Brisanz der hier zu behan-
delnden Fragen durch Rat und eigene Lektüre ein sehr genaues
Bild gemacht und dabei den Eindruck gewonnen, dass Schmedding bei aller persönlichen Frömmigkeit in seinen persönlichen
Überzeugungen ein weltoffener deutscher Patriot und ausgespro-
chener Gegner ultramontaner Bestrebungen sei, ein Mann des
Ausgleichs zwischen den verschiedenen Richtungen. Schmedding
verbinde, hieß es in seinem Antrag an den preußischen König, ihn
zum Staatsrat zu bestellen, wahre Religiosität und alles, was sich
darauf beziehe, mit Festigkeit in der Aufrechterhaltung landes-
herrlicher Rechte gegen hierarchische Eingriffe. Auch spreche besonders für ihn, fügte Humboldt hinzu, dass Schmedding seine
Aufmerksamkeit nicht bloß dem Kirchen-, sondern insbesondere
auch dem Schulwesen gewidmet habe.

Ergänzt wurde dieser Kreis der engsten Mitarbeiter Humboldts,
mit dem er intensiv und sehr kollegial in seiner ganzen Amtszeit zusammenwirkte, noch durch den Geheimrat von Lancizoll
in der Kultussektion und in der Unterrichtssektion etwas später,
im Mai 1809, durch den bisherigen Rat bei der geistlichen und
Schuldeputation bei der kurmärkischen Regierung in Potsdam,
den ehemaligen Prediger Bernhard Christian Ludwig Natorp aus

Essen. Zugleich wirkte in ihr der berühmte Theologe Friedrich Daniel Schleiermacher, der dann auch bei der Gründung der Universität eine zentrale Rolle spielen sollte, als Vorsitzender der wissenschaftlichen Deputation.

Natorp war durch mehrere Schriften hervorgetreten, die, ganz im Geiste der preußischen Reformer, speziell im Sinne des Freiherrn vom Stein, auf die Einrichtung und Verbesserung der Land- und Bürgerschulen abzielten, und wurde von Humboldt, wie es in seinem Einstellungsantrag hieß, insbesondere in dem Bereich der »Volksbildung« im engeren Sinne, also des Elementarunterrichts, eingesetzt. An ihn schrieb Humboldt schon Mitte März 1809 sehr grundsätzlich: »Sie werden mit mir der Meynung sein, daß sehr viel auch durch die Gemeinde selbst, und wo möglich, nach einem, so weit es geschehen kann, erweiterten Plane, durch die Nation geschehen kann, und daß dieselbe sogar durch ihren Beitrag ein lebendiges Interesse an der Sache selbst gewinnt.« Es sei Unrecht, fuhr Humboldt, sein leitendes Prinzip betonend, fort, »alles vom Staate allein zu verlangen; es wirkt heilsam auf die Selbständigkeit der Nation, wenn große wohlthätige Anstalten gleichsam aus ihrem eigenen Schoße, ohne positive Mitwirkung der Regierung, hervorgehen«.[150]

Von den ursprünglich sieben für den Gesamtbereich der »Sektion des Kultus und öffentlichen Unterrichts« vorgesehenen »Staatsräten« fehlten also noch drei, zwei bei der Kultus- und einer in der Unterrichtssektion. Mit dieser ausgesprochen kleinen Mannschaft begann Humboldt im März 1809 seine Arbeit, die eine völlige innere und äußere Neugestaltung, eine grundlegende Reform aller Institutionen des gesamten Bereiches zum Ziel hatte. Es ging, vor allen Einzelheiten, vor allen Reformschritten im Detail und in den verschiedenen Bereichen, um die leitenden Prinzipien, um die Grundsätze und den Geist, der dies alles tragen und verbinden sollte, kurz, um die Grundkonzeption des Ganzen.

Humboldts Grundkonzeption

Eine solche Grundkonzeption glaubte Humboldt aufgrund seines
bisherigen Lebensweges, der vielfältigen Erfahrungen, die er im
Kontakt und Gespräch mit den unterschiedlichsten Personen
gemacht hatte, zu besitzen, auch aufgrund seiner intensiven Beschäftigung mit der Welt der Antike und der zeitgenössischen,
vor allem deutschen, Literatur und nicht zuletzt aufgrund der
Konzentration auf seine eigene Person und auf die sie jeweils
prägenden Eindrücke und Elemente. Diese Grundkonzeption hat
er in einer Art Denkschrift zusammengefasst, die, wie so vieles
bei ihm, Fragment geblieben ist und erst lange nach seinem Tode
auf der Basis des im Archiv der Berliner Akademie der Wissenschaften überlieferten eigenhändigen handschriftlichen Entwurfs
veröffentlicht wurde. Sie trug die dann als Titel verwandte eigen-
händige Überschrift »Über die innere und äussere Organisation
der höheren wissenschaftlichen Anstalten in Berlin«.

Unabhängig von den gleichzeitig und nebeneinander ange-
stoßenen und vorangetriebenen Reformmaßnahmen in den verschiedenen Bereichen im Einzelnen, aber in ständigem indirektem
Bezug auf diese und hervorgegangen aus dem kontinuierlichen,
oft weit ins Grundsätzliche vorstoßenden Gespräch mit seinen
engsten Mitarbeitern, behandelte sie die zentralen Grundsätze
und Elemente seiner Gesamtkonzeption, konzentriert auf den für
ihn selber zentralen Bereich der wissenschaftlichen Anstalten in
Berlin mit der Akademie im Mittelpunkt.[151]

Auf der ersten Seite der Handschrift befindet sich ein Vermerk
Humboldts: »Herrn p. Uhden brevi manu vorzulegen«, der »vielleicht von diesem Bruchstücke Gebrauch zu machen im Stande
sei«. Daraus hat Adolf von Harnack in seiner »Geschichte der
Königlich Preußischen Akademie der Wissenschaften zu Berlin«
geschlossen, dass der Text im Sommer 1810 verfasst worden sei,
da Uhden erst kurz vorher die praktische Durchführung der Reorganisation der Akademie ins Auge gefasst hatte. Es sei jedoch
möglich, so der Herausgeber der »Politischen Denkschriften« in

den Gesammelten Schriften, Bruno Gebhardt, dass die Arbeit früher entstanden sei, da die Akademie ihren eigenen Entwurf für die Reorganisation schon am 18. September 1809 eingereicht habe, Humboldt also von diesem Zeitpunkt an Veranlassung gehabt habe, sich mit dem Gegenstand intensiver zu beschäftigen.[152] Der unmittelbare Bezug auf die einzelnen Schritte und Maßnahmen ist freilich ein sehr indirekter, und der ganze Text zielt vielmehr auf das Grundsätzliche, auf Humboldts hinter allen seinen Schritten stehende Gesamtkonzeption.[153]

»Der Begriff der höheren wissenschaftlichen Anstalten, als des Gipfels, in dem alles, was unmittelbar für die moralische Cultur der Nation geschieht, zusammenkommt«, setzte Humboldt an, »beruht darauf, dass dieselben bestimmt sind, die Wissenschaft im tiefsten und weitesten Sinne des Wortes zu bearbeiten, und als einen solchen nicht absichtlich, aber von selbst zweckmäßig vorbereiteten Stoff zu seiner Benutzung hinzugeben.« Dies geschehe durch zwei Institutionen: durch die Universitäten und durch die Akademien. Während die Universitäten die Wissenschaft vor allem im öffentlichen Vortrag, durch den Dialog mit den Jüngeren förderten – wobei diese als »mitdenkende Köpfe« im gemeinsamen Dienst an der Wissenschaft als prinzipiell gleichberechtigte Dialogpartner anzusehen seien –, gäben sich die Akademiker in der »losen Verbindung einer akademischen Genossenschaft« in der »einsamen Muße des Schriftstellerlebens« dem Dienst an der Wissenschaft hin.

Zentral aber sei für beide Institutionen eben der Dienst an der Wissenschaft. Und von daher, von diesem leitenden Prinzip her unterscheide sich auch, so verdeutlichte er den Kern seiner Darlegungen in Bezug auf die Universitäten noch einmal, die Tätigkeit des Universitätsprofessors grundlegend von der des Schullehrers. Die Schule habe es nur »mit fertigen und abgemachten Kenntnissen zu thun« und der Lehrer unterrichte darin seine Schüler. Das Verhältnis zwischen Lehrer und Schüler werde an der Universität »durchaus ein anderes«. Der Professor sei nicht für die Studenten, beide seien für die Wissenschaft da. Des Professors Geschäft hänge »mit an ihrer Gegenwart und würde, ohne sie, nicht gleich glücklich von statten gehen; er würde, wenn sie sich nicht von selbst um ihn versammelten, sie aufsuchen, um seinem Ziele näher zu kommen durch die Verbindung der geübten, aber eben darum auch leichter einseitigen und schon weniger lebhaften Kraft mit der schwächeren und noch parteilos nach allen Richtungen muthig hinstrebenden.«

»Was man daher höhere wissenschaftliche Anstalten nennt, ist«, so fasste er, von hier ausgehend, den hinter all dem stehenden Gedanken zusammen, »von aller Form im Staate losgemacht, nichts Anderes als das geistige Leben der Menschen, die äussere Muße oder inneres Streben zur Wissenschaft und Forschung hinführt.« Von diesem inneren Prinzip, das das, was man »höhere wissenschaftliche Anstalten« nenne, wenn sie diesen Namen verdienten, leite, müsse sich auch der Staat in seiner Politik gegenüber diesen Anstalten bestimmen lassen. Er müsse bestrebt sein, erstens ihre »Thätigkeit immer in der regsten und stärksten Lebendigkeit zu erhalten« und zweitens »sie nicht herabsinken zu lassen, die Trennung der höheren Anstalt von der Schule […] rein und fest« zu bewahren.

Gleichzeitig freilich müsse er sich »immer bewusst bleiben, dass er nicht eigentlich dies bewirkt noch bewirken kann, ja, dass er vielmehr immer hinderlich ist, sobald er sich hineinmischt, dass die Sache an sich ohne ihn unendlich besser gehen würde«. Natürlich habe er, da es in der Gesellschaft »äussere Formen und Mittel für jedes irgend ausgebreitete Wirken« geben müsse, die Pflicht, »diese auch für die Bearbeitung der Wissenschaft herbeizuschaffen«. Dabei müsse er sich aber bewusst bleiben, dass »der Umstand selbst, dass es überhaupt solche äussere Formen und Mittel für etwas ganz Fremdes giebt, immer nothwendig nachtheilig einwirkt und das Geistige und Hohe in die materielle und niedere Wirklichkeit herabzieht«. Er müsse daher »vorzüglich wieder das innere Wesen vor Augen haben«, um gutzumachen, »was er selbst, wenn gleich ohne seine Schuld, verdirbt oder gehindert hat«.

Mit anderen Worten, der Staat sollte nach Humboldts Überzeugung mit Universität und Akademie so behutsam und zurückhaltend als möglich umgehen und sich von ihrem eigentlichen Geschäft, eben die Wissenschaft voranzubringen, ganz fernhalten. Von diesem eigentlichen Geschäft sei, fuhr Humboldt fort, »die innere Organisation der höheren wissenschaftlichen Anstalten« abhängig, und diese wiederum müsse von dem Prinzip geleitet sein, »die Wissenschaft als etwas noch nicht ganz Gefundenes und nie ganz Aufzufindendes zu betrachten, und unablässig sie als solche zu suchen«. Wo dieses Prinzip herrsche, brauche »nicht mehr für irgend etwas Anderes einzeln gesorgt zu werden. Es fehlt alsdann«, formulierte Humboldt mehrere Überlegungen in komplizierter Weise zusammenziehend, »weder in Einheit noch Vollständigkeit, die eine sucht die andere von selbst und beide setzen sich von selbst, worin das Geheimnis jeder guten wissenschaftlichen Methode besteht, in die richtige Wechselwirkung. Für das Innere ist alsdann jede Forderung befriedigt.«

Was aber das Verhältnis des Staates zu Akademie und Universität betreffe, so habe jener »nur zu sorgen für Reichthum (Stärke und Mannigfaltigkeit) an geistiger Kraft durch die Wahl der zu versammelnden Männer und für Freiheit in ihrer Wirksamkeit«. Diese »Freiheit in ihrer Wirksamkeit« drohe allerdings nicht nur durch entsprechende und in Zukunft auszuschließende Eingriffe des Staates beschränkt zu werden, fügte er sogleich hinzu, sondern auch durch die Anstalten selber, die leicht »einen gewissen Geist annehmen und gern das Aufkommen eines anderen ersticken. Auch den hieraus möglicherweise entstammenden Nachtheilen« müsse der Staat »vorbeugen«. Anders gewendet: Mit Blick auf die völlige Freiheit des einzelnen Gelehrten und die von ihm ausgehenden wissenschaftlichen Impulse räumte Humboldt dem Staat doch wiederum starke Eingriffsrechte ein, die ihm und seinen Nachfolgern in Preußen einen großen Spielraum zumindest im Bereich der Universität verschafften; die Akademie hingegen müsse über einen größeren Freiraum verfügen, obwohl auch hier im Prinzip die gleichen Grundsätze gelten sollten. »Die Universität«, so Humboldt, »steht immer in engerer Beziehung auf das praktische Leben und die Bedürfnisse des Staates, da sie sich immer praktischen Geschäften für ihn, der Leitung der Jugend, unterzieht; die Akademie aber hat es rein nur mit der Wissenschaft an sich zu thun.« Sie sei zugleich eine Gesellschaft, »wahrhaft dazu bestimmt, die Arbeit eines Jeden der Beurtheilung Aller zu unterwerfen«. Sie sei nach der sie tragenden Idee »die höchste und letzte Freistätte der Wissenschaft und die vom Staat am meisten unabhängige Corporation«. Allerdings, fuhr Humboldt auch hier einschränkend fort, »man muss es einmal auf die Gefahr ankommen lassen, ob eine solche Corporation durch zu geringe oder einseitige Thätigkeit beweisen wird, dass das Rechte nicht immer unter den günstigsten äusseren Bedingungen zu Stand kommt oder nicht. Ich sage, man muss es darauf ankommen lassen, weil die Idee in sich schön und wohlthätig ist, und immer ein Augenblick eintreten kann, wo sie auch auf eine würdige Weise ausgefüllt wird.«

Auch hier also begegnete er letztlich, wie generell jeder Form von Korporation, dem über eine ganz lockere Verbindung hinausgehenden Zusammenschluss von Personen mit übergreifenden, aber nicht auf die Gemeinschaft als Ganze, auf Volk oder Nation und den diese repräsentierenden Staat, bezogenen Ideen und Interessen mit großem Misstrauen. Ihnen – nicht dem Einzelnen, für dessen weitgehende Freiheit er einzutreten habe – musste der Staat seiner Überzeugung nach feste Grenzen setzen. In diesem Sinne müsse die Ernennung der Universitätslehrer »dem Staat ausschließlich vorbehalten bleiben, und es ist gewiss keine gute Einrichtung, den Facultäten darauf mehr Einfluss zu verstatten, als ein verständiges und billiges Curatorium von selbst thun wird«.

Der Staat als Repräsentant der Regierten, der »Nation«, also sollte über die Auswahl der Personen zwar nicht die Wissenschaft als solche beeinflussen, die völlig frei, ganz von dem Geist der einzelnen Gelehrten bestimmt sein müsse, wohl aber über die Zusammensetzung des Lehrkörpers entscheiden, damit hier nicht Gruppenbildungen innerhalb der Universität die Verhältnisse einseitig und damit letztlich negativ gestalten könnten. Ob solche Einseitigkeit dadurch vermieden oder nur auf eine andere, bürokratische Ebene verschoben wird, steht dahin. Jedenfalls aber wurde Humboldt, ganz gegen seine ursprüngliche Haltung, durch seine Funktion in der Leitung eines trotz aller Reformen immer noch absolutistisch geprägten und regierten Staates und im Banne seiner entschieden antikorporativen Grundstimmung mehr und mehr vom Geist des staatlichen Dirigismus erfasst. Eine Barriere gegen die damit leicht verbundene Gefahr der Willkür bei einzelnen Maßnahmen und Entscheidungen bildete bei ihm wie auch bei seinen engsten Mitarbeitern der unerschütterliche Glaube an die Wissenschaft als solche und ihre alles bestimmende und lenkende Kraft.

Die einzelnen Reformmaßnahmen

Aber zurück zu den sie bei ihren einzelnen Schritten leitenden Grundsätzen und Überzeugungen. Das Erste, was Humboldt neben der Auswahl und Installierung des Kreises seiner engsten Mitarbeiter unternahm, war, sich im Kreise dieser Mitarbeiter verbindlich darüber zu verständigen, wie künftig das gesamte staatliche Unterrichtswesen, von der Grundschule bis zur Universität, aufgebaut sein sollte und wie die einzelnen Stufen aufeinander bezogen und gleichzeitig voneinander abgegrenzt sein sollten. Es gehe, hieß es in dem am 19. Mai 1809 von Humboldt erstatteten »Generalverwaltungsbericht« seiner Sektion, um die »Festsetzung eines allgemeinen Schulplans, welcher sowohl die verschiedenen Arten der Schulen und ihre Unterordnung, als den Lehrplan und die Grundsätze der Methode, zwar nicht unbedingt vorschreibend, aber so, dass nicht ohne vorhergehende Darlegung der Gründe davon abgewichen werden darf, bestimmt«.[154] Eine ministerielle Verfügung vom 14. Mai 1809, die, gleich ob sie nun von Humboldt persönlich verfasst war oder nicht, jedenfalls ganz seinen Überzeugungen entsprach, legte für das Schulwesen als allgemein gültiges System fest, dass es künftig drei aufeinander bezogene und teilweise aufeinander aufbauende Schularten geben werde: zum einen die »einfache Elementarschule«, also das, was man später die Volksschule nannte, zum Zweiten die »höhere

Bürgerschule« und schließlich die »gelehrte Schule«, das Gymnasium.

Auf der Ebene des Elementarunterichts, den Humboldt nicht als Schule im engeren Sinne bezeichnete, seien alle drei Schularten miteinander verbunden, dann trennten sie sich in die »höhere Bürgerschule« und in das Gymnasium, blieben aber insofern miteinander verbunden, als die drei oberen Klassen der Bürgerschule den drei unteren des Gymnasiums entsprechen sollten. Dabei betonte Humboldt, dass auch inhaltlich der Unterricht hier wie dort annähernd die gleichen Themen und Schwerpunkte behandeln sollte. Er ging also noch nicht, wie das später, im Verlauf der preußischen Entwicklung im 19. Jahrhundert, der Fall wurde, von einer ausgesprochenen Dominanz der sogenannten Realien gegenüber den, wie man sagte, humanistischen Fächern und Schwerpunkten, also vor allem den alten Sprachen, aus.[155]

Allerdings machte er zwischen beiden Schultypen, was deren Zielsetzung anging, gleichzeitig einen sehr deutlichen Unterschied. In einem Brief an Körner von Ende November 1808, in dem er von der Suche nach einem Hauslehrer für seinen Sohn Theodor berichtete, der ihn von Rom nach Deutschland begleitet hatte, betonte er, dass dieser Lehrer »mannigfaltige realistische«, nicht bloß »einseitige philologische Studien« betreiben solle, da der Sohn weder zum Gelehrten noch zum Juristen bestimmt sei. Von einer grundsätzlichen Ablehnung der stärker auf die »Realien« konzentrierten Bürgerschule durch Humboldt kann also keine Rede sein, im Gegenteil, er sah in ihr die natürliche Vorbereitung für weite Bereiche des bürgerlichen Lebens.

Aber natürlich war sein persönliches Interesse ganz auf das Gymnasium gerichtet, das zugleich der Vorbereitung auf das Studium an einer Universität dienen sollte. Der Zugang zu diesem Studium sollte allein durch eine Abschlussprüfung erworben werden, durch die Abiturientenprüfung, die dann in der Kurzform das »Abitur« genannt wurde. Der Weg dorthin wurde in einem ganz neuen Lehrplan für die Gymnasien beschrieben und festgelegt, den eine eigene »wissenschaftliche Deputation« in langen Sitzungen ausgearbeitet hatte.

Diese »wissenschaftliche Deputation« war schon vor Humboldts Amtsantritt vom Freiherrn vom Stein geplant worden.[156] Sie war an die Stelle des bisherigen Oberschulkollegiums getreten, hatte eine eigene Organisation erhalten und war für den Gesamtbereich des öffentlichen Unterrichts inhaltlich zuständig. Zusammengesetzt aus nach Meinung der Regierung besonders einfluss- und kenntnisreichen Personen aus diesem Bereich, hatte sie über die sich von Seiten der Regierung wie der einzelnen Schulen stellenden zentralen Fragen des höheren Schulwesens zu beraten und zu entscheiden, gleichzeitig aber auch aus eigener Initiative solche Fragen zu erörtern und Beschlussvorschläge zu formulieren. Zugleich sollte sie die Instanz sein, die Examen für »höhere Schulbediente« abnehmen würde.

Für den Vorsitz dieser neu ins Leben getretenen Institution hatte Humboldt zunächst Friedrich August Wolf vorgesehen, den er persönlich wie auch im Hinblick auf seine fachlichen Leistungen als hervorragenden Vertreter der Altertumswissenschaften seit langem bewunderte, ja förmlich verehrte. Wolf war 1807 von der Universität Halle, die in diesem Jahr von Napoleon aufgehoben worden war, nach Berlin an die dortige Akademie gewechselt, deren Mitglied er war. Die wiederholten Versuche Humboldts, ihn zur aktiven Mitarbeit in seiner Sektion zu gewinnen, waren freilich nur begrenzt erfolgreich gewesen, und auch jetzt ging Wolf auf Humboldts Wunsch nicht ein. Diese Funktion des Leiters der »wissenschaftlichen Deputation« übernahm schließlich Ende April 1810 der Theologe Friedrich Schleiermacher, der das Amt bereits einen Monat vorher interimistisch geführt hatte.

Unter Schleiermachers ebenso energischer wie tief in die jeweilige Sache eindringender Leitung – er selber war speziell für die Fächer Religion und Deutsch zuständig – kam die Deputation, unterstützt von Seiten der Sektion vor allem durch den Gymnasialdirektor August Ferdinand Bernhardi, zügig voran und legte bereits Ende September 1810 einen umfassenden neuen Lehrplan vor. Dieser fand auch das insgesamt positive Votum von Wolf, den die Sektion immerhin für ein Gutachten hatte gewinnen können. Dann allerdings blieb der Plan liegen und erfuhr in der nachfol-

Friedrich Schleiermacher

genden Restaurationszeit schließlich sehr eingehende Veränderungen, die seine Grundtendenz in vielen Punkten modifizierten und dem Ganzen einen Stempel einprägten, der dem ursprünglichen Ansatz kaum noch entsprach. 1816 wurde die Deputation vom Nachfolger Humboldts, Friedrich von Schuckmann, wieder aufgelöst.

Dieser Ansatz war, wie überhaupt die ganze Arbeit der Deputation, von den Ideen bestimmt gewesen, die Humboldt in seiner Denkschrift »Ideen zu einer Instruktion für die wissenschaftliche Deputation bei der Sektion des öffentlichen Unterrichts« Anfang

Oktober 1809 formuliert hatte.[157] Darin hatte er als »Zweck der wissenschaftlichen Deputation im Allgemeinen« festgestellt: »Sie hält die allgemeinen wissenschaftlichen Grundsätze, aus welchen die einzelnen Verwaltungs-Maximen herfliessen, und nach denen sie beurtheilt werden müssen, unverrückt gegenwärtig, und dient daher der Sektion, ihr Verfahren im Einzelnen immer nach seinen allgemeinen Richtungen übersehen und gehörig würdigen zu können; sie verrichtet ausserdem diejenigen ihrer Arbeiten, welche eine freiere wissenschaftliche Muße erfordern, und mitten unter den Zerstreuungen der laufenden Geschäfte nicht gedeihen können.«

Die Deputation habe vor allem dafür zu sorgen, hieß es weiter, »dass die wissenschaftliche Bildung sich nicht, nach äussern Zwecken und Bedingungen, einzeln zersplittere, sondern vielmehr zur Erreichung des höchsten allgemein menschlichen in Einem Brennpunkt sammele«. Deswegen müsse sie aus Männern bestehen, »die sich dem philosophischen, mathematischen, philologischen und historischen Studium, mithin denjenigen Fächern widmen, welche alle formelle Wissenschaft umschliessen, durch welche die einzelnen Kenntnisse erst zur Wissenschaft erhoben werden können, und ohne welche keine, auf das Einzelne gerichtete Gelehrsamkeit in wahre intellectuelle Bildung übergehen und für den Geist fruchtbar werden kann«.

Gerade dies aber, den Schulunterricht auf eine allgemeine, auf den selbständig denkenden – und dann auch entsprechend handelnden – Menschen ausgerichtete Bildung hin zu orientieren, widersprach den Tendenzen, die dann mit der Restaurationszeit nach 1815/19 zu den herrschenden wurden. Der Schulunterricht sollte sich hier nun ganz auf die konkrete Lebenspraxis, auf die unmittelbaren Lebensziele der Schüler hin ausrichten und alles ins Allgemeine und damit direkt oder indirekt ins Politische Zielende abstreifen. Nicht auf den selbständigen Bürger, der über die allgemeine Bildung zur geistigen Selbständigkeit geführt werden sollte, sondern auf den Untertanen hob man nun ab. Entsprechend sollte aus dem Lehrplan nun all das entfernt werden, was zuvor ausdrücklich dazu dienen sollte, die »auf das Einzelne gerichtete

Gelehrsamkeit in wahre intellectuelle Bildung übergehen« zu lassen.

In diesem Sinne ist der durch die Deputation vorgeschlagene Lehrplan förmlich, wie man sagen muss, pervertiert und seiner eigentlichen, vom Geist des Humanismus inspirierten Substanz beraubt worden. Ähnliches geschah auch bezüglich der Volksschulen. Auch hier waren Humboldt und der Leiter der Kultussektion, Georg Nicolovius, der Pestalozzi bereits 1791 persönlich besucht hatte, von Anfang an nachdrücklich für die Einführung der Pestalozzi'schen Methode eingetreten, wenn Humboldt auch zunächst, über ihre Grundziele im Unklaren, noch gezögert hatte. Von Königsberg aus, wo sich der Monarch und die Mehrzahl der Minister aufhielten und wohin auch Humboldt für einige Monate seinen Amts- und Wohnsitz verlegt hatte, hatte er mehrere Volksschulen in der näheren und ferneren Umgebung besucht. Hier, wo diese Methode, dem Vorbild des von dem Pestalozzischüler Carl August Zeller in Königsberg gegründeten Pestalozzi'schen »Normalinstituts« folgend, schon angewandt wurde,[158] hatte er sich von ihrem Nutzen für die Schüler im Geist der Aufklärung überzeugt. Auch hier aber gab es dann nach der grundsätzlichen Wende im Bereich der Kulturpolitik nach 1819 massive Bestrebungen, die Uhr wieder zurückzudrehen und vor allem die Volksschullehrer erneut scharf an die Kandare zu nehmen, ihnen jede Freiheit in der Gestaltung des Unterrichts zu nehmen.

An Nicolovius, der schon in Königsberg war, hatte Humboldt Ende März 1809 noch von Berlin aus geschrieben, »Erziehung ist Sache der Nation«. Wenn es gelinge, »der Kräfte des Staates mehr entraten [zu] können und die Nation mehr in unser Interesse [zu] ziehen, so können wir, was uns anvertraut ist, auch unter manchen Stürmen erhalten und brauchen es, selbst im Fall des äußersten Umglück, nur andern Händen zu übergeben«.[159] Gerade dies aber war im Hinblick auf die Schulen nicht gelungen. Die Erziehung war nun wieder ganz in die Hände des sich erneut im restaurativen Fahrwasser befindlichen Staates geraten. Die von Humboldt und Nicolovius mit ihren engsten Mitarbeitern so energisch eingeschlagene Bahn, die Schulen, auch finanziell über die Gemeinden beziehungsweise über eigens eingerichtete »Privatfonds« in die Hände der »Nation« zu geben, für die auch Fichte in seinen in diesen Tagen erschienenen »Reden an die deutsche Nation« nachdrücklich eingetreten war, war wieder verlassen.

Noch aber verfolgte Humboldt den hier wie in vielen anderen Bereichen seiner Sektion eingeschlagenen Weg mit großer Energie und Konsequenz und zunächst auch mit weithin sichtbarem Erfolg. Das galt vor allem für die Gründung der Universität in Berlin. Pläne in dieser Beziehung waren schon seit längerem, geraume Zeit vor dem Amtsantritt Humboldts, verfolgt worden.[160] Aber erst durch ihn, durch seine intensiven, bis in alle Einzelheiten gehenden Planungen und durch seine gleichzeitigen mit Nachdruck vorangetriebenen Bemühungen, die unterschiedlichsten Kräfte und Personengruppen bis hin zum König und dem gesamten Hof gewissermaßen an einen Tisch zu bekommen und für seine Pläne zu gewinnen, kam die Sache, trotz oder vielmehr gerade wegen der schwierigen äußeren Umstände und der desaströsen Finanzlage des Staates, überraschend schnell und am Ende erfolgreich voran.

Am 24. Juli 1809 stellte Humboldt, noch kein halbes Jahr im Amt, nach gründlichster Vorarbeit und Planung für seine Sektion beim König den Antrag, eine Universität in Berlin zu gründen. Und bereits drei Wochen später, am 16. August 1809, wurde die Gründung durch Kabinettsorder vom König genehmigt. Doch nicht nur das. »Die Universität in Berlin«, schrieb Humboldt am 18. August an seine Frau in Rom, »die beiden Akademien, und alle Institute, wie Bibliothek, Sternwarte, Kunstkammer usf. werden in eine große Anstalt vereinigt, der König gibt ihnen eine ansehnliche Summe an Einkünften, die auf ein wirkliches Eigentum gegründet, aber nur nach und nach, wenn sich die Finanzen bessern, vollkommen gezahlt werden.« Der Universität schenke der König, fuhr er fort, »das Heinrichsche Palais und der Akademie das ganze Gebäude, wo sie jetzt nur eben die Hälfte hatte und sonst noch Ställe darin waren«. »Ich habe die Unterhandlung darum wirklich mit vieler Mühe seit zwei bis drei Monaten betrieben«, zog Humboldt nicht ohne Stolz Bilanz, »aber nun ist die Kabinettsorder gekommen und es ist schon für jetzt dadurch nicht wenig gewonnen, aber für die Zukunft ein großes Etablissement gegründet, das, wenn nur eine gutgesinnte Regierung bleibt, Epoche in Deutschland machen muß.«[161]

Das geplante und im Prinzip nun beschlossene »große Etablissement« umfasste Institutionen, die Humboldt und seine engsten Mitarbeiter allesamt in den letzten Monaten einer grundlegenden Reform unterzogen hatten beziehungsweise in den nächsten Monaten unterziehen wollten. Die einzige wirkliche Neugründung, sozusagen auf einer Tabula rasa, aber war die Universität Berlin.[162] Von ihr soll zunächst die Rede sein, weil sie vielleicht am klarsten die Grundsätze erkennen lässt, von denen sich Humboldt und seine Mitarbeiter bei ihrem Reformwerk leiten ließen.[163]

Die Gründung der Universität

Einen ersten Antrag an den König, eine Universität in Berlin zu errichten, hatte Humboldt neben einer Vorlage für einen darauf bezogenen Kabinettsvortrag bereits Mitte Mai 1809 formuliert, die Sache dann aber liegengelassen und ihn erst Mitte Juli 1809 in vielen Punkten modifiziert wieder aufgegriffen.[164] Der grundsätzliche Ansatz des Ganzen war der Gleiche geblieben. »Es wird befremdend erscheinen«, hieß es hier wie dort zu Beginn der Anträge, »dass ich im gegenwärtigen Augenblick einen Plan zur Sprache zu bringen wage, dessen Ausführung ruhigere und glücklichere Zeiten vorauszusetzen scheint. Allein Ew. Königl. Majestät haben auf eine so vielfache und einleuchtende Weise gezeigt, dass Sie, auch mitten im Drange beunruhigender Umstände, den wichtigen Punkt der National-Erziehung und Bildung nicht aus den Augen verlieren, dass mir diese ebenso erhabene als seltene Gesinnung den Muth zu dem folgenden Antrage einflösst.« Der König habe schon vor fast zwei Jahren, durch Kabinettsorder vom 4. September 1807, der Einrichtung einer neuen Universität in Berlin zugestimmt, und seitdem sei »bei verschiedenen Einrichtungen und Anstellungen darauf Rücksicht genommen worden«.

Allein es sei »zur wirklichen Ausführung noch immer ein zweiter entscheidender Schritt« erforderlich, und er, Humboldt, »halte es aus einem doppelten Grund für nothwendig, diesen im gegenwärtigen Moment zu thun«.[165]

Das Vertrauen, das ganz Deutschland einst in Bezug »auf wahre Aufklärung und höhere Geistesbildung« auf Preußen gesetzt habe, sei »durch die letzten unglücklichen Ereignisse« nicht gesunken, sondern womöglich noch gestiegen. Man habe gesehen, dass »in allen neueren Staatseinrichtungen Ew. Königl. Majestät der Sinn herrscht, welcher in jenen wichtigsten aller Vorzüge auch den höchsten Zweck jeder Staatsvereinigung erkennt« – diesen zuspitzenden, aber Humboldts Grundauffassung präzise wiedergebenden Satz hat er in der endgültigen Fassung des Antrages dann gestrichen und ihn durch die Formulierung ersetzt, man habe gesehen, welcher »Geist« in allen neueren Staatseinrichtungen herrsche, »und mit welcher Bereitwilligkeit, auch in grossen Bedrängnißen, wissenschaftliche Institute unterstützt und verbessert worden sind«. Sehr viel habe zu jenem Vertrauen der »Gedanke der Errichtung einer allgemeinen Lehranstalt« – im ersten Entwurf hieß es noch: »Universität« – »in Berlin beigetragen«. In der argumentativ etwas veränderten und präzisierten endgültigen Fassung hieß es dann weiter: »Nur solche höhere[n] Institute können ihren Einfluss auch über die Gränzen des Staates hinaus erstrecken. Wenn Ew. Königl. Majestät nunmehr diese Einrichtung feierlich bestätigten und die Ausführung sicherten, so würden Sie sich auf's neue Alles, was sich in Deutschland für Bildung und Aufklärung interessirt, auf das Festeste verbinden, einen neuen Eifer und neue Wärme für das Wiederaufblühen Ihrer Staaten erregen und in einem Zeitpunkte, wo ein Theil Deutschlands vom Kriege verheert, ein anderer in fremder Sprache von fremden Gebietern beherrscht wird, der deutschen Wissenschaft eine vielleicht kaum jetzt noch gehoffte Freistatt eröffnen.« Das Zusammentreffen dieser verschiedenen Umstände mache gleichzeitig gerade zum gegenwärtigen Zeitpunkt – und das stelle den zweiten wichtigen Grund dar, die Universität in Berlin jetzt zu errichten – »mehr Männer

von entschiedenem Talent als sonst geneigt, neue Verbindungen
einzugehen«.

Im Weiteren legte Humboldt dann ausführlich dar, warum die
neue »Lehranstalt« ihren Sitz in Berlin haben müsse. Hier gebe es
neben den beiden Akademien, der Akademie der Wissenschaften
und der Akademie der Künste, neben einer großen Bibliothek, der
Sternwarte, einem botanischen Garten und vielen Sammlungen
bereits eine vollständige medizinische Faktultät. Dies alles müsse zusammenbleiben. Jede Trennung von Fakultäten sei für die
»ächt wissenschaftliche Bildung verderblich«, und die genannten
Sammlungen und Institute würden »erst dann recht nützlich werden, wenn vollständiger wissenschaftlicher Unterricht mit ihnen
verbunden wird«. Dies könne die »allgemeine Lehranstalt« leisten, die zugleich mit allen anderen Institutionen zusammen ein
»organisches Ganzes« bilden werde, in dem »jeder Theil, indem er
eine angemessene Selbständigkeit erhält, doch gemeinschaftlich
mit den andern zum allgemeinen Endzweck mitwirkt«.

Diese »allgemeine Lehranstalt« aber, fuhr Humboldt fort, sollte
den »alten und hergebrachten Namen einer Universität« erhalten, und ihr sollte, »indem sie übrigens von allen veralteten Missbräuchen gereinigt wird«, das Recht eingeräumt werden, »akademische Würden zu ertheilen«. In diesem Zusammenhang hatte
Humboldt in seinem Entwurf für seinen Antrag vom Mai 1809
noch grundsätzlich in Abgrenzung von anderen, auf bestimmte
Fächer oder Fächergruppen beschränkte höhere Lehranstalten –
hier standen ihm vor allem die französischen Fachschulen vor
Augen – hinzugefügt: »Eine Lehranstalt zu gründen, die höhere
[Lehranstalt], und doch nicht Universität sey, ist, wie anlockend
auch den Gedanken die Neuheit und die gewissermaßen leichtere
Ausführung macht, misslich, da sich nicht einmal der Begriff eines solchen Instituts fest bestimmen lässt; eine bloss praktische
Anstalt würde, weil Theorie und Praxis beym Unterricht nie so
geschieden seyn darf, noch gefährlicher seyn.« Überhaupt lasse
sich »zwischen den alten drei durch die Natur der Sache selbst
bestimmten Gattungen wissenschaftlicher Institute und Schule,
Universitäten und Akademien nie anders als willkürlich eine neue

einschieben«. In der endgültigen Fassung des Antrages hat er jedoch diese ganz ins Grundsätzliche führende, die Auseinandersetzung über die die vieldiskutierte Frage berührende Debatte, ob die Universität nicht in Fachschulen aufgelöst werden sollte, ganz beiseitegelassen und sich darauf beschränkt, die Universität in ihrer überlieferten, freilich im Detail zu reformierenden Form zur »höheren Lehranstalt« schlechthin zu erklären.

Relativ kurz sprach er in dem Antrag auf endgültige Errichtung der Universität Berlin von den drei übrigen Universitäten, die nach der Aufhebung der Hochschule in Halle durch Napoleon im Jahre 1807 Preußen noch verblieben waren. Die nach damaligen Verkehrsverhältnissen mehrere Tagesreisen von der definitiv neu zu gründenden Universität Berlin entfernte Universität Königsberg, die Hochschule Immanuel Kants, der zentralen Figur der preußischen Aufklärung, sollte seiner Meinung nach in vollem Umfang erhalten bleiben. Hingegen wäre, bemerkte er in dem Entwurf dieses Antrages, die überwiegend katholische Universität Breslau, die mit ganz Schlesien Anfang der 1740er Jahre von der Habsburgermonarchie an das im Ersten Schlesischen Krieg siegreiche Preußen gefallen war, wohl aufzulösen beziehungsweise durch Errichtung katholisch-theologischer Lehrstühle an den anderen preußischen Universitäten Schritt für Schritt zu einem bloßen Gymnasium herunterzustufen; in der endgültigen Fassung des Antrages hat er die ganze auf Breslau bezügliche Passage dann weggelassen. Und hinsichtlich Frankfurt an der Oder plädierte er in dem Entwurf wie in der endgültigen Fassung dafür, die Universität einstweilen bestehen zu lassen, nicht zuletzt im Hinblick auf ihre Besitzungen außerhalb Preußens, die sonst wohl von anderen Mächten als herrenlos in Besitz genommen werden würden. Auf Dauer aber werde diese Universität neben Königsberg und der neu zu gründenden Universität Berlin wohl nicht bestehen bleiben.

Eingehend hat er sich abschließend mit der ihn zentral beschäftigenden Frage befasst, wie das Ganze, das beschlossene »große Etablissement« in Berlin, das, wie gesagt, ein »organisches Ganzes« bilden sollte, zu finanzieren sein werde. Und hier entwickelte er einen Gedanken, der ganz im Zentrum seiner gesamten Reformbemühungen stand: Nicht der König, also der Staat sollte, jedenfalls in weiterer Zukunft, den Bereich des »öffentlichen Unterrichts«, alle Institutionen, die in seiner Sektion zusammengefasst waren, finanziell tragen, sondern die ihre diesbezügliche Ordnung selbst regulierende »Nation«. Schon in seinen »Ideen zu einem Versuch, die Gränzen der Wirksamkeit des Staates zu bestimmen« von 1792 hatte er als Grundsatz formuliert:»Gerade die aus der Vereinigung Mehrerer entstehende Mannigfaltigkeit geht gewiß immer in dem Grade der Einmischung des Staates verloren. Es sind nicht mehr eigentlich die Mitglieder einer Nation, die mit sich in Gemeinschaft leben, sondern einzelne Untertanen, welche mit dem Staat, d.h. dem Geiste, welcher in seiner Regierung herrscht, in Verhältnis kommen, und zwar in ein Verhältnis, in welchem schon die überlegene Macht des Staats das freie Spiel der Kräfte hemmt. Gleichförmige Ursachen haben gleichförmige Wirkungen. Je mehr also der Staat mitwirkt, desto ähnlicher ist nicht bloß alles Wirkende, sondern auch alles Gewirkte. […] Wer aber für andere so räsoniert, den hat man, und nicht mit Unrecht, in Verdacht, dass er die Menschheit mißkennt und aus Menschen Maschinen machen will.«

Bereits im Zusammenhang mit seiner Beschäftigung mit den Elementarschulen hatte Humboldt davon gesprochen, dass diese künftig von den Gemeinden, also von Institutionen getragen werden müssten, die mit der eben beschlossenen Selbstverwaltungsreform eine relativ große Unabhängigkeit vom Zentralstaat erlangt hatten. Und auch die höheren Schulen sollten künftig durch neu zu bildende, weitgehend unabhängige Provinzialfonds finanziert werden. Dieses Prinzip der Finanzierung aller in der Sektion des öffentlichen Unterrichts zusammengefassten Institutionen durch eigens geschaffene Fonds, die zumindest in der Zukunft dauerhaft hinreichende Beträge zur Verfügung stellen würden, war im Kern ein revolutionärer Gedanke, der in seiner Konsequenz einen völligen Umbau des Staates in seiner bisherigen Form zur Folge haben würde. In dem Antrag auf definitive Errichtung der Universität Berlin war das so formuliert: Die Sektion des öffentlichen Unterrichts sei »weit entfernt, Ew. Königl. Majestät zu bitten«, die insgesamt veranschlagte Summe von 150 000 Talern jährlich – »wobei für die Akademie der Wissenschaften nur auf einen Zuschuss zu den ihr eigenthümlich zugehörenden Einkünften gerechnet ist« – »auf die Königlichen Kassen anzuweisen«. »Es wird vielmehr immer für dieselbe ein Hauptgrundsatz bei ihrer Verwaltung seyn: sich zu bemühen, es nach und nach (weil es auf einmal freilich unmöglich ist) dahin zu bringen, dass das gesamte Schul- und Erziehungswesen nicht mehr Ew. Königl. Majestät Cassen zur Last falle, sondern sich durch eigenes Vermögen und durch die Beiträge der Nation erhalte«.

»Die Vortheile dabei sind mannigfaltig«, fuhr Humboldt, seinen Plan begründend, fort. »Erziehung und Unterricht, die in stürmischen wie in ruhigen Zeiten gleich nothwendig sind, werden unabhängig von dem Wechsel, den Zahlungen des Staates so leicht durch die politische Lage und zufällige Umstände erfahren. Auch ein unbilliger Feind schont leichter das Eigenthum öffentlicher Anstalten. Die Nation endlich nimmt mehr Antheil an dem Schulwesen, wenn es auch in pecuniairer Hinsicht ihr Werk und ihr Eigenthum ist und wird selbst aufgeklärter und gesitteter, wenn sie zur Begründung der Aufklärung und Sittlichkeit in der heranwachsenden Generation thätig mitwirkt.«

Das anvisierte Ziel, nämlich die völlige finanzielle Autonomie der fraglichen Institutionen, angefangen bei den Elementarschulen und den höheren Schulen bis zu den Universitäten und Akademien einschließlich der mit ihnen verbundenen und zusammenarbeitenden Institute der verschiedensten Art, werde erreicht, wenn diese alle zum dauerhaften Eigentum bisher staatliche Domänen erhielten, ergänzt durch, wie es sehr vage hieß, »Beiträge der Nation«. Die völlige finanzielle Autonomie der fraglichen Institutionen musste, auch wenn Humboldt das so nicht sagte, zur Folge haben, dass sie auch inhaltlich insgesamt, freilich in engem Verbund miteinander, weitestgehend autonom wurden, autonom vor allem gegenüber dem institutionalisierten Anstaltsstaat. Dieser wurde damit aus den inhaltlichen Fragen, den Fragen der ihrem Prinzip nach völlig autonomen Wissenschaft, vollständig zurückgedrängt.

Wenn man gemeint hat, gipfelnd in dem Buch von Siegfried A. Kaehler über »Wilhelm von Humboldt und der Staat«, dass Humboldts Eintritt in den unmittelbaren Staatsdienst im Jahre 1809 zugleich eine Rückwendung zum Staat, wenn auch zu einem durch die Reformer schon stark veränderten Staat, bedeutet habe und eine Abkehr von den Prinzipien seiner Jugend, den »Ideen zu einem Versuch, die Gränzen der Wirksamkeit des Staats zu bestimmen« von 1792, markiere, so ist also genau das Gegenteil der Fall. Sein Antrag für die Errichtung der Universität Berlin mit dem Vorschlag, sämtliche der Sektion des öffentlichen Unterrichts unterstehenden Institutionen auf Dauer in die finanzielle und damit indirekt auch in die inhaltliche Autonomie zu entlassen, akzentuierte vielmehr im Prinzip einen Großteil der Ideen von 1792, war gerichtet auf die Zurückdrängung der Ansprüche und Ziele des noch immer patriarchalisch-absolutistisch organisierten Anstaltsstaates. An ihre Stelle sollte die weitgehende Autonomie jener Kräfte treten, die in ihrem Zusammenwirken zugleich den Grundcharakter, das eigentliche Wesen der Nation als der übergreifenden neuen Einheit bestimmten.[166]

Wie wichtig Humboldt gerade dieser Punkt, die Sicherung der finanziellen Autonomie der ihm unterstellten Institutionen, war, bezeugt ein Schreiben, das er zehn Tage nach seinem Antrag auf definitive Errichtung der Universität Berlin an den Finanzminister, den Freiherrn Karl vom Stein zum Altenstein, richtete. Anknüpfend an Altensteins Bemerkungen zu dem Entwurf dieses Antrags sandte er diesem die Endfassung mit der Bemerkung, es scheine ihm »von der äussersten Wichtigkeit, dass die Sache gleich jetzt so weit gediehe: 1. dass der Antrag durch eine Kabinetts-Ordre sanktionirt werde; 2. dass die wirkliche namentliche Ausmittelung der anzuweisenden Domainenstücke erfolge; dass die Einkünfte als Eigenthum der Anstalten und an den Staat gemachtes Darlehen betrachtet werden«.[167] Und in dem eigenhändigen Entwurf unter der Überschrift »Unmaßgebliche Vorschläge zu der wegen Errichtung einer Universität in Berlin angesetzten Konferenz« vom 28. August 1809 betonte er nochmals, »zur Vollziehung des Königlichen Willens« gelte es jetzt,

»die Domainen-Güter, welche das Einkommen gewähren sollen, zu bestimmen«.[168]

Humboldts Drängen in dieser Hinsicht stieß allerdings bei Altenstein und auch sonst im Kreis der Minister auf zunehmenden, wenn auch mit pragmatischen Argumenten zunächst eher verschleierten Widerstand: Es gehe erst einmal darum, ad hoc die benötigten Mittel bereitzustellen. Über alles Weitere werde man zum gegebenen Zeitpunkt, wenn die gegenwärtige akute Krise überwunden sei, entscheiden. Dahinter verbargen sich allerdings, auch bei Altenstein, auf dessen, wie Humboldt meinte, »liberale Gesinnungen« er so viel setzte, sehr grundsätzliche Einwände. Würde man auf diese Weise nicht ein entscheidendes Instrument staatlicher Macht und staatlichen Einflusses in diesem ganzen Bereich preisgeben und mit der Gewährung völliger finanzieller Autonomie zugleich auf die Möglichkeit verzichten, den Kurs jener Institutionen auch inhaltlich zu bestimmen?

Es ging also weniger, wie Humboldt nach außen hin den Anschein zu erwecken suchte, um eine wesentlich pragmatische Lösung des Finanzproblems. Es ging um die grundsätzliche Frage, wie stark und dominierend der immer noch absolutistisch verfasste bürokratische Anstaltsstaat gegenüber den immer stärker aufkommenden und sich selbständig entfaltenden gesellschaftlichen Kräften sein sollte. Und hier gewannen jene unter Führung von Altenstein und Hardenberg zunehmend an Boden, die für den starken, unabhängigen Staat auch und gerade im Innern eintraten und alle, die sich auf die Nation als oberste Instanz im geistigen und auch politischen Leben beriefen, verdächtigten, in Wahrheit einen politischen Umsturz einleiten zu wollen.[169]

Der Kampf zwischen diesen beiden Lagern sollte auch in Preußen erst ein Jahrzehnt später voll zum Ausbruch kommen. Aber die ersten Anzeichen des bevorstehenden Konfliktes zeigten sich doch schon bei Auseinandersetzungen wie denjenigen, die, wenn auch zunächst ganz verdeckt, um Humboldts Vorschlag geführt wurden, den Institutionen, für die er zuständig war, weitgehende finanzielle Autonomie zu gewähren. Seine eigene politische Grundposition wurde in dieser Auseinandersetzung überdeutlich:

Es ging ihm um den Aufbau eines von der Nation getragenen Gemeinwesens, das den selbständigen Kräften innerhalb dieser Nation den weitestmöglichen Spielraum ließ.

An diesem Grundziel waren neben der Gründung der Universität Berlin, neben der Neuordnung des Elementarunterrichts und der vor allem unter der Führung Johann Wilhelm Süverns in die Wege geleiteten Reform des höheren Schulwesens auch alle anderen Reformen ausgerichtet, die während seiner vergleichsweise kurzen Amtszeit von ihm eingeleitet und vorangetrieben wurden. Neben dem Auf- und Ausbau der neuen Berliner Universität, von dem noch ausführlich die Rede sein wird, galt Humboldts Hauptinteresse der Reform der Akademie, die er in engstem Zusammenhang in personeller wie sachlich-inhaltlicher Hinsicht mit der im Entstehen begriffenen neuen Universität sah.

Reform der Akademie

Humboldt selbst war seit Anfang August 1808, auf Anregung von Wolf und durch Stein veranlasst, »Ehrenmitglied« dieser Akademie, die mehr als hundert Jahre zuvor auf Initiative und unter geistiger Führung von Gottfried Wilhelm Leibniz entstanden war. Seinerzeit, im Jahre 1700, war sie in Ergänzung, aber vor allem auch in Konkurrenz zu den damaligen preußischen Universitäten ins Leben getreten, die, wie überall im Reich, personell verkrustet und ohne leitende Ideen, in stetigem Verfall begriffen waren. Seither freilich war auch die Akademie, sachlich wie personell, trotz einiger positiver Entwicklungen zunehmend wenn nicht vom Niedergang, so doch von Stillstand erfasst worden. Alexander von Humboldt, der Bruder, bezeichnete sie 1796 einmal als »ein Siechenhaus, ein Hospital, in dem die Kranken besser schlafen als die Gesunden«.[170] Sie bedurfte also einer inneren Reorganisation und ganz neuer geistiger Impulse.

Von Wilhelm von Humboldt angeregt, ja förmlich angestoßen, hatte die Akademie selber Mitte September 1809 einen Entwurf für eine Reorganisation vorgelegt. Wilhelm von Humboldts Aufforderung an die Akademie, diesen Reorganisationsplan einzureichen – von dem er, wie er schrieb, gehört hatte –, erging Ende August 1809 mit der Begründung, dieser bedürfe ja jedenfalls der Bestätigung durch den König. »Ich schmeichle mir«, fuhr er mit großer Zurückhaltung diplomatisch fort, »dass sowohl das Directorium als auch die Akademie selbst, auf deren Vertrauen ich immer den größten Wert setzen werde, in dieser Aufforderung nur meine Absicht erkennen wird, in Verbindung mit der Akademie und mit Benutzung ihrer Einsichten und Erfahrungen dahin zu arbeiten, dass sie zwar eine so bestimmte, aber auch eine so freie Form erhalte, als nicht allein zur Erreichung ihrer wichtigen Zwecke, sondern auch zum angemessenen Zusammenwirken mit den übrigen höheren wissenschaftlichen Instituten nothwendig ist.«[171] Im Weiteren aber traten zwei Ereignisse ein, die zusammengenommen das Verhältnis zwischen dem Staat, konkret der Sektion des öffentlichen Unterrichts, und der Akademie erheblichen Belastungen aussetzten und schließlich, nach dem Ausscheiden Humboldts aus der Leitung der Sektion, jene, also den Staat, veranlassten, die Reorganisation der Akademie im Wesentlichen selbst in die Hand zu nehmen.

Das erste und wichtigste dieser Ereignisse war die Kabinettsordre vom 22. September 1809. In ihr wurde der Akademie mit dem Beschluss, in Berlin eine Universität zu gründen, zugleich die Absicht mitgeteilt, Universität, Akademie, wissenschaftliche Institute und Sammlungen in der Art zu einem organischen Ganzen zu verbinden, »dass jeder einzelne Teil eine angemessene Selbständigkeit erhalte, jedoch gemeinschaftlich mit den anderen zu dem allgemeinen Zwecke mitwirke«. »So wie nun hiernach die Akademie der Wissenschaften«, hieß es in der wenn nicht von Humboldt selbst verfassten, so jedenfalls von ihm inspirierten Kabinettsordre weiter, »künftig einen selbständigen Theil der allgemeinen Lehranstalten ausmacht, so werden auch die mit der Akademie verbundenen Institute künftig von ihr getrennt, um zum gemeinschaftlichen Gebrauch der Universität zu dienen.«

Das andere Ereignis, das wie eine unmittelbare Bestätigung der Befürchtungen zahlreicher Akademiemitglieder wirkte, der Staat

lege nun ganz die Hand auf die inneren Verhältnisse der Akademie,
und entsprechende Gegenreaktionen auslöste, war die königliche
Verordnung vom 7. November 1809, mit der die Akademie aufgefordert wurde, an Stelle des aus gesundheitlichen Gründen zu-
rückgetretenen bisherigen ständigen Sekretärs Johann Wilhelm
Lombard einen interimistischen Sekretär zu wählen, verbunden
mit der Anregung, künftig die Sekretariatsgeschäfte auf mehrere
Mitglieder zu verteilen. Dieser Anregung war die Akademie nicht
gefolgt, sondern hatte stattdessen den Direktor Friedrich Adolf
Maximilian Gustav von Castillon zum neuen Sekretär gewählt.
Das aber hatte den empörten Widerstand Humboldts ausgelöst
und zu einem langandauernden Konflikt zwischen der Sektion
und der Akademie geführt, an dessen Ende die Sektion, hier unter
Leitung von Uhdens, die Reorganisation der Akademie im Wesentlichen selbst in die Hand nahm.

In unmittelbarem Zusammenhang mit dem erstgenannten
Vorgang, durch den die Akademie offiziell in dürren Worten
von der Gründung der Universität und den damit verbundenen
grundlegenden Veränderungen im Gefüge der, wie Humboldt sie
bezeichnete, »höheren wissenschaftlichen Anstalten« in Kenntnis
gesetzt worden war, hat Humboldt in einer ganz auf die leitenden
Prinzipien abhebenden, Fragment gebliebenen Denkschrift seine
Ideen »Über die innere und äussere Organisation der höheren
wissenschaftlichen Anstalten in Berlin« zu Papier gebracht. Wann
genau diese, wie gesagt undatierte und Fragment gebliebene,
Denkschrift entstanden ist, von der schon ausführlich die Rede
war, ist umstritten. Aber es spricht einiges dafür, dass sie zu einem
Zeitpunkt verfasst worden ist, an dem sein Konflikt mit der Aka-
demie noch nicht voll zum Ausbruch gekommen war, also Ende
September oder im Verlauf des Oktober 1809.

Im Hinblick auf die sich nun konkret stellende Frage der Wahl
eines ständigen Sekretärs der Akademie in der Nachfolge Lombards und auch hinsichtlich der Berufung der Mitglieder wich
Humboldt nämlich von den Grundsätzen, die er in seiner Denkschrift formuliert hatte, entscheidend ab. »Die Wahl der Mitglieder der Akademie« müsse, so hieß es in der Denkschrift, »ihr

selbst überlassen und nur an die Bestätigung des Königs gebunden sein«.

Auf die vom König sogleich bestätigte Wahl Castillons zum Nachfolger Lombards reagierte er allerdings – er war zu diesem Zeitpunkt auf Urlaub bei seinem schwer erkrankten Schwiegervater in Erfurt – mit äußerster Schärfe. Er wolle diese »himmelschreiende« Wahl nicht dulden. Nicolovius, der Leiter der Kultusabteilung und engster Mitarbeiter von Humboldt, wurde von diesem veranlasst, namens der gesamten Sektion einen Antrag an den König zu richten, in dem dargelegt wurde, dass die Wahl Castillons für den guten Ruf der Akademie nachteilig sei, dass Castillon nie ein bedeutender Gelehrter gewesen sei, auch nicht mit den Fortschritten der Wissenschaft Schritt gehalten habe und der deutschen Sprache so wenig mächtig sei, dass das dringende Bedürfnis bestehe, ihn vom Sekretariat einer deutschen Akademie zu entfernen. Da schon in der Kabinettsorder vom 15. Oktober 1807 dargelegt worden sei, so Nicolovius in Humboldts Namen, dass ein einziger Sekretär die Geschäfte der Akademie wahrnehme, so sei die ganze Wahl unzulässig und der König möge stattdessen vier Klassensekretäre ernennen.

Nach längerem Hin und Her gab die Akademie nach, und es wurden vier Klassensekretäre gewählt. Und auch hinsichtlich der Wahl neuer Mitglieder vermochte sich Humboldt am Ende durchzusetzen. Am 29. März 1810 wählte die Akademie insgesamt neun Mitglieder, darunter zwei Angehörige der Sektion, nämlich Humboldt selber in die philosophische Klasse, und Uhden, der dann die Reorganisation der gesamten Akademie von Seiten der Sektion betrieb, in die philologische Klasse. Für Schleiermacher und Gauß, die ebenfalls neu gewählt wurden, hatte sich Humboldt besonders eingesetzt.

Sosehr Humboldt also in seiner Denkschrift das Prinzip der weitestgehenden Freiheit der Akademie betont hatte – faktisch war sie im Hinblick auf ihre personellen Entscheidungen an die Kandare der Sektion, sprich des Staates, genommen worden. Und ähnlich verhielt es sich bezüglich des Aufbaus und der personellen Zusammensetzung der neu ins Leben tretenden Berliner Universität. In seiner Denkschrift hatte es Humboldt in dieser Beziehung nicht an Klarheit fehlen lassen. »Die Ernennung der Universitätslehrer«, so hieß es darin, wir haben es bereits kurz erwähnt, »muss dem Staat ausschließlich vorbehalten bleiben, und es ist gewiss keine gute Einrichtung, den Facultäten darauf mehr Einfluss zu verstatten, als ein verständiges und billiges Curatorium von selbst thun wird. Denn auf der Universität«, so begründete er seine Position, »ist Antagonismus und Reibung heilsam und nothwendig, und die Collision, die zwischen den Lehrern durch ihr Geschäft selbst entsteht, kann auch unwillkürlich ihren Gesichtspunkt verrücken. Auch ist die Beschaffenheit der Universitäten zu eng mit dem unmittelbaren Interesse des Staats verbunden.«

Das war das eine. Das andere war, dass der Staat nach Humboldts Überzeugung, sobald er einmal die seiner Meinung, das heißt der Meinung seiner leitenden Männer nach in den einzelnen Fächern die befähigsten akademischen Lehrer ausgewählt und ernannt hatte, alles Weitere diesen akademischen Lehrern überlassen und ihnen die völlige Freiheit in der Wahrnehmung ihrer wissenschaftlichen Ziele garantieren müsse. In die Wissenschaft als solche habe sich der Staat nie einzumischen.

Die Gründung der Universität Berlin war nach einer längeren, im Einzelnen sehr verwickelten Vorgeschichte[172] schon 1807 prinzipiell beschlossen worden, aber seither nicht recht vorangekommen. Sollte sie nun definitiv in die Tat umgesetzt werden, so galt es zum einen, trotz der katastrophalen finanziellen Lage des Landes die erforderlichen Mittel bereitzustellen. Und zum anderen und vor allem kam es darauf an, die Personen zu gewinnen, die aufgrund ihrer Stellung in der Wissenschaft und ihres Rufes geeignet schienen, die Neugründung zu tragen und ihr entsprechendes Prestige zu verleihen.

Beide Aufgaben hat Humboldt mit seinen engsten Mitarbeitern sogleich, wenige Wochen nach seinem Amtsantritt Ende Februar 1809, in Angriff genommen und sie innerhalb weniger Monate wenn auch nicht gelöst, so doch ihre Lösung bis zu einem Punkt vorangetrieben, an dem niemand mehr daran denken konnte, das Ganze wieder aufzugeben. Als Humboldt zu Beginn des

Sommers 1810 nach längerer Vorgeschichte aus dem Amt schied,
war das, was er von Anfang an als seine eigentliche Aufgabe, als
das Werk betrachtet hatte, für das es sich lohne, seine ganze Kraft
und Energie einzusetzen, im Wesentlichen vollendet, sowohl in
institutioneller Hinsicht als auch im Hinblick auf die gewonnenen
Persönlichkeiten.

Den definitiven Beschluss zur Gründung der Berliner Universität unter Einschluss der Zusage von König und Kabinett, die dafür nötigen Kosten zu übernehmen, hatte Humboldt schon Mitte
August 1809 erreicht – allerdings ohne die von ihm so nachdrücklich erstrebte gleichzeitige Festlegung, dass die Kosten für
die Finanzierung der Universität, der Akademie und der mit ihnen
verbundenen Institutionen dauerhaft durch ihnen als Eigentum
übertragene Domänen aufgebracht werden würden. Gleichzeitig
aber galt es, hervorragend qualifiziertes akademisches Lehrper-
sonal, sprich Professoren mit entsprechendem Ruf, ergänzt durch
wissenschaftlichen Nachwuchs, dem im jeweiligen Fach eine
große Zukunft vorausgesagt wurde, zu gewinnen und möglichst
dauerhaft an die Universität zu binden.

Berufungen an die neue Universität

Sein anfängliches Zögern, die ihm von dem Freiherrn vom
Stein angetragene Leitung der »Sektion des Kultus und öffentlichen Unterrichts« zu übernehmen, hatte Humboldt vor allem
damit begründet, ihm fehle durch seine lange Abwesenheit von
Deutschland, zuerst in Frankreich und dann in Rom, eine genauere Kenntnis der wissenschaftlichen Diskussionen und der einschlägigen Literatur und der dafür maßgeblichen Personen. Die in
dieser Hinsicht in der Tat vorhandenen Kenntnislücken aber hat
er, kaum im Amt, dann in überraschend kurzer Zeit geschlossen,
unterstützt durch intensive Gespräche mit seinen engsten Mitarbeitern, mit Süvern, mit Nicolovius, mit Uhden, vor allem aber
auch mit Gelehrten, die ihm von Jugend auf vertraut waren, mit
dem klassischen Philologen oder, besser gesagt, Altertumswis-

senschaftler Friedrich August Wolf an der Spitze, der zwei Jahre
vor ihm von der durch Napoleon geschlossenen Universität Halle
nach Berlin gekommen war und hier, finanziert von der Akademie,
vielbesuchte öffentliche Vorträge hielt. Aber auch die Bekanntschaft mit dem Philosophen Fichte, der seit 1806 an der Universität Königsberg wirkte, mit dem Theologen Schleiermacher, der
1807 von Halle nach Berlin gekommen war und hier auch als Prediger in Erscheinung trat, oder mit August Wilhelm Schlegel, der
in Berlin mit öffentlichen Vorlesungen über schöne Künste und
Literatur hervorgetreten war, eröffneten ihm rasch weite Felder
auf den unterschiedlichsten Gebieten der Wissenschaft.[173] So trat
er auf der Suche nach geeignetem wissenschaftlichen Personal
für die zu gründende Universität mit breiten personellen Kenntnissen auf den verschiedensten Gebieten an, die er durch den intensiven Briefwechsel, den er über diesbezügliche Fragen führte,
laufend erweiterte und vertiefte. Auf diese Weise gelang es ihm,
Personen zu gewinnen, die der neuen Gründung sozusagen auf
einen Schlag ein erhebliches Prestige verschafften, und dadurch
wiederum, weitere hervorragende Kräfte anzuziehen. Dabei war
indirekt auch der inzwischen weltweite Ruf seines Bruders Alexander hilfreich, der manchen Naturwissenschaftler anlockte.

So bewirkte Humboldt schon im Vorfeld seiner Ernennung,
dass Friedrich August Wolf für das außerordentliche Gehalt von
dreitausend Talern Berlin für absehbare Zeit erhalten blieb – in
welcher Funktion genau und ob an der Akademie oder im Hinblick auf die noch zu gründende Universität blieb dabei zunächst
offen. Für Fichte, »einen Mann«, wie Humboldt schrieb, »welchen
Deutschland zu den ersten seiner Philosophen zählt, und der auch
in den letzten unglücklichen Zeiten die überzeugendsten Beweise
der Festigkeit seines Charakters und der Reinheit seines Patriotismus gegeben hat«, erbat er beim Monarchen erfolgreich die Fort-
zahlung seines bisherigen Gehalts. Und für Schleiermacher, wie
es in der Begründung seines Antrages hieß, »sowohl einen der
vorzüglichsten, jetzt so seltenen theologischen Universitätslehrer
als auch einen der besten und beliebtesten Kanzelredner in Berlin
und einen Mann von durchaus unbescholtenem Charakter«, kam

er um ein Wartegeld bis zu seiner förmlichen Berufung an die neue Universität ein.[174]

Von dieser Basis aus erfolgte in den nächsten Monaten, stets beraten von Nicolovius und Süvern und speziell für die philologischen Fächer von Wolf und für die theologischen von Schleiermacher, eine Berufung nach der anderen. So gelang es über die Vermittlung Achim von Arnims, den Juristen Friedrich Karl von Savigny von Landshut, wo dieser seit zwei Jahren wirkte, für Berlin zu gewinnen und mit ihm zahlreiche bereits etablierte Gelehrte aus den nord- und mitteldeutschen Universitäten. Sie reizten die, wie sich rasch herumsprach, außerordentlich guten, auch räumlichen Bedingungen – der neuen Universität war das ehemalige Palais des verstorbenen Prinzen Heinrich Unter den Linden zugesprochen worden – und die Namen der bereits Berufenen, mit Wolf, mit Schleiermacher, mit Fichte, mit Savigny, dann auch mit dem Althistoriker Barthold Georg Niebuhr, der seit 1806 im preußischen Finanzwesen, dann seit 1810 im Unterrichtswesen tätig gewesen war, an der Spitze. Hinzu kam eine ganze Reihe von Nachwuchsgelehrten, die aus dem Schülerkreis von Wolf, von Schleiermacher, von Savigny empfohlen wurden oder vor allem durch die ausgedehnte Personalkenntnis im Umfeld der Sektion mit Humboldt an der Spitze in den Kreis derjenigen gerieten, die hier besondere Aufmerksamkeit erlangten. Außerdem jene, die sich selber durch hervorragende wissenschaftliche Leistungen ins Gespräch brachten, zunehmend auch aus dem Kreis der Lehrer an den grundlegend reformierten Gymnasien. Zu ihnen zählte etwa, fünfzehn Jahre später, der aus Sachsen stammende Lehrer am Gymnasium in Frankfurt an der Oder, Leopold Ranke, der seine Erstlingsarbeit zur Geschichte der romanischen und germanischen Völker zu Beginn der Neuzeit der Sektion direkt zur Kenntnis brachte und darauf ein Extraordinariat an der Berliner Universität erhielt, verbunden mit Mitteln für seine Forschungen und zeitweiliger Befreiung von der Lehre; dem folgte zehn Jahre später die Berufung auf ein persönliches Ordinariat.

Die gesamte Berufungspolitik Humboldts und seiner Sektion stand unter der Devise, dass alles auf die persönliche Qualifikation des ins Auge gefassten Kandidaten und der von ihm verfolgten Forschungsziele ankomme. »Man beruft eben tüchtige Männer und lässt das Ganze allmählich sich ankandieren«, so hat Humboldt das lakonisch formuliert.«[175] In seinem von Süvern vorformulierten und von ihm überarbeiteten Antrag, den von Wolf empfohlenen Immanuel Becker zum außerordentlichen Professor zu ernennen und ihm gleichzeitig einen anderthalbjährigen Urlaub nach Paris zu erteilen, hieß es: »Er vereinigt eine für seine Jahre höchst seltene wissenschaftliche Tiefe mit aller Kunst und Gewandtheit der guten Methode im philologischen Unterricht.« Er habe zwar, fuhr Humboldt fort, »wiewohl es ihm an trefflichen Vorarbeiten nicht fehlt, noch nicht geeilt, ein größeres Werk herauszugeben, aber doch schon durch mehrere der größeren und gelehrteren Rezensionen in der Jenaer Allg. Litteratur-Zeitung sich einen bedeutenden Namen und Achtung in der gelehrten Welt erworben. Die Section des öffentlichen Unterrichts rechnet auf ihn als einen der geistreichsten und thätigsten Mitarbeiter zur Bildung tüchtiger Schulmänner an der hier zu errichtenden Universität.«[176]

Durch Humboldts ebenso gezielte wie erfolgreiche Berufungspolitik, ergänzt durch die Bestimmung, dass alle ordentlichen Mitglieder der zugleich grundlegend umgestalteten Akademie berechtigt seien, Vorlesungen an der neuen Universität zu halten, ist es gelungen, ein Jahr nach definitiver Gründung der Berliner Universität diese mit einem umfangreichen, wenn auch noch lange nicht vollständigen Lehrprogramm zu eröffnen. Damit war einer der Programmpunkte, die sich Humboldt bei seinem Amtsantritt gesetzt hatte, die Errichtung einer neuen Universität in der preußischen Hauptstadt, im Prinzip erreicht. Gleiches galt für die Reform des Elementarunterrichts, für die vor allem von Süvern vorangetriebene und veranwortete Neugestaltung des Schulwesens mit dem Gymnasium als der auf das Studium an der Universität vorbereitenden Institution an der Spitze. So war im Frühsommer 1810 bereits ein erheblicher Teil des Reformprogramms verwirklicht oder doch in die Bahn gebracht gewesen, mit dem Humboldt fünf Monate zuvor sein Amt angetreten hatte. Doch hatte zu diesem Reformprogramm noch sehr vieles andere gehört, das damit in engem Zusammenhang stand und das er gleichzeitig in Angriff nahm und vorantrieb.

Weitere Reformen

Da war zum einen die grundsätzliche und an vielen Punkten neu zu regelnde Frage der Prüfungen auf den verschiedenen Ebenen des Schulwesens und die damit unmittelbar verbundene der Zugangsberechtigung zu den einzelnen Bereichen, die in der Sektion lebhaft und vielfach auch kontrovers diskutiert wurde, bevor Humboldt eine endgültige Entscheidung fällte. Hierbei ging es im Kern darum, ein möglichst einheitliches, in den Anforderungen aufeinander abgestimmtes System zu schaffen. Als Prinzip sollte gelten, wie es in einem Erlass der Sektion an sämtliche geistliche und Schuldeputationen vom 15. September 1809 hieß, »dass jeder Lehrer, der zu einer höheren, d. h. zu einer solchen Stelle, womit der Unterricht in einer höheren Klasse verbunden ist, sei es an derselben oder an einer anderen Anstalt gewählt worden, sich einer Unterredung mit der Prüfungsbehörde seiner Provinz oder deren Kommissarien und einigen in ihrer Gegenwart zu haltenden Probelektionen unterziehen soll«.[177]

Mit anderen Worten, der Staat hatte die Hierarchie der Lehrer festzulegen und die Übergänge von einer Stufe zur nächsten formal zu kontrollieren, die Lehrer also in ein festes System einzufügen – und dementsprechend auch ihre Besoldung festzusetzen. In dieser Beziehung trieb Humboldt, der in seiner Jugend niemals einer solchen Ordnung unterworfen gewesen war, sich vielmehr ganz von den Erziehungsgrundsätzen seiner Privatlehrer und dann von seinen eigenen Interessen hatte leiten lassen, die Bürokratisierung des gesamten Unterrichtswesens mächtig voran, die seither in Preußen und in ihrem Gefolge auch im übrigen Deutschland vorherrschend geworden ist. Bis dahin hatten für die Qualifikation als Lehrer die unterschiedlichsten, zum Teil ganz willkürlich begründeten Kriterien gegolten, je nach der Träger-

schaft der jeweiligen Schule; für den Unterricht an Volksschulen
wurden zum Teil invalide Soldaten herangezogen. Humboldt hat
seine Position und seine Kriterien noch einmal sehr eingehend
und weit ins Grundsätzliche vorstoßend in einem ausführlichen
Gutachten vom 11. April 1810 dargelegt, das sich dabei vor allem gegen die Einwände des Staatsrates Schmedding richtete, der
ebenfalls sehr prinzipiell argumentiert hatte.

Mit den neuen Regelungen werde, so hatte Schmedding argumentiert, das gesamte Unterrichtswesen einer Art staatlichem
Zunftzwang unterworfen. Durch die Hierarchisierung und Bürokratisierung des Lehrerstandes über entsprechende Prüfungsord-
nungen und festgelegte Beförderungs- und Aufstiegswege schalte
man zwar die wirklich Unfähigen aus, begünstige aber auf Dauer
das Mittelmaß, diejenigen, die sich in jeder Hinsicht an die vorgegebenen Normen anpassten. Dem widersprach Humboldt mit
allem Nachdruck. Es ehre »das Bildungsgeschäft im Staate selbst,
wenn jeder, welcher sich damit befasst, vorher Beweise seiner
Tüchtigkeit dazu geben muß« – die Frage, wann er selber für
seine Person solche formalen Beweise gegeben habe, klammerte
er dabei ganz aus. Mit der Zeit bilde sich unter denen, fuhr er
fort, »die sich diesem Geschäft widmen und durch die öffentliche
Approbation gleichsam einen geschlossenen Kreis ausmachen, ein
Geist, der, ohne Zunftgeist zu sein, eine feste und sicher zum gemeinschaftlichen Ziele hinstrebende Richtung hat«. Es entstehe
auf diese Weise »eine pädagogische Schule und eine pädagogische
Genossenschaft«. Und wenn es auch wichtig sei, »durch Zwang
bewirkte Einheit der Ansichten zu verhüten«, räumte er ein, »so
ist es ebenso wichtig, durch eine gewisse Gemeinschaft (die nie
ohne eine Absonderung des nicht zu ihr Gehörenden denkbar
ist) eine Kraft und einen Enthusiasmus hervorzubringen, welche
dem einzelnen und zerstreuten Wirken immer fehlen, welche
den Schlechten von selbst entfernen, die Mittelmäßigen heben
und leiten und die Fortschritte auch des Besten noch befestigen
und beflügeln. Dieser letzte und wichtigste Zweck kann aber nur
erreicht werden«, so schloss er den grundsätzlichen Teil seiner
Darlegung, »wenn es dahin kommt, daß man die Prüfungen mit

einer gewissen Freudigkeit angreift und sie als eine Gelegenheit, seine Kräfte zu üben und zu beweisen, ansieht.«[178]

Im Einzelnen freilich ging er auf die Einwände vor allem von Seiten Schmeddings durchaus ein. So gab er den ursprünglichen Plan auf, auch die privaten Lehranstalten in das staatliche Prüfungssystem einzubeziehen, und ließ es bei der bloßen Aufforderung an deren Lehrer wie an die Privatlehrer bewenden, sich diesen Prüfungen auch freiwillig zu unterziehen. Im Übrigen richtete sich der Zwang für die Lehrer an öffentlichen Schulen, sich den staatlichen Prüfungsverpflichtungen zu unterwerfen – ein Zwang, der fraglos die Tendenz zur Hierarchisierung und Bürokratisierung des Schulwesens sehr begünstigt hat –, gegen die aus vielen unterschiedlichen Quellen herrührenden Rechte der jeweiligen Schulpatrone, über das Personal der Schulen ganz eigenmächtig und vielfach sehr willkürlich zu bestimmen. Das muss man hier wie generell bei allen staatlichen Maßnahmen dieser Art, die zweifelsohne mit fortschreitender staatlicher Bürokratisierung verbunden waren, berücksichtigen. Sie dienten eben zum großen Teil dem Ziel, die Verkrustungen der überlieferten und vielerorts noch in Kraft befindlichen ständisch-feudalen Ordnung aufzubrechen und an ihrer Stelle ein Gesellschaftsmodell zu etablieren, das den Prinzipien der Rechtsgleichheit und der Durchsetzung möglichst weitgehender Chancengleichheit diente.

Diesen Prinzipien fühlte sich Humboldt durchgehend verpflichtet, und von ihnen ließ er sich auch auf anderen Feldern der in seiner Sektion zusammengefassten Bereiche leiten, die er allesamt einer grundlegenden Neuordnung und Reform unterwarf. Das galt etwa für die sogenannte »Liegnitzer Ritterakademie«. Sie war hervorgegangen aus einer von dem Piastenherzog Georg Rudolf 1646, also kurz vor Abschluss des Westfälischen Friedens in dem zu diesem Zeitpunkt österreichischen Schlesien, für evangelische Kirchen- und Schulzwecke begründeten Stiftung und 1708 auf Betreiben der Jesuiten als paritätische Josephinische Ritterakademie eingerichtet worden. In der preußischen Zeit war sie, ursprünglich einer Universität ähnlich, an der die alten Sprachen allerdings nur privat betrieben wurden und körperliche Übungen einen breiten Raum einnahmen, mehr und mehr zu einer Schule mit Betonung des Lateinunterrichts geworden. Der Minister Wöllner hatte sie einem adeligen Kuratorium unterstellt, damit aber ihren Niedergang nicht aufgehalten, sondern noch beschleunigt. 1809 beim Amtsantritt Humboldts als Leiter der Sektion des öffentlichen Unterrichts hatte sie nur noch sieben »Zöglinge«, für die elf Lehrer, ein Stiftschreiber und fünfzehn Unterbeamte zuständig waren. Eine Reform war also auch hier dringend geboten.

Humboldt machte sich, unterstützt von Staatsrat Süvern, sogleich an diese grundlegende Reform. Entschlossen, an der Einrichtung prinzipiell festzuhalten, legten sie zugleich einen tief eingreifenden Umbauplan vor. Die Akademie sollte den Charakter einer höheren Schule annehmen, mit Griechisch neben dem Latein als Lehrgegenstand und Zurückdrängung des Fecht-, Tanz- und Reitunterrichts. Vor allem aber wurden Bürgerliche sowohl als Stadtschüler als auch als Pensionäre zugelassen, wobei man allerdings das sogenannte Alumnat, also das von dem Träger der Schule finanzierte Stipendium, dem Adel vorbehielt. An die Stelle des adligen Direktors sollte ein ausgewiesener Pädagoge treten und das Ganze den Charakter eines Gymnasiums nach dem Muster aller übrigen preußischen Gymnasien erhalten. Zum leitenden Prinzip erklärte Humboldt, »dass die Spuren des ehemaligen Vorurtheils, dass eine adliche Erziehung von einer anderen verschieden sein müsse, vertilgt werden müssten«.[179]

Im Grundsatz ganz ähnlich verfuhr Humboldt mit den gleichfalls zur Reform anstehenden Kadettenanstalten. Scharnhorst, an den er sich auch gesellschaftlich in Königsberg eng anschloss und mit dessen Grundideen er weitgehend übereinstimmte, hatte im Mai 1809 den Plan der Errichtung einer Militärakademie entworfen und ihn Mitte Juni auf königlichen Befehl der Sektion zur Begutachtung übergeben. Danach sollten in die Kadettencorps als eine der Vorstufen einer solchen Akademie nur Offizierssöhne aufgenommen werden, deren Väter im Krieg geblieben waren, mittellose Waisen, Söhne von armen Offizieren und solche, deren Aufnahme, wie es hieß, »durch die Gnade des Königs befohlen

wurde«. Das ganze Corps sollte aus vier Compagnien zu je 65 Un-
teroffizieren und Kadetten bestehen.

Humboldt sprach sich zwar mit Scharnhorst für den Gedanken der Bildung einer Militärakademie aus, äußerte aber gegen
die Errichtung von Kadettenanstalten grundsätzliche Bedenken.
Durch sie würden die jungen Leute einseitig für das Militär in
Anspruch genommen, bevor sie, wie die Gymnasiasten, eine höhere Allgemeinbildung erhalten hätten. Dadurch werde in solchen
Kadettenhäusern ein Kastengeist gefördert und kultiviert, der den
allgemeinen Zielen der Militärreform, die doch gerade eine engere
Verbindung zwischen Volk und Militär herbeiführen sollte, dia-
metral widerspreche. Auch sei fraglich, ob eine von früh auf an
den unmittelbaren Aufgaben des Offiziers und nicht an einem allgemeinen Bildungsideal orientierte Ausbildung für den Militär-
nachwuchs wirklich erstrebenswert sei. Humboldts ausgesprochen
radikaler Reformvorschlag, mit dem er sich dann allerdings nicht
durchsetzte, ging dahin, den militärischen Aufbau und die militärische Struktur der Kadettenanstalten, also vor allem ihre Leitung
durch Offiziere, aufzuheben und sie in eine allgemein »bürgerliche« Anstalt umzuwandeln, in der Unterricht und Erziehung den
für die Gymnasien generell verbindlichen Prinzipien der Ausrich-
tung auf eine allgemeine Bildung entsprechen sollten. So empfahl
er sogar zu erwägen, die Zöglinge der Berliner Kadettenanstalt
zwar als Pensionäre in der Anstalt leben, aber sie zum eigentlichen
Unterricht die Berliner Gymnasien besuchen zu lassen.

Während Humboldt auf diesem Gebiet nur Anregungen geben
konnte – wenn sie am Ende auch nicht befolgt wurden –, die wi-
derspiegeln, von welchem Geist er sich auch hier leiten ließ, setzte
er sich mit seinen Ideen und Vorschlägen in jenen Bereichen weitgehend durch, die zu dem Gebiet gehörten, das seiner Sektion direkt unterstellt war. Zu ihm gehörten alle Einrichtungen, die mit
der Pflege, der Ausbreitung und der Vermittlung von Kultur im
engeren Sinne zu tun hatten, darunter auch, ja vor allem jene, die
in einem direkten oder auch nur indirekten Bezug zur Akademie
oder zur neugegründeten Universität standen. Das waren speziell
die Akademie der Künste, die königliche Bibliothek, die obere Me-

dizinalbehörde, die Sternwarte und das Projekt eines Museums in Berlin. Über alle diese Einrichtungen und Bereiche hat Humboldt sich zum Teil sehr grundlegend geäußert und eine institutionelle und auch personelle Neuordnung in die Wege geleitet.

Zunächst die von Friedrich III., dem späteren König Friedrich I., noch als Kurfürst 1699 gestiftete »Akademie der Künste und mechanischen Wissenschaften«: Sie hatte nach mancherlei Hin und Her unter dem Kuratorium des Ministers Friedrich Anton von Heynitz am Ausgang des 18. Jahrhunderts einen glänzenden Aufschwung erlebt. Nach dem Tode von Heynitz' 1802 hatten Hardenberg und der Staatsminister Friedrich Leopold von Schrötter das Kuratorium der Akademie übernommen, und seit dem Zusammenbruch des Staates 1806 war der Geheime Staatsrat und Oberpräsident von Sack unmittelbar für die Angelegenheiten der Akademie zuständig gewesen. Unter dem Einfluss Humboldts hatte der neue Innenminister, Graf Dohna, am 29. April 1809 die Unterstellung der Akademie unter die Sektion des öffentlichen Unterrichts verfügt und Sack aufgefordert, die Akten der Akademie an Staatsrat Uhden als Vertreter der Sektion zu übergeben. Sack aber hatte die Übergabe verzögert, und die Akademie hatte erklärt, sie habe den König um die Ernennung des Prinzen Wilhelm zum neuen Kurator gebeten und wolle erst dessen Entscheidung abwarten. Bei diesem Stand der Dinge hatte sich Humboldt als Leiter der nunmehr für die Akademie zuständigen Sektion mit einem offiziellen Schreiben an Dohna eingeschaltet.

Er wandte sich mit großer Entschiedenheit dagegen, die Funktion der Akademie gewissermaßen in zwei Teile aufzulösen, sie als »Lehr-Institut« der Sektion, als »Forschungseinrichtung« aber allein dem neu zu bestellenden Kurator zu unterstellen. Denn die Sektion des öffentlichen Unterrichts solle ja nicht »blos ein Ober-Schul-Collegium, sondern die höchste wissenschaftliche Behörde seyn, und daher nicht allein die Aufsicht über die Lehranstalten, sondern zugleich über alle höhere(n) wissenschaftliche(n) und Kunstvereine führen«. Der Grundsatz müsse sein, dass »nicht blos die wirklich Unterricht ertheilenden Anstalten, sondern eben sowohl die höheren für Wissenschaft und Kunst« Einfluss haben

»auf den Unterricht und die Nationalbildung überhaupt, und die Behörde, welcher dies wichtige Fach anvertraut ist, darf nicht auf die erstern beschränkt seyn«. Das müsse im Übrigen auch für die Akademie gelten. Sie müsse in Zukunft ebenfalls ganz der Sektion unterstellt sein. Sonst sei »die Section nicht mehr im Stande, ihren Zweck in seiner ganzen Ausdehnung und in seiner letzten Beziehung auf Nationalbildung zu erfüllen«.

Humboldt hat sich mit seinen Argumenten auf der ganzen Linie durchgesetzt. Mit Kabinettsorder vom 15. Juni 1809 wurde der Antrag der Akademie abgelehnt und sie in vollem Umfang der Sektion unterstellt, die damit einen weiteren Schritt zur Verstaatlichung sämtlicher, wie es hieß, »höherer Lehranstalten« vollzog.[180] Sie sollten allerdings gleichzeitig, worauf Humboldt immer mit Nachdruck bestand, in der Gestaltung des Lehrbetriebs durch die einzelnen Mitglieder und der Wahrnehmung von deren sonstigen Aufgaben und Zielen völlig frei sein. Wieweit dieses Ziel angesichts des ebenso entschieden verteidigten alleinigen Berufungsrechtes neuer Mitglieder durch die Sektion praktisch und dauerhaft durchsetzbar war, steht dahin. Schon die nachfolgende Epoche sollte zeigen, wie stark die allein vom Staat betriebene Personalpolitik im Hinblick auf neue Mitglieder den gesamten Kurs der Akademien wie auch den der übrigen »höheren Lehranstalten« zu beeinflussen vermochte.

Ein erstes Beispiel dafür hat Humboldt wenig später selbst geliefert. Mit Kabinettsorder vom 9. Juli 1809 war verfügt worden, dass die Bauakademie mit der Akademie der Künste vereinigt und gleichfalls der Sektion unterstellt werden sollte. Die praktische Durchführung dieser Anordnung übernahm der Staatsrat Uhden. Humboldt aber deutete in diesem Zusammenhang schon an, der Akademie der schönen Künste noch einen dritten Ausschuss für den musikalischen Unterricht einfügen zu wollen.

Die Anregung dazu ging von Carl Friedrich Zelter aus. Zelter, ursprünglich Maurermeister und Bauunternehmer in Berlin, hatte Klavier und Violine studiert und war als Geiger bei verschiedenen Orchestern tätig gewesen. 1791 war er, eben dreißig Jahre alt, in die »Singakademie« von Carl Fasch eingetreten, deren Leitung er

neun Jahre später, 1800, selbst übernahm. Innerhalb weniger Jahre
wurde sie zu einer führenden Institution zur Pflege älterer geist-
licher Musik, namentlich Johann Sebastian Bachs. In mehreren
Denkschriften an den Kurator der Akademie der Künste hatte sich
Zelter dafür eingesetzt, die Pflege der geistlichen Musik zu einer
Aufgabe der Akademie zu machen – lange Zeit jedoch vergeblich.
Erst als Zelter sich über Goethe, der seine Liedkompositionen
außerordentlich schätzte und zu dem er ein freundschaftliches
Verhältnis gewonnen hatte, an den neubestellten Leiter praktisch
des gesamten Kulturbereiches, eben an Humboldt, wandte, kam er
mit seinen Vorschlägen rasch voran.

Humboldt hatte bis dahin zur Musik nicht nur ein distanzier-
tes, sondern gar kein Verhältnis. Er war, wie er öfter selbst betonte,
völlig unmusikalisch und am Musikleben gänzlich uninteressiert.
Die Argumente aber, die Zelter – ein, wie schon sein ursprüng-
licher Beruf zeigte, sehr handfester Mann – vorbrachte, leuchteten
ihm rein theoretisch sehr ein: Durch die Musik, zumal durch die
geistliche, werde, so Zelter, der emotionale Zugang zu den Lehren
des Gottesdienstes und damit zugleich der Zusammenhalt der Gemeinden verstärkt und so gleichzeitig das Gemeinschaftsgefühl
der Gemeinde und, da die Musik, entsprechend gepflegt und gefördert, überall im gleichen Geist dargeboten werde, der Nation
insgesamt untermauert.

Diese Argumentation machte sich Humboldt, sie zugleich in einen weitläufigeren Rahmen stellend, in seiner Denkschrift »Über
geistliche Musik« von Mitte Mai 1809 zu eigen. »Man hat oft und
mit Recht geklagt«, begann er unter Beifügung der Zelter'schen
Anträge, »dass der Einfluss zu wenig benutzt würde, welchen die
Musik auf den Charakter und die Bildung einer Nation ausüben
kann, und man muss gestehen, dass dieser Vorwurf bisher auch
die Preussischen Staaten traf.« Um diesen Einfluss wiederherzustellen und zu stärken und so zu verhindern, dass »die Musik nach
und nach auf Abwege« gerate, sei es nötig, so Humboldt weiter,
dass sie »mit der Zeit wieder mehr und mehr zu dem ernsthafte-
ren und feierlicheren Kirchenstile zurückkehrt«. Es komme dazu
»allein auf die Bildung einer richtigen Schule an, damit der Grund

gelegt werde, dass das Volk, wo es jetzt bereits Musik hört, häufiger gut ausgeführt(e) vernehme, selbst nach richtig erlangter Fertigkeit mit darin einstimme und den Eindruck, wenn nicht gleich rein und voll, wenigstens doch mit nicht allzu ungeübten Sinnen, nicht allzu dürftig und fehlerhaft empfange«.

Gänzlich unvertraut mit der musikalischen Tradition und auch mit der Musik der Zeit und ohne selbst einen direkten Zugang zu haben, plädierte Humboldt also für einen ganz bestimmten Musikstil und für die Person, die ihn, mit leicht epigonenhaften Zügen, verkörperte. Damit brachte er, ohne sich darüber ganz im Klaren zu sein, einen etatistisch-dirigistischen Zug in die Förderung des Musiklebens, die dessen freie Entfaltung eher behinderte. Es ging ihm darum, wie Humboldt in bezeichnender Wortwahl formulierte, »eine ordentliche musikalische Behörde« zu errichten, »durch die Ernennung eines geschickten Tonkünstlers zum Professor und Aufseher der öffentlichen Musik bei der Akademie der Künste«. »Von dieser Behörde«, fuhr er fort, »müsste die Verbesserung der öffentlichen Musik nach und nach ausgehen, ihr Geschäft müsste vorzüglich in Aufsicht, Prüfung und Bildung der im Dienste des Staats und der Gemeinen anzustellenden Musikanten bestehen; könnte aber nach dem Bedürfnis der Umstände mit der Zeit nach und nach genauer bestimmt und mehr erweitert werden.«

Diese Behörde könne im Übrigen auch, eine »überaus wichtige Sache«, »die Behandlung der Musik auf den Schulen« in die Hand nehmen. »Einige der grössern haben zwar öffentlichen Musik-Unterricht; allein er ist weder zweckmäßig noch hinlänglich, und die Schul-Directionen haben sich der in ihrer bisherigen Verfassung vielen Missbräuchen unterworfenen Singchöre zu entledigen gesucht. Die Missbräuche der Singchöre aber lassen sich abstellen, und dass vorzüglich die öffentliche Erziehung der Musik nicht entbehren kann, ist unleugbar.«[181] Bereits drei Tage später, am 17. Mai 1809, wurde Zelter vom König zum »Professor und Aufseher der Musik bei der Akademie der Künste« ernannt.

Überhaupt vermochte sich Humboldt in jenen Monaten, in denen er in engstem Kontakt mit der königlichen Familie, mit dem Grafen Dohna, seinem formellen Vorgesetzten, mit Scharnhorst in Königsberg lebte und arbeitete, in fast allen Fragen, die seinen Bereich, den Bereich der gesamten Kultur berührten, gemeinsam mit seinen engsten Mitarbeitern durchzusetzen, auch wenn es sich dabei jeweils um sehr tiefe und einschneidende Veränderungen handelte. Das gilt, wie schon behandelt, für die Reform des Elementarunterrichts, für das höhere Schulwesen, für den Entschluss zur Gründung der Universität in Berlin, aber eben auch für die Akademie der Künste mit Einschluss der Errichtung einer Abteilung für Musik.

Auch hinsichtlich der aufs Engste mit der Akademie der Wissenschaften verbundenen »Königlichen Bibliothek zu Berlin« hatte Humboldt den Reformplan, der von einem eigens eingesetzten Komitee der Akademie präsentiert worden war, einer kritischen Durchsicht unterzogen. Er hatte angeordnet, dass die Erlaubnis zur Ausleihe nicht bei der Akademie, sondern allein beim verantwortlichen Bibliothekar liegen dürfe und in Streitfällen zwischen dem potentiellen Benutzer und dem Bibliothekar nicht die Akademie, sondern die Sektion zu entscheiden habe. Das war auf den ersten Blick eine reine Detailfrage gewesen. Aber Humboldt hatte sie, in Abgrenzung der Rechte des Staates und der Akademie, zu einer Prinzipienfrage erhoben, die er dann entsprechend entschied. Die Akademie könne die Bibliothek »nie als ihr Privateigentum behandeln«, und sie dürfe »nie vergessen, [...] dass dieselbe zum Nutzen des ganzen Publikums bestimmt ist – eine Betrachtung, die noch wichtiger wird, wenn wirklich eine Universität in Berlin errichtet werden sollte«.[182]

Freilich, so entscheidend und in der Sache jeweils bestimmend sein Einfluss auf allen Gebieten war, die der von ihm geleiteten Sektion unterstellt waren, so empfand er es doch von Anfang an als ein Hemmnis, dass er als »Geheimer Staatsrat« nicht selbst Minister, sondern, wenn auch in der Praxis eher ganz formell, dem Innenminister unterstellt war und zudem der Staatsrat, in dem alle Mitglieder gleichberechtigt sein sollten, nicht, wie angekündigt, zustande kam. Und gerade weil er in seinen Entscheidungen auch in für das ganze System zentral wichtigen Fragen, wie sich immer deutlicher zeigte, quasi souverän war, empfand er das formelle

Unterordnungsverhältnis unter den Minister, das ihn zwang, in allem zunächst dessen Entscheidung einzuholen, zunehmend als etwas, was seiner Person und seiner rasch erworbenen und allgemein anerkannten Sachkompetenz auf den unterschiedlichsten Gebieten nicht angemessen sei.

Das war zunächst bloß ein Empfinden. Es erhielt aber seit dem Spätsommer 1809 insofern ein gewisses Fundament in der Sache, als nun bestimmte Vorschläge durch das Kabinett zwar nicht abgelehnt, aber eine Entscheidung darüber vertagt wurde. Das galt vor allem für seinen mit großem Engagement vorgetragenen Vorschlag, die neuerrichtete Universität aus Grundbesitz zu finanzieren, der ihr dauerhaft, als eigene Domänen, übertragen werden sollte.

Aber auch andere Dissenzpunkte deuteten sich schon an, in denen Humboldt zwar, wie er meinte, als politisch voll verantwortlicher Minister, nicht aber als nachgeordneter Geheimer Staatsrat die Chance haben würde, sich durchzusetzen. Dabei hatte er aber nicht so sehr Meinungsverschiedenheiten in einzelnen Fragen als vielmehr die grundsätzliche Haltung des ihm formal vorgesetzten Ministers Dohna vor Augen. Dieser hatte zwar an der jeweils zur Debatte stehenden Sache – hier bezog Humboldt sich vor allem auf die für ihn ganz im Zentrum stehende Gründung der Berliner Universität – nur wenig Interesse, wollte jedoch rein formal stets genau informiert sein, hielt mit seinen gleichfalls meist rein formalen Rückfragen den Gang der Sache auf und verzögerte die endgültige Entscheidung.

Gegenkräfte

Auch sonst sah Humboldt in der Bürokratie und bei politisch einflussreichen Personen Kräfte am Werk, die, jedenfalls seiner Einschätzung nach, seine Stellung untergruben, gerade weil er in der Sache, in den von ihm behandelten und vorangetriebenen Fragen fast überall erfolgreich war. »Meine Dienstverhältnisse«, schrieb er Ende September 1809 an seine Frau, »befinden sich eigentlich in einer wenigstens möglichen Krise.« Von Beyme, der für das Finanzwesen zuständige Minister, der im Kabinett und beim König über großen Einfluss verfügte, wünsche das »Departement, das ich habe, zu einem eigenen Ministerio zu erheben, und es eben dann einem anderen zu verschaffen und mich ins auswärtige Departement zu bringen. Da er weiß«, fuhr Humboldt fort, »dass ich im Grunde selbst das vorzöge, so sind wir sehr freundschaftlich miteinander und haben selbst wenigstens von der Sache, wenn auch nicht von der Person meines Nachfolgers, gegen die ich freilich selbst protestieren müsste, gesprochen.« Er verhalte sich »ziemlich neutral dabei, weil ich auf der einen Seite gewiß für Gedeihen dessen, was mir anvertraut ist, eifrig besorgt bin, auf der andern Seite aber aus meiner jetzigen Stelle gern heraustreten würde«. Denn, damit umschrieb er den für ihn zentralen Grund, der ihn von Anfang an beschäftigt und durch die konkreten Erfahrungen der letzten Wochen und Monate immer mehr an Gewicht gewonnen hatte, das Verhältnis der Geheimen Staatsräte sei »äußerst delikat, sie hängen vom Minister ab und sind auch unabhängig«. Ihre »Existenz in ihrer Unabhängigkeit« aber beruhe, jedenfalls theoretisch, auf ihrer Mitgliedschaft im Staatsrat. »Dieser ist aber nicht eingeführt bis jetzt, und die Minister (nicht Dohna) scheuen sich, ihn einzuführen, möchten jedoch gern eine andere allgemeine Konferenz, in der sie allein mehr wirken könnten, einrichten. An dieser aber habe ich«, fuhr er fort, »fast allen Anteil verweigert und bin nie hineingegangen, habe auch ziemlich bestimmt erklärt, dass ich meinen Abschied auf der Stelle nähme, wenn man mir so etwas zumuten wollte.«[183]

Mit anderen Worten, er verlangte, auch wenn er das, seiner Art entsprechend, nur eher allgemein und vage umschrieb, mehr direkten politischen Einfluss und unmittelbare Entscheidungskompetenz entsprechend der ständig wachsenden und immer wieder betonten Bedeutung des Gebietes, für das er die Verantwortung trug. Dahinter stand nicht so sehr persönlicher Ehrgeiz, obwohl dieser in den Monaten seiner Amtstätigkeit deutlich zunahm, als vielmehr eine weit ins Grundsätzliche reichende Vorstellung, wie die Gewichte in dem seiner Auffassung nach gerade erst im Entstehen begriffenen modernen Gemeinwesen verteilt sein müssten.

Ganz selbstverständlich schien ihm, dass allem, was mit Problemen der sogenannten auswärtigen Angelegenheiten zusammenhing, in diesem Gemeinwesen eine hervorragende Bedeutung zukommen werde. In diesem Sinne hat er sich, wenn auch letzten Endes vergeblich, darum bemüht, einen mit seiner »Geschichte des europäischen Staatensystems« auf diesem Gebiet führenden Theoretiker und Gelehrten der Zeit, den Göttinger Historiker Ludwig Heeren, für die neue Universität Berlin zu gewinnen. Neben dem Bereich der auswärtigen Angelegenheiten aber gebühre dem weiten Feld der Bildung und Kultur und hier insbesondere den Institutionen ein hervorragender Platz, die von Staats wegen der Weckung und Verbreitung geistig schöpferischer Kräfte dienten und damit die Kultur der Nation insgesamt förderten. In diesem Sinne habe sich zu Beginn der preußischen Reformzeit nach 1806, wie Humboldt immer wieder betonte, der Monarch selbst mit seinem dann vielzitierten Satz ausgesprochen, dass der Staat durch »geistige Kräfte ersetzen« müsse, »was er an physischen verloren hat«.

Hinter Humboldts auf den ersten Blick ganz pragmatischen, auf seine eigene Stellung im politischen Gefüge des Staates zielenden Äußerungen stand also zugleich eine sehr grundsätzliche Staatsauffassung. Sie unterschied sich, unmittelbar anknüpfend an das, was er in seiner Jugendschrift zum Thema »Ideen zu einem Versuch, die Gränzen der Wirksamkeit des Staats zu bestimmen« formuliert hatte, fundamental von der vielerorts auch in Preußen vorherrschenden Auffassung, dass es Aufgabe des Staates sei, das Leben der in der staatlichen Gemeinschaft lebenden Menschen auf allen Gebieten patriachalisch-fürsorgerisch zu ordnen und zu lenken. Im Gegensatz dazu, so Humboldt, habe der moderne Staat in erster Linie für die Freiheit der Individuen zu sorgen. Geleitet von diesem Ziel, müsse es ihm vor allem darum gehen, die, wie das Schlagwort nun hieß, »Emanzipation« der Menschen, auch und insbesondere ihre geistige, voranzutreiben und damit die am Ende ihr Schicksal ganz eigenständig gestaltende Nation heraufzuführen.

Die Frage der Judenemanzipation

In den Zusammenhang dieser Überlegungen gehört auch seine prinzipielle Stellungnahme zu dem Problem der Judenemanzipation, die auf den ersten Blick ganz außerhalb des Bereiches lag, für den er politisch die Verantwortung trug. Anlass, sich mit der Frage der künftigen Stellung der Juden im Staat zu beschäftigen und seine Meinung in einer förmlichen Denkschrift zusammenzufassen, war der »Entwurf zu einer neuen Konstitution für die Juden«. Dieser Entwurf war, ursprünglich präsentiert von dem Minister Schrötter, nach dessen Ausscheiden durch den Grafen Dohna den verschiedenen Behörden, darunter auch der von Humboldt geleiteten Sektion, zur Begutachtung vorgelegt worden. Humboldt nutzte die Gelegenheit, seine prinzipielle, von dem Entwurf Schrötters in entscheidenden Punkten abweichende Position in aller Klarheit zu umreißen und daraus entsprechende Schlussfolgerungen zu ziehen. Sie machen zugleich seine grundsätzliche Einstellung zum Staat und zu der Bedeutung staatlicher Gesetze und Regelungen, das heißt vor allem auch zu deren Grenzen, deutlich.[184]

Der patriarchalisch-fürsorgerische Staat, so Humboldt, habe auch, ja gerade in seinem Verhältnis zu den Juden – den schon lange im Lande lebenden wie den erst vor kürzerer Zeit eingewanderten – die ihm natürlicherweise zustehenden Rechte und Kompetenzen weit überschritten. Dabei habe er sich gerade hier der Gedanken jener bedient, die, wie der seit 1779 in Preußen wirkende Diplomat und Gelehrte Christian Dohm in seiner Schrift von 1781 »Über die bürgerliche Verbesserung der Juden«, für eine Politik der fürsorgerischen Aufklärung und schrittweisen Erziehung dieses Bevölkerungsteils durch den Staat eintraten, sich dabei jedoch in Wahrheit von alten Vorurteilen und generellen Domestizierungsbestrebungen leiten ließen. Nur wenn man die Rechte der Juden mit einem Schlag mit denen aller übrigen Bürger gleichstelle, könne man das Judenproblem, so Humboldt, das historisch gesehen vielfältige und nicht auf ein Land beschränkte und also auch nicht hier durch entsprechende Maßnahmen zu überwindende Ursachen habe, definitiv und auf Dauer lösen. »Nur eine plötzliche Gleichstellung aller Rechte«, formulierte er, sei »gerecht, politisch und consequent«. Gerecht, denn es lasse sich »kein möglicher Rechtsgrund denken, warum der Jude, der alle Pflichten des Christen erfüllen will, nicht auch der Rechte theilhaftig sein soll«. Politisch, »denn diejenigen, die nicht viritim und persönlich, sondern aus Vorurtheil und weil sie, als zu einer Kaste gehörig, die Schuld ihrer Mitbrüder tragen müssen, verachtet werden, zu der, selbst zur Moralität nöthigen Achtung zu bringen, ist ein Sprung, eine plötzliche Erklärung nöthig«.

Es gehe dabei auf Seiten des Staates nicht darum, etwa generell die Achtung vor den Juden zu lehren, sondern darum, »die inhumane und vorurtheilsvolle Denkungsart« zu bekämpfen, »die einen Menschen nicht nach seinen eigenthümlichen Eigenschaften, sondern nach seiner Abstammung und Religion beurtheilt und ihn, gegen allen wahren Begriff von Menschenwürde, nicht wie ein Individuum, sondern wie zu einer Race gehörig und gewisse Eigenschaften gleichsam nothwendig mit ihr theilend ansieht«. Diese Denkungsart bekämpfen aber kann der Staat nur, »indem er laut und deutlich erklärt, dass er keinen Unterschied zwischen Juden und Christen mehr anerkennt«.

Vor allem aber gelte es auch hier von einer »Theorie der Gesetzgebung« Abschied zu nehmen, von der man sich einst habe leiten lassen, die aber, so Humboldts schlicht zur Realität erklärte These, inzwischen »schon längst mit Recht« verworfen worden sei. Diese Theorie habe auf dem Gedanken beruht, dass der Staat mit der Gesetzgebung eine »Art Erziehung des Staatsbürgers« betreiben könne und gleichzeitig, »von einem bestimmten Begriff des Charakters und der Cultur der Nation ausgehend, im Stande« sei, »den Fortschritt und sogar die Richtung zu einer andern Stufe leiten zu können«. Mittlerweile aber habe sich die Überzeugung durchgesetzt, dass die Aufgabe des Staates allein darin bestehe, »durch Ertheilung und Beschränkung der Freiheit und dadurch hervorgebrachtes Gleichgewicht der Rechte, die Bürger in Stand« zu setzen, »sich selbst zu erziehen«. Er habe also »nur dahin zu streben, bloss negativ zu wirken und das positive Wirken der freien Thätigkeit der Nation zu überlassen«. Mit einem Wort, der Staat sei »kein Erziehungs-, sondern ein Rechtsinstitut«.

Was Humboldt hier zur herrschenden Lehre erklärte, stellte in Wahrheit einen zutiefst revolutionären Gedanken dar, geeignet, die Fundamente des trotz aller nach 1806 eingeleiteten Reformen immer noch im Kern bürokratisch-absolutistischen Staates zu untergraben. Der Staat, der Rechtsstaat, wie Humboldt ihn hier beschrieb, habe im Wesentlichen nur noch negative Rechte, müsse für Rechtsgleichheit und auch für Chancengleichheit der Bürger sorgen und alles andere ihnen, den Bürgern, und dem freien Spiel der Kräfte innerhalb der sich neu formierenden Einheit, der Nation, überlassen.

In der Praxis freilich räumte Humboldt, hier zunächst in Bezug auf die Judenfrage, dann aber auch ganz allgemein, dem Staat insofern erhebliche Eingriffsrechte ein, als er ihm mit dem Prinzip der Durchsetzung und Abgrenzung der Rechtsgleichheit ein weites Feld für konkrete Aktionen eröffnete. So habe er eine »genaue und strenge Polizeiaufsicht« zu führen und, »wo die Beschaffenheit der Sache es erlaubt und erfordert«, zu bestimmen, »unter welchen Bedingungen und innerhalb welcher Grenzen jedes Gewerbe getrieben werden soll«. Gleichzeitig habe er stets darüber zu wachen, dass jedem Bürger unabhängig von seiner Konfession, von seinen politischen Anschauungen, von seiner Stellung ganz allgemein die gleichen Rechte eingeräumt würden. Zu dem Satz allerdings, dass das auch unabhängig vom Geschlecht gelten müsse, vermochte er sich nicht durchzuringen, oder besser gesagt, das Problem stellte sich ihm überhaupt nicht: Der Staatsbürger war für ihn, ganz unreflektiert, männlich.

In der Frage »einer neuen Konstitution für die Juden«, der die Denkschrift gewidmet war, bezog er daher einen ganz klaren und eindeutigen Standpunkt: Einer solchen »neuen Konstitution« bedürfe es nicht. Es müsse allein darum gehen, Juden und Christen in einem staatlichen Akt rechtlich völlig gleichzustellen und darüber von Staats wegen zu wachen, dass diese rechtliche Gleichstellung überall und ohne jede Ausnahme durchgesetzt werde.

Humboldt stellte sich hier also ganz auf den Standpunkt, der die Mehrheit der »Assemblée constituante«, der verfassungsgebenden französischen Nationalversammlung, 1791 wenige Tage vor dem Ablauf ihrer Amtszeit bei ihrem Beschluss geleitet hatte, jede Einschränkung der Rechte der jüdischen Mitglieder der französischen Staatsgemeinschaft mit einem Schlag aufzuheben und sie wie schon vorher alle französischen Untertanen zu gleichberechtigten Staatsbürgern zu erklären. Dabei blieb er sich wie die meisten Vertreter der den Beschluss tragenden Mehrheit in der Nationalversammlung bewusst, dass man die jahrhundertealten, tiefverwurzelten Vorurteile gegenüber den Juden nicht einfach mit einem schlichten gesetzgeberischen Akt werde auslöschen können. Aber nur so, nicht durch eine lange Phase des Übergangs, die getragen werde von einzelnen schrittweise durchgeführten, erzieherisch konzipierten gesetzlichen Maßnahmen, könne man hoffen, dass diese Vorurteile binnen weniger Jahre oder doch zumindest binnen einer Generation mehr und mehr zurücktreten würden.

Humboldt konnte sich jedoch mit seiner Position auch im Preußen der Reformzeit nicht voll durchsetzen – Hardenbergs Edikt vom Februar 1812 über die Judenemanzipation verweigerte den Juden nach wie vor den Zugang zu allen staatlichen Ämtern –, und in der nachfolgenden Restaurationszeit kam es eher wieder zu einer Verschärfung der Haltung gegenüber jenen Juden, die an ihrer Religion festhielten und nicht konvertierten. Aber auch sonst traf Humboldt mit seiner Grundhaltung, die Rechte des Staates in seiner überlieferten Form zugunsten der Freiheitsrechte des Individuums und der sich neu formierenden, von den Individuen bestimmten Gemeinschaft, eben der »Nation« – ein Begriff, der in seinem Denken mehr und mehr eine Schlüsselposition einnahm – zurückzudrängen, auf immer stärkeren Widerstand. Dieser artikulierte sich nicht so sehr auf der Ebene des Prinzips, auf der Ebene der Staatstheorie, als auf der Ebene der Praxis, mit Hinweisen, dass man nicht zu stürmisch voranschreiten dürfe, dass die Untertanen, die man auch hier jetzt vielfach als Staatsbürger titulierte, erst Schritt für Schritt an die neu zu schaffenden Verhältnisse gewöhnt werden müssten und dass bis dahin es nötig sei, an vielen der überkommenen Ordnungen und mit ihnen an den alten Eliten festzuhalten, jedenfalls soweit diese fest in den Staat integriert seien und seinen bürokratischen Apparat bildeten.

Ringen um die eigene Stellung

Es war nicht zuletzt das sich in Humboldt immer deutlicher ausprägende Bewusstsein, wie stark diese Gegenkräfte im gesamten preußischen Staatsapparat trotz aller eingeleiteten Reformen immer noch waren, das ihn im Laufe des Herbstes 1809, wie schon gesagt, mehr und mehr dazu führte, eine grundlegende Veränderung seiner eigenen Stellung ins Auge zu fassen. Das hieß zunächst noch nicht, sein Amt einfach aufzugeben und um eine Rückversetzung in den diplomatischen Dienst zu bitten, auch wenn er diese Lösung, die er dann ein gutes halbes Jahr später vollzog, schon zu jenem Zeitpunkt ernsthaft erwog. Aber er gewann zunehmend die Überzeugung, dass es jedenfalls, was seine Person und seine Stellung betraf, einer grundlegenden Veränderung bedürfe und dass er diese aktiv betreiben müsse.

Drei Wege böten sich an, schrieb er am 10. Oktober 1809 an seine Frau in Rom. Es müsse entweder, »was jetzt gar nicht existiert, ein Staatsrat oder eine gemeinschaftliche Beratung der Ministerien zustande kommen«. Oder er müsse »mit meinem Departement Minister werden«. Oder er müsse »ins auswärtige Departement zurückkehren«. »Im ersten Fall muß ich darauf bestehen, wie es der Sinn und der Buchstabe der neuen Verfassung ist« – und wie der Freiherr vom Stein ihm im Vorfeld seiner Berufung bindend erklärt habe –, »dass die geheimen Staatsräte gleiche Rechte mit den Ministern haben, und dagegen wird man sich von allen Seiten stemmen. Den zweiten durchzusetzen, drängt mich Kunth, Schoen [der enge Berater und Parteigänger des Freiherrn vom Stein] und andere sehr, allein es ist schwierig, höchst delikat, und geht fast nicht, ohne dass man zugleich seine Stelle niederlegt und es darauf ankommen läßt, was der König beschließt. Selbst das dritte ist nicht leicht.«

Jedenfalls war Humboldt Mitte Oktober nun fest entschlossen, dem König bei nächster sich bietender Gelegenheit die Sache vorzutragen und auf eine Entscheidung zu dringen. »Zu bleiben, was ich bin, ist peinlich, ungewiß und unangenehm. Ich muß Minister oder wieder Gesandter werden, oder nichts«, schrieb er seiner Frau am 17. Oktober 1809.[185] Im Vorfeld eines Balles sei es ihm endlich gelungen, schrieb er ihr im gleichen Brief, mit dem König zu sprechen. Er habe ihm »sehr rein meine Meinung gesagt, und er hat es sehr gut aufgenommen. Ich habe zwar angefangen, ihn zu bitten, mich ins auswärtige Departement zurückzuversetzen. Aber da er mich nach den Gründen fragte, so habe ich ihm sehr ruhig und sehr klar und ohne irgend jemandem zu schaden, die Mängel der jetzigen Verfassung auseinandergesetzt. Er war durchaus meiner Meinung«, fuhr Humboldt in seinem Bericht fort, »und ich versichere Dir, daß ich mit niemand, ohne Ausnahme, hätte verständiger darüber reden können. Ich habe ihm frei gesagt, daß ich glaubte, daß mein Departement ein Ministerium werden müßte, daß ich nicht die Meinung haben könnte, daß er es mir dann lassen würde und daß ich ihn deshalb, aber nur deshalb bäte, mich wieder zum Gesandten zu machen.« Der König habe ihm daraufhin gesagt, »daß er gar nicht meinte, mir nicht das Departement lassen zu können, wenn es ein Ministerium würde, daß die Sache aber freilich zu wichtig sei, um sich gleich darüber zu entscheiden, daß es ihm aber lieb sei, meine Wünsche zu wissen, er werde zu rechter Zeit daran denken«. »Sie fühlen«, schrieb Humboldt an Schön vierzehn Tage später, »daß ich mich bei diesem Gespräch in einer schwierigen und delicaten Lage befand. Um nicht das Ansehn zu haben, mich selbst zum Minister vorzuschlagen, mußte ich um meinen Austritt bitten, und wieder mußte ich doch auch zeigen, daß mich dazu nur diese Hindernisse und Mängel, nicht gerade Unlust zu meiner Stelle, oder Privatneigung zum Gesandtenleben brächten. Das Letzte hat er indeß deutlich sehen müsssen.«[186]

So positiv sich Humboldt in dem Brief an seine Frau über das Gespräch mit dem König äußerte – in der Sache war er in Wahrheit keinen Schritt weitergekommen. Der Monarch stimmte zwar wie auch die Minister den meisten seiner Vorschläge in seinem engeren Bereich, also hinsichtlich des sogenannten öffentlichen Unterrichts zu – mit Ausnahme der dauerhaften Finanzierung von Universität und Akademie über ihnen zu übertragende Domänen. Hinsichtlich des ihm in der Sektion zumindest formal unterstellten, von Nicolovius inhaltlich verantworteten Bereiches des Kultus aber hatte er schon früh, wegen Humboldts offen bekundeter Distanz zur Religion im Allgemeinen, große Zweifel, ob es sich empfehle, die Sektion insgesamt unter Humboldts Leitung zum Ministerium zu erheben. Am Ende schließlich ging er auf Humboldts alternativ gemachten Vorschlag ein, ihn, wenn er nicht Minister werde, in den diplomatischen Dienst zurückzuversetzen, und übertrug ihm die preußische Gesandtschaft in Wien. Jedenfalls wurde Nicolovius, nachdem Alexander von Humboldt, an den man zeitweilig in Nachfolge seines Bruders gedacht hatte, definitiv abgelehnt hatte, provisorisch zum Nachfolger in der Leitung der gesamten Sektion ernannt.[187] Ende November 1810 wurde schließlich Friedrich von Schuckmann, der im Weiteren dem Grafen Dohna als Innenminister folgte, mit dem Amt betraut.

Noch aber war es bis dahin ein weiter Weg. Und obwohl Humboldt seit dem Herbst 1809 immer öfter den Wunsch nach Veränderung seiner jetzigen Stellung, sei es durch Aufstufung der von ihm geleiteten Sektion zu einem selbständigen Ministerium, sei es durch Rückkehr in den diplomatischen Dienst, artikulierte, stürzte er sich gleichzeitig mit ungebrochener Intensität in die Fülle der Aufgaben, die die grundlegenden Reformen auf praktisch allen Gebieten der von ihm geleiteten Sektion ihm stellten. Ja, er übernahm bereitwillig zusätzlich die Leitung der neu eingerichteten »Medizinalsektion«, der als Geschäftskreis die gesamte »Medizinalpolizei« mit allen Anstalten des Staates für die Gesundheitspflege zugewiesen wurde. Für diese Sektion entwarf er ein Organisationsedikt, das zugleich mit einer Neuordnung der Ausbildung der Ärzte verbunden war, die künftig alle – mit Ausnahme ganz weniger ausgewählter Heilberufe – eine akademische Ausbildung an einer medizinischen Fakultät einer Universität er-

halten haben müssten, mit Staatsexamen und Doktorprüfung und
anschließender praktischer Weiterbildung an entsprechend quali-
fizierten Kliniken. In Berlin war das in erster Linie die Charité.

Nachdem der König beziehungsweise sein engster Beraterstab
festgelegt hatten, dass die Verwaltung des Militärmedizinalwesens
beim Generalchirurgen bleibe und dieser für die seinen Bereich
betreffenden Angelegenheiten Mitglied der Sektion werde, wurde
Humboldt Mitte Dezember 1809 zum Chef der Medizinalsektion
ernannt. Die praktische Ausfüllung und Umsetzung der von ihm
festgelegten Grundsätze der Medizinerausbildung erfolgten freilich durch die Sektion, die seinem Rat entsprechend vor allem aus
Ärzten bestand, wesentlich erst nach seiner Zeit, also nachdem er
die Leitung der Gesamtsektion aufgegeben und zum preußischen
Gesandten in Wien ernannt worden war.

In den ersten Dezembertagen 1809 hatte Humboldt, kurz
vor seiner Ernennung zum Chef der Medizinalsektion, Königsberg plötzlich verlassen müssen, veranlasst durch den Tod seines
Schwiegervaters. Er war nach Thüringen gereist, um dort die Erb-
schaftsangelegenheiten zu regeln. Gegen Ende Januar war er aus
diesem längeren Urlaub zurückgekommen, diesmal nicht nach
Königsberg, sondern nach Berlin. Denn inzwischen waren auch
das Königspaar und mit ihm das gesamte Kabinett samt seiner
vielköpfigen bürokratischen Begleitung wieder in die Hauptstadt
zurückgekehrt.

Von Mitte April bis Anfang Dezember 1809 war Humboldt in
Königsberg gewesen, unterbrochen nur durch kurze Reisen durch
Ostpreußen und nach Litauen, wo er vor allem einige Schulen
besuchte, um sich insbesondere vom dortigen Elementarschul-
wesen ein Bild zu machen und gleichzeitig den Unterricht nach
der Pestalozzi'schen Methode anzuregen. Über die Zeit in Königsberg hat er seiner Frau laufend und ausführlich berichtet, ihr
von seiner Arbeit, seinen Lebensumständen, seinen vielfältigen
Begegnungen und wechselnden Eindrücken erzählt und immer
wieder gleichzeitig seine Liebe, seine Sehnsucht nach ihr, seine
Hoffnung auf ein baldiges Wiedersehen nach so langer Trennung
beschworen.

Mit keinem Wort freilich oder doch nur mit recht belanglosen
Hinweisen, quasi nebenbei, hatte er zunächst die Begegnung
mit Johanna Motherby erwähnt, der sechsundzwanzig Jahre alten Frau eines Königsberger Arztes. So hatte er seiner Frau am
19. September 1809 geschrieben, »es gibt hier eine kleine Frau,
die eine solche Passion auf die Zeichnung der Adelheid und Ga-
brielle [ihre beiden Töchter] hat, dass sie mich sehr dringend gebeten hat, sie ihr zu lassen, wenn ich nach Litauen reise«.[188] Und
gut vierzehn Tage später, am 5. Oktober 1809, hatte er, diesmal
aus Memel, hinzugefügt, nachdem er gerade zum wiederholten
Male betont hatte, »im Inneren finde ich Ruhe und Glück nur
bei Dir«: »Die Zeichnung habe ich der Frau – einer kleinen, sehr
klugen und guten, aber gar nicht hübschen, eigentlich hässlichen
Doktorin Motherby – wirklich gelassen. Ich konnte sie doch nicht
mitnehmen, und es macht sie so glücklich.«

In Wahrheit freilich hatte er sich sogleich in diese »hässliche
Doktorin« verliebt und sich, sooft es ging, darum bemüht, sie zu
sehen und zu treffen. Mitte November hatte er dann doch seiner
Frau ausführlicher von ihr berichtet und auch vermittelt, dass er
sie oft sehe. »Ich habe sie erst kurz vor meiner Reise nach Memel
kennengelernt, aber gleich bemerkt, dass in ihr etwas hier und an
sich Ungewöhnliches verborgen sei. Ihr Mann ist auch gebildet
und angenehm, die Kinder, ein kleines Mädchen und ein kleiner
Junge, die sehr schön sind, sind mir auch gut, und ich gehe jetzt
viel ins Haus, das das einzige ist, in dem man mich bei unserm
Weggehen vermissen wird. Die Frau ist unglücklich«, fügte er
etwas abrupt hinzu, »nicht an sich durch ihre Lage, aber weil sie
niemand um sie her versteht, und sie doch aus ihrem Kreise nicht
herausgehen kann.« Allerdings, bemerkte er gleich im Anschluss
daran, gewissermaßen beruhigend, »ihre größte Eigentümlichkeit
ist ihre leidenschaftliche Liebe zu ihrem Mann«, um fortzufah-
ren: »Ihre ganze Art zu sein, die, da sie durchaus anspruchslos ist,
schwer in die Augen fallen kann, ist sehr anziehend und flößt ein
tiefes Mitleid ein; ich wüsste in langer langer Zeit nicht einer Frau
so gut geworden zu sein und so gewünscht zu haben, etwas für ihr
Glück tun zu können. Ich erzähle es Dir mit Fleiß, liebe Li, weil es

Dir lieb sein wird, dass ich doch einen Umgang habe, wo ich über das Bessere und Feinere reden kann.«[189]

Was sich seine Frau bei dieser hin und her springenden Schilderung seiner Gefühle gedacht hat, die ihre Intensität nur schwer verbarg, steht dahin. In ihrer Antwort vom 13. Dezember, die vor allem von der Nachricht über den Tod ihres Vaters handelte, hieß es am Ende nur: »Was Du mir von Madame Motherby sagst, hat mich sehr gefreut, dass Du einen so interessanten Umgang in Königsberg hast. Schade, dass Du ihn nicht eher entdeckt hast.«[190] Nach seiner Abreise aus Königsberg war in seinem Briefwechsel mit seiner Frau von »Madame Motherby« nur noch mit wenigen knappen Bemerkungen die Rede, aus denen hervorgeht, dass Humboldt und sie auch weiter in brieflichem Kontakt miteinander standen. Tatsächlich aber bestand zwischen ihnen, wie aus den wenigen erhaltenen Briefen von ihm an sie nach seiner Abreise aus Königsberg zumindest indirekt hervorgeht,[191] noch geraume Zeit eine leidenschaftliche Beziehung. Sie erlosch dann freilich mit der Dauer der räumlichen Trennung. Wie weit sie in Königsberg gegangen ist, steht dahin. Noch 1813 aber schrieb er ihr von Wien aus, der Brief Humboldts ist überliefert. Und auch aus diesem Brief spricht nach wie vor ein sehr enges, von der Erinnerung an die gemeinsame Königsberger Zeit überstrahltes Verhältnis zu ihr – wobei man allerdings Humboldts ausgeprägte Neigung zur Selbststilisierung und zur gleichzeitigen Stilisierung seiner Beziehungen gerade zu Frauen in Rechnung stellen muss. Jedenfalls hat Johanna Motherby, die inzwischen eine Verbindung mit Ernst Moritz Arndt eingegangen war, wenig später ihrerseits den Briefverkehr mit Humboldt, der ihr eben noch sein Herz geöffnet hatte, abgebrochen.

Zwischenbilanz

Aber zurück zum November 1809. Im Verlauf dieses Monats war die Aussicht, dass der Hof und mit ihm die Minister und ihre Stäbe in Kürze nach Berlin zurückkehren würden, mehr und mehr zur Gewissheit geworden. Schließlich war die Abreise des Königs bereits auf die Mitte des Monats Dezember terminiert. Schon vorher hatte Humboldt auf die Nachricht vom Tode seines Schwiegervaters hin um Urlaub bitten müssen und war am 4. Dezember 1809 von Königsberg über Berlin in Richtung Thüringen aufgebrochen.

Kurz vorher, am 1. Dezember 1809, hatte er einen »Generalbericht über die Geschäftsführung der mir anvertrauten Section« an den König ausgefertigt. In ihm hatte er noch einmal zusammengefasst, was seit seinem Amtsantritt unternommen worden sei, und dabei auch noch einmal die Grundsätze hervorgehoben, von denen er und seine Mitarbeiter geleitet worden seien. Das gab ihm die Gelegenheit, abermals das besonders zu betonen, was hinter all dem, von ihm aus gesehen, an leitenden Prinzipien stand.[192] Es war dies vor allem die Idee der »allgemeinen Bildung«. Die Heranwachsenden sollten durch den öffentlichen Unterricht »gebildet«, als Persönlichkeit geformt werden, jenseits aller ihnen im Einzelnen jeweils zu vermittelnden Kenntnisse und Fertigkeiten. Es komme also vor allem darauf an, im Zuge dieser Vermittlung und an den dabei behandelten Gegenständen sowohl das Denken als auch den Charakter der Heranwachsenden zu prägen und sie zu selbständigen und selbstverantwortlichen, in gleicher Gesinnung zusammenwirkenden Mitgliedern der menschlichen Gemeinschaft zu machen, für die Humboldt als Oberbegriff die »Nation« diente. »Es gibt schlechterdings gewisse Kenntnisse«, so umschrieb Humboldt in seinem Generalbericht die hinter allen seinen Reformen stehende Idee der »allgemeinen Bildung«, »die allgemein sein müssen, und noch mehr eine gewisse Bildung der Gesinnungen und des Charakters, die keinem fehlen darf. Jeder ist offenbar nur dann ein guter Handwerker, Kaufmann, Soldat und Geschäftsmann, wenn er an sich und ohne Hinsicht auf seinen besondern Beruf ein guter, anständiger, seinem Stande nach aufgeklärter Mensch und Bürger ist. Giebt ihm der Schulunterricht, was hiezu erforderlich ist, so erwirbt er die besondere Fähigkeit seines Berufs nachher sehr leicht und behält immer die Freiheit, wie im Leben so oft geschiehet, von einem zum andern

überzugehen.« Von daher, von dieser Zielsetzung ausgehend, sei
der »Wirkungskreis« der Sektion »von einem ungemein grossen
Umfang«. Er umfasse, so umriss Humoldt diesen Umfang aus der
Perspektive der allgemeinen Bildungsidee, »zugleich die sittliche
Bildung der Nation, die Erziehung des Volks, den Unterricht, der
zu den verschiedenen Gewerben des Landes geschickt macht, die
Verfeinerung, welcher die höheren Stände bedürfen, den Anbau
der Gelehrsamkeit auf Universitäten und Akademien«.

Mit diesen Sätzen war zugleich ein gewaltiges Programm formuliert, das einzulösen trotz aller großen Schritte, die er und seine
Mitarbeiter schon getan hatten, noch viele Jahre brauchen würde.
Um auf diesem Wege erfolgreich voranzukommen, musste sich
seine Stellung, und das hieß zugleich seine persönliche Machtposition, das hatte er in den vergangenen Monaten immer deutlicher erkannt, grundlegend verändern. Und eine solche Veränderung seiner bisherigen Position und damit seiner unmittelbaren
Machtstellung hinsichtlich des ganzen Bereichs, den er in den
vergangenen Monaten in dieser Form überhaupt erst aufgebaut
hatte, schien sich um den Jahreswechsel 1809/10 tatsächlich an-
zudeuten.

Am 4. Dezember 1809 war er von Königsberg nach Thüringen
aufgebrochen. Dabei hatte ihn seine Reise über Berlin geführt, das
sich auf die Rückkehr des Königs und seines Kabinetts, begleitet
von dessen engerem bürokratischen Stab, rüstete. In ganz Berlin
habe er »die Sage verbreitet« gefunden, schrieb er seiner Frau am
16. Dezember, dem Tag seiner Ankunft am Wohnsitz seines verstorbenen Schwiegervaters in Burgörner, »ich sei Minister geworden. Eine Krise ist nah, das ist sicher«, fuhr er fort, »und was auch
gewiß ist, ich bin der einzige, der noch das Vertrauen des Publikums besitzt, und wenn ich Minister würde und ein mehr unmittelbar ins Ganze eingreifendes größeres Departement erhielte,
würde es allgemein eine sehr gute Sensation machen und den Mut
aufs neue beleben.« Er habe, so umriss er seine eigene Position,
»in der kurzen Zeit, die ich jetzt in Berlin zubrachte, doch einige
Gespräche mit Leuten von Einfluss gehabt und habe erklärt, dass
ich in dieser wahren Not, in welcher sich die ganze Verwaltung

befindet, dem König und Lande nicht entstehen würde, dass ich
indes, um selbst weiter zu kommen, auch nicht intrigieren könne,
dass ich also nur ruhig abwartete, und in meinem Posten bliebe,
bis man mir etwa Dinge in den Weg legte, die mit meiner Ehre
und meiner ersten Berufung unverträglich wären.«[193]

In Burgörner und in Erfurt kümmerete er sich um den Nachlass
des Schwiegervaters, besuchte mehrmals in Weimar Goethe, mit
dem er lange Gespräche hatte, blieb aber die ganze Zeit mit einem
Ohr in Berlin, wo sich, wie er erfuhr, die Krise um das Ministerium laufend verschärfte und die Gerüchteküche brodelte. Am
2. Januar habe ihm Nicolovius geschrieben, teilte er seiner Frau
fünf Tage darauf mit, man wolle ihn, Humboldt, zum Minister des
Innern und den Grafen Dohna »zum geistlichen Minister«, also
zum Chef der bisher zu seiner Sektion gehörenden Kultusabteilung machen. »Ich habe guten Grund, Sie zu bitten, dies nicht für
leeres Geschwätz zu halten«, zitierte Humboldt wörtlich aus dem
Brief von Nicolovius. »Die Stelle, die ich bekommen soll«, fuhr
Humboldt fort, »wird nicht so gut durch mich besetzt, als sie es
sein sollte, und die, welche ich verlasse, weniger gut, als sie es war.
Dennoch aber, wie die Sachen jetzt stehen, muß ich mich zum
Annehmen entschließen, wenn es so weit kommt.« Allerdings,
der leitende Mann im Kabinett, der Finanzminister von Altenstein, sei gewiss dagegen, und er sei »wichtiger, als die, die mich
wollen«. So bleibe ihm bei Lage der Dinge nichts zu tun, als bis
zum Frühjahr abzuwarten, wie sich die Sache entwickeln werde.
Dann freilich werde sich alles entscheiden.[194]

Mit dieser Enschätzung, dass im Augenblick trotz aller entsprechenden Gerüchte eine Entscheidung noch nicht unmittelbar bevorstand, behielt er recht. Ende des Monats Januar nach Berlin zurückgekehrt, wo er offiziell von seiner Ernennung zum Leiter der
Medizinalsektion erfuhr, sah er sich mit einer immensen Fülle von
unerledigten Angelegenheiten konfrontiert. Darunter waren vor
allem Personalfragen, die mit Blick auf die in wenigen Wochen bevorstehende Eröffnung der neugegründeten Berliner Universität
immens drängten. Wie beschäftigt er sei, schrieb er seiner Frau,
»wie ich wirklich keinen Augenblick Zeit für mich habe, davon

hast Du keinen Begriff. Von 7 Uhr bis 3 Uhr heute früh ist meine Stube nicht einen Augenblick leer geworden, und der Tisch ist so voll von noch unerbrochenen Sachen, dass ich kaum für das Blatt, auf dem ich schreibe, Platz habe.« Das bedrücke ihn aber in Wahrheit nicht. »Wenn jemand schnell und leicht mit seiner Arbeit zustande zu kommen versteht, bin ich es.« Mehr Sorge mache ihm nach wie vor die allgemeine Lage. Sie bleibe nach wie vor »gleich ungewiß, da ich doch nie glaube, dass sich Dohna ewig hält, und ich dann, wenn ich nicht selbst Minister würde, bestimmt ginge«. Es gelte also: »Ich bleibe jetzt, solange Dohna bleibt. Ewig wird es nicht dauern, und dann können wir nach Rom zurück.«[195]

Personelle Fragen

In der Perspektive, dass das Ganze jedenfalls nur noch wenige Monate dauern werde, stürzte sich Humboldt also erneut in die Arbeit. Sie galt vor allem seinem Lieblingsprojekt, der Errichtung der neuen Universität, und daneben, mit geringerem inneren Engagement, aber in der Sache doch sehr intensiv, der Reform der Akademie. Von beidem war schon ausführlich die Rede. In den wenigen Monaten, die ihm noch bis zu seinem Ausscheiden aus dem Amt blieben, hat er sich vor allem um die personellen Fragen, also um die Neuberufungen an die Akademie und insbesondere an die neue Universität gekümmert. Im Rückblick hat er sich, von Wien aus, über das letztlich anzustrebende Verhältnis von Akademie und Universität sehr entschieden geäußert. »Was die Akademie betrifft«, so schrieb er am 18. Juni 1811 an seinen engvertrauten Mitarbeiter in der Sektion des Kultus und öffentlichen Unterrichts«, Uhden, »so ist meine Meynung, mein Theurer, ziemlich kurz zu sagen. Ich halte sie neben der Universität, als eignes Institut, für vollkommen überflüssig, und ihre gänzliche Zusammenschmelzung mit der Universität, wenn sie durchzusetzen wäre, würde mir das Beste scheinen. Wie die Sachen jetzt stehen, hätte ich die Akademie nur zu einem dreifachen Zweck benutzt«, fuhr er fort: »1.) jetzige Mitglieder, die man nicht auf der Uni-

versität haben möchte, unschädlich zu machen. 2.) mit den Fonds
der Akademie, da sie nun nicht ganz der Universität zugewendet
werden können, einige Professoren unter dem Namen der Akademiker zu besolden. 3.) ein Mittel zu haben, Männern, die für
das Lesen überhaupt nicht, oder nicht mehr taugen, Gehalte zu
verschaffen.«[196]

Schwerpunkt aller seiner diesbezüglichen Überlegungen war
also auch rückblickend der Auf- und Ausbau der Universität, konzentriert auf die Berliner Universität. Überblickt man die Neuberufungen in den einzelnen Fächern, so ist es erstaunlich, in wie
kurzer Zeit er, der zwölf Jahre nicht in Deutschland gewesen war,
sich, unterstützt von seinen engsten Mitarbeitern, genaue Kenntnisse über die vorherrschenden und auch die zukunftsweisenden
Tendenzen in den einzelnen Disziplinen und insbesondere auch
über die Personen verschafft hat, die sie jeweils repräsentierten.
So gelangen ihm, wie schon geschildert, in relativ kurzer Zeit eine
Fülle von herausragenden Berufungen, die die Universität, die
Ende September 1810, am Michaelistag, feierlich eröffnet wur-
de, mit einem Schlag in die Reihe der führenden Universitäten
Deutschlands rückten.

In einer Denkschrift vom 9. Mai 1810, in der er abermals nachdrücklich, wenn auch letztlich vergeblich, für eine Finanzierung
der neuen Universität über eine Dotation mit Domänen eintrat,
betonte er noch einmal, dass »nie ein Zeitpunkt der Gründung
einer neuen Universität so günstig gewesen« sei. Alle Universitäten hätten gegenwärtig gelitten. Kaum eine habe über 600
Studierende. Lehrer und Schüler seien »bereiter als je sich nach
einem neuen Sitze des höhern Unterrichts zu wenden«.

Im Königreich Westfalen etwa sei man »allgemein zu der
Ueberzeugung gekommen«, so zog er in einem Überblick über
die einzelnen Länder Bilanz, »dass die Regierung niemals den
wahren deutschen Begriff einer Universität hinlänglich auffassen
wird, um diesen Instituten Genüge zu leisten. In Baiern zerstören
alberne Zänkereien das wenige kaum gestiftete Gute«. Österreich
und Sachsen hätten gezeigt, »dass sie diesen Zeitpunkt für ihre
Universitäten zu benutzen weder Geschick noch Lust haben«. In

Göttingen, in Kiel und in Heidelberg seien »aus verschiedenen Ursachen Unzufriedenheiten unter den Studierenden entstanden«.
Und Jena könne »nicht aufkommen, da der Herzog von Weimar
alles Interesse daran verloren habe«. Im Hinblick auf Berlin, wo
man in wenigen Wochen mit den Vorlesungen beginnen werde,
aber könne er mit Stolz darauf hinweisen, dass »noch keiner, an
den der Ruf hierher ergangen ist«, ihn ausgeschlagen habe. Zudem
hätten mehrere Gelehrte, »die ich jetzt nicht zu berufen rathsam
finde«, ihm selbst erklärt, »dass sie gern kommen würden«.[197]

Auch wenn das Kabinett sich, zunächst zumindest, nicht be-
reitfand, dem Vorschlag Humboldts zu folgen und die neue Universität und die Akademie durch die Dotation von Domänen
finanziell dauerhaft auf eigene Füße zu stellen, so fand sein »Generalbericht an den König« vierzehn Tage später, in dem er noch
einmal eine Bilanz seiner weitausgreifenden Reformen auf dem
Gebiet der »höheren wissenschaftlichen Anstalten« zog, doch
weitgehende Zustimmung.[198]

Es sei ihm zuerst darauf angekommen, so Humboldt, einen
Plan zur »zweckmäßigen Verbindung« der aus drei »selbständigen Theilen, den Akademien, der Universität und den Hülfs-Insti-
tuten« bestehenden wissenschaftlichen Anstalten zu entwerfen.
Ein solcher Plan sei, »seinen Hauptideen nach, angefertigt und
erwartet nur noch in seinen einzelnen Teilen von den vorzüglichsten Gelehrten, welche bis zur Eröffnung der Universität hier
gegenwärtig seyn werden, geprüft und berichtigt zu werden«. Bei
der Verbindung der Akademie der Wissenschaften mit der Universität sei es vor allem darauf angekommen, »jedes dieser beiden
Institute auf die ihm eigenthümliche Weise zu einem gemeinschaftlichen Zwecke wirken zu lassen und sie dadurch, verbunden,
zu einer Anstalt zu machen, wie man gegenwärtig keine andere
aufweisen kann«. Das dürfe man dadurch zu erreichen hoffen,
fuhr er in einem einzigen langen, die Probleme miteinander verbindenden und verschachtelnden Satz fort, dass »beide Institute
zwar mehrere gemeinschaftliche, aber auch einige besondere Mitglieder haben, wenn, indem die Akademie ihre neuen Mitglieder
Eurer Königlichen Majestät nach freier Wahl zur Bestätigung

vorschlägt, und die Universität die ihrigen auf Vorschlag der Section des öffentlichen Unterrichts erhält, alle Partheilichkeit und Einseitigkeit in den Anstellungen bei den wissenschaftlichen Instituten vermieden wird, wenn die Akademie ihre Zwecke vorzüglich als Gesellschaft verfolgt, indess die Lehrer der Universität mehr jeder ihren Weg für sich gehen, und endlich die Akademie ganze Reihen wissenschaftlicher Untersuchungen, zu welchen es den Universitätslehrern an Zeit und freier Musse fehlt, theils durch besondere Adjuncten nach Aufträgen, bei denen auch die Universität concurrirt, übernimmt«.

Die Akademie habe bereits einen ausführlichen Plan zu ihrer Neuorganisation entworfen, der von der Sektion in Kürze mit ihren zusätzlichen Bemerkungen vorgelegt werde. »Für die innere Einrichtung der einzelnen Fakultäten« habe er durch »Gelehrte aus denselben zum Theil Aufsätze ausarbeiten lassen« und werde damit auch weiter fortfahren. Die wissenschaftlichen Institute würden »dergestalt unter die Aufsicht der Section gestellt, dass dieselbe sie der Benutzung der Akademie und Universität offen halten, und die Ratschläge beider zu ihrer Verbesserung benutzen kann«. Auf diese Weise, so seine Bilanz, lasse sich »mit Recht hoffen, dass diese Institute, vereinigt nach einem Plane, bei dem in jedem einzelnen Theile eigenthümliche Kenntnisse von Einem Gesichtspunkte aus benutzt werden, ein grosses und schönes Ganzes bilden werden«. »Allein«, fuhr er fort, »der Mittelpunkte desselben, dasjenige von dem eigentlich Alles abhängt, ist die Universität und ihr Emporkommen. Unmittelbar dem Unterricht und der Bildung der Jugend gewidmet, giebt sie auch erst den Arbeiten der Akademie das wahre Leben und die gehörige Brauchbarkeit, und die wissenschaftlichen Institute gewähren nur, von Vielen besucht, bedeutenden Nutzen.«

Die Zielsetzung, die er bei allen seinen Schritten im Zusammenhang mit der Gründung der Universität verfolgte, fasste er in indirekter Form in dem Satz zusammen, »nach dem Reichthum der schon hier vorhandenen Sammlungen, nach der Lage des Ortes selbst, endlich bei der Verbindung einer Universität mit einer Akademie« sei es »Pflicht der Unterrichtsbehörde, dahin zu streben, dass die hiesige Anstalt durchaus etwas Anderes als eine blosse Landes-Universität werde«.

In diesem Sinne machte er zum Abschluss dieses »Generalberichts« noch eine Reihe von weiteren Personalvorschlägen. An ihrer Spitze stand, was die Intensität und Ausführlichkeit der Begründung wie die Höhe der zu gewährenden »Zulage« anging, der Vorschlag, Fichte auf die ordentliche Professur für Philosophie zu berufen. Fichte habe bisher, als Professor in Königsberg, nur ein Gehalt von 800 Talern. Halte man sich demgegenüber »sein durch Erfahrung erprobtes Talent, die Köpfe seiner Zuhörer zu bilden, und sie mit Eifer für alles Wissenschaftliche zu erfüllen«, vor Augen, »seinen wohlbegründeten Ruf in seinem Fach«, »seinen streng moralischen Charakter« und die »Anhänglichkeit, mit der er, seit dem Anfange der unglücklichen Ereignisse, immer, und ohne Eurer Königlichen Majestät je mit einer Bitte zu behelligen, ausgeharrt« habe, so verdiene er gewiss »über die Nahrungssorgen hinweg gehoben zu werden, in welche ihn eine schwächliche Gesundheit und Mangel aller andern Hilfsquellen jetzt oft versetzen«.

Ausgeklammert hat Humboldt bei dieser Würdigung der Person Fichtes alles, was den König hätte irritieren können: die Auseinandersetzung um seine religionsphilosophischen Lehren, die in dem sogenannten Atheismusstreit gipfelte, der, veranlasst durch den Weimarer Herzog, zu seiner Entlassung an der Universität Jena geführt hatte; sein Eintreten für die Prinzipien der Französischen Revolution und für die von ihr inspirierten Studenten; auch den ausgeprägten Nationalismus seiner »Reden an die deutsche Nation«, wenngleich er damit bei der Königsfamilie durchaus Eindruck gemacht hatte. Humboldt betonte vielmehr, wie gezeigt, dessen unbestrittene Bedeutung in der Wissenschaft und »seinen streng moralischen Charakter«, was immer damit gemeint sein mochte. Seinem Antrag wurde denn auch ohne Einschränkungen entsprochen, und auch Fichtes Wahl zum ersten Rektor der neuen Universität ein Jahr später fand die Billigung des Monarchen. Hingegen trafen Fichtes Kampf gegen die Verbreitung von Prahlern und Raufbolden an der Universität, gegen das sich ausbreitende »Renommistenunwesen«, und seine Stellungnahme zugunsten

eines jüdischen Studenten in diesem Zusammenhang auf die fast
einhellige Ablehnung seiner Professorenkollegen unter Führung
Schleiermachers und führten schließlich zu Fichtes vorzeitigem
Rücktritt als Rektor.[199]

Abschiedsgesuch und letzte Wochen im Amt

Zu diesem Zeitpunkt war Humboldt längst aus seinem Amt ausgeschieden. Sein »Generalbericht« mit seinem Vorschlag, eine
Reihe weiterer Gelehrter, darunter eben auch Fichte, zu berufen,
hatte sich zugleich als eine Art Abschlussbericht seiner Tätigkeit
als Leiter der »Sektion des öffentlichen Unterrichts« erwiesen.
Bereits Anfang April 1810 hatte die Nachricht die Runde gemacht, der König habe auf Rat seiner Minister oder wenigstens
einiger von ihnen eine Kabinettsorder unterschrieben, wonach,
wie Humboldt seiner Frau am 14. April schrieb, »ein interimis-
tischer Staatsrat eingerichtet wird«. In ihm sollten die Geheimen
Staatsräte wie die übrigen Staatsräte nur eine beratende Stimme
haben. Im Augenblick liege die Kabinettsorder noch bei den Ministern. »Wenn sie nun wirklich bekanntgemacht und die Sache
ausgeführt wird, so bleibe ich nicht, sondern fordere augenblicklich meinen Abschied.«

»Es widerspricht geradezu meinem Ehrgefühl, mir eine solche
Zurücksetzung gefallen zu lassen«, begründete er seinen Entschluss, »und außerdem verliere ich auch dermaßen an Gewicht
und Ansehen dadurch, dass ich selbst in meinem Departement
nicht mehr gleich nützlich, als jetzt sein kann.« Der König könne
ihn von seiner Entscheidung nur noch abbringen, wenn er ihn
zum Minister mache oder für ihn persönlich eine Ausnahme von
der Kabinettsorder festlege.[200]

Zehn Tage später freilich, am 24. April, wurde diese Kabinettsorder ohne jede Einschränkungen oder Ausnahmen publiziert.
Das bestärkte ihn endgültig in seinem Entschluss. »Ich selbst hätte gegen alles Gefühl der Ehre gehandelt«, schrieb er seiner Frau
noch am gleichen Tag, »wenn ich mich diesen Ministern hätte auf

diese Weise unterordnen wollen. Ich kann jedem von ihnen dreist ins Gesicht sagen«, fügte er mit großem Selbstbewusstsein hinzu, »dass es keinem von ihnen auch nur einfallen wird, eine innere Geistes- oder Charaktersuperiorität über mich zu behaupten, und wollte es einer, möchte er schwerlich viele Stimmen für sich haben.« Der König habe jetzt nur noch zwei Wege offen: ihm seinen Abschied zu gewähren oder »meine Lage zu verändern«, also ihn zum Minister zu machen.[201]

In einem ausführlichen Schreiben an die Königin einen Tag später, am 25. April, begründete Humboldt seinen Entschluss, um seinen Abschied zu bitten, noch einmal ausführlich. Dabei legte er besonderen Nachdruck auf die Tatsache, dass ihm bei seinem Amtsantritt zugesagt worden sei, er werde als Geheimer Staatsrat in dem geplanten, jetzt interimistisch eingeführten Gremium ein vollberechtigtes Mitglied sein. Davon sei man nun abgewichen. Das aber treffe seine Sektion und ihn persönlich in entscheidender Weise, da die Beschlüsse in der Sektion »so oft auf Ueberzeugungen beruhen müssen, die sich demjenigen, der sich nicht immer mit der Sache beschäftigt, schwer mittheilen lassen, und da meine Verhältnisse zu auswärtigen Gelehrten offenbar leiden, wenn man mir und der Section nicht mehr das nothwendige Gewicht zutraut«. Es sei daher »Pflicht für mich, von Geschäften zurückzutreten, die sich unter diesen Umständen nicht mehr werden mit Erfolg führen lassen«.[202]

Der Brief Humboldts sollte wohl die Königin bewegen, auf den König einzuwirken, die Kabinettsorder zu modifizieren oder gar ganz zurückzunehmen. Er ist dann freilich, wohl auf den Rat Frau von Bergs, der jahrelangen engen Vertrauten der Königin, der er den Entwurf hatte zukommen lassen[203] – Humboldt war mit ihr schon aus seiner Zeit in Berlin vor der Übersiedlung nach Rom näher bekannt –, nicht abgegangen, und vier Tage später, am 29. April 1810, richtete Humboldt sein offizielles Entlassungsgesuch an den König.[204]

Es umfasste mehrere Seiten und schilderte noch einmal ausführlich, anknüpfend an das Gespräch, das er im vergangenen Herbst mit dem König geführt hatte, die Entwicklung der Verhältnisse seit seinem Amtsantritt, der, wie er noch einmal betonte, unter der Voraussetzung erfolgt sei, dass ein Staatsrat eingerichtet und er zu einem vollberechtigten Mitglied dieses Gremiums bestellt werde. Den jetzt beschlossenen Staatsrat – in Wirklichkeit handelte es sich nur um einen regelmäßigen »Ministerconseil«, zu dem die Geheimen Staatsräte gelegentlich bei sie betreffenden Ressortfragen hinzugezogen werden sollten – könne er »nicht für denjenigen halten, dessen die allerdings noch sehr mangelhafte Verwaltung des Staats schon seit langem bedurfte, und welcher den Erwartungen der Nation und den Hoffnungen des Bessren, die man noch allgemein auch von Preussens innerer Verwaltung hegt, entsprechen könnte«. Er sei in seinem »Innersten überzeugt«, fuhr er fort, »dass die veränderte Stellung der Geheimen Staats-Räthe im Staatsrath auch ihre Wirkamkeit als Sections-Chefs vernichtet«. Und er fühle sich »endlich, wie ich freimüthig eingestehe, tief gekränkt durch die Herabsetzung, mit welcher die Geheimen Staatsräthe auf einmal im Staatsrath denjenigen gleich gesetzt werden, welche, der bisherigen Verfassung gemäss, keine Ansprüche auf eine regelmässige und wirksame Theilnahme an denselben machen konnten, und die in allen andern Hinsichten den Sections-Chefs untergeordnet sind«.

Im Weiteren führte er in seinem Entlassungsgesuch im Einzelnen aus, wie durch die Einführung des interimistischen Staatsrats oder des »Ministerconseils« die Stellung der Sektionschefs grundlegend verändert werde. Dies treffe seine Sektion und ihn persönlich in besonderem Maße. Er halte den König für »zu gerecht«, als dass er es »ungnädig aufnehmen« sollte, so schloss er, »wenn ich unter diesen Umständen nicht weiter fortdienen kann, sondern um die Erlaubniss bitte, meinen Posten Ew. Königlichen Majestät ehrfurchtsvoll zu Füssen legen zu dürfen«. Natürlich habe er das Gefühl, fügte er noch hinzu, »dass der Ausgang meiner Dienstlaufbahn jetzt überaus traurig für mich ist«. Er müsse freilich, das konnte er doch nicht unterdrücken, daran erinnern, »dass ich meinen jetzigen Posten keineswegs suchte. Ich wagte vielmehr die Bitte, mich in meinem alten Verhältnisse« – der Gesandtenstellung in Rom – »zu lassen«.

Das Ganze war, bei aller formalen Untertänigkeit, sehr deutlich: Man habe ihn mit, wie nun offensichtlich geworden sei, falschen Versprechungen in eine Stellung gelockt, in der er nach allgemeiner Meinung auf dem weiten Feld des »öffentlichen Unterrichts«, angefangen beim Elementarunterricht bis zu Universität und Akademie und vielem, anderem grundlegende Reformen eingeleitet und vorangebracht habe. Und jetzt, wo die Ernte aller dieser Reformen mit der Eröffnung der neuen Universität an der Spitze unmittelbar bevorstehe, dränge man ihn durch eine einschneidende Veränderung seiner Position praktisch aus dem Amt.

Eine Antwort auf dieses Entlassungsgesuch hat Humboldt zunächst nicht erhalten. Hingegen sahen er und Nicolovius sich in einer Detailfrage – die Sektion hatte beim König die Verlegung des Buß- und Bettages vom späten Frühjahr auf den Herbst beantragt – grundsätzlich in ihrem Recht beschnitten, Anträge direkt an den König zu richten: Statt dass der Innenminister ihren Antrag, wie üblich, befürwortend oder auch ablehnend an den König weitergeleitet hätte, hatte die Sektion einen von allen Ministern unterzeichneten Erlass erhalten, ihr Antrag sei im Staatsministerium erörtert worden und man habe sich gegen den Vorschlag des Antrages entschieden. Das aber hieß mit anderen Worten, dass das Recht der Sektionen und damit vor allem der Sektionschefs, sich unmittelbar an den König zu wenden, prinzipiell in Frage gestellt wurde.

Humboldt, wie gesagt noch ohne Antwort auf sein Entlassungsgesuch, griff die Sache sogleich auf und rückte dabei den prinzipiellen Aspekt sehr bewusst ins Zentrum, das heißt, er suchte seinerseits die Frage zu einem grundsätzlichen Verfassungsproblem zu erheben. »Durch das in dem gegenwärtigen Fall beobachtete Verfahren«, konstatierte er in einem offiziellen Schreiben an Dohna vom 25. Mai 1810, werde »vermittelst des Staatsministeriums eine wahre Zwischeninstanz zwischen den Sektionen und dem Thron gebildet, welche sie, ohne alle Anführung von Gründen, zu leiten, ja, wenn auch mit gelinderen Ausdrücken, ihnen Anweisungen zu erteilen unternimmt«. Das aber bedeute eine grundlegende Veränderung der bisherigen Verfassung. »Eine solche Zwischenbehörde kannten die Sektionen bis jetzt nicht, sie verwalteten, in einzelnen Fällen nicht ohne besondere Zustimmung des Departementministers, sonst aber selbständig mit völliger Autorität und Verantwortung die ihnen anvertrauten Geschäfte und hingen nie von der Meinung der übrigen Minister oder nur insofern ab, als diese Meinung beim Kabinettsvortrag auf die Entschließung Se. Majestät des Königs Einfluß haben konnte.«

Dieses sehr deutlich auf die Zuspitzung des Konflikts zielende Schreiben, in dem Humboldt gleichzeitig die Wiederholung seines Entlassungsgesuches ankündigte, verband sich freilich fast unmittelbar mit dem Ausbruch einer allgemeinen Regierungskrise in Preußen und war wohl schon mit Blick auf diese formuliert. Jedenfalls brachte sie Hardenberg, als indirekter Nachfolger des anderthalb Jahre früher auf Druck Napoleons ausgeschiedenen Freiherrn vom Stein zum »Staatskanzler« ernannt, an die Spitze der Regierung. Hardenberg beantragte beim König am 3. Juni, die Minister Altenstein, von Beyme und den Grafen Dohna zu entlassen. Goltz sei zunächst für das Auswärtige zu behalten, Scharnhorst wegen seiner sehr eindeutigen Haltung gegenüber Frankreich auf sein Amt als Generalquartiermeister zu beschränken und das Finanzministerium, zunächst jedenfalls, unter seiner eigenen Oberaufsicht, unbesetzt zu lassen. »Das Ministerium des Innern«, hieß es in der Aktenaufzeichnung weiter,[205] »würde mit dem Geheimen Staatsrat v. Humboldt besetzt werden können. – Wer der Sektion für den Kultus an dessen Stelle vorzusetzen sei, ob nicht vielleicht rätlicher befunden werde, demselben einen eigenen Minister vorzusetzen, würde noch einer Ueberlegung unterzogen werden können. Vielleicht bequemt sich der Graf Dohna dazu, diese Stelle anzunehmen.«

Wie sich die Dinge mit Blick auf Humboldt in den nächsten Tagen in direkten Gesprächen zwischen Hardenberg und dem König im Einzelnen gestalteten, geht aus den Akten nicht klar hervor. Gegen Humboldt als Leiter der gesamten Sektion, also für den Kultus und für den öffentlichen Unterricht, nun im Amte eines Ministers mit noch weiteren Aufgaben aus dem Bereich der inneren Verwaltung, hatte der König offensichtlich insofern Bedenken, als er ihn, wie

bereits angedeutet, in seiner jedermann offenkundigen Distanz zu
der Welt des Religiösen für die Verwaltung des Kultussektors für
ungeeignet hielt. Ihm war im Übrigen klar, dass Humboldt diesen
Teil seiner Sektion ganz Nicolovius überlassen hatte. Das würde er
in dieser Form als Minister wohl nicht mehr können.

Auf diese Einwände war Hardenberg offensichtlich eingegangen, der gleichzeitig Humboldts Fähigkeiten als Diplomat aufgrund seiner langjährigen Tätigkeit als preußischer Gesandter in
Rom sehr hoch einschätzte. Jedenfalls schlug er schließlich dem
König vor, Humboldt zwar nicht, wie von verschiedener Seite,
darunter auch dem Freiherrn vom Stein, angeregt, zum Minister
des Auswärtigen, aber zum Gesandten in Wien, zweifellos einem
der wichtigsten Posten der preußischen Diplomatie überhaupt,
zu ernennen. Mit Kabinettsorder vom 14. Juni 1810, formuliert
als Antwort auf Humboldts Entlassungsgesuch von Ende April,
erfolgte dann seine formelle Ernennung.

Ministerkrise

Schon vorher hatte Humboldt von dem sich abzeichnenden Ausgang der großen Ministerkrise und den Entscheidungen, die ihn
persönlich betrafen, aus vielen Gesprächen erfahren, allerdings
meist nur indirekt, nicht als unmittelbar Beteiligter oder gar als
Handelnder. Am 29. Mai 1810 habe ihn der König, wie er seiner
Frau berichtete, wissen lassen, er habe seinen Entschluss in Bezug
auf dessen Gesuch vom 29. April vorläufig ausgesetzt. Sieben Tage
später schrieb er ihr: »Man hat mir mündlich sagen lassen, ich
möchte nicht daran denken, meinen Abschied zu bekommen, der
König werde nie darin willigen, ich sei unentbehrlich, und Hardenberg sei davon überzeugt, man werde alles tun, um mich zu-
rückzuhalten.« Diese Erklärung scheine sehr positiv, »allein mir
ist dennoch die Sache so ausgemacht noch nicht. Ich weiß noch
nicht, ob die neuen Pläne mit meinen Entschlüssen übereinstimmen, und ich werde fest sein und mich nicht scheuen, eigensinnig
zu scheinen.«[206]

Vier Tage später, am 9. Juni, schrieb er ihr: »Unser Schicksal, liebe Li, ist so gut als entschieden. Ich bin bestimmt, als Gesandter nach Wien zu gehen.« Aber solle er annehmen oder solle er nicht? »Soll ich suchen, noch jetzt Minister hier zu werden, soll ich nach Wien gehen?« Hardenbergs Wunsch jedenfalls, der jetzt »Staatskanzler, d. h. Premierminister« sei, sei »so entschieden, mich in die diplomatische Laufbahn zu bringen, daß ich schwerlich dagegen etwas ausrichten würde«. Auch habe dieser ihm gegenüber kein Geheimnis daraus gemacht, dass er im Hintergrunde die Absicht habe, »mir einmal wieder hier die Führung des Ganzen anzuvertrauen« – man sieht, mit welchem Geschick Hardenberg in den Personalfragen, auch im Hinblick auf Humboldts so deutlich zu Tage getretenen Ehrgeiz, längerfristig alles offen ließ. Hardenberg, ließ Humboldt seine Frau zwei Tage später wissen, habe ihm seine »Sendung nach Wien« »bestimmt als den Willen des Königs angekündigt«. Allein, »seit meine Ernennung ganz ohne mein Zutun bekannt geworden ist, hat sich ein solches Geschrei erhoben, was nun aus der Universität und dem Schulwesen und den Medizinalanstalten werden soll, daß ich es diesem Geschrei zuschreiben muß, daß die Sache wieder stockt, man sinnt nun nach, wie man es am besten einrichtet«.

Mit Kabinettsorder vom 14. Juni erfolgte dann, wie schon erwähnt, seine Ernennung und damit zugleich seine Entlassung aus der Stellung des Direktors der Sektion des Kultus und öffentlichen Unterrichts. »Jetzt ist alles entschieden«, schrieb er seiner Frau am 19. Juni. »Ich bin Staatsminister, *vera Eccellenza*, und Gesandter in Wien mit 13 400 Taler Gehalt, worunter 3300 Taler ungefähr Gold sind.« Er habe mit dem Außenminister Goltz abgemacht, dass er am 1. September »in sein neues Gehalt« trete. Er denke nun, Ende Juli oder Anfang August von Berlin wegzugehen und dann bis gegen den 1. September auf den thüringischen Gütern zu bleiben.

»Zwei Dinge haben mich hier weggebracht«, so zog er vertraulich Bilanz. »Erstlich Hardenbergs überwiegende Neigung, mich in der auswärtigen Karriere zu sehen, und dann Dohnas Abneigung, sein Ministerium [zu Humboldts Gunsten] zu teilen.« Denn ohne

Minister zu werden, »wäre ich freilich nicht hier geblieben«. »Minister zu sein, ist, wenn man einmal dient«, fügte er nicht ohne Wehmut hinzu, »immer sehr gut. Man kann nie wieder in eine abhängige Lage geraten.« Neun Jahre später wurde Humboldt Minister in Preußen, allerdings nur für wenige Monate, um anschließend für immer aus dem Staatsdienst auszuscheiden.

Zwischen seinem Entlassungsgesuch Ende April 1810 und seinem definitiven Ausscheiden aus seiner bisherigen Stellung lagen anderthalb Monate. In ihnen war er freilich nicht untätig gewesen, im Gegenteil. Er war und blieb bis zum letzten Tag der leitende Kopf des von ihm unmittelbar verantworteten Teils seiner Sektion; nach seinem Abgang wurde Nicolovius, der bisher unter seiner Oberleitung für den Kultusteil verantwortlich gewesen war, provisorisch zu seinem Nachfolger als Sektionschef ernannt, dem freilich dann im November 1810 Schuckmann folgte, ein Wortführer einer streng bürokratischen Leitung des gesamten Bereiches, ohne stärkere eigene Inspiration.

Humboldts Aktivitäten galten auch in der letzten Phase seiner Sektionsleitung vor allem der neuen Universität, und das hieß jetzt vor allem der Gewinnung von Professoren aus ganz Deutschland, deren wissenschaftliche Leistungen, und sei es auch zunächst nur in dem Kreis der unmittelbaren Fachkollegen, Aufsehen erregt hatten und von denen eine entsprechende Zukunft zu erwarten war.

Bis in die letzten Tage seines Verbleibens im Amt hat Humboldt, den festgesetzten Termin für den Beginn der Vorlesungen an Michaelis, also am 29. September 1810, vor Augen, das Berufungsgeschäft vorangetrieben, um eine möglichst breite Palette an Fächern und Vorlesungen präsentieren zu können. Leicht fiel ihm diese Arbeit nicht. »Mit wie vielen Schwierigkeiten ich bei dem allen zu kämpfen habe«, bemerkte er Ende Mai stöhnend in einem Brief an seine Frau, »wie die Gelehrten – die unbändigste und am schwersten zu befriedigende Menschenklasse – mit ihren sich ewig durchkreuzenden Interessen, ihrer Eifersucht, ihrem Neid, ihrer Lust zu regieren, ihren einseitigen Ansichten, wo jeder meint, dass nur sein Fach Unterstützung und Beförderung verdiene, mich umlagern, wie dann noch jetzt Unanehmlichkeiten und Zänkereien mit anderen Kollegien und Menschen hinzukommen, davon hast Du, teures Kind, keinen Begriff.«[207]

Aber auch sonst trieb er die Geschäfte der Sektion bis zum letzten Tag seiner Amtszeit mit unverminderter Energie voran. So nahm er fünf Tage vor seinem Entlassungsgesuch die von dem Kupferstecher von Mechel ausgehende und vom König befürwortete Anregung auf, »dem stillen Wunsch wahrer Kunst- und Vaterlandsfreunde« zu folgen, »einmal im schönen Berlin eine öffentliche und gutgewählte Kunstsammlung zu sehen«. In einer kleinen Denkschrift mit dem Titel »Zur Einrichtung eines Museums in Berlin«[208] schlug er vor, »zuvörderst ein Inventarium von sämtlichen gegenwärtig in Allerhöchstdero Schlössern befindlichen Gemählden, Statuen, Büsten und dergleichen mit der grössten Genauigkeit« anzufertigen, um von dieser Basis aus »sodann eine Auswahl aus den vorhandenen Kunstsachen zu einem öffentlichen Museum treffen zu können«. Dabei könne von Mechel beteiligt werden, es müsse aber, so Humboldt, dieses »Geschäft unter der unmittelbaren Aufsicht der Section« ausgeführt werden. Mit anderen Worten, das geplante Museum müsse von vornherein eine staatliche Einrichtung unter Aufsicht der Sektion sein, der er zu diesem Zeitpunkt vorstand.

Hier trat sehr klar zu Tage, dass Humboldt bei aller Skepsis gegenüber dem bürokratischen Verwaltungsstaat und seinen Expansionstendenzen, die er seit seiner Jugend immer wieder artikuliert hatte und an der er auch jetzt im Prinzip stets festhielt, doch alle öffentlichen Institutionen unter öffentliche Aufsicht und Kontrolle gestellt wissen wollte. Er ging dabei freilich von Personen aus, die diese Aufsicht und Kontrolle im Geiste und im Interesse der neuen obersten Instanz, nämlich der »Nation« ausüben würden, der er sich auch persönlich im Letzten verpflichtet fühlte. Davon wird gleich noch in anderem Zusammenhang ausführlicher die Rede sein.

Zunächst hatte er sich in den letzten Wochen seiner Amtszeit noch einmal, letztlich vergeblich, um die Frage der von ihm vorgeschlagenen Dotation für die Universität und auch für die

Akademie gekümmert, die diesen auf Dauer ihre finanzielle Unabhängigkeit sichern sollte. Hierbei spielte, wenn auch mehr am Rande, das Problem des Verhältnisses von Öffentlichkeit und Staat eine Rolle. Es ging ihm in dieser »Denkschrift an Dohna zur Widerlegung der Einwände gegen die Dotation« vom 9. Mai 1810 sowie in seiner »Gegenvorstellung an Dohna gegen den Beschluss des Staatsministeriums über die Dotation der Universität Berlin« vom 21. Mai 1810[209] darum, zu zeigen, dass eine Dotation das sicherste Mittel sei, die Existenz dieser Institutionen dauerhaft zu sichern. Eine solche »vom Staat herrührende, aber von den Gesinnungen der jedesmaligen Regierenden unabhängige Dotation« auf Dauer sei für ein wissenschaftliches Institut wie die Universität und auch die mit ihr in Berlin und Preußen jetzt eng verbundene Akademie »im höchsten Grade erspriesslich«. »Sie giebt ihm mehr Selbständigkeit, mehr innere Würde und grösseres Vertrauen beim Ausland.« Sie mache sie, hätte er hinzufügen können, nicht zu einer von der jeweiligen Regierung abhängigen Einrichtung, sondern zu einer Institution der »Nation«.

Vorschläge zur Organisation der Behörden

Das Letzte, was er als Sektionschef, eigenhändig wie üblich, wenige Tage vor seinem Ausscheiden aus dem Amt und seiner Ernennung zum Gesandten Preußens in Wien zu Papier brachte, war eine Art Denkschrift, überschrieben mit »Vorschläge zur Organisation der Behörden«.[210] Der Anstoß dazu war von Hardenberg, dem neuernannten leitenden Minister, ausgegangen, der ihn, wie unter anderen auch die Minister Goltz und Dohna, aufgefordert hatte, sich zu der Frage zu äußern, wie ihrer Meinung nach in Zukunft der Staatsapparat aufgebaut und organisiert sein solle. Schon dass sich Hardenberg damit an ihn, an den formal noch dem Minister unterstehenden Sektionschef wandte, zeigt, wie er ihn einschätzte und welche Rolle er ihm im Weiteren zudachte – auch wenn er dabei stets zugleich taktisch dachte und mögliche Veränderungen der personellen Konstellation in der Zukunft im

Auge hatte. Jedenfalls hat Humboldt die ganze Frage sehr grundsätzlich aufgefasst und, in der Form einer Denkschrift, ein Gesamtbild der künftigen Organisation des preußischen Staatsapparates entworfen, wie es ihm, gründend auf den Erfahrungen der
letzten Jahre, also seit Beginn der Reformzeit, vorschwebte.

»Wenn es in diesen letzten Jahren irgend einen Zeitpunkt gab«,
so begann er, »in dem alles darauf ankam, dass jeder Staat mit
Ernst darauf dachte, sich in eine äusserlich und innerlich möglichst sichere und feste Lage zu setzen, so ist es der jetzige.« Die
innere Verwaltung Preußens sei zum gegenwärtigen Zeitpunkt
von eine solchen »Lage« noch weit entfernt. Sie habe »grosse und
bedeutende Mängel«. Sie sei »zu wenig planmässig, energisch und
schnell, zu wenig die physischen Kräfte der Nation schonend, zu
wenig ihre moralischen erweckend«.

Vor allem, so betonte er, habe man »geglaubt, den Mangel
fester allgemeiner Formen durch Persönlichkeit ersetzen zu können«. In personeller Hinsicht habe es in den letzten Jahren unbe-
streitbar große Fortschritte gegeben. »Aus den Königlichen Be-
dienten« sei »der Geist des Eigennutzes, und die Behandlung der
Aemter als Versorgungen sehr verschwunden«. Und vielleicht
nie seien »unter den obersten Chefs und den Räthen gleich viel
ausgezeichnete und achtungswürdige Talente versammelt gewesen«. »In dem jetzigen Gange aber kann es nie besser werden«,
fuhr er fort. Denn: »Alles Drängen auf Energie, Schnelligkeit
und Ordnung, alles Anstellen neuer Arbeiter, alles Verwenden
von Summen auf Verbesserungen, alles Wirken durch Religion
und Erziehung hilft nur halb, wenn nicht jede dieser Triebfedern
nach einem allgemeinen consequenten Plan in Bewegung gesetzt
wird, und dies wiederum ist«, das war Humboldts entscheidende
Schlussfolgerung, »unmöglich ohne Einheit und gehörige Ab-
gränzung der Behörden.«

Dieser Ansatz war taktisch außerordentlich geschickt. Er ver-
mied es, die Schuld an der so offensichtlich gewordenen Staats-
krise bei den Personen zu suchen, die gegenwärtig im Staat
handelten; ihnen stellte er im Gegenteil ein insgesamt höchst po-
sitives Zeugnis aus. Die Schuld liege allein in der Organisation

des Staatsapparates, in dem, was man im herkömmlichen Sinne die Verfassung des Staates nenne, und in der fehlenden formalen, aufeinander bezogenen Abstimmung der einzelnen Staatsorgane nach einem allgemeinen Plan. Mit anderen Worten, sie liege in dem Fehlen einer nach rationalen Gesichtspunkten aufgebauten und durchkalkulierten Verfassung, die dem Handeln der einzelnen Personen Richtung gebe und ihm gleichzeitig Grenzen setze. Im Kern bedeutete das, auch wenn er es natürlich nicht so offen aussprechen konnte, dass der planmäßig organisierte Staat als solcher in Verantwortung gegenüber der Nation zum faktischen Souverän erklärt wurde und nicht mehr allein das monarchische Staatsoberhaupt, wie das von konservativer Seite nach wie vor als Grundsatz der Staatslehre betont wurde – wobei das »monarchische Prinzip«, wie man es hier wenig später nannte, zugleich als Schutzwall gegenüber dem nationalen Gedanken diente.

Dem neu ins Amt berufenen »Premierminister« Hardenberg gefiel der hier zum Ausdruck kommende Staatsgedanke und das, was Humboldt, hierauf aufbauend, im Hinblick auf die Organisation und die Abstimmung des Staatsapparates ausführte – allerdings, wie sich im Weiteren dann immer deutlicher zeigte, aus rein machtpolitischen, auf die eigene Person bezogenen Erwägungen und nicht aus grundsätzlichen Überlegungen. Hier deutete sich, noch ganz versteckt, ein Dissens an, der neun Jahre später in einer bestimmten politischen Gesamtsituation voll zum Ausbruch kommen sollte und mit Humboldts Entlassung aus allen staatlichen Ämtern endete.

Seine auf prinzipiellen Darlegungen über den Staat gründenden Überlegungen, wie der Staatsaufbau organisatorisch zu planen und möglichst konsequent durchzusetzen sei, fasste Humboldt unter fünf Punkten zusammen, die jeweils organisatorische und sachliche Einheiten betrafen. Sie suchte er jeweils aufeinander zu beziehen und in einen systematischen Zusammenhang zu bringen.

An der Spitze des Ganzen müssten einerseits das »Cabinet« und andererseits der Staatsrat stehen. Sie bildeten »die oberste Einheit der ganzen Regierung«. »Das Cabinet (das unter diesem Namen abgesondert vom König angenommen wird und als ein für sich rathschlagendes und dann seine gefassten Beschlüsse dem König zur Entscheidung vorlegendes Collegium) wäre der Centralpunkt der ganzen Administration.« Es solle nur aus Ministern bestehen, mit, wie Humboldt hinzufügte, »abwechselndem Vorsitz«, und müsse als das »Haupt-Triebrad der ganzen Staatsmaschine« gelten. Jeder der fünf Minister müsse »den allgemeinen Plan seines Departements« ausarbeiten und ihn dann »zur gemeinschaftlichen Berathschlagung« vorlegen. »Die Sanction der vom Cabinet genehmigten Angelegenheiten oder die Entscheidung derer, worin das Cabinet uneins wäre«, sei allein Sache des Königs. Dieser aber habe nur auf der Basis der Darlegungen des gesamten Kabinetts zu entscheiden, nicht aufgrund des Vortrages eines Kabinettsrathes oder einzelner Minister. Das aber hieß mit anderen Worten, auch wenn das nicht so klar ausgedrückt war, dass König und Kabinett in allen wichtigen Fragen – und nur um sie solle es bei den Beschlüssen des Kabinetts gehen – übereinstimmen müssten. Anderenfalls müsste das Kabinett insgesamt zurücktreten.

Was den Staatsrat betreffe, so müssten zu seiner Kompetenz »alle Angelegenheiten gehören, deren Beurtheilung [...] von allgemeinen Verhältnissen des Staats, der Rechte seiner Bürger und der Sache selbst abhängt«. »Die Nothwendigkeit ein Cabinet und einen Staatsrat zu unterscheiden«, liege bloß darin, so Humboldt, »dass die wahre Administration das freie Schalten Eines Kopfes fordert, die Gesetzgebung aber sowie ferner die Beurtheilung der Zweckmäßigkeit der Administrationsmittel im Allgemeinen [...] durch Berathung unter Vielen gewinnt«. Zusammenzusetzen aber sei der Staatsrat, und damit kam Humboldt auf das Gebiet seiner eigenen unmittelbaren Erfahrungen, nicht aus den Ministern, die kein Stimmrecht in ihm haben sollten, sondern aus den Sektionschefs der einzelnen Ministerien. Diese hätten über alle Fragen zu beraten und zu beschließen, die ihm, dem Staatsrat, »das Cabinet zufertigte«. Die Beschlüsse des Staatsrates hätten an das Kabinett zu gehen. Sie müssten »an den König gelangen, wenn das Cabinet ihnen nicht beiträte«.

Besonders ausführlich beschäftigte Humboldt sich sodann mit den Sektionen. Die Sektionschefs, betonte er, sollten »unmittelbar unter dem gesamten Cabinet« stehen. Sie seien »die wahren Administratoren«, also die eigentlichen Verwaltungschefs, und als solche müssten sie »jeder in seiner Parthie gänzlich frei von ministerieller Einmischung im Einzelnen und unabhängig« sein. Die Aufgabe des Ministers könne nicht sein, überall hineinzureden. Sein »Hauptgesichtspunkt« müsse vielmehr sein, »die einzelnen Verwaltungen seines Departements in Harmonie zu bringen« und ihnen seine übergreifenden Planungen, die zugleich auf den Beschlüssen des Gesamtkabinetts beruhten, zu vermitteln. »Um die Einheit seines Departements zu erhalten, könne er, »so oft er wolle, ein Plenum seines Ministerii« zusammenrufen, zu dem allerdings nur die Sektionschefs und die Departementsräte gebeten werden sollten. Überall aber, wo der Minister und der Sektionschef verschiedener Meinung seien, hänge es »immer von diesem ab, die Sache ans Cabinet und durch dieses an den König zu bringen«. Wenn freilich das Vertrauensverhältnis zwischen beiden grundlegend gestört sei, könne der Minister jederzeit beim König auf die Entlassung des Sektionschefs dringen.

Mit anderen Worten, so nachdrücklich Humboldt für die Rechte und Kompetenzen der Sektionchefs, der, wie er immer wieder betonte, eigentlichen Leiter der Verwaltung eintrat, so entschieden unterstrich er doch zugleich ihre Verantwortung und ihr Subordinationsverhältnis gegenüber den Ministern in allen grundsätzlichen Fragen. Und ähnlich argumentierte er hinsichtlich der Stellung der Provinzialregierungen und der Stände, seinen beiden letzten Punkten. In »ihren einzelnen Deputationen« seien die Provinzialregierungen bloß als »Unterbehörden der Sectionen« anzusehen und zu behandeln. Dementsprechend könne man auch auf das Amt des Oberpräsidenten der verschiedenen Provinzen verzichten oder aber sie künftig nur als »beständige Commissarien des Cabinets für alle sich über mehr als ein Regierungs-Departement erstreckende Gegenstände« behandeln.

Was schließlich die Stände angehe, »deren zweckmäßige Organisation dringendes Bedürfniss« sei, so hätten sie »als Kreis- und

Provinzial-Repräsentanten dieselbe Bestimmung als die Stadt-
verordneten in den Städten. Sie stellten ihre Gemeine vor« und
hätten alles zu besorgen, »was Gemeine-Angelegenheit« sei. Es
müsse aber »zum Grundsatz gemacht werden«, fügte er hinzu,
»den Kreis der Gemeine-Angelegenheiten nach und nach, soviel als möglich, zu erweitern«. Allerdings: An der »wirklichen
Staatsverwaltung oder auch nur der Gesetzgebung« sollten die
»Stände keinen Antheil« nehmen, es sei denn, »dass man ehrlich und unpartheiisch gewisse Staatsoperationen an ihre Einwil-
ligung knüpfen wollte« – ein Satz, der in einer kurzen Formel eine
sehr weitläufige Perspektive eröffnete, die ihn am Schluss seiner
Amtszeit im preußischen Dienst, nun als »Staatsminister für die
ständischen Angelegenheiten«, intensiv beschäftigen und dann
auch zum Anlass für seinen Sturz werden sollte.

Das Vertrauen zur Regierung, so fasste Humboldt seine Ausführungen zusammen, werde durch die vorgeschlagenen Reformen der Organisation der Staatsverwaltung »aufs Neue belebt
werden, da die Nation« – sein in allen diesen Zusammenhängen
immer wieder verwendeter Begriff für die Gemeinschaft derer, die
aus Untertanen zu Staatsbürgern geworden seien – »darauf sehen
würde, dass Jeder auf dem ihm angewiesenen Platze mit Musse nachdenken und mit Freiheit handeln könnte. Jetzt, da diese
Ueberzeugung fehlt, wirken auch die besten Wahlen nur wenig
aufs Publikum.«

Nichts aber schade »allen Massregeln der Regierung so sehr«,
umriss er Grundcharakter und Zielsetzung seiner Vorschläge
noch einmal, »als wenn einmal die Meynung der Langsamkeit,
Planlosigkeit und Unordnung gegen sie herrschend geworden ist,
und diese Meynung wird nicht durch ein allmähliges Verbessern
dieser Unvollkommenheiten in dem bisherigen Geschäftsgang,
sondern nur durch eine in die Augen fallende Umänderung dieses
Ganges selbst aufgehoben«.

Hardenberg hat freilich von dem Kern von Humboldts Vorschlag, die Einheit der Regierung und des Regierungshandelns,
neben der Betonung der Hierarchieverhältnisse in der Verwaltung, über die Stärkung der Rolle des Kabinetts als kollegial agie-

rendes Gremium herzustellen, keinen Gebrauch gemacht. Diese Einheit sollte in seiner Vorstellung vielmehr über die Position des leitenden Ministers, also über seine eigene Person, hergestellt werden. Von dieser Position, der Rolle eines »Premierministers«, aber war bei Humboldt keine Rede. Und so schob Hardenberg die Vorschläge Humboldts mit der schon zitierten Bemerkung beiseite, dass er die Absicht habe, »mir einmal wieder hier die Führung des Ganzen anzuvertrauen«.

Mit dieser Bemerkung regte er Humboldts Bereitschaft an, in den diplomatischen Dienst zurückzukehren und seine Ministerpläne zunächst aufzugeben: Für die Stellung eines leitenden Ministers war nach damaliger Auffassung eine Bewährung in einer führenden Stellung im auswärtigen Dienst eine nahezu unverzichtbare Voraussetzung. »Also nach Wien«, antwortete ihm seine Frau, die die Dinge sogleich sehr klar sah, auf seinen Brief, in dem Humboldt die zitierte Bemerkung Hardenbergs erwähnt hatte. »Ich sehe es beinah für entschieden an, besonders wegen der *arrière pensée*, die Hardenberg über Dich zu haben scheint und über die Du mir in Deinem letzten Brief einen bedeutenden Wink gibst. Er hat recht«, fügte sie hinzu, »wenn er die Sache im ganzen und großen nimmt«.[211]

In der Tat war Humboldt, wie schon gesagt, am 14. Juni aus seiner bisherigen Stellung verabschiedet und zum preußischen Gesandten in Wien ernannt worden. Er blieb allerdings noch mehr als zwei Monate in Berlin, in denen er sich nicht nur mit der Frage seiner Nachfolge beschäftigte – zunächst schlug er, von Hardenberg lebhaft unterstützt, seinen Bruder Alexander vor, der dann allerdings absagte –, sondern in denen er auch, datiert vom 22. Juni 1810, eine Art Rechenschaftsbericht »Über Reformen im Unterrichtswesen« an Hardenberg richtete.

In ihm war nach einem knappen Rückblick die Bitte formuliert, »das auf den General-Etat eventualiter zu bringende Quantum auf 40- bis 50 000 Thaler festzusetzen«. Angesichts der augenblicklichen Lage sei es besonders geboten, dass Preußen »wieder auf irgend eine Art die Aufmerksamkeit auf sich zu ziehen und sich von irgend einer Seite noch mehr auszuzeichnen bemühe«.

»Beförderung von Aufklärung und Wissenschaft« habe Preußen, fuhr er fort, »immer Achtung erworben; es wird ihm leicht sein, diese zu vermehren, die Stimme des Auslands zu gewinnen und auf eine politisch durchaus harmlose Weise eine moralische Macht in Deutschland zu erlangen, die in vielerlei Beziehungen ungemein wichtig werden kann«. Er bitte Hardenberg, so schloss er, »diese Betrachtungen sowie obigen Antrag als eine Folge meines lebhaften Eifers für die mir anvertraut gewesene Parthie anzusehen«. Er »bemerke zugleich ganz ergebenst«, dass er ihre Führung »morgen niederlegen und die Direction der Section des Cultus und öffentlichen Unterrichts Herrn Staatsrath Nicolovius übergeben werde«.

Nicht zuletzt angesichts der Reaktion, die sein Ausscheiden vor allem bei seinen engsten Mitarbeitern, aber auch bei vielen der eben berufenen Professoren der kurz vor der Eröffnung stehenden neuen Universität hervorrief, kamen ihm in den folgenden Tagen und Wochen immer wieder Bedenken, ob seine Bereitschaft, nach Wien zu gehen, richtig gewesen sei oder ob er nicht um sein Verbleiben in seiner Stellung in der einen oder anderen Form hätte kämpfen sollen. In seinen Briefen an seine Frau in Rom kamen diese Bedenken mehr als einmal zum Ausdruck. Dabei wird allerdings auch sichtbar, dass er die Haltung Hardenbergs, des Königs, des Grafen Dohna und vieler anderer falsch einschätzte. Sie alle waren insgeheim, wenn auch aus unterschiedlichen Gründen, für sein Ausscheiden aus der bisherigen Stellung und dann auch, bei Lage der Dinge, angesichts seines deutlich gewordenen Ehrgeizes, für seine Wegbeförderung nach Wien. Humboldts Schwanken ging also, was die Möglichkeit der Realisierung eines anderen Weges betraf, von ganz unrealistischen Voraussetzungen aus, und im Innersten wusste er das wohl auch. Humboldt bereitete sich dementsprechend, alles nach außen hin, auch gegenüber seiner Frau, im Wesentlichen auf seinen eigenen Entschluss zurückführend, auf seine Abreise nach Wien vor. »Mir ist gar nicht«, schrieb er ihr kurz vor seinem Aufbruch, »als würde ich je hierher zurückkommen«.[212]

Seine ursprünglich etwas früher geplante Abreise hatte sich

Königin Luise von Preußen im Jagdkleid

durch eine Nachricht verzögert, die fast jedermann in Preußen, und auch weit darüber hinaus, mit tiefer Trauer erfüllt hatte: Am 19. Juli 1810 war die erst 34 Jahre alte preußische Königin Luise plötzlich gestorben. Während sich der preußische Hof und mit den führenden Politikern und Beamten auch Humboldt in Königsberg aufhielten, hatte dieser ein engeres Vertrauensverhältnis zu der Königin entwickelt, die politisch ganz auf Seiten der preußischen Reformer mit dem Freiherrn vom Stein und dann auch Harden-berg an der Spitze stand. Wie eng dieser Kontakt war, hatte sich nicht zuletzt daran gezeigt, dass Humboldt die Begründung für sein Abschiedsgesuch zunächst der Königin hatte zuleiten wollen, wohl um ihren Widerstand beim König zu provozieren. Mit einem Wort, auch Humboldt war von der Nachricht persönlich und indirekt auch politisch tief betroffen. Sah er mit ihr doch zugleich jemanden dahingegangen, der mit innerer Überzeugung auf der Seite der Reformer gestanden und in diesem Sinne stets auf den König eingewirkt hatte.

Nach den Trauerfeierlichkeiten und nachdem er seine privaten Verhältnisse endgültig geregelt hatte, wozu unter anderem die Aufgabe seiner Berliner Wohnung und alles zählte, was die Sorge um die nähere Zukunft von Tegel betraf, war er am 15. August 1810 von Berlin aufgebrochen. Zunächst führte ihn seine Reise nach Burgörner, einen der Wohnsitze seines verstorbenen Schwiegervaters, der nun seiner Frau gehörte, und dann auf der Reise nach Wien ins Böhmische, wo er den Freiherrn vom Stein, der ihn anderthalb Jahre vorher nach Berlin geholt hatte, erstmals persönlich traf und lange politische Gespräche mit ihm führte. Am 23. September war er schließlich in Wien eingetroffen, dem Ort, auf den sein politisches Denken von nun an für viele Jahre als Hauptstadt zunächst des Partners, dann aber zunehmend auch des Gegners konzentriert blieb.

Bis fast zuletzt hatte er insgeheim mit sich gerungen, ob der Entschluss, sein bisheriges Amt und Berlin aufzugeben und in einer ganz neuen Stellung nach Wien zu gehen, richtig gewesen sei. »Ich habe, das versichere ich Dir«, schrieb er noch am 28. Juli seiner Frau, »sehr ernstlich überlegt, ob ich nicht geradezu darauf antragen sollte, Geheimer Staatsrat in meinen bisherigen Verhältnissen zu bleiben, nur mein Fach immer zu halten und zu retten, alles andere gehn zu lassen und mit gänzlicher Hintansetzung jeder noch so gerechten persönlichen Rücksicht nur dafür zu sorgen. Du kennst mich genug, um zu fühlen, teure Li, dass ich sehr gut diesem soliden Wirken und dauernden Ruhm einen Titel und eine äußerlich glänzendere Lage hätte aufopfern können. Aber ich habe es nach reifer Überlegung nicht getan. Es wäre nichts dabei herausgekommen«. [213]

Freilich, hinter solchen Äußerungen steckten doch nichts als

Illusionen. Die ihn definitiv bindende Entscheidung hatte Hardenberg gefällt, und ihm hatte Humboldt in Zukunft ganz zur Verfügung zu stehen. Als er sich am Ende gegen ihn stellte, bedeutete
dies das Ende seiner diplomatischen und damit zugleich seiner
politischen Laufbahn insgesamt.

PREUSSISCHER GESANDTER IN WIEN

Am 14. Juni 1810 war Humboldt mit dem formalen Titel »Staatsminister« zum preußischen Gesandten in Wien ernannt worden,
verbunden mit seiner Ablösung als Leiter der Sektion des Kultus
und des öffentlichen Unterrichts. Er war freilich noch zwei Monate in Berlin geblieben. Und in dieser Zeit hat sich das Verhältnis
zwischen ihm und dem neuberufenen »Staatskanzler«, dem leitenden Minister Hardenberg – persönliche Äußerungen Hardenbergs dazu fehlen ganz – offenbar grundlegend verändert. War
Hardenberg anfangs als jemand aufgetreten, der zu Humboldt ein
enges, persönliches Vertrauensverhältnis pflegte, ja der andeutete,
er betrachte ihn perspektivisch als seinen potentiellen Nachfolger,
so war an die Stelle dieses Vertrauensverhältnisses in kurzer Zeit
wachsendes Misstrauen getreten, eine Neigung, Humboldt ganz
in den Hintergrund zu drängen, eine Haltung, die dann geradezu
den Eindruck von Feindseligkeit erweckte.

Mehrere Faktoren haben dabei zusammengewirkt. Eine kaum
zu unterschätzende Rolle spielte wohl schon die bereits behandelte, undatierte Denkschrift Humboldts zum Thema »Vorschläge
zur Organisation der Behörden«, die, entstanden wahrscheinlich
in der zweiten Hälfte Juni 1810, wohl auf eine Anregung Hardenbergs zurückging. Jedenfalls steht die Denkschrift in einer Reihe
von ähnlichen Arbeiten des Grafen Dohna, des Grafen Goltz und
anderer, die offenbar eine ähnliche Aufforderung von Hardenberg
erhalten hatten.

In dieser Denkschrift hatte sich Humboldt dezidiert für die
leitende Rolle des Kabinetts als Kollegialorgan ohne einen »Pre-

mierminister«, ohne einen Staatskanzler an der Spitze, also gegen
die gerade installierte Verfassung mit Hardenberg als politischer
Zentralfigur ausgesprochen. Zusätzlich war in den folgenden
Wochen etwas anderes immer deutlicher zutage getreten, dessen
zumindest potentiell politische Bedeutung Hardenberg wohl sehr
hoch einschätzte. Denn die Ablösung Humboldts als Sektionschef hatte weit über den Kreis seiner engsten Mitarbeiter hinaus in Berlin, vor allem bei jenen, die den Kern der Reformpartei
bildeten, nicht nur großes Bedauern, sondern auch Überlegungen
ausgelöst, ob dies nicht ein erster Schritt auf dem Wege sei, die
eingeleiteten Reformen wieder zurückzudrehen und Restaurationsbestrebungen die Tür zu öffnen. Humboldt erschien hier nun
mehr und mehr nicht nur als ein großer Reformer auf seinem
speziellen Gebiet, sondern als eines der Häupter der Reformbewegung überhaupt. Das aber konnte ihn, so wohl Hardenbergs
Überlegung, sehr rasch zu einem ernstzunehmenden politischen
Konkurrenten machen. Dabei kam noch hinzu, dass der Tod der
Königin und die Rolle, die Humboldt, der mit ihr besonders eng
verbunden gewesen war, im Kreis der Trauernden auch für den
König spielte, sehr deutlich machten, wie nahe er dem Thron und
dem gegenwärtigen Amtsinhaber stand.

Haltung Hardenbergs zu Humboldt

Kurz, Hardenberg sah in den wenigen Wochen, die er in seinem
neuen Amt war, in Humboldt mehr und mehr einen gefährlichen
politischen Konkurrenten und setzte im Folgenden alles daran,
ihn in den Hintergrund zu drängen und ihn von allen politischen
Entscheidungen fernzuhalten. Dabei war als ein letzter, sein Misstrauen noch zusätzlich bestärkender Faktor hinzugekommen, dass
Humboldt, wie Hardenberg rasch erfuhr, auf seiner Reise nach
Wien in Prag mit dem Freiherrn vom Stein zusammengetroffen
war und mit ihm zwei Tage lang intensive politische Gespräche
geführt hatte. Stein aber war, von Hardenberg mit großem Misstrauen ständig beobachtet, nach wie vor das Oberhaupt der preu-

Karl August von Hardenberg

ßischen Reformpartei. Wenn Humboldt sich also mit ihm traf und sich mit ihm über politische Grundvorstellungen austauschte, so musste das Hardenberg zusätzlich aufs Höchste alarmieren.

Als Humboldt am 22. September 1810 in Wien eintraf, da war er von einem Mann, der anfangs, so schien es jedenfalls, das volle Vertrauen des neuen leitenden Ministers in Berlin besaß, zu jemandem geworden, dem dieser mit höchster Reserve, ja fast mit Feindseligkeit begegnete, die er freilich, Grandseigneur, der er, wie auch Humboldt, war, nach außen hin geschickt verbarg. Auch Humboldt, der das natürlich sehr genau spürte und an der Geschäftskorrespondenz mit Berlin ablesen konnte, suchte nach außen hin den Eindruck großer Harmonie zu vermitteln. So schrieb er selbst an einen engen Vertrauten aus seiner Zeit als Sektionschef, an Nicolovius, Ende Februar 1811: »Ich bin seit langen Jahren gewohnt, Hardenberg zu achten und zu lieben.«[214]

Schon früh allerdings zeigte er gleichzeitig Anzeichen von Resignation, Anzeichen, die dokumentieren, dass er persönlich viel weniger kampfbereit und zu politischen Aktionen drängend war, als Hardenberg ihm unterstellte, vielmehr dazu neigte, sich wie vor 1809 mehr oder weniger ins Privatleben zurückzuziehen. Schon ganz am Anfang seiner Wiener Zeit bekundete er das in einem Brief an Stein indirekt mit den Worten, dass er seinen gegenwärtigen Posten als Abschluss seiner amtlichen Laufbahn betrachte.[215]

Das war zugleich ein Indiz dafür, dass Humboldt in seiner Wiener Tätigkeit angesichts der Vorbehalte Hardenbergs ihm gegenüber politisch wenig Sinn sah, auch wenn er die sich ihm unmittelbar stellenden diplomatischen Aufgaben zuverlässig und pünktlich erfüllte. Denn es war nicht zu verkennen, dass die eigentlich wichtigen Gespräche und Verhandlungen über das Verhältnis zwischen Österreich und Preußen sowie allgemein über die Lage in Europa, und das hieß vor allem hinsichtlich der Beziehung zu Frankreich und zu Napoleon, bewusst an ihm vorbei geführt wurden. So erfuhr er praktisch nichts über den geheimen Briefwechsel zwischen Hardenberg und Metternich vom Sommer 1811 und vom September 1812, in den im Gegensatz zu ihm sowohl der österreichische Gesandte in Berlin, Graf Ludwig Philipp Bombelles, als auch der hannoversche Diplomat Ludwig von Ompteda eingeweiht waren, nichts auch über Scharnhorsts Aufenthalt in Wien und die von ihm geführten Verhandlungen im Dezember 1811. Die Haltung Hardenbergs ihm gegenüber spiegelt eine Äußerung des Staatskanzlers zu Ompteda von Anfang Februar 1812: »Wenn Sie mir etwas sagen, glaube ich es; wenn Humboldt mir etwas sagt, glaube ich kein Wort davon; er ist falsch wie Galgenholz.«[216]

Humboldts Stellung und Tätigkeit in Wien wurden durch das

offen bekundete Misstrauen Hardenbergs, das auch Metternich und dem habsburgischen Hof nicht verborgen blieb, von Anfang an außerordentlich erschwert. Hinzu kam, dass sich hier mit Hilfe des österreichischen Gesandten in Berlin, des Grafen Bombelles, das Gerücht verbreitete, Humboldt gehöre der im April 1808 gegründeten patriotischen »Gesellschaft zur Übung öffentlicher Tugend«, dem »Tugendbund« in Preußen, an, der mit der formellen Zielsetzung einer Befreiung Preußens von den Folgen der napoleonischen Fremdherrschaft und einer inneren Erneuerung des Landes in Wahrheit eine Vereinigung revolutionärer Kräfte darstelle, die Preußen, so glaubte man in Wien nur zu bereitwillig, mehr und mehr beherrsche.[217] Humboldt, so hieß es in einem Gesandtschaftsbericht Bombelles', sei der begabteste, aber auch gefährlichste Vertreter einer Fraktion, »welche schon lange im stillen anwächst und um jeden Preis Proselyten zu machen sucht, die unter der Maske und dem Namen der Tugend trachtet, sich aller Zweige der Verwaltung zu bemächtigen und alle Aemter in die Hand zu bekommen, die getreu dem Geiste aller Sekten der Welt zu ihrer gewöhnlichen Devise genommen hat: Niemand hat Kredit außer uns und unseren Freunden«. Mit Hilfe dieser Fraktion habe Humboldt versucht, Erster Minister zu werden. Gerade auch die Damen in Berlin, darunter viele Mitglieder des Königshauses, hätten ihren ganzen Einfluss aufgeboten, Humboldt zum Minister zu machen – ein versteckter Hinweis auf die Rolle, die die eben verstorbene Königin in dem Ganzen gespielt habe. Der »Schutzgeist Preußens« aber habe bewirkt, dass Hardenberg die Oberhand behalten habe, und dieser habe Humboldts Beförderung nach Wien veranlasst, um ihn aus Berlin zu entfernen.[218]

Das war ein ganz tendenziöser, auf Klatsch und Tratsch beruhender Bericht. Aber dieser Klatsch nährte sich von in Berlin umlaufenden Gerüchten, und diese Gerüchte wiederum spiegelten, wenngleich in verzerrter und übersteigerter Form, bestimmte Tendenzen und Elemente wider, die gerade in ihrer Verzerrung und Übersteigerung die Anschauungen jener mitbestimmten, die an maßgeblicher Stelle ein Urteil über die Rolle des »Tugendbundes« und der in ihm handelnden Personen abgeben sollten.

Eine entsprechende Aufforderung erging in Österreich von der Person des Kaisers höchstpersönlich. Der österreichische Minister Freiherr von Wessenberg berichtete in diesem Zusammenhang unter Bezug auf den neuen preußischen Gesandten in Wien am 13. März 1811 an Metternich: »Was Humboldt betrifft, so wage ich zu glauben, dass er zu viel Geist und Verstand hat, um eine gleiche Verbindung zu billigen, aber man hat ihn beschuldigt, er habe seine Position mittelst dieser Sekte verstärken wollen, besonders solange er geglaubt hat, dass sie einigen Einfluss auf die Königin haben könnte.«[219] Und Metternich selber nannte drei Tage später in einem Bericht an den Kaiser über Träger und Rolle des preußischen »Tugendbundes« den Freiherrn vom Stein, von Beyme und Humboldt als die führenden Vertreter und Förderer des »Tugendbundes«, der nachgerade revolutionäre Ziele verfolge. Von den genannten Personen werde allerdings behauptet, »dass sie sich desselben mehr als Hilfsmittel zur Erreichung ihrer eigenen Absichten bedient« hätten.[220]

Mit einem Wort, im Schatten von höchst negativen Gerüchten und Verdächtigungen von österreichischer Seite und umgeben vom tiefen Misstrauen Hardenbergs, das sich zum Teil aus den gleichen Quellen nährte, hätte der Beginn der Tätigkeit Humboldts als preußischer Gesandter in Wien kaum ungünstiger sein können. Da kurz nach ihm, am 21. Oktober 1810, auch seine Frau von Rom nach Wien gekommen war – damit endete nach mehr als zwei Jahren die Zeit ihrer erneuten Trennung –, besitzen wir im Unterschied zu den zwei Jahren davor, in denen er in Königsberg und Berlin tätig gewesen war, keine unmittelbaren Zeugnisse aus seiner Feder, wissen also auch nicht, wie er persönlich mit diesen für ihn höchst ungünstigen Umständen umgegangen ist. In seiner amtlichen Korrespondenz jedenfalls hat er all das beiseitegeschoben und sich, seiner Instruktion vom 14. August 1810 folgend, darauf konzentriert, Metternichs Vertrauen zu erwerben, mit dem französischen Gesandten Otto freundschaftliche Verbindungen anzuknüpfen und bei seinem Verkehr mit dem russischen Gesandten, dem Grafen Stackelberg, keine allzu große Nähe anzustreben. In der Verfolgung dieser generellen, sehr allgemein

formulierten Ziele und der Erfüllung der Aufgaben, die sich daraus ergaben, konnte er freilich wohl nicht mehr als die pflicht-
bewusste Ableistung eines amtlichen Dienstes sehen, nichts, was
ihn innerlich wirklich in Anspruch nahm. Das Gesandtengeschäft,
schrieb er 1812 an Wolf, sei so locker und lose, dass es ihn nicht
über Gebühr beschäftige.

Wohl aber gaben sich Humboldt und seine Frau wie in den
Jahren in Rom dem gesellschaftlichen Leben hin, aus dem Informationen über die vorherrschenden Strömungen und Ideen in
der Wiener Gesellschaft zu ziehen ja gewissermaßen zu seinen
amtlichen Pflichten zählte. Wie schon in Paris, in Rom und in Berlin waren es vor allem die in dem lebenslustigen Wien besonders
umschwärmten Damen wie die ebenso schöne wie intrigante und
leichtfertige Fürstin Bagration oder ihre Konkurrentin, die Herzogin Wilhelmine von Sagan, auf die Humboldt seine Augen richtete und denen er zugleich den Hof machte. Über einen Aufenthalt
in einem der böhmischen Schlösser der Sagan berichtete er einmal, gewöhnlich sei man dort in einem Zimmer, wo die Bibliothek
steht, habe also immer Bücher oder Kupferstiche zur Hand. »Wird
gespielt, so lese ich ganz ruhig. Gegen mich ist die Herzogin sehr
artig, und sogar mehr als das, selbst freundschaftlich. Ich bin mit
ihr wie mit allen Damen dieser Art. Ich liebe einmal diese Art
nicht«, fuhr er fort, »aber ich habe mich recht daran gewöhnen
müssen, und so geht es denn so hin. Im Grunde aber sind es über-
tünchte Gräber, und mit den Frauen ist es recht so, dass nur das
Edelste und Gebildetste befriedigt.«[221]

Rasch erwarb sich Humboldt auch in Wien den Ruf, ein glän-
zender, auf vielen Gebieten hochgebildeter Unterhalter zu sein,
der, im Französischen und Spanischen ebenso zu Hause wie im
Italienischen, begabt mit glänzenden Umgangsformen, sich in
jeder Gesellschaft zu bewegen und stets den Anstoß zu geistreichen Gesprächen zu geben vermochte. So wurde er denn auch in
einen kleinen Kreis gebeten, den die Fürstin Bagration regelmäßig
zu später Stunde um sich versammelte. Und hier begegnete er,
gleichsam im intimen und privaten Rahmen, dem erst vor kurzem
zur Leitung der österreichischen Außenpolitik berufenen, vorher

als österreichischer Gesandter in Paris tätigen Metternich, jenem Mann, mit dem in ein näheres Verhältnis zu kommen ihm seine Instruktion ausdrücklich aufgetragen hatte.

Verhältnis zu Metternich

Anders als der stets distanzierte und trocken-kühle Hardenberg war der ursprünglich vom Rhein stammende Metternich jemand, der sich in seinen privaten Beziehungen stark von seinem persönlichen Eindruck und seinen Sympathien leiten ließ. Im Hinblick auf Humboldt hatte ihn der österreichische Gesandte in Berlin, der Graf Bombelles, wie schon gesagt, ausdrücklich gewarnt: »Die Liebenswürdigkeit seiner Formen steht im pikanten Gegensatz zu der Hässlichkeit seiner Züge; ohne Mühe gewinnt er sich mittels gut gespielter Biederkeit ein Vertrauen, das ihm rückhaltlos zu gewähren nicht klug wäre.« Nachdem Metternich Humboldt, nicht zuletzt durch ihr Zusammentreffen in dem kleinen Kreis um die Fürstin Bagration, auch privat näher kennengelernt hatte, hieß es im Gegensatz dazu schon wenig später in einem Brief Metternichs an Bombelles, man habe in Wien allen Grund, mit Humboldt zufrieden zu sein. Und ihr persönliches Verhältnis blieb auch trotz der scharfen Gegensätze, die zwischen Österreich und Preußen 1813 aufbrachen, zunächst weitgehend ungetrübt, wobei Gentz, Humboldts Jugendfreund aus Berliner Zeiten, der inzwischen, seit 1812, zu einem der engsten Mitarbeiter Metternichs geworden war, im Weiteren wohl eine persönlich-vermittelnde Rolle gespielt hat.

So hatte sich Humboldt gleichsam auf umgekehrtem Wege, über die Wiener Gesellschaft, Zugang zur österreichischen Politik verschafft. Von seinem Vorgesetzten, von Hardenberg, mit größtem Misstrauen beobachtet, hatte er privaten Kontakt zu dessen formalem Gegenspieler, zum österreichischen Außenminister, geknüpft, der freilich die privaten nie mit den offiziellen Beziehungen verband, sondern beides sorgfältig voneinander trennte. Und auch Humboldt war viel zu sehr ein urbaner Weltmann, als dass er die beiden Bereiche zu eng miteinander verbunden hätte – einerseits.

Andererseits hat er in seinen Gesandtschaftsberichten aus seiner persönlichen Einschätzung der Beziehungen Preußens zu Österreich und allgemein des Verhältnisses der europäischen Großmächte zueinander, insbesondere zu Frankreich, kein Hehl gemacht und auch nicht darüber, wie er die weitere Entwicklung vom Standpunkt Preußens aus sah. Ebenso ließ er keinen Zweifel daran, welche Politik er von Preußen her gesehen für sinnvoll und zukunftsweisend hielt. So nahm er in seinem Bericht vom 23. Januar 1811 entschieden Stellung gegen eine, wohl von Frankreich angestrebte und gewünschte, enge Verbindung der Habsburgermonarchie mit dem französischen Kaiserstaat. Sie könne am Ende zum Abschluss eines wirklichen Bündnisses zwischen beiden Staaten führen. Darin stecke eine große Gefahr. Wie groß auch immer das Unglück sei, das über Preußen gekommen sei, so habe es doch stets seine Unabhängigkeit bewahrt. Wer sein Freund und wer sein Feind sei, habe es immer selbst bestimmen können. Und es müsse nicht an der Verwirklichung von Plänen mitwirken, die den eigenen Interessen, den Interessen des Landes und seines Monarchen, widersprächen. Im Augenblick stelle sich die Situation so dar: Napoleon sei mit Spanien noch längere Zeit beschäftigt, der Bruch Frankreichs mit Russland stehe nicht unmittelbar bevor, Österreich bewahre noch seine Unabhängigkeit, es habe seine Allianz mit Frankreich noch nicht abgeschlossen. In der gegenwärtigen Lage verhalte es sich klug-abwartend. Aber das Kabinett in Wien behalte sich die Möglichkeit vor, vielleicht binnen kurzem eine andere Sprache zu sprechen und einen anderen Weg einzuschlagen.[222]

In einem ausführlichen Bericht nahm Humboldt wenig später zu Metternich, zu dessen leitenden Prinzipien und der von ihm verfolgten politischen Linie Stellung, die, wie er nachdrücklich betonte, noch lange die Politik Österreichs bestimmen werde. Er fügte freilich hinzu, diese Beschreibung bewege sich in den Grenzen dessen, was von außen zu beobachten überhaupt möglich sei. Denn er, Humboldt, betrachte es als eine der schwierigsten,

Clemens Fürst Metternich

ja vieleicht nicht lösbaren Aufgaben, herauszubekommen, wohin Metternich im Letzten ziele. Auch sei es weitgehend unmöglich, die sich rasch wandelnden Umstände vorauszusagen, die einen großen Einfluss auf diesen hätten, und noch unmöglicher, einzuschätzen, zu welchen Aktionen er dann fähig sei und zu welchen nicht. Der König kenne Metternich ja aus der Zeit seiner Gesandtschaft in Berlin zwischen 1803 und 1806 persönlich. So brauche er nicht besonders zu betonen, dass er in politisch-diplomatischer Hinsicht eine äußerst kühle Natur sei und nach außen hin niemals erkennen lasse, was er im Schilde führe.

Im Gegensatz zur weitverbreiteten Meinung, Metternich sei ganz auf Frankreich ausgerichtet und zudem von unbegrenzter Eigenliebe bestimmt, glaube er, Humboldt, nicht, dass Metternich jemals fähig sei, die Interessen seines Herren seinen eigenen zu opfern. Auch wenn er das Talent besitze, sich mit allem und jedem zu arrangieren, so wisse man doch, dass er dabei stets die jewei-

ligen Umstände vor Augen habe, sich in dieser Beziehung also
nicht an Prinzipien halte. Sicher könne man sich einen anderen
Mann an der Spitze der österreichischen Außenpolitik wünschen.
Aber in der gegebenen personellen Konstellation sei es wohl vor-
zuziehen, mit Metternich jemanden zu haben, der sich von den
jeweiligen Umständen bestimmen lasse. Was Metternichs Verhalten ihm, Humboldt, gegenüber angehe, fügte er insbesondere
mit Blick auf Hardenberg hinzu, so könne er sich dazu nur positiv
äußern und sagen, dass er es sehr bedauern würde, wenn Metternich sein gegenwärtiges Amt aufgäbe. Er sei voller Liebenswürdigkeit ihm gegenüber, und auch wenn er, Humboldt, wisse,
dass keiner mit Bestimmtheit sagen könne, dass er sein vollstes
Vertrauen besitze, so habe er ihm doch vielfach bezeugt, dass auch
das Gegenteil nicht der Fall sei.[223]

Sechs Wochen später fügte Humboldt hinzu, es würde um die
Leitung des österreichischen Staates gut aussehen, wenn die drei
Männer an der Spitze der drei wichtigsten Ministerien, die Grafen Metternich, Bellegarde und Wallis, zusammenarbeiteten, mit
gleichem Eifer und unter gegenseitiger Abstimmung ihrer Schritte. Aber der Graf Wallis sei zu halsstarrig und sehe zu isoliert nur
sein Vaterland, der Graf Bellegarde sei zu sehr ein Höfling und falle bei jedem Widerstand um. Der Kaiser und sein Generaladjutant
Kutschera und selbst Metternich freilich ließen sich oft von den
Umständen und von ihren persönlichen Beziehungen zueinander
leiten und nicht allein von dem Staatsinteresse.[224]

Es sei nicht zu bezweifeln, so Humboldt wiederum acht Wochen später, am 6. Juni 1811, dass die österreichische Monarchie
ohne Schuld der gegenwärtigen Minister sich seit dem Frieden
von Wien, 1738 nach dem Polnischen Thronfolgekrieg zwischen
Österreich und Frankreich geschlossen, in einem Zustand der
Schwäche befinde, der es nicht erlaube, energisch große Ziele zu
verfolgen. In der Tat hat Humboldt Österreichs damalige Stellung
im Rahmen der europäischen Mächtekonstellation sehr präzise
erfasst und beschrieben. Im Unterschied zu manch anderem, der
sich im Blick auf Österreich und dessen außenpolitische Hand-
lungsmöglichkeiten mancherlei Illusionen hingab, sah Humboldt

sehr genau, wie begrenzt der Spielraum des Kaiserstaats in Wahrheit war. Auch wenn man sich das vor Augen halte, müsse er freilich mit Blick auf Metternich als Person festhalten, dass er es stets besonders bedauerlich gefunden habe und weiterhin finde, dass bei ihm keine hinreichend festen Prinzipien zu finden seien und dementsprechend keine konsequente, von Prinzipien geleitete Verfolgung der wichtigen Aufgaben, die das Amt an ihn stelle. Die vergangenen Monate hätten ihn in dieser Einschätzung nur bestärkt. Je mehr man den großen Einfluss in Rechnung stelle, den dieser Minister besitze, und noch mehr den, den er in Zukunft haben werde, desto mehr müsse man es bedauern, dass er ihn nicht ganz den Funktionen seiner Stellung widme und dass er sich nicht hinreichend darum bemühe, der österreichischen Monarchie ungeachtet der äußeren Umstände, die dem entgegenstünden, das Maß an Unabhängigkeit zu verschaffen, das aufrechtzuerhalten ihm im Prinzip durchaus möglich sei.[225]

Hardenbergs Reaktion auf Humboldts Berichte

Von den unmittelbaren Zeitgenossen hat kaum jemand Persönlichkeit und Herrschaftsstil Metternichs so subtil und differenziert beschrieben wie Humboldt. Und man kann sich unschwer vorstellen, wie der eigentliche Adressat dieser Berichte, Hardenberg, sie aufgenommen hat. Anfangs bestärkten sie ihn in dem tiefen Misstrauen gegenüber der Person und deren analytischer Begabung, die ihn zu einem potentiell höchst gefährlichen Gegner machte. Im Lauf der Zeit aber gewann Hardenberg mehr und mehr die Einsicht, dass Humboldt ihm gegenüber unbedingt loyal sei und gar nicht daran denke, eine Intrige gegen ihn anzuzetteln. So entspannte sich ihr Verhältnis zunehmend und machte, unabhängig von fortdauernden Gegensätzen in einzelnen Punkten, einem Geist der Zusammenarbeit Platz, bei der Humboldt die führende Rolle Hardenbergs, jedenfalls in den für die Politik Preußens entscheidenden folgenden Jahren, nie in Frage stellte.

Die ihre Zusammenarbeit prägende Gemeinsamkeit hinsichtlich der leitenden Prinzipien zeigte sich vor allem in ihrer Beurteilung der europäischen Szenerie und der Politik der verschiedenen großen Mächte. Über Spanien und seine Einschätzung der
weiteren Entwicklung insbesondere der französisch-spanischen
Beziehungen und deren Rückwirkung auf das übrige Europa berichtete Humboldt in zwei Gesandtschaftsberichten vom Februar
und Juni 1811.[226] Er selber hatte Spanien zehn Jahre früher mit
seiner Familie viele Monate lang bereist und dabei das Land, seine
Sprache und Kultur intensiv studiert. Sein Urteil beruhte also
auf sehr genauen Kenntnissen der Geschichte und Mentalität der
Spanier.

Den Ausgangspunkt seines Berichtes bildeten die spanischen
Nachrichten über die ersten Sitzungen der Cortes, der Verfas-
sunggebenden Versammlung in Cádiz, ab Ende September 1810.
Man dürfe keine zu großen Hoffnungen auf die Cortes setzen, vor
allem auch, was die Entwicklung des künftigen Verhältnisses Spaniens zu Lateinamerika angehe. Einer der Abgeordneten habe erklärt, ohne die Bewahrung der Herrschaft über Lateinamerika sei
Spanien verloren, eine Bemerkung, die von besonderem Gewicht
für die Zukunft sein könne in einem Augenblick, in dem, wenn
sich die Nachrichten aus Mexiko bestätigten, alle spanischen Kolonien sich von Spanien lösten. Damit fasste Humboldt indirekt,
aber in der Beurteilung der Grundtendenz sehr klar das ins Auge,
was die Beziehung zwischen Spanien und den übrigen europäischen Mächten bestimmen sollte. Bemerkenswert waren daneben
seine Bemerkungen über die Vermischung des demokratischen
Gedankens mit der fortbestehenden Anhänglichkeit der Spanier
an die alte Dynastie der Bourbonen.

Besonders interessant für die künftige Entwicklung der Verhältnisse in Spanien selber und hinsichtlich deren Beziehungen
zum übrigen Europa aber sei die Frage, so betonte er in seinem
zweiten Bericht von Anfang Juni 1811, ob Spanien nach dem
Ende des jetzigen Krieges von den Kräften des Alten bestimmt
werde, deren Repräsentant Ferdinand VII. im Lande ganz fremd
geworden sei und der nur noch wenige Anhänger besitze, oder ob

die Vertreter des Neuen mit ihrem Bekenntnis zu den Prinzipien
der demokratischen nationalen Selbstbestimmung die Oberhand
behalten würden.

Diese Berichte zeigen, wie sehr Humboldt – auch wenn er in
den vergangenen anderthalb Jahren in erster Linie mit den zentralen Fragen der preußischen Kultur- und Wissenschaftspolitik
und deren Umbau beschäftigt gewesen war – gleichzeitig über die
Jahre als Diplomat in Rom und durch seine langjährige Zeit im
Ausland hinweg mit der europäischen Szenerie und ihren Problemen vertraut geblieben war. Er verfügte, wie sich immer wieder
zeigte, hier über ein ebenso intensives wie kenntnisreiches Urteil.
Es dokumentierte, dass er nicht nur aus innenpolitischen Rück-
sichten in die erste Reihe der preußischen Diplomaten aufgestiegen war, sondern aufgrund seiner herausragenden diplomatischen
Fähigkeiten, die Hardenberg, bei allem Misstrauen, von Anfang
an voll anerkannte.

Wie berechtigt dieses Urteil war, zeigte sich vor allem an
Humboldts Berichten und Einschätzungen der politischen Gesamtsituation Europas im Vorfeld und nach Beginn des russisch-
französischen Krieges 1812 mit Schwerpunkt auf Österreich und
natürlich auf Preußen selber. Metternich, so führte er aus, gebe
sich keinem Zweifel hin, welch geringes politisches Gewicht die
österreichische Monarchie im Augenblick besitze und wie sehr sie
in Gefahr sei, noch mehr an Bedeutung zu verlieren nach einem
weiteren militärischen Erfolg Frankreichs und einer entsprechenden Vergrößerung von dessen Herrschaftsbereich. Der Grund
dafür seien sicher ganz allgemein die politischen Umstände. Aber
es sei nicht zu übersehen, dass die Schuld daran ebenso die innere
Verwaltung des Kaiserstaates, das Fehlen der Einheit der Regierung trage. Russland aber ziehe aus dieser Schwäche der österreichischen Monarchie mit Sicherheit den Schluss, dass Österreich
nicht in der Lage sein werde, so Humboldt, seine Kräfte in eine aktive Teilnahme an einem eventuellen russisch-französischen Krieg
einzubringen. Für Napoleon liege es in dieser Situation nahe, so
Humboldts Schluss, von sich aus die Initiative zu ergreifen, um
endgültig sein Weltreich zu errichten.

Am 24. Juni 1812 ergriff dann Napoleon tatsächlich die Initiative und überschritt mit 420 000 Soldaten den Njemen. Wie aber sollte sich Preußen – und hier kam, jedenfalls indirekt, neben dem die Situation bloß analysierenden Diplomaten der auf aktives Handeln drängende Politiker zum Zuge – dazu verhalten? Preußen müsse sich zunächst angesichts der Schwäche und der Zurückhaltung Österreichs, so legte er nahe, seinerseits ganz zurückhalten und abwarten, wie sich die Verhältnisse durch den Krieg entwickelten. Als sich dann aber im Herbst die Situation durch den erfolgreichen Widerstand Russlands grundlegend veränderte, betonte er, dass Russland nun wohl zu einem raschen Friedensschluss bereit sein werde, der für alle Nachbarn Russlands verhängnisvoll sein werde, die es verabsäumt hätten, Frankreich in Schranken zu halten. Am 19. Dezember 1812, mit dem Ende des Feldzugs, sah er für die europäischen Mächte eine ganz neue Chance sich eröffnen und zog daraus, wieder mit Blick auf Preußen, einen sehr weitreichenden Schluss.

Es scheine, schrieb er, evident, dass Frankreich den Höhepunkt seiner Erfolge erreicht habe und dass sein Niedergang nun beginne. Es bedürfe nur eines energischen und gut aufeinander abgestimmten Vorgehens der übrigen Höfe, um das alte System des Gleichgewichts und der Unabhängigkeit der anderen europäischen Mächte wiederherzustellen, das allein in der Lage sei, wie er pathetisch hinzufügte, die allgemeine Ruhe und das persönliche Glück in Europa zu sichern. Wie aber sollten sich die europäischen Großmächte verhalten, die Frankreich gegenüberstanden, also Russland, Österreich, England und Preußen? Sollten sie sich zum Ziel setzen, die gegenwärtige französischen Regierung und mit ihr das ganze System des französischen Kaisertums militärisch vernichtend zu schlagen und damit zu beseitigen, oder sollten sie sich damit begnügen, einen Frieden zu schließen, der dauerhaft oder jedenfalls für lange Zeit verhinderte, dass Frankreich in die Lage versetzt würde, seine bisherige Überlegenheit wiederzugewinnen?

Wenn Russland und England das erstgenannte Ziel verfolgten, fuhr Humboldt, nun ganz in europäischen Zusammenhängen denkender preußischer Staatsmann, fort, so könne man mit Sicherheit voraussagen, dass Österreich an der Durchsetzung dieses Zieles nicht mitwirken werde. Die beiden Kabinette, das englische und das russische, könnten mit ihrer Politik sogar bewirken, dass Österreich sich sehr energisch gegen diese Politik aussprechen werde. Wenn es jedoch nur um einen Frieden des Ausgleichs gehe, werde Wien alle Anstrengungen unternehmen, daran mitzuwirken. Die große Frage werde aber immer sein und bleiben, ob sich Österreich mit den übrigen Mächten über die Bedingungen werde verständigen können, mit denen man den Übeln zu begegnen in der Lage sei, unter denen man gegenwärtig leide.

Es sei immer zu befürchten, dass Österreich hinter den Forderungen zurückbleiben werde, die man an Frankreich stellen müsse, um auf solide Art die Ruhe Europas zu sichern. Mit Frankreich durch die Heirat der Erzherzogin mit Napoleon verbunden und immer voller Argwohn gegenüber Russland und dessen territorialen Machterweiterungsideen, habe Österreich ein von den drei übrigen Großmächten abweichendes Interesse und könne deswegen nachsichtiger und willfähriger gegenüber Frankreich sein. Man könne daraus schließen, dass Österreich mit seiner extrem von Vorsicht diktierten Politik einem leicht und rasch geschlossenen Frieden den Vorzug geben werde. Alles hänge von dem weiteren Gang der Ereignisse ab. Österreich befinde sich in einer besonderen Situation, Preußen und Norddeutschland aber könnten sich angesichts sich verschärfender militärischer Auseinandersetzungen, die durchaus zu befürchten seien, neue Chancen eröffnen.

Auf diese Weise umriss Humboldt seine Einschätzung der politischen Lage in Europa im Vorfeld des Sieges Russlands und der sich wiederherstellenden Allianz der übrigen Mächte, also in erster Linie Österreichs, Preußens und Englands, gegen Frankreich und zog daraus in der Perspektive Preußens seine Schlussfolgerungen im Hinblick auf die politische Zukunft und die zu erwartende Haltung der einzelnen europäischen Mächte. Diese Analyse entsprach mit dem, was Humboldt aus ihr ableitete, sehr weitgehend den Anschauungen und Überlegungen Hardenbergs. Und so war es nicht weiter überraschend, dass ihre anfänglichen, von tiefem Misstrauen Hardenbergs bestimmten Gegensätze mehr und mehr zurücktraten und einem Geist der immer enger werdenden Zusammenarbeit Platz machten. Hardenberg gewann zunehmend den Eindruck, an dem für die weitere Entwicklung in Mitteleuropa und in Europa insgesamt so wichtigen Platz wie Wien einen politisch wie gesellschaftlich fest verankerten und offenbar ihm gegenüber loyalen Mitarbeiter zu haben, dessen Betrachtungsweise der außenpolitischen Situation und deren Konsequenzen für Preußen weitgehend seiner eigenen entsprach. So näherten sie sich auch in persönlicher Beziehung in jenen Monaten einander an und bildeten im Vorfeld des zur Entscheidung über die weitere Zukunft einberufenen Wiener Kongresses ein, unabhängig von Meinungsunterschieden in einzelnen Punkten und Fragen, von denen noch die Rede sein wird, eng zusammenarbeitendes Team. Hierbei stand allerdings von vornherein außer Frage, wer Koch und wer Kellner war.

Etablierung in der Wiener Gesellschaft

Humboldt und seine Frau hatten sich in der Gesellschaft der österreichischen Hauptstadt sehr rasch etabliert. Dabei kam ihnen ihre soziale Herkunft und Verankerung ebenso zugute wie ihre durch ihren bisherigen Lebensweg erworbene europäische Urbanität und Weltläufigkeit. Der Eindruck, den all das machte, wurde noch dadurch gesteigert, dass Humboldt und auch seine Frau in dem Ruf standen, sowohl geistig als auch künstlerisch ganz auf der Höhe der vorherrschenden Strömungen der Zeit zu stehen, ja diese in ihrer Person in vielfältiger Weise zu repräsentieren.

Diesen Ruf hatte Humboldt durch seine allgemein anerkannte Tätigkeit als grundlegender Reformer des preußischen Unterrichts- und Bildungswesens, als eigentlicher Begründer der Berliner Universität und als Schöpfer neuer wissenschaftlicher und künstlerischer Einrichtungen noch weiter verstärkt. Er galt allgemein als ein Mann, der sich in enger Gemeinschaft mit seiner

Frau zu allen Fragen des geistigen und künstlerischen, aber auch des gesellschaftlichen und politischen Lebens ebenso anregend und unterhaltsam wie geistvoll zu äußern vermochte. Dabei unterstellte ihm praktisch niemand, dass er sich hierbei an der Oberfläche bewege, dass er nur auf den äußeren Eindruck seines Auftretens und seiner Äußerungen aus sei. Vielmehr gewann man allgemein den Eindruck, dass er, bei aller Offenheit gegenüber Geselligkeit und Unterhaltung – die sich auch in seiner schnell allgemein bekannt werdenden Freizügigkeit gegenüber weiblichen Personen unterschiedlichen Standes dokumentierte – im Kern eine ganz auf sich selbst bezogene, sozusagen nach innen gerichtete Persönlichkeit sei.

Und in der Tat: Trotz aller seiner gesellschaftlichen und politischen Verpflichtungen in der sich neben Paris mehr und mehr zu einem Zentrum des geistigen, des künstlerischen, vor allem auch des musikalischen, des politischen und insgesamt des Lebens der Gesellschaft in Europa entwickelnden österreichischen Hauptstadt beharrte er auf dem ihn von allem Anfang leitenden Grundsatz, dass das Leben vor allem einem zu dienen habe: der Entwicklung und Fortbildung der eigenen Persönlichkeit. Dem lag eine, wenn man so will, höchst egoistische, ganz auf sich selbst, auf seine eigene Individualität bezogene Idee zugrunde. Aber sie trug ihn und sein ganzes Leben. In ihrem Sinne wandte er sich stets aufs Neue dem Ideal des antiken Menschentums zu, wie es sich seiner fest begründeten Vorstellung nach aus den künstlerischen und literarischen Zeugnissen erschließen ließ.

In diesem Sinne beschäftigte er sich auch in Wien mit seiner Übersetzung des »Agamemnon« und mit der Übertragung der Oden Pindars, die ihm den tiefsten Einblick in die Ideen und die Vorstellungswelt des antiken Menschen verhießen. Gleichzeitig griff er seine These von der grundlegenden Bedeutung der Sprache für die geistige Formung des Menschen und die Bestimmung seiner ganzen Ideen- und Vorstellungswelt wieder auf. Als erstes und zugleich exemplarisches Beispiel dafür hatte ihm zwölf Jahre zuvor das Baskische gedient, dem er sich unter anderem auf seinen zwei Reisen erst nach Spanien und dann speziell ins Baskenland

gewidmet hatte. Diesem Beispiel wandte er sich nun, 1811/12, aufs
Neue zu und kündigte im Dezemberheft 1812 der von Friedrich
Schlegel herausgegebenen Zeitschrift »Deutsches Museum« eine
Schrift »über die Vaskische Sprache und Nation, nebst Angabe des
Gesichtspunctes und Inhalts derselben« an.[227] Der »Unterschied
der Nationen« drücke sich, so hieß es darin, »am bestimmtesten
und reinsten in ihren Sprachen« aus, freilich nicht isoliert, sondern indem in der Beschreibung dieser Nationen »das Studium
der Sprache mit dem der Sitten und der Geschichte zusammen-
stossen«. Das sei die in seiner Schrift wie in vielen anderen zu
leistende Aufgabe. Hier zeichnete sich im grundsätzlichen Ansatz
das ab, was ihn dann nach seinem Ausscheiden aus dem preußischen Staatsdienst Ende 1819 die letzten fünfzehn Jahre seines
Lebens beschäftigen sollte.

In Wien ist er freilich über die Ankündigung dieser ersten
Schrift auf dem Gebiet nicht hinausgekommen. Die wachsenden
Belastungen, denen er als einer der führenden Diplomaten Preußens mit Sitz in der Hauptstadt der habsburgischen Monarchie
seit 1812 ausgesetzt war, ließen ihm kaum noch für etwas anderes
Zeit. Als er im Sommer 1812 im Anschluss an einen Urlaub auf
den thüringischen Gütern seiner Frau nach Berlin kam, bot sich
ihm Gelegenheit zu ausführlichen Gesprächen mit dem preußischen Staatskanzler, mit Hardenberg. Sie tauschten sich dabei
über ihre sehr ähnlichen Ansichten über die Gegenwart und die
zu erwartende Zukunft der europäischen Angelegenheiten und
darüber aus, welche Schritte als Nächstes einzuleiten seien und
wie sich das Verhältnis zu Österreich und zu Russland mit Blick
auf den Hauptgegner Frankreich und auf die europäische Gesamtsituation von Preußen aus gestalten solle.

In diesen Gesprächen räumte Humboldt nun die Bedenken, ja
das Misstrauen, das Hardenberg ihm gegenüber lange Zeit gehegt
hatte, fast vollständig aus, und es stellte sich zwischen ihnen Zug
um Zug ein engeres Vertrauensverhältnis her. In den folgenden
Monaten hat ihn Hardenberg zu den wichtigsten politischen Geschäften herangezogen und ihn, anders als in den Jahren davor, zu
seinem wichtigsten außenpolitischen Mitarbeiter gemacht.

Humboldts Gesandtschaftsberichte aus Wien in den folgenden Monaten spiegeln bis in ihre Diktion und die Art der Argumentation hinein dieses neue enge Vertrauensverhältnis zwischen ihm und dem König beziehungsweise Hardenberg wider. Wie der Monarch, wie Hardenberg, so wurde auch Humboldt zunehmend von dem Gedanken erfasst, dass es zwischen der zurückweichenden französischen und der nachdrängenden russischen Armee auf preußischem Boden zu kriegerischen Zusammenstößen kommen könne, die Preußen neuerlichen finanziellen und materiellen Belastungen durch Frankreich aussetzen würden. Bereits am 30. Dezember 1812 hatte der preußische General von Yorck wohl unter geheimer Zustimmung der preußischen Regierung mit dem russischen General von Diebitsch die Konvention von Tauroggen geschlossen, die eine vorläufige Neutralisierung seiner Truppen vorsah – also praktisch ein erster Schritt zu einem Bündnis mit dem Zarenreich. Wenige Tage später, Anfang 1813, war der preußische Oberst von Knesebeck in geheimem Auftrag des preußischen Königs in Wien erschienen, um, durch Humboldt in intensiven Gesprächen vor allem mit Metternich sehr aktiv unterstützt, die österreichische Regierung zur bewaffneten Vermittlung zu bewegen und ein gemeinsames österreichisch-preußisches Programm zur Wiederherstellung der Unabhängigkeit Deutschlands zu vereinbaren.

Humboldt hatte sich in diesen Tagen ganz den Auffassungen der Reformer in Preußen angeschlossen, die zum Anschluss an den russischen Krieg gegen Frankreich drängten, und suchte in diesem Sinne auf Metternich einzuwirken, eine preußisch-österreichische Allianz herbeizuführen. Metternich freilich zögerte. Neben der noch sehr mangelhaften militärischen Aufrüstung der Monarchie und der ängstlich-zögerlichen Haltung des Monarchen leitete ihn, die europäische Gesamtsituation stets vor Augen, vor allem die Sorge, dass ein vollständiger Sieg Russlands im Zusammengehen mit den beiden mitteleuropäischen Großmächten, Preußen und Österreich, Russland zur neuen Hegemonialmacht in Europa machen werde, also an die Stelle der französischen die russische Vormacht setzen würde – wieder unter Zerstörung des

europäischen Gleichgewichts, wie es sich im 18. Jahrhundert seiner Überzeugung nach zum Nutzen aller herausgebildet hatte.

Humboldt hingegen sah die Verhältnisse vom Standpunkt
Preußens aus ganz anders. Unabhängig von der augenblicklichen
Verschiebung der militärischen Kräfteverhältnisse zugunsten
Russlands, die wesentlich auf die alle Welt, auch Napoleon, über-
raschende Taktik Russlands des gezielten Rückzuges im Herbst
1812 und den in diesem Ausmaß sehr früh und heftig einsetzenden
Wintereinbruch zurückzuführen sei, sah er Frankreich nach wie
vor als die militärisch und politisch überlegene Macht an, mit der
Russland allein nicht fertig werden würde. Der vorauszusehende
weitere erbitterte Kampf würde sich vor allem auf mitteleuro-
päischem Gebiet, also speziell in Preußen und den angrenzenden
Territorien, abspielen. Und erst dann, wenn sich die Siegesschale
tatsächlich zugunsten Russlands neigen würde, so Humboldts geheime weitere Überlegung, würde Österreich gleichsam als Deus
ex machina auftreten und seinerseits unter Schonung Frankreichs
auf einen Ausgleich hinarbeiten und damit die Grundlage für seine eigene künftige Vorrangstellung schaffen.

Humboldts erklärtes und von Anfang an mit Energie verfolgtes
Ziel war es also, die Habsburgermonarchie möglichst früh in ein
enges Bündnis mit Russland und Preußen hineinzusteuern. Mit
diesen drei Mächten sollte eine gemeinsame Politik mit dem Ziel
eingeleitet werden, Frankreich definitiv Grenzen zu setzen und
eine Ordnung zu errichten, die auf der prinzipiellen Gleichheit
der fünf Großmächte beruhte. Um eine solche Ordnung zu erreichen und dauerhaft zu sichern, müssten natürlich, dieser Gedanke
stand im Hintergrund der gesamten Konzeption, die Machtverhältnisse in Europa im Sinne eben des künftigen Gleichgewichtes
neu reguliert werden – ein Satz, bei dem er vor allem und in erster
Linie Preußen im Auge hatte, den Staat, der durch den Siegfrieden
Napoleons im Anschluss an die Niederlage von Jena und Auerstedt
1806 territorial und materiell mit am stärksten getroffen gewesen
und auf den Rang einer Mittelmacht herabgedrückt worden war.
Es ging Humboldt also im Klartext darum, Frankreich dauerhaft
zu schwächen und zu bestrafen und Rache zu nehmen für das,

was Frankreich Preußen, dem Land Friedrichs des Großen und zugleich der Aufklärung, angetan hatte.

Diese letzte Zielsetzung musste er, der mit Metternich eng
kooperierende preußische Geschäftsträger in Wien, allerdings
sorgfältig verborgen halten. Es galt nach außen hin, sich ganz auf
den Standpunkt eines auf Ausgleich und Vermittlung setzenden
europäischen Diplomaten zu stellen, dem es in erster Linie um die
europäische Gesamtordnung zu tun sei. In diesem Sinne trat er in
seinen Gesprächen mit Metternich auf, umschrieb ihm werbend
die Vorteile einer dauerhaften preußisch-österreichischen Allianz
mit dem Ziel einer gemeinsamen Regelung der deutschen, der
mitteleuropäischen Verhältnisse.

Aber auch im Hinblick auf Preußen selber musste er sich mit
seinen letzten Zielen, zunächst jedenfalls, zurückhalten. Anfang
Februar 1813 hatte der Freiherr vom Stein gemeinsam mit Ernst
Moritz Arndt in Königsberg den ostpreußischen Landtag zur Teilnahme am Kampf gegen Napoleon aufgerufen, angeregt durch einen Brief des Zaren an Yorck, in dem dieser ihm versichert hatte,
dass Russland den Krieg gegen Napoleon sowohl zur Befreiung
Europas als auch zur Wiederherstellung Preußens fortsetzen werde. Der König, der Hof und auch das Ministerium unter Hardenberg zögerten jedoch zunächst, sich diesem Kurs ihrerseits anzuschließen, obwohl der Monarch bereits Ende Januar 1813 aus
dem von Napoleons Truppen beherrschten Berlin nach Breslau
umgesiedelt war. Unter dem Eindruck spontaner antifranzösischer
Aufstände und der zum Handeln entschlossenen »Aktionspartei«
der Reformer vollzog der bisher schwankende Hardenberg eine
Wende. Er veranlasste den König am 27. Februar 1813 in Breslau und einen Tag später im Hauptquartier des russischen Ober-
befehlshabers in Kalisch, mit Russland ein Bündnis zu schließen
und sich damit definitiv gegen Frankreich zu stellen.

Begeistert kommentierte Humboldt den Abschluss des Kalischer Bündnisses, das ihm den Weg für eine glückliche Zukunft
Europas und insbesondere Preußens zu öffnen schien. Er könne
nur seine große Freude darüber ausdrücken, in welcher Form
und wie weise und gerecht der Bündnisvertrag abgeschlossen

worden sei, schrieb er am 12. März 1813 aus Wien. Er habe die
Grundlagen für ein neues politisches System in Europa gelegt.
Und wenn die Vorsehung die Sache der Koalitionsmächte fördere,
dann werde Europa eine lange und ruhige Phase erleben, gegründet auf die Prinzipien der Gerechtigkeit und der Gleichheit, und
sich von dem System befreien, dem es so lange unterworfen gewesen sei.[228] Der Vertrag von Kalisch sei allerdings, fügte er zwei
Tage später in einem Privatbrief an Gneisenau hinzu, der einer
der treibenden Kräfte der ganzen Entwicklung gewesen war, nur
ein erster Anfang. Entscheidend für alles Weitere werde sein, wie
sich die Habsburgermonarchie nun verhalte. Und darauf Einfluss
zu nehmen sei die Aufgabe, die ihm hier, in Wien, gestellt sei.

Er gebe sich dabei freilich keinen Illusionen hin. Die Rolle,
die ihm bei der ganzen Entwicklung zugeteilt sei, könne »weder
eine angenehme noch eine solche genannt werden, die glänzen-
de Erfolge verspricht. Es ist eigen, dass Preußen und Österreich
Kräfte sind, die sich immer schwer durch gegenseitigen Antrieb
in Bewegung gesetzt haben. Allein die wirkliche Überwindung
der Schwierigkeiten wäre hier auch so groß und wichtig, dass ich
meine Stelle jetzt um alles in der Welt mit keiner andern vertauschen möchte, und mit Freuden das einmal Angefangene zu Ende
führe. Ich kann auch nicht leugnen«, fuhr er fort, »dass ich noch
immer lebhafte Hoffnungen hege, wenn Zeit, Umstände und Ge-
duld (nicht die meinige, sondern die der Höfe) nur erlauben, einen
langsamen und verflochtenen Gang zu gehen. Was aber immer
das Entscheidendste für mich gewesen ist«, so schloss er, »ist, dass,
wie es auch hier aussehen mochte, Rußland und Preußen doch
immer, meiner innigsten Überzeugung nach, gerade so handeln
mussten, als sie gehandelt haben. Dies richtige Handeln dieser
beiden Mächte musste auch ein richtiges hier befördern; denn es
ist überhaupt allemal falsch, denjenigen, dessen man bedarf, abzuwarten, um sich auf ihn zu stützen; man gehe nur vor und man
zieht ihn unfehlbar nach sich.«[229]

Humboldts außenpolitische Konzeption

Humboldt verfolgte also von nun an, zunächst in enger Abstimmung mit Hardenberg, ein sehr klares Konzept. Mit Russland, das die Wiederherstellung des preußischen Territoriums in der alten Form zugesichert hatte, sollte man fest und dauerhaft zusammengehen. Gleichzeitig sollte mit aller Energie versucht werden, Österreich, das offenbar einen anderen Kurs zumindest ins Auge fasste, möglichst eng an das russisch-preußische Bündnis heranzuführen und gemeinsam mit ihm und der Habsburgermonarchie die Neuordnung Europas, sprich der Verhältnisse der europäischen Großmächte, in die Hand zu nehmen. Erstes Ziel müsse es dabei sein, Frankreich militärisch und politisch so weit zu schwächen, dass es in Zukunft keine Hegemonialbestrebung mehr entfalten könne. Was schließlich die fünfte Großmacht, nämlich England, anging, so setzte Humboldt darauf, dass dessen Hauptinteresse, in der historischen Tradition des Landes, der Aufbau und die Bewahrung des europäischen, des kontinentaleuropäischen Gleichgewichts, also wiederum vor allem des Gleichgewichts zwischen den kontinentaleuropäischen Großmächten, sei – mit England als Zünglein an der Waage.

Für dieses Konzept kämpfte Humboldt in den nächsten Monaten und Jahren. In Preußen fand er dabei, wie schon gesagt, zunächst die volle Unterstützung des Staatskanzlers Hardenberg, wenn dieser auch die schroffe Frontstellung Humboldts gegen Frankreich nicht im gleichen Maße teilte. Auch die russische Politik sah er ganz auf der Linie eines engen und dauerhaften Zusammenwirkens mit Preußen. Hatte Russland doch in einem Geheimartikel des Kalischer Bündnisses zugesichert, »die Waffen nicht eher niederzulegen, bis Preußen seinen ganzen früheren, statistischen, geographischen, finanziellen Zustand wieder erlangt haben werde und wieder geworden sei, was es vor dem Krieg gewesen – nur mit Ausnahme der alten hannoverschen Besitzungen«. Ferner wurden Preußen von Russland West- und Ostpreußen und die spätere Provinz Posen zugesichert. Das Hauptmotiv Russlands

war dabei, das wusste natürlich auch Humboldt, mit dem wieder-
hergestellten Preußen eine Machtposition gegenüber Österreich
aufzubauen, der Macht, die nun wahrscheinlich die führende Position neben Russland in Kontinentaleuropa erlangen würde.

Österreich einzubinden und zugleich jedem Versuch der Monarchie Grenzen zu setzen, seinerseits die Hegemonie in Kontinentaleuropa zu erlangen, darin sah Humboldt, der diplomatische
Vertreter Preußens am österreichischen Kaiserhof, seine eigentliche Aufgabe. Seine persönlich enge Beziehung zu Metternich,
dessen nahezu ausschließliche Bindung an die Interessen Österreichs, wie er sie sah, und dessen von allen Prinzipienfragen weitgehend abstrahierende diplomatische Beweglichkeit ihm nur allzu
vertraut geworden waren, sah er dabei als jemanden an, dem man
mit äußerster Vorsicht begegnen müsse. Er ahnte, dass Metternich
versuchen würde, Österreich möglichst viele Alternativen offen-
zuhalten und dass er auch nicht zögern würde, Frankreich so oder
so im Spiel zu halten, um dadurch, etwa auch im Bündnis mit
England, ein Gegengewicht gegen die immer deutlicher werdende
russisch-preußische Allianz aufzubauen. Humboldts Hauptziel
war es demnach, Frankreich nach einem Sieg über den Kaiserstaat so weit wie möglich zu schwächen, um ein Zusammengehen
Österreichs mit Frankreich wenn nicht ganz zu verhindern, so
doch dessen Einfluss zu mindern.

Dabei kam ihm die mächtig aufflammende sogenannte Befrei-
ungsbewegung in Preußen und auch im übrigen Norddeutschland insofern indirekt zur Hilfe, als sie mächtige, nicht nur anti-
napoleonische, sondern antifranzösische Kräfte freisetzte, die es
Metternich und den ihm nahestehenden Kreisen außerordentlich
erschwerten, Frankreich gegenüber auch nach dessen Niederlage
einen Kurs des Ausgleichs und der Wiederannäherung zu steuern. Es war also nicht in erster Linie seine innere Verbundenheit
mit den Kräften, die diese Freiheitsbewegung trugen, ausschlag-
gebend, obwohl er fraglos mit ihnen sympathisierte – wobei er
sich, anders als die spätere nationale Geschichtsschreibung, über
die Heterogenität des Antriebe und der sozialen Zusammensetzung dieser Freiheitsbewegung durchaus im Klaren war. Be-

stimmend für ihn als preußischen Diplomaten war vielmehr die Überlegung, dass mit dem Anschwellen der nicht nur antinapoleonischen, sondern ganz allgemein antifranzösischen Emotionen, die in dem sogleich als »Völkerschlacht« empfundenen Entscheidungskampf zwischen den Alliierten und der napoleonischen Armee mit ihren verbliebenen Verbündeten im Herbst 1813 ihren Höhepunkt erreichten, das Tor für eine Wiederannäherung zwischen Österreich und Frankreich, zunächst jedenfalls, weitgehend verschlossen wurde.

Aber zurück zu dem von Humboldt lebhaft begrüßten Abschluss des Kalischer Bündnisses Ende Februar 1813. Wenig später, zwei Tage nach der formellen Kriegserklärung Preußens an Frankreich, hatte der preußische König am 17. März 1813 seine zwei berühmten Aufrufe »An mein Volk« und »An mein Kriegsheer« erlassen. In ihnen wurde an das Vorbild der Russen, der Spanier, der Portugiesen und der Schweizer in ihrem Befreiungskampf gegen die napoleonische »Fremdherrschaft« erinnert und die preußische Nation zu entsprechenden Anstrengungen aufgerufen. Aus Wien berichtete Humboldt kommentierend dazu, mit wie großem Interesse und mit welcher Freude man in Wien und in ganz Österreich die Nachrichten aus Preußen aufgenommen habe. Metternich habe sich sehr lobend über den Text der preußischen Kriegserklärung an Frankreich und auch über den Aufruf des preußischen Königs an das Volk ausgesprochen.

Wenige Tage später, am 31. März 1813, nahm Humboldt ausführlich zu der Instruktion Metternichs für den Fürsten Schwarzenberg, den späteren Oberbefehlshaber der alliierten Truppen, Stellung.[230] Grundlage dieser Instruktion sei die Darlegung eines Gleichgewichtssystems in Europa, das man als neu bezeichnen könne, da es alles ausschließe, was man bisher unter diesem Begriff umschrieben habe. Das alles werde sehr klar und differenziert dargelegt und betont, dass neben Frankreich und Russland, die beide im Kern unverwundbar seien, die beiden großen Mächte dazwischen, nämlich Österreich und Preußen, von allen Seiten, wie die Vergangenheit gezeigt habe, angreifbar seien. »Ohne Rivalität zwischen ihnen«, hieß es in der Instruktion, »verknüpft

durch die vollkommene Ähnlichkeit ihrer politischen Lage«, könne es »natürlichere Beziehungen kaum geben als die, welche seit
der fortlaufenden Vergrösserung Frankreichs und seit den Ereignissen des letzten Feldzuges, deren nothwendige Folge das Gefühl
der Unverwundbarkeit Russlands war, zwischen Oesterreich und
Preußen bestehen«. Wenn Österreich daher, durch sein Bündnis
mit Frankreich, »mitwirke zur Zerstörung der zweiten Mittelmacht [also Preußens], so würde es ohne Frage sein eigenes To-
desurtheil unterzeichnen«.

Halte sich Österreich an diese Darlegungen und an deren Prinzipien, so Humboldt, so befinde es sich in vollständiger Übereinstimmung mit denen des preußischen Bündnisses mit Russland
und schließe sich diesem faktisch bereits an. Wenn die Instruktion
freilich vor allem dazu diene, die künftigen Beziehungen zwischen
Frankreich und Österreich zu klären, so hätte man sie sich etwas
entschiedener gewünscht. Immerhin werde Frankreich ganz klargemacht, dass das Bündnis mit Österreich nur aufrechterhalten
werden könne, wenn Frankreich sich zu großen Opfern bereit
erkläre, vor allem dem Rückzug aus Deutschland, und das hieß:
der Auflösung des Bündnisses der süddeutschen Staaten, des sogenannten Rheinbundes, mit Napoleon. Sonst werde sich Österreich der Verbindung von Russland und Preußen anschließen.

Frankreich werde, betonte Humboldt, auf die hier formulierten
Bedingungen, unter denen Österreich weiter mit Frankreich zu-
sammenarbeiten wolle, niemals eingehen. Also werde sich Österreich über kurz oder lang dem Bündnis zwischen Russland und
Preußen anschließen und damit zugleich dem folgen, was sich
in dem Verhältnis der beiden Monarchen, des österreichischen
und des preußischen, schon seit langem angekündigt habe und
was auch den Wünschen beider Völker, ja mehr und mehr ganz
Deutschlands entspreche. Die objektiven Interessen beider Staaten wie auch die immer deutlicher werdenden aufeinander bezogenen Emotionen und Stimmungen der Bevölkerung in jedem
von ihnen sprächen also für ein festes und dauerhaftes Zusammengehen zwischen ihnen. Österreich und Preußen stünden und
fielen miteinander. Ehemals Nebenbuhler, seien sie heute natür-

liche Verbündete. Die Einheit ihrer Interessen bedinge die Einheit ihrer Politik. Ausdrücklicher Verträge, bestimmter Bürgschaften bedürfe es nicht, um ihnen die Linie gleichlaufenden Verhaltens einzuschärfen. Diese Einheit wieder aufzulösen sei unmöglich. Wenn sich Österreich anders verhielte und sich gegen Preußen stellte, so käme das einem politischen Selbstmord gleich.

Geleitet von dieser Grundüberzeugung, hat Humboldt in den folgenden Monaten die einzelnen Schritte Österreichs in seinen Gesandtschaftsberichten kommentiert. Dabei ging er stets davon aus, dass auch Österreich, sprich Metternich, die völlige Gleichstellung beider Mächte in Deutschland und auf der europäischen Bühne als Idee und Ziel vor Augen habe. Metternich freilich blieb auch in dieser Situation, wie dann immer deutlicher wurde, ganz ein nüchterner Machtpolitiker alten Stils, der sich allein von seiner Einschätzung des Machtinteresses seines Staates, der Habsburgermonarchie, leiten ließ. Und er traf sich darin indirekt mit den gleichgerichteten Überlegungen des preußischen Staatskanzlers, seines, wie schrittweise immer deutlicher wurde, nicht allein Partners, sondern zugleich Gegenspielers auf der deutschen und auch auf der europäischen Bühne.

Humboldt aber glaubte noch längere Zeit, dass Metternich und mit ihm der habsburgische Staat an der Idee der völligen Gleichberechtigung der beiden großen deutschen Mächte festhalten und gemeinsam und in engem Kontakt miteinander die Neuordnung der deutschen Verhältnisse in die Hand nehmen und durchsetzen würden. Zunächst aber ging es für ihn darum, Österreich, das unter Metternichs Führung monatelang abwartend blieb und nach einer Stellung der Habsburgermonarchie Ausschau hielt, die ihr eine ausgleichende und vermittelnde Stellung zwischen den Kriegsparteien einräumen würde, auf die Seite Russlands und Preußens zu ziehen und zum Kriegseintritt gegen das napoleonische Frankreich zu bewegen. Weiterhin in stetem Kontakt mit Metternich und mit Gentz, seinem Freund aus Berliner Tagen, der inzwischen zum engsten Berater von Metternich geworden war, hat er seine ganze Kraft und seinen ganzen Einfluss dafür eingesetzt, Österreich für das russisch-preußische Bündnis zu gewin-

Friedrich Gentz

nen, das sich seit Ende Februar 1813 definitiv gemeinsam im Krieg
gegen das napoleonische Frankreich befand.

Dabei setzte er zugleich, auch wenn er das Metternich und
Gentz gegenüber zu verschleiern versuchte und immer wieder die
gleichgewichtspolitischen Argumente hervorhob, auf die Ideen
der preußischen Kriegspartei, die in dem Kampf um die Befreiung
von der Herrschaft Napoleons, von der, wie man betonte, »Fremdherrschaft«, gleichzeitig ein Ringen um die innere Freiheit Preußens und der deutschen Nation sah. Das »Volk«, so erklärten ihre
Vertreter, sei aufgerufen, die Herrschaft nicht nur von äußeren

Feinden, von Napoleon und von den Franzosen, abzuschütteln, sondern für Freiheit und Selbstbestimmung auch im Innern zu kämpfen. Das Ganze sei also in doppeltem Sinne ein Freiheitskampf, ein Kampf um die Freiheit in den einzelnen Staaten und ein Kampf um die Freiheit der gesamten deutschen Nation.

Solche Ideen erschreckten freilich nicht nur die Monarchen, den österreichischen Kaiser ebenso wie den preußischen König. Sie erschreckten auch die meisten der führenden Politiker in den einzelnen Staaten mit Metternich an der Spitze. Darauf musste Humboldt, der in jenen Monaten mehr und mehr zum eigentlichen Verhandlungsführer der preußischen Seite wurde, allergrößte Rücksicht nehmen, wollte er nicht sein Hauptziel verfehlen, Österreich an das russisch-preußische Bündnis heranzuführen und schließlich zum Kriegseintritt auf dessen Seite zu bewegen. Hier entfaltete Humboldt in den langen Gesprächen, die er mit Metternich und mit Gentz, zuerst noch in Wien und dann in Böhmen, an der böhmisch-schlesischen Grenze, führte, wohin er dem österreichischen Kaiser und Metternich auf den ausdrücklichen Wunsch Hardenbergs hin gefolgt war, sein ganzes diplomatisches Geschick. Er stellte nicht nur die gleichgewichtspolitischen Überlegungen im Hinblick auf die Neuordnung der europäischen Verhältnisse ins Zentrum, sondern betonte gleichzeitig, dass alles darauf ankomme, dass die deutschen Großmächte, Österreich und das wiederherzustellende Preußen, eine gemeinsam handelnde Einheit sowohl gegenüber Frankreich als auch gegenüber Russland bildeten, das besonders Metternich mit großem Misstrauen beobachtete. Zwar hob er die Einheit und gleichzeitig die völlige Gleichberechtigung der beiden Mittelmächte hervor, ließ aber doch durchblicken, dass Preußen in einem künftigen Bündnis bereit sei, eine gewisse Führungsrolle der alten gesamtdeutschen Kaisermacht anzuerkennen. Mit einem Wort: Zentral sei auch für Preußen das Zusammenwirken der beiden mitteleuropäischen Mächte, für das er in seiner ganzen Wiener Zeit immer wieder eingetreten sei und weiter eintreten werde.

Natürlich ließ sich Metternich, der alle denkbaren Alternativen ins Auge fasste, von solchen Bekundungen unbedingter Koope-

rationsbereitschaft nicht vollständig überzeugen. Aber er sah in
ihnen doch ein Fundament für eine Politik, die sich ihm nach Lage
der Dinge mehr und mehr aufdrängte.

Zunächst hatte sich Österreich unter Metternichs immer entscheidender werdenden Führung weitgehend zurückgehalten –
sehr zur Enttäuschung Humboldts, der seine wachsende Em-
pörung über Österreichs Haltung nur mit großer Mühe unter
Kontrolle halten konnte; davon zeugen seine Gesandtschaftsberichte vom Frühjahr und Frühsommer 1813.[231] Erst als in den
Schlachten der Franzosen gegen die russisch-preußischen Truppen bei Groß-Görschen und Bautzen, die jeweils mit einem Sieg
der französischen Armeen endeten, deutlich geworden war, dass
von einer grundsätzlichen Überlegenheit des Bündnisses nicht
die Rede sein konnte, sah Metternich die Gelegenheit gekommen,
sich aus einer starken Position heraus als Vermittler zwischen den
kämpfenden Mächten anzubieten. Auf der Basis des schon vorher zustande gekommenen Waffenstillstandes verhandelten der
österreichische Kaiser mit Metternich und der preußische und der
russische Monarch mit ihren jeweiligen engsten Beratern – auf
preußischer Seite neben Hardenberg auch Humboldt – über die
Bedingungen, die Napoleon für eine Beendigung des Krieges gestellt werden sollten. Humboldt vertrat dabei eine doppelte Frontstellung. Auf der einen Seite kämpfte er gegen das Zögern und
Schwanken, das sich auf österreichischer Seite nach wie vor zeigte. Und auf der anderen Seite wandte er sich nachdrücklich gegen
die, wie er es sah, kleinmütige Friedenspartei in der Umgebung
des eigenen Königs, die an einem endgültigen Sieg über Napoleon
zweifelte und zum Frieden selbst unter für Preußen nachteiligen
Bedingungen bereit war.

Bisher hatten Hardenberg und er, jedenfalls nach außen hin, einen Mittelkurs zwischen jenen, die für einen Ausgleich mit Frankreich eintraten, und jenen gesteuert, die einem entschlossenen
Kampf gegen Frankreich das Wort redeten, also der sogenannten
Kriegspartei, die sich zugleich insgeheim für entschiedene innen-
politische Reformmaßnahmen aussprach. Nun aber traten beide
auf die Seite der Kriegspartei, wirkten in diesem Sinne auf den

unentschlossen hin und her schwankenden König ein und ver-
traten die preußische Position, also die vollständige Wiederherstellung Preußens in den Grenzen von vor 1806 und die Gleichberechtigung des Landes mit Österreich in Mitteleuropa, mit aller
Entschiedenheit gegenüber Metternich und dem habsburgischen
Kaiser. Er rate, schrieb Humboldt in jenen Tagen an seine Frau,
»nur zum Kraftvollen« und werde das »auch ferner tun und mit
aller Macht arbeiten«. »Vielleicht geht es«, fügte er hinzu. »Geht
es nicht, so werde ich an meine Ehre denken und an die Festigkeit,
mit der man Grundsätze behaupten muß.«[232] Er kämpfe dafür,
umriss er seinen Standpunkt am 17. Juni 1813, keinen Frieden zu
machen, »in welchem Deutschland ganz so bleibt, wie es ist, und
Preußen sich in Deutschland nicht vergrößert«. Daraus ergebe
sich die Schlussfolgerung, »daß man auch entschlossen sein muß,
den Krieg auch ohne Österreich fortzusetzen«.[233]

Am 27. Juni 1813 schlossen Österreich, Preußen und Russland
die sogenannte Reichenbacher Konvention ab. In ihr wurde Österreich zum Kriegseintritt auf Seiten der Verbündeten verpflichtet,
sollte Napoleon nicht bis zum 20. Juli die Mindestbedingungen
annehmen, die die Alliierten Frankreich vorschlagen würden.
Kurz danach kam es zu jener dramatischen Unterredung zwischen
Metternich und dem französischen Kaiser im Palais Marcolini in
Dresden, in der Napoleon drohte: »Es kann mich den Thron kosten, aber ich werde die Welt unter seinen Trümmern begraben.«
Schließlich aber fand dieser sich doch bereit, den Waffenstillstand
bis zum 10. August zu verlängern und sich vor allem an einem
Friedenskongress zu beteiligen, der unter Vermittlung Öster-
reichs in Prag stattfinden sollte. Zum Vertreter Preußens wurde
Humboldt bestimmt.

Politische Rolle

Da die französischen Unterhändler Caulaincourt und Narbonne,
jedenfalls offiziell, erst drei Wochen nach den Vertretern Russlands, Preußens und Österreichs eintrafen, hatten diese genügend

Zeit, sich abzusprechen und daneben das Leben in der böhmischen
Hauptstadt zu genießen. Metternich, sein enger Berater Gentz
und Humboldt machten gemeinsam lange Abendspaziergänge
durch das sommerlich heiße Prag und tauschten ihre Meinungen
aus. Man habe immer über die »wichtigsten Dinge gesprochen«,
schrieb Humboldt gleich nach seiner Ankunft am 16. Juli an seine
Frau. »Wenn man aber auch mit Metternich nicht immer einerlei
Meinung ist, so hört er immer, geht immer ein und ist nie unbil-
lig. Schade ist's, dass er nicht den frischen Lebensmut mehr hat,
der große Geschäfte so mit eigener Lust ergreift. Er wünscht sich
unglaublich in Ruhe zurück, wie ein Reisender nach einer langen Fahrt. Mein Fall ist das nie. Ich habe sogar eine Lust an der
Verwickelung, die ich oft zurückhalten muß, und Teilnahme an
den großen und hinreißenden Begebenheiten reizt mich, wie den
Mann das Eisen.«[234]

Wenig später aber, am 25. Juli, betonte er seiner Frau gegenüber, wie einsam er sich, unabhängig von seinem mittlerweile engen Vertrauensverhältnis zu Hardenberg, politisch fühle, wie man
im preußischen Lager in den einflussreichen Kreisen gegen ihn
kämpfe. Man intrigiere auch gegen den Staatskanzler und ver-
dächtige ihn, er sei von »Tugendfreunden«, also von Mitgliedern
des »Tugendbundes«, umgeben »und vermischt mich auch sehr
leicht damit«. Und was Hardenberg selber angehe, so könne er
nicht »ohne den allgemeinen Vorwurf bleiben, all den Unfug, der
dort getrieben wird, mit anzusehen. Man kann den Staatskanzler
bloß in seinen Gesinnungen billigen«, fuhr er in dem Brief an
seine Frau fort, »alles übrige, wie er es anfängt, ist im höchsten
Grade tadelnswert. Er umgibt sich mit teils schlechten, teils unbedeutenden Menschen, will alles selbst machen und lässt daher
alles liegen, lässt aus Gutmütigkeit die größten Missbräuche zu,
und vertändelt eine entsetzliche Zeit mit der Dame [seiner augenblicklichen Geliebten], das Ärgernis abgerechnet. Seine ganze
Stelle, wie er sie geschaffen hat, ist ein Verderbnis und kann nicht
dauern.«[235] In dieser Stimmung beschwor er einmal mehr die
Welt des Altertums. »Ich kann es nicht leugnen«, bemerkte er am
31. Juli bei der Betrachtung des zum Verkauf angebotenen Frieses

des Tempels des Arkadischen Apoll, »es muß tiefer liegen als bloß in früher Jugendbeschäftigung, das Altertum ist das einzige, was mich eigentlich ganz lebendig ergreift, und ich bin im reinsten und eigentlichsten Verstande ein echter Heide, ein vollständiger Gegensatz gegen alles Moderne, das Mittelalter mit eingeschlossen, und was sich darauf gründet.«[236]

Drei Tage vorher, am 28. Juli, war der französische Hauptdelegierte, Caulaincourt, der Herzog von Vicenza, in Prag erschienen, und die Verhandlungen konnten beginnen. Sie bestanden freilich zunächst in dem Austausch schriftlicher Noten beider Seiten, der russisch-preußischen und der französischen, über den Vermittler, über Metternich. Und bei diesen Noten kam es für die französische Seite letztlich nur darauf an, Zeit für die Verstärkung der eigenen Armeen zu gewinnen, und für die russisch-preußische, vor der Öffentlichkeit das Gesicht zu wahren und den österreichischen Kaiser zu überzeugen, dass auch das Letzte getan worden sei, um seinen französischen Schwiegersohn zur Nachgiebigkeit zu veranlassen. So kam es, wie es kommen musste. Die Franzosen waren nicht bereit, auf die alliierten Mindestbedingungen, Auflösung des Rheinbundes und vollständige Wiederherstellung Preußens, einzugehen. Am 10. August erhielten Caulaincourt und Narbonne ihre Pässe. »Der Waffenstillstand ist aufgekündigt, der Krieg ist von Österreich an Frankreich erklärt«, schrieb Humboldt am folgenden Tag an seine Frau. Und er fuhr fort: »Ich stehe auf dem Punkt, den ich zu erreichen wünschte. Ich habe jetzt *eine* wichtige Sache im Leben durchgesetzt; wenn ich das sage«, fügte er hinzu, »meine ich indes doch nicht, dass ich sie eigentlich gemacht hätte. Andere Menschen haben ebensoviel als ich beigetragen, die Umstände mehr, und Napoleon am meisten. Allein ich bin doch eigentlich der einzige, der die Beruhigung genießt, von Anfang an die Sache keinen Augenblick verlassen zu haben; ich habe überdies immer mit demselben Geiste, seit ich nach Wien kam, gewirkt und auf diesen *einen* Punkt hingearbeitet, und dadurch denn noch sehr die, welche am Ende handeln mussten, in das rechte Geleis geführt und darin erhalten. Mehr Verdienst maße ich mir nicht dabei an.«[237]

Dass offenbar sein König das auch so sah und ihm wenig später
das neugestiftete Eiserne Kreuz verlieh, hat ihn sehr befriedigt; es
war der einzige Orden, den er seither nahezu unausgesetzt trug.
Zwar mag die oft wiederholte Erzählung, er sei in der auf den
10. August folgenden Nacht auf den Hradschin geeilt und habe
dort selbst das verabredete Feuerzeichen für die Beendigung der
Waffenruhe nach Schlesien gegeben, eine romantische Legende
sein. Aber sie spiegelt doch wider, mit welcher für jedermann
sichtbaren Befriedigung Humboldt den Eintritt Österreichs in
den von russischer und preußischer Seite geführten, nur durch
einen Waffenstillstand unterbrochenen Krieg gegen Napoleons
Frankreich verfolgt hatte.

Die nun folgende Kriegszeit, die einen ersten und, wie sich
zeigte, bereits so gut wie entscheidenden Höhepunkt in der sogenannten Völkerschlacht bei Leipzig vom 16. bis 19. Oktober
fand, verbrachte Humboldt im Hauptquartier des österreichischen
Kaisers. Als preußischer Gesandter am Wiener Hof hatte er nach
wie vor in engster Fühlung mit dem für die Habsburgermonarchie entscheidenden Mann, mit Metternich, zu bleiben. Doch
wurde er von Hardenberg auch sonst als sein Adlatus und Vertreter in den diplomatischen Verhandlungen verwendet, die der
rasche Wechsel der militärischen und politischen Ereignisse mit
sich brachte. Zu seinem speziellen Arbeitsgebiet wurde in jenen
Monaten die Frage der künftigen Gestaltung der Verhältnisse in
Deutschland, sprich dem ehemaligen »Heiligen Römischen Reich
deutscher Nation«.

Darauf richtete sich auch von Anfang an der Blick Metternichs. Noch vor der Völkerschlacht hatte er am 8. Oktober 1813
mit Bayern den Vertrag zu Ried geschlossen, wonach der König
von Bayern dem Bündnis gegen Napoleon beitrat und dafür die
Gewährleistung seiner Souveränität wie seines territorialen Be-
sitzstandes erhielt. Diesem Vertrag mit Bayern folgten in den
nächsten Wochen entsprechende Verträge Österreichs mit Württemberg, mit Baden, mit Hessen-Darmstadt und mit Nassau, die
diesen Rheinbundstaaten ihren bisherigen Besitzstand sicherten,
den sie in dieser Form alle erst unter französischer Herrschaft

erworben hatten; auch die Rangerhöhung der dort regierenden
Fürsten wurde verbrieft. Damit band Metternich seinerseits, alle
älteren Rechtsverhältnisse und damit die innere Struktur des Alten Reiches beiseitesetzend, diese Staaten an Habsburg, übernahm
also praktisch die Hegemonialstellung Napoleons in Mitteleuropa. Über die direkt unter französischer Herrschaft stehenden Territorien, also über das neugeschaffene Königreich Westfalen, über
das Großherzogtum Berg, über die Stellung Frankfurts am Main
als bisherige Hauptstadt des gleichnamigen Großherzogtums und
auch über Sachsen, das bis zuletzt am Bündnis mit Frankreich festgehalten hatte und nun provisorisch einem Zentralverwaltungs-
departement unter Leitung des Freiherrn vom Stein unterstand,
war im Weiteren zu entscheiden. Ganz klar aber wurde mehr und
mehr, dass der eigentliche Gewinner im Anschluss an die Niederlage Frankreichs und Napoleons, die sich immer deutlicher ab-
zeichnete, das Haus Habsburg und sein leitender Staatsmann sein
würden.

Humboldt gewann in jenen Tagen zunehmend das Bewusstsein, unmittelbar, wenn auch stets nur in zweiter Reihe, an welthistorischen Entscheidungen beteiligt zu sein, die über die äußere
und auch über die innere Zukunft des Kontinents für längere Zeit
bestimmend sein würden. Und er tadelte in dieser Situation alle
jene, die sich, wie etwa Goethe oder sein eigener Bruder, bewusst
abseits hielten und die Pflege ihrer Ideen und Interessen über die
allgemeinen Erfordernisse, die Forderungen des Tages gleichsam,
stellten. Was ihn selber angehe, schrieb er Anfang Dezember 1813
aus Frankfurt am Main an seine Frau, »so ruhig ich an anderen
Dingen arbeiten kann, wenn auch wer weiß was um mich geschieht, und so wenig ich innere Neigung habe, mich in die Welt-
händel zu mischen, wäre doch sicher, wenn mich dieser Krieg noch
so gefunden hätte, wie wir ehemals lebten«, wäre er »in irgendeine Tätigkeit und am allereinfachsten in die militärische bei der
Landwehr eingetreten«. Das Rechte bestehe eben darin, »dass man
nicht in solchen Fällen den Nutzen abwägt, und auf seine Person
Wichtigkeit legen und sich in solcher Art schonen, ist wenigstens
außer aller Charakterschönheit. Auch Körners Tod habe ich tadeln

hören«, fuhr er fort. »Ein Mensch von Talent sollte sich nicht aussetzen. Man kann auf keine unwürdigere Art vom Talent, vorzüglich von einem Dichter reden. Das wahre Talent und der wahre
Geist, den der Dichter und jeder wahrhaft große Schriftsteller
braucht, stammen aus dem Charakter und werden durch ihn genährt. Was nicht so ist, ist in der Wissenschaft mehr oder minder
mechanisch und in der Kunst flach und unbedeutend. Die Alten
empfanden es auch nie anders«, schloss er, »und Aeschylus würde
es sehr sonderbar gefunden haben, wenn man ihn hätte hindern
wollen, bei Marathon zu kämpfen, um einige Trimeter mehr zu
machen. Das ist gerade das Edle am Menschen, dass er mit sich
selbst wagt, und wie es darauf ankommt, mit seinem Dasein ein
freies Spiel treibt.«[238]

In diesen Sätzen spiegelt sich, wie sehr Humboldt innerlich
von dem Geist der Freiheitskriege und von der Überzeugung er-
griffen war, dass es in ihnen um die Zukunft Deutschlands gehe
und dass darüber für jeden Einzelnen alles andere zurückzutreten
habe. Es spiegelt sich freilich auch in ihnen, wie sehr es ihn, dem
Mann der Ideen und Theorien, nach Taten drängte – ein Motiv,
das ja bereits in Rom begegnet war. »Es gibt vielleicht kein Land«,
hatte er einen Monat vorher an seine Frau geschrieben, »das so
selbständig und frei zu sein verdient als Deutschland, weil keins
seine Freiheit so rein und einzig zu innerer, jedem wohltätiger
Anstrengung zu benutzen geneigt ist. Der Deutsche«, fuhr er fort,
»hat unter allen Nationen am wenigsten eine zerstörende und
am meisten eine immer in sich zurückwirkende Kraft, und wenn
der Besitz der Freiheit gerettet ist, wird Deutschland sicher sehr
bald in jeder Art der Bildung und der Gesinnung hervorragen.«
Darum sei er so »dankbar, gerade für dies Vaterland zu arbeiten.
Der Ruhm und selbst die Ehre einer Nation sind vielleicht nur
Geburten der Phantasie, Glück und Unglück nur vorübergehende
Erscheinungen, über die das Grab schweigt, das sich immer ein-
mal schließt; aber wo, was man tut, in Geistesentwicklung und
Gemütskraft Wurzel schlägt, da arbeitet man für das Höchste und
Unvergängliche. Die Liebe zu Deutschland ist daher auch wirklich
eine andere, als die andere Nationen für ihr Vaterland haben. Sie

wird vielmehr durch etwas Unsichtbares zusammengehalten und ist viel freier von Bedürfnis und Gewohnheit. Sie ist nicht sowohl Anhänglichkeit an die Erdscholle, sie ist mehr Sehnsucht nach deutschem Geist und Gefühl, die sich in allen Zonen empfinden und in alle verpflanzen lassen.«[239]

Diese Begründung seines auf Deutschland insgesamt, auf den deutschen Geist bezogenen Patriotismus, der alle Territorien des alten deutschen Reiches umschloss, fand freilich weder bei Metternich noch auch bei dem preußischen Staatskanzler Hardenberg, seinem unmittelbaren Vorgesetzten, ein Echo. Sie beide gingen von den jeweiligen Interessen ihres Staates, von den Interessen Österreichs beziehungsweise Preußens, aus und verstanden diese in erster Linie im machtpolitischen Sinne. Und sie setzten sie vor allem in Bezug zu der von ihnen jeweils angestrebten gesamteuropäischen Ordnung, in der alles auf das angestrebte Gleichgewicht der großen Mächte ankomme. Beide empfanden die geistigen und emotionalen Kräfte, die sich bei dem Ringen der verschiedenen Mächte mit- und gegeneinander immer stärker geltend machten, wie auch ihr napoleonischer Gegner, eher als störend, ja als potentiell gefährlich und als hilfreich nur, solange sie ganz den eigenen Interessen dienten – aber auch dann beobachteten sie sie voller Misstrauen und suchten sie jedenfalls in engen Grenzen zu halten.

Humboldt war hier wesentlich anderer Meinung. Er argumentierte nicht so sehr als Preuße, sondern als deutscher Patriot, der in der nationalen Aufbruchbewegung vor allem ein geistiges Selbstbewusstwerden der deutschen Nation sah. Allerdings, sein Patriotismus, der sich nicht zuletzt auf der prinzipiellen Bejahung der Mannigfaltigkeit und Vielfalt der deutschen Nation in der Vielzahl ihrer Länder und Territorien und der in ihr wurzelnden Vielgestaltigkeit der deutschen Kultur gründete, grenzte sich zugleich scharf von dem eben damals entstehenden, von abstrakten Machtideen beherrschten Nationalismus ab, dessen Hauptelement ein radikaler Fremdenhass war. Darin stimmte er, wenn auch aus wesentlich anderen Motiven, mit der Haltung Hardenbergs und auch Metternichs überein, die in diesem Nationalismus eine töd-

liche Gefahr für jede letztlich auf Ausgleich und Kompromiss zu
gründende europäische Ordnung im Allgemeinen und den österreichischen Kaiserstaat im Speziellen sahen.

Humboldt freilich war und blieb überzeugt, dass eine solche
Ordnung nicht allein auf dem Ausgleich rein machtpolitischer
Interessen, und das hieß vor allem auf dem Ausgleich der Interessen der großen Mächte, gründen könne, sondern dass man auch
die Interessen der zu Selbstbewusstsein gelangenden Völker mit-
einbeziehen müsse. Dieses Selbstbewusstsein aber spreche sich in
ihrem mächtig erwachenden Patriotismus aus. Ihm müsse man
durch entsprechende Institutionen auch politisch Raum gewähren, was ihn zugleich aus dem Geist der Selbstverantwortung heraus zum Träger eines vernünftigen Gemeinschaftslebens machen
werde. Die ganz neu zu schaffende äußere Verfassung Deutschlands sah er in engem Zusammenhang mit der Frage der inneren
Verfassung des Landes.

Als Gesandter Preußens am Habsburger Hof und stets in unmittelbarem, auch räumlichem Kontakt mit den Repräsentanten
Preußens und Russlands in diesen Kriegswochen, zog Humboldt
im Herbst 1813 durch Deutschland, dessen künftige Gestalt, sieht
man von Österreich und dann auch von Preußen ab, zunächst
noch ganz offen blieb. Der Rheinbund löste sich auf. Die meisten
Staaten verließen, bis auf Sachsen, das Bündnis mit Napoleon und
betonten gleichzeitig gegenüber jenen, die in dieser oder jener
Form die Wiederherstellung der alten Verhältnisse vor der Beset-
zung durch französische Truppen und der tiefgreifenden territorialen Umgestaltung des Landes forderten, die Aufrechterhaltung
des neugeschaffenen Status quo.

Allerdings galt das nur für die Länder, die unter einem deutschen Herrscher oder, besser gesagt, einer alten Dynastie standen: Dass die direkt von Franzosen beherrschten Länder wie das
neue Großherzogtum Berg und wie das ebenfalls neugeschaffene
Königreich Westfalen aufgelöst und hier die alten Herrschafts-
verhältnisse wiederhergestellt werden sollten, wurde von kaum
jemandem bestritten. Wohl aber stellte sich den beiden deutschen
Großmächten, Österreich und dem wieder zu seiner alten Stellung

gelangenden Preußen, die Frage, wie weit man, wenn überhaupt, der Forderung nach einer Restauration der alten, vorrevolutionären Verhältnisse entsprechen sollte, wobei hier Restauration noch ganz in einem nüchternen, unideologischen Sinne gemeint war. Was die unter Führung Frankreichs zwangssäkularisierten und in die angrenzenden weltlichen Territorien eingefügten geistlichen Herrschaftsgebiete anging, so erhob sich jenseits der unmittelbar Betroffenen, also der Kirche, kaum eine Stimme, die für die Wiederherstellung der alten Verhältnisse plädierte – auch wenn die Zwangssäkularisation vielerorts, zumal in Bayern und Oberschwaben, auch manches zerstört hatte, was den Bedürfnissen und Interessen der Menschen, die in den hergebrachten traditionellen Lebens- und Herrschaftsräumen groß geworden waren, durchaus entsprach. Stärker waren die Restaurationsbestrebungen in vielen der beseitigten kleinen und mittleren Territorien des Landes, deren Herrscher in der vorangegangenen Zeit der Aufklärung zahlreichen Reformen die Hand geboten hatten und nun, zum Teil jedenfalls, unter den Egalisierungs- und Normierungsdruck der neuetablierten Bürokratien des jeweiligen Gesamtstaates gerieten. Aber auch hier überwogen vielfach die positiven die negativ-kritischen Stimmen und führten in überraschend kurzer Zeit zum Sieg der neuen gesellschaftlichen und wirtschaftlichen Ordnungen und der sie tragenden und vorantreibenden, in dieser Form ganz neu errichteten Mittelstaaten Süd- und Westdeutschlands, also im Großherzogtum Baden, in den Königreichen Württemberg und Bayern, im Herzogtum Nassau.

Entscheidend wurde freilich, wie sich die beiden deutschen Großmächte, also Österreich und Preußen, zu den Restaurationsbestrebungen in den übrigen Gebieten des Alten Reiches stellten. Zumal in Preußen, das seit 1806 unter der napoleonischen Herrschaft mit am meisten gelitten und erlebt hatte, wie die Rheinbundstaaten aufs Engste mit Frankreich und Napoleon zusammenwirkten, gab es eine starke Gruppierung, die mit Ernst Moritz Arndt das »feile und feige Geschmeiß« der Rheinbundstaaten heftig attackierte und sich für ihre Wiederauflösung einsetzte. Einer ihrer Wortführer war der Freiherr vom Stein, der

jetzt und dann im Zusammenhang mit der faktischen Neuordnung der deutschen Verhältnisse auf dem Wiener Kongress für
eine, wenn auch modifizierte und modernisierte, Wiederherstellung der vorrevolutionären Verhältnisse auf dem Gebiet des
Alten Reiches plädierte, womit er sozusagen stillschweigend die
Territorien des sogenannten Dritten Deutschland, also die Gebiete
außerhalb Österreichs und Preußens, meinte.

Er und mit ihm alle Wortführer der Politik einer faktischen
Restauration unterlagen freilich auf breiter Front. Derjenige, der
sich demgegenüber am entschiedensten und schließlich auch am
erfolgreichsten für eine Politik einsetzte, die von einer weitestgehenden Anerkennung des territorialen, aber auch des innenpolitischen Status quo ausging, war der österreichische Staatskanzler Metternich. Und er fand dabei grundsätzlich, ungeachtet
der sich im Weiteren bis an die Grenze eines kriegerischen Konfliktes auftürmenden territorialen Interessengegensätze zwischen
Österreich und Preußen, die Unterstützung des leitenden preußischen Staatsmannes, des nach dem Sieg über Frankreich in den
Fürstenstand erhobenen Hardenberg. An dessen Seite aber stand,
schon von seiner Amtsstellung als preußischer Gesandter am
österreichischen Hof her, Wilhelm von Humboldt, auch wenn er
im Innersten in manchem von Hardenberg abwich und viele der
Positionen des Freiherrn vom Stein teilte.

Humboldt war, nicht zuletzt durch seine vertraute Nähe zu
Metternich, mehr und mehr zum zweiten Mann der preußischen
Außenpolitik geworden, der an allen Entscheidungen unmittelbar beteiligt war. Selbständig, seinen innersten Überzeugungen
folgend handeln konnte er allerdings, wie er sich selber immer
deutlicher klarmachte, zunehmend weniger. Einerseits stand er
denjenigen, die die Entscheidungen letzten Endes fällten, so nahe,
dass er, über dessen Gesinnung und Überzeugungen im Kreis
der ihm persönlich eng Vertrauten kein Zweifel herrschte, fast
zwangsläufig zum »hellen Punkt für alle Unzufriedenen« werden
musste, die dem Ruf der Nation nach Einheit und Freiheit einen
stärkeren Widerhall bei den Monarchen und ihren Ratgebern
wünschten. Andererseits hatte er als Gesandter, wie er selber be-

tonte, angesichts des unmittelbaren Kontaktes zwischen den Monarchen und ihren Kabinetten, wie er im Augenblick bestand, qua Amt nur einen minimalen direkten Einfluss. Dieser sei, schrieb er seiner Frau, »nur persönlicher Art, manchmal, wie der Zufall die Dinge bringe, sehr groß, manchmals sehr klein und null«. Er wirke, fuhr er fort, »gewissermaßen als Publikum, durch freies Urteil, das man denen, die entscheiden können, so nah als möglich bringt, aber sie gehen lässt, wenn sie nicht folgen«.[240]

»Sie gehen lässt, wenn sie nicht folgen« – darin schwingt ein Ton der Resignation mit, der ihn am Ende, sechs Jahre später, aus seinem Amt, nun als preußischer Staatsminister, entlassen, ganz beherrschte. Noch aber, auf dem Höhepunkt der, wie es schien, zum endgültigen Erfolg führenden Freiheitskriege, beherrschte ihn, sosehr er beklagte, wie gering sein tatsächlicher Einfluss als Gesandter Preußens in Wien sei, eine ganz andere Stimmung. Humboldts Denkschrift über die deutsche Verfassung vom Dezember 1813 begann mit einer Einleitung, die, wie kaum etwas anderes aus seiner Feder, seine Gesinnung und seine Überzeugungen programmatisch zusammenfasst.[241]

Denkschrift über die deutsche Verfassung

»Deutschland«, so hieß es in ihr, »muß frei und stark sein, nicht bloß, damit es sich gegen diesen oder jenen Nachbar oder überhaupt gegen jeden Feind verteidigen könne« – das war das verbindende Prinzip aller im gegenwärtigen Krieg gegen Napoleon und Frankreich vereinigten Kräfte, aus dem dann der »Deutsche Bund« als dezidiertes Verteidigungsbündnis hervorging –, »sondern deswegen, weil nur eine nach außen hin starke Nation den Geist in sich bewahret, aus dem auch alle Segnungen im Inneren strömen. Es muß frei und stark sein, um das, auch wenn es nie einer Prüfung ausgesetzt würde, notwendige Selbstgefühl zu nähren, seiner Nationalentwicklung ruhig und ungestört nachzugehen und die wohltätige Stelle, die es in der Mitte der europäischen Nationen einnimmt, dauernd behaupten zu können.« Es seien also mehr als pragmatische Gründe, die für einen engeren Zusammenschluss der deutschen Staaten sprächen. Das Gefühl, »dass Deutschland ein *Ganzes* ausmacht«, lasse sich »aus keiner deutschen Brust vertilgen, und es beruht nicht bloß auf Gemeinsamkeit der Sitten, Sprache und Literatur (da wir es nicht in gleichem Grade mit der Schweiz und dem eigentlichen Preußen theilen), sondern auf der Erinnerung an gemeinsam genossene Rechte und Freiheiten, gemeinsam erkämpften Ruhm und bestandene Gefahren, auf dem Andenken einer engeren Verbindung, welche die Väter verknüpfte und die nur noch in der Sehnsucht der Enkel lebt. Das vereinzelte Dasein der sich selbst überlassenen deutschen Staaten (selbst wenn man die ganz kleineren grösseren anfügte) würde die Masse der Staaten, die gar nicht oder schwer auf sich selbst ruhen können, auf eine dem Europäischen Gleichgewichte gefährliche Weise vermehren, die grösseren deutschen Staaten, selbst Österreich und Preussen in Gefahr bringen und nach und nach alle deutsche Nationalität untergraben.« Es liege in der Art, fuhr er fort, »wie die Natur Individuen in Nationen vereinigt und das Menschengeschlecht in Nationen absondert, ein überaus tiefes und geheimnisvolles Mittel, den Einzelnen, der für sich nichts ist, und das Geschlecht, das nur im Einzelnen gilt, in dem wahren Wege verhältnismässiger und allmähliger Kraftentwicklung zu erhalten. Und obgleich die Politik nie auf solche Ansichten einzugehen braucht, so darf sie sich doch nicht vermessen, der natürlichen Beschaffenheit der Dinge entgegen zu handeln. Nun aber wird Deutschland in seinen, nach den Zeitumständen erweiterten oder verengerten Grenzen immer, im Gefühle seiner Bewohner und vor den Augen der Fremden Eine Nation, Ein Volk, Ein Staat bleiben.«[242]

Was die konkreten Schlussfolgerungen aus diesen allgemeinen Überlegungen und Prinzipien anging, so sprach sich Humboldt mit Blick auf die gegebene historische und politische Situation dafür aus, die deutschen Staaten in einem »Verein« zusammenzufassen – hier wandte Humboldt eine Kategorie des Sozialen, der neu entstehenden Welt des Bürgertums, auf die Staatenwelt und das internationale System an, freilich ohne daraus explizite

Schlussfolgerungen zu ziehen. Für eine übergreifende, die Staaten zusammenschließende gemeinsame Verfassung fehlten von der bisherigen Entwicklung her, die zu einer immer stärkeren Auflösung des alten Reichsverbandes, lange vor der Französischen Revolution und der Herrschaft Napoleons, geführt habe, entscheidende Voraussetzungen. Der zu gründende »Verein« werde, so Humboldt, nur unter einer Reihe von Bedingungen lebenskräftig und zukunftsfähig sein. An ihrer Spitze stehe die »feste, durchgängige, nie unterbrochene Uebereinstimmung und Freundschaft Oesterreichs und Preussens«. Sie sei der »Schlussstein des ganzen Gebäudes«. Diese Übereinstimmung, fügte er hinzu, könne »ebenso wenig durch den Verein gesichert als der Verein, wenn sie mangelte, erhalten werden. Es ist der feste Punkt ausserhalb des Bundes, der gegeben seyn müsse, um ihn zu schliessen.« Daraus ergäben sich alle weiteren Punkte und Bedingungen: »Das Interesse der grössesten unter den übrigen Deutschen Staaten« – zu ihnen rechnete er allein das wiederherzustellende Hannover und Bayern. Ferner »die Unmöglichkeit der kleineren gegen sie und Oesterreich und Preussen aufzukommen«; zu diesen kleineren zählte er auch die, wie er sich ausdrückte, »mittleren [Staaten] wie Hessen, Württemberg, Darmstadt u.a.m.«, die »in ihren alten Schranken gehalten werden« müssten. Zum Kreis der Bedingungen gehöre endlich der »wieder erweckte und durch Freiheit und Selbstständigkeit zu erhaltende Geist der Nation« und die Gewährleistung des Ganzen durch Russland und England.

Unter einunddreißig Punkten differenzierte und konkretisierte Humboldt seine prinzipiellen Vorschläge und die von ihm genannten Bedingungen und Grundsätze für den zu gründenden »Verein«. »Alle deutschen Fürsten« hätten sich »durch ein gegenseitiges Vertheidigungsbündnis zu einem politischen Ganzen« zu vereinigen, wobei die »Garantie der gegenseitigen Rechte der einzelnen deutschen Staaten« Österreich, Preußen, Bayern und Hannover »gemeinschaftlich und mit durchaus gleichen Befugnissen« übernehmen sollten. In allen Fragen von Krieg und Frieden müsse die letzte Entscheidung bei den bei-

den Großmächten, also bei Österreich und Preußen, liegen. Was
das »innere Staatsrecht« angehe, so betonte er: »Obgleich jeder
Fürst mit allen Souveränitätsrechten innerhalb seiner Staaten
begabt wäre, so müssten doch in jedem deutschen Staat Stände
errichtet oder hergestellt werden.« »Gut eingerichtete Stände«
seien nicht bloß »eine nöthige Schutzwehr gegen die Eingriffe
der Regierung in die Privatrechte, sondern erhöhen auch das Gefühl der Selbständigkeit in der Nation und verbinden sie fester
mit der Regierung«. Sie seien »überdies eine altdeutsche Einrichtung und nur in neueren Zeiten abgekommen oder zu einer
leeren Förmlichkeit geworden«. Hinsichtlich der »Bestimmung
der Rechte der Stände« müssten »gewisse Grundsätze, als allgemein durch ganz Deutschland geltend, angenommen werden«.
Über diese allgemein verbindlichen Grundsätze müsste vor Abschluss des Bündnisvertrages Einigkeit erzielt und das Ergebnis
dann in dem Vertrag fixiert werden. Humboldt plädierte also für
ein parlamentarisch-repräsentatives System, das er allerdings
sehr bewusst mit Formen verknüpfen wollte, die vor dem Absolutismus überall in Deutschland geherrscht hätten und vielerorts auch noch vorhanden seien.

Diese Denkschrift, in der Humboldt seine Grundüberlegungen
über den zwischen den deutschen Staaten abzuschließenden Vertrag niederlegte, ging auf eine Anregung des Freiherrn vom Stein
zurück, die Frage der künftigen deutschen Verfassung zu erörtern,
und die Denkschrift war dann auch an Stein gerichtet. Gleichzeitig
aber sandte er sie an Friedrich Gentz, den engsten politischen Vertrauten Metternichs, damit zugleich dokumentierend, wie sehr es
ihm darauf ankam, ein unmittelbares Vertrauensverhältnis zwischen Preußen und Österreich zu bewahren.

Gentz hatte vor allem drei grundsätzliche Einwände. Dagegen,
dass das Recht, über Krieg und Frieden zu entscheiden, allein bei
den beiden deutschen Großmächten liegen solle, würden speziell
Bayern und Hannover laut und mit Recht Widerspruch einlegen.
Ferner würde gegen den Vorschlag, alle Staaten außer diese beiden und die Großmächte auf einen minderen Status herabzudrücken, sich sofort erbitterter Widerstand von den Vertretern aller

Staaten geringerer Macht erheben. Und schließlich werde auch die Anregung, in allen deutschen Staaten gewisse Verbesserungen der inneren Verfassung vorzunehmen, verbreitete Opposition von vielen Seiten finden. Insgesamt halte er den ganzen Plan mit seiner Grundtendenz, prinzipielle Gleichheit aller Staaten, die den Vertrag schließen sollten, von vornherein aufzugeben, für unrealistisch und damit in der Praxis für undurchführbar.

Dahinter stand sehr deutlich die von Metternich von Anfang an verfolgte Grundlinie, über die Betonung der grundsätzlichen Gleichheit aller Mitglieder des ins Auge gefassten Bundes deren jeweilige Machtinteressen in der Annahme aufzurufen, dass diese mit einem gewissen Automatismus zu einem Anschluss der Mehrheit der Staaten an Österreich führen werde. In ihrem Sinne hatte Metternich, wie gesagt, noch vor der sogenannten Völkerschlacht bei Leipzig Bayern in dem Vertrag von Ried für dessen Übergang ins Lager der Alliierten die vollständige Integrität seines – in der Zeit Napoleons erheblich erweiterten – Territoriums und auch die Aufrechterhaltung seiner Souveränität zugesichert, was Eingriffe in seine innere Verfassung weitgehend ausschloss. Und ähnliche Verträge gab es mit Württemberg, mit Baden, mit Hessen-Darmstadt und mit Nassau. Sie ließen Österreich damit zu ihrer gleichsam natürlichen Schutzmacht werden. Von der von Humboldt so nachdrücklich betonten unbedingten Gleichheit der beiden deutschen Großmächte war schon von hier aus nicht mehr die Rede. Und Metternich arbeitete nachdrücklich daran, die Vormachtstellung Österreichs in Deutschland noch vor dem Friedensschluss mit Frankreich und der Neuordnung der deutschen und der europäischen Verhältnisse auf dem Wiener Kongress zu zementieren.

Humboldt konnte all dem nur mehr oder weniger ohnmächtig zusehen. In dieser Stimmung schrieb er an Caroline: »Glaube mir, teure Li, es gibt nur zwei gute und wohlthätige Potenzen in der Welt: Gott und das Volk. Was in der Mitte ist, taugt rein weg nichts, und wir selbst nur insofern, als wir uns dem Volk nahestellen.«[243] Er sah sehr genau, dass Metternich Frankreich und zunächst auch Napoleon schonen wollte, dass es ihm und mit ihm auch England und dessen Außenminister Lord Aberdeen vor allem um das europäische Gleichgewicht und die vorsorgliche Eindämmung Russlands ging. Auch sollte dessen Juniorpartner Preußen jedenfalls an Macht und Einfluss nicht mit Österreich gleichziehen, sondern in dem anstelle des Rheinbundes nun zu gründenden deutschen Staatenbund auf die zweite Stelle verwiesen werden. In diesem Sinne schloss Metternich die Bündnisse mit den süddeutschen Staaten. Und in diesem Sinne war er auch längere Zeit bereit, Napoleon, wenn er sich zum Frieden bereit fände, die Rheingrenze zu überlassen. Nur die Haltung des französischen Kaisers, der ungeachtet aller geheimen Friedensfühler Österreichs auf seiner Frontstellung beharrte und für einen neuen Feldzug rüstete, bewirkte, dass sich auch Metternich dem Vorandrängen Russlands und Preußens anschloss. Anfang 1814 überschritten preußische und dann auch russische und österreichische Truppen die Rheingrenze und drangen nach Frankreich vor. Binnen weniger Wochen gelangten sie bis nach Paris und erzwangen die Abdankung Napoleons.

Humboldt bewegte sich als Vertreter Preußens im österreichischen Hauptquartier in ihrem Gefolge und traf am 13. April 1814 in der französischen Hauptstadt ein. Der neuerliche militärische Aufbruch und der rasche Siegeszug der Alliierten belebten seine Hoffnungen, dass nunmehr der Weg frei sei, einerseits Frankreich endgültig in seine Grenzen zu verweisen und etwa auch das Elsass für Deutschland zurückzugewinnen und andererseits eine Neuordnung Deutschlands einzuleiten, die nicht nur den Interessen der großen Mächte, sondern auch den Wünschen der Nation entsprechen würde. Dies, der Blick auf die Zukunft, auf die Zukunft Gesamtdeutschlands und damit auf die Erwartungen der deutschen Nation, bestimmte mehr und mehr sein Denken.

Humboldt und Hardenberg

Damit aber entfernte er sich nicht nur zunehmend von den Ideen und der Position Metternichs und seines Kreises, sondern auch, wenngleich er das nicht offen bekundete, von den Vorstellungen und damit letztlich auch von den Zielen der in Preußen politisch herrschenden Kreise mit Hardenberg an der Spitze. Dieser arbeitete zwar auch weiterhin auf das Engste mit ihm zusammen, weil ihm Humboldts zunehmende Distanz zu Metternich und seiner Politik und die Frontstellungen, die sich daraus ergaben, im Interesse der Stärkung Preußens sehr zupass kamen. Was sich dahinter an weitläufigeren Ideen und Vorstellungen bei Humboldt und bei einem großen Teil der neuen militärischen Elite Preußens verbarg, widersprach freilich Hardenbergs eigenem politischen Grundkonzept und seinem ausschließlich auf die Machterweiterung Preußens gerichteten Denken zutiefst. Noch aber schob er dies, die sich immer deutlicher ausprägende gemeinschaftliche Frontstellung gegenüber Österreich und Metternich und ihre Politik vor Augen, weitgehend beiseite beziehungsweise vertagte eine prinzipielle Diskussion darüber sehr bewusst, auch wenn ihn Humboldt, zumindest indirekt, in den kommenden Monaten und Jahren immer wieder dazu herausforderte. Allerdings tat er gleichzeitig alles, einen Aufstieg Humboldts aus seiner bisherigen Abhängigkeit und aus seiner Rolle als zweiter Mann zu einer eigenständigen effektiven Machtposition zu verhindern.

Humboldt freilich unternahm seinerseits wenig, eine selbständigere und unabhängigere Stellung zu erlangen, und sei es auch um den Preis des Übergangs zu offener Opposition. Zwar machte er aus seiner Meinung kein Hehl, die nicht nur der Position Metternichs widersprach, der ungeachtet der militärischen Lage nach der Völkerschlacht und nach dem Rheinübergang der Alliierten sogar erwog, Napoleon auf dem Thron zu belassen, sondern in vielem auch den Anschauungen Hardenbergs und seines eigenen Königs zuwiderlief. Aber im Letzten fügte er sich dann doch,

jedenfalls zunächst, ganz Diplomat und zweiter Mann, der von
der Zentrale verfügten Linie, die ihrerseits im Einzelnen erheblichen Schwankungen ausgesetzt war, je nachdem, wie sich die
militärische und politische Lage entwickelte. Darauf vertrauend,
hatte Hardenberg keine Bedenken, Humboldt mit der Leitung
der preußischen Delegation bei den Friedensverhandlungen in
Châtillon zu betrauen. Dabei setzte er darauf, dass die Ernennung
Humboldts von der anderen Seite als Zeichen dafür gewertet
würde, dass Preußen entschlossen sei, seine entschiedene Position
durchzusetzen, und er, Hardenberg, schließlich als ein Mann des
Ausgleichs würde auftreten können.

Dass Humboldt in diesem Sinne letztlich nicht mehr als eine
Figur auf dem Schachbrett Hardenbergs war, war ihm durchaus bewusst. Noch im Dezember 1813 schrieb er seiner Frau aus
Frankfurt im Zusammenhang mit der Ernennung des Grafen
Bülow, eines Neffen Hardenbergs und ehemaligen westfälischen
Finanzministers, zum preußischen Finanzminister, auch er stehe
vor der Frage, »ob ich ein Ministerium unter Hardenberg im Innern suchen soll«. »Ich bin«, fuhr er fort, »nach reifer Überlegung
nicht dafür. Ich denke nicht daran, aufzuhören zu dienen. Wenn
man einmal darin ist wie ich [als abhängiger Gesandter], kann man
nur mit einiger Gewalttätigkeit herauskommen. Meine Rechnung
ist darüber längst mit mir gemacht, und [ich] diene fort, solange
es nun so geht.«

Mit anderen Worten, er nahm die Stellung als zweiter Mann
hinter und unter Hardenberg sehr bewusst an. »Kommt eine Zeit,
wo es einmal keinen Staatskanzler gibt« – im Klartext: nach dem
Tode Hardenbergs oder seinem, freiwilligen oder erzwungenen,
Ausscheiden aus dem Amt –, »so werde ich fast ohne Zweifel Minister der auswärtigen Angelegenheiten und habe dann eine unabhängige Lage, in der ich wahrhaft verantwortlich sein kann.«
Ein anderer Weg komme für ihn nicht in Frage. »Könnte ich mir
je erlauben oder auch nur je verzeihen, auch gegen ihn [Harden-
berg] zu arbeiten«, so schloss er diese Grundsatzüberlegung ab, an
der er die folgenden Monate und Jahre strikt festhielt, »so würde
ich eine Stelle unter ihm suchen, um bald nicht mehr unter ihm

zu stehen. Dazu bin ich gewiß ebenso geschickt als ein anderer. Aber das will ich und werde ich nie.«[244]

Hardenberg freilich blieb jetzt und auch später Humboldt gegenüber misstrauisch und skeptisch. Er sah in ihm wie in jedem Menschen, mit dem er es zu tun hatte, immer den potentiellen politischen Konkurrenten, der nicht zögern würde, sich gegen ihn zu stellen, wenn sich dazu eine Gelegenheit bieten würde. In dieser Haltung stimmte er, bei allen sachlichen Gegensätzen zwischen ihnen, grundsätzlich mit Metternich überein, und dieser bestärkte ihn indirekt darin, indem er seinerseits, wo es nur irgend ging, Hardenbergs Konkurrenzgefühl gegenüber Humboldt nährte. Humboldt hingegen blieb, bei allem Scharfsinn und bei aller Klarheit des Urteils, die ihn auszeichneten, wenn man so will, naiv oder jedenfalls, auch bei sachlichen Gegensätzen zu Hardenberg, unbedingt loyal seinem Vorgesetzten gegenüber. Darin zeigte sich seine Grenze als Politiker, eine Grenze, die auf der anderen Seite die Klarheit und Festigkeit seines Charakters eindringlich dokumentiert.

Im Gefolge des österreichischen Hauptquartiers war Humboldt von Frankfurt über Heidelberg nach Freiburg gezogen, von wo aus er das Vordringen der alliierten Armeen beobachtete und gleichzeitig Überlegungen über die Zukunft Europas und vor allem Deutschlands anstellte. Ein Kaisertum für Deutschland sei, schrieb er Mitte Januar 1814 an seine Frau, »nicht mehr möglich«. »Aber nach meiner Idee gäbe es doch eine Verfassung, einen deutschen Bund mit gemeinschaftlichem Gerichtshof, und Preußen und Österreich« sollten darin, »aber ungeteilt, die Obergewalt« haben, »doch Bayern und Hannover auch Rechte und Anteil an der Führung« besitzen. Hingegen sollte der unbegrenzten Souveränität, dem, wie er sich ausdrückte, »Despotismus der Kleinen« Grenzen gesetzt werden. Stein sei mit diesen Überlegungen »ziemlich einig, der Kanzler nicht sehr uneinig, obgleich etwas«. Gentz allerdings, der enge politische Berater Metternichs, habe »ganz andere Ideen«.

Was freilich seinen, Humboldts, Einfluss auf die anstehenden grundlegenden Entscheidungen angehe, fügte er selbstkritisch

hinzu, so sei dieser »überaus wechselnd«, »regelmäßig« sei »darin
gar nichts. Mein Wirkungskreis als Gesandter ist, da der Kanzler immer selbst mit Metternich, der sehr mit ihm zufrieden ist,
spricht, ein bloßer Name«. »Ein anderer würde in solcher Lage
reizbar, ungeduldig sein und sie verlassen. Ich nicht. Ich bin hier
immer nützlich, wenigstens von Zeit zu Zeit, und bin bei der
Hand.« Jedenfalls bis zum Friedensschluss, was dann komme,
stehe dahin. Auf alle Fälle sei er, erklärte er nun wieder ganz
selbstbewusst, in seiner Entscheidung ganz frei. »Ich kann und
muß dann meinem Schicksal eine Wendung geben. Ich kann nach
Berlin kommen, doch am wenigsten leicht, nach Paris gehen oder
in Wien bleiben.«[245]

Sosehr er sich also als Mann Hardenbergs verstand und seine
Rolle als zweiter Mann im diplomatischen Dienst Preußens akzep-
tierte – eine Grenze gab es für ihn von seiner ganzen Persönlichkeit
und seinem ganzen Selbstverständnis her immer. Wo »die öffentliche Lage der Dinge, mein Name, das Ganze unserer äußeren Lage
im Spiel sind«, so hat er es formuliert, da habe er »gewiß immer
selbst entschieden und werde es« auch weiterhin tun.

Fünf Jahre später war es so weit. Als Preußen den Weg der inneren und äußeren Reformen endgültig verließ, gipfelnd in der
Übernahme der »Karlsbader Beschlüsse«, da wandte er sich nicht
nur offen, sondern auch in aller Öffentlichkeit gegen die eingeschlagene Politik in dem klaren Bewusstsein, dass damit bei Lage
der Dinge seine Entlassung aus allen staatlichen Ämtern verbunden sein würde. Das Angebot, ihm eine Pension zu zahlen,
wies er am Ende mit der Bemerkung zurück, er diene ja nun dem
preußischen Staat nicht mehr.

Bis dahin war es freilich noch ein langer und für ihn, bei allem
Pflichtbewusstsein, das ihn leitete, zunehmend steiniger Weg.
Zunächst freilich war er, belebt von dem öffentlichen Geist der
Freiheitskriege und der Erwartung, dass sich nun, befreit von der
napoleonischen Fremdherrschaft, für Preußen und insgesamt für
Deutschland, für die erwachte deutsche Nation, eine ganz neue
und positive Zukunft eröffnen werde, bei allen Hindernissen und
Schwierigkeiten, die sich diesem ins Auge gefassten Weg sogleich

entgegenstellten, insgesamt durchaus hoffnungsvoll gewesen. Hardenberg, das sah er durchaus, ging es in erster Linie um die Steigerung der äußeren Macht Preußens und mit ihr seiner eigenen. Und dass sich Metternich vor allem von dem österreichischen Machtinteresse leiten ließ und der Gedanke einer deutschen Nation ihm ganz fern lag, war Humboldt in seinen langen Wiener Jahren mehr als deutlich geworden. Aber noch hoffte er, dass der Drang der Verhältnisse über kurz oder lang in seine Richtung wirken, dass die zu Selbstbewusstsein erwachte Nation die Regierungen zum Einlenken und zum Eingehen auf ihre Forderungen bringen werde.

Als Vertreter Preußens hat er bei den Anfang Februar 1814 in Châtillon abgehaltenen Friedensgesprächen mit dem napoleonischen Frankreich insgeheim, in stillschweigender Übereinkunft mit dem Vertreter Russlands, alles getan, um die Verhandlungen hinauszuzögern in der Hoffnung, dass in der Zwischenzeit die von Blücher geführte Armee militärisch eine endgültige Entscheidung herbeiführen werde. Das war nicht nur gegen die Pläne Metternichs, der Napoleon in Châtillon eine Brücke bauen wollte, sondern auch gegen seinen eigenen König und gegen Hardenberg, die beide, um Russlands immer deutlicher werdenden Vormachtanspruch einzudämmen, gleichfalls für einen Ausgleich plädierten. Metternich hat diese Grundhaltung Humboldts sehr genau gesehen und sich bemüht, Hardenberg gegen ihn in Stellung zu bringen. Dabei hat er sehr bewusst dessen angebliche Nähe zu den tendenziell als revolutionär bezeichneten Kräften der Nationalbewegung, zu den, in seinen Worten, »Jakobinern«, ins Spiel gebracht, die ja auch Hardenbergs Stellung bedrohten. Er »kenne Humboldt genug, um zu wissen«, schrieb er Hardenberg, »dass, wenn Sie ihm nicht fest befehlen, er menagieren und sich eine Hinterpforte gegenüber den Jakobinern von Nord und Süd offen halten wird«.

Napoleon selber war es, der allen Bestrebungen, zu einem Ausgleich zu gelangen, die Basis entzog, indem er sein und das Schicksal Frankreichs ganz auf das Schlachtfeld legte. Und hier fiel die Entscheidung binnen kurzem durch die Siege der preußisch-russischen Armee unter Blücher bei Laon und der Österreicher unter Schwarzenberg von Arcis sur Aube zu Gunsten der Alliierten. Anfang April 1814 fiel die französische Hauptstadt, Napoleon wurde abgesetzt und der Krieg beendet.

Im Lager der nun siegreichen Alliierten hatte man sich, wesentlich unter dem Einfluss Metternichs, darauf geeinigt, Frankreich zwar – was sich nach dem Verlauf des Krieges gewissermaßen von selbst verstand – die Oberhoheit über alle in der Zeit der Revolution und unter Napoleon eroberten Gebiete zu entziehen, aber es als Großmacht in seinen alten Grenzen, den Grenzen von 1792, bestehen zu lassen. Hiergegen hatte sich Humboldt mit Blick auf das Elsass, dessen Rückgabe er mit vielen Vertretern der deutschen Nationalbewegung nachdrücklich forderte, gewandt, dafür aber im Kreis der Alliierten, die vor allem die Frage des künftigen Gleichgewichts im Auge hatten, wenig Unterstützung gefunden. Selbst sein politischer Chef, der preußische Staatskanzler Hardenberg, dem an sich eine Stärkung Deutschlands am Rhein, und das hieß, zumindest indirekt, Preußens, hätte gelegen sein müssen, schloss sich der österreichischen Haltung an.

Alles andere, das heißt vor allem die Frage der Neuordnung Europas und hier insbesondere die Frage der künftigen Gestaltung Deutschlands und Italiens, wurde zur Aufgabe eines großen europäischen Kongresses erklärt, der von den Großmächten für den Herbst des Jahres 1814 nach Wien einberufen wurde. An ihm sollte, wieder vor allem auf das Drängen Metternichs hin, gleichberechtigt und in mitentscheidender Position die unterlegene Macht, das mittlerweile wieder bourbonisch regierte Frankreich, teilnehmen. Dass als Vertreter des geschlagenen Frankreich ausgerechnet Talleyrand, der langjährige Außenminister Napoleons, erschien, mit dem die vollständige Umgestaltung Europas nach letztlich revolutionären Prinzipien verbunden gewesen war, hat manchen aufs Höchste irritiert. Aber es zeigte gleichsam symbolisch, dass man zwar, was die europäischen Großmächte anging, bei allen tiefgreifenden Veränderungen der europäischen Landkarte in den vergangenen fünfundzwanzig Jahren, eine, wenn auch modifizierte, Wiederherstellung der Machtverhältnisse zwischen den fünf europäischen Großmächten aus der Zeit vor der

Französischen Revolution anstrebte; dass aber an eine wirkliche
Restauration der innen- wie außenpolitischen Verhältnisse in Europa in vorrevolutionärer Zeit, wie sie die Wortführer der alten,
vorrevolutionären Ordnung forderten, ebenso wenig gedacht war
wie an eine Neuordnung im Geist und mit den Zielsetzungen der
nationalen und liberalen Bewegungen, die fast überall in Europa
im Lauf der vergangenen Jahre entstanden waren – unter anderen
auch in Preußen nach 1806, in der sogenannten preußischen Reformzeit, der nicht zuletzt Humboldt das Gesicht gegeben hatte.

Dieser Grundcharakter des Wiener Kongresses, der seinen
ganzen Verlauf und seine Ergebnisse schließlich bestimmte, trat
allerdings erst Schritt für Schritt und im Rückblick in aller Deutlichkeit hervor. Zunächst dominierte auch bei Humboldt, trotz des
dann rasch wachsenden Zweifels, die Hoffnung, man werde hinsichtlich der Regelung der deutschen Verhältnisse am Ende doch
im Einvernehmen mit Österreich zu einer Lösung gelangen, die
den Erwartungen der deutschen Nationalbewegung wenigstens
einigermaßen entsprechen würde.

Als zweiter Bevollmächtigter Preußens auf dem Ende September 1814 eröffneten Wiener Kongress suchte Humboldt in diesem
Sinne auf den geheimen Konferenzen der Delegierten der vier
siegreichen Großmächte, an denen er auf den speziellen Wunsch
Hardenbergs hin stets teilnahm, obwohl das eigentlich nicht vorgesehen war, zunächst die Gemeinsamkeiten der Ideen und Interessen der vier Mächte auszuloten. Dabei wurde allerdings sogleich,
angesichts des Vorschlags Österreichs, auch den Vertreter der be-
siegten Macht, also Talleyrand, zu diesen geheimen Konferenzen
hinzuzuziehen, ein tiefer machtpolitischer Interessengegensatz
sichtbar, mit dem zugleich weitreichende und grundsätzliche Meinungsverschiedenheiten hinsichtlich der leitenden Prinzipien der
Neugestaltung einhergingen.

Metternich ließ sich, bestimmt von dem ganz traditionell verstandenen österreichischen Machtinteresse, von dem Gedanken
leiten, dass Europa und dann auch Deutschland von den fünf großen Mächten Europas dirigiert und geleitet werden sollte – im
Sinne jener Pentarchie, wie sie sich im vergangenen, im 18. Jahr-

hundert, herausgebildet hatte. Natürlich sollte diese Pentarchie nur in modifizierter, den inzwischen eingetretenen Machtverschiebungen entsprechender Form wiederhergestellt werden. Aber entscheidend für ihn war der Gedanke, dass man jeden Versuch einer tiefer greifenden Umgestaltung der inneren Verhältnisse in den einzelnen Staaten, sei es im restaurativ-ständischen, sei es im Sinne fortschrittlich-nationaler Bewegungen, gemeinsam abwehren müsse. Sowohl für die Neubelebung der leitenden Gedanken der Pentarchie als auch im Interesse der Wiederherstellung des Gleichgewichts der europäischen Großmächte aber sei die von Anfang an gleichberechtigte Mitwirkung Frankreichs unerlässlich.

Gegen diese aber wandte sich mit aller Entschiedenheit vor allem Humboldt und mit ihm der Hauptvertreter Preußens, der mittlerweile in den Fürstenstand erhobene Hardenberg. Preußen war unter den vier Großmächten, die nun gemeinsam Frankreich besiegt hatten, das eigentliche Opfer der französischen Expansionspolitik und seines Versuches gewesen, eine Vorherrschaft über Europa zu errichten. Nur Russland hatte seine völlige Vernichtung verhindert, und nur Preußens innere Reformkräfte hatten dem Staat den Wiederaufstieg ermöglicht. Und dieser Macht sollte man nun, kaum hatte man sie in einem blutigen und opferreichen Krieg besiegt, gleich wieder die volle Gleichberechtigung im Kreis der europäischen Großmächte, ja ihr sogar ein entscheidendes Votum in vielen zentralen Fragen zugestehen?

Humboldts und Hardenbergs Kampf gegen die gleichberechtigte Mitwirkung Frankreichs an den Beschlüssen der Großmächte über die Gestaltung der künftigen Verhältnisse in dem von der napoleonischen Herrschaft befreiten Europa einschließlich der Zukunft Deutschlands aber nutzte nichts. Im Gegenteil. Es formierte sich immer deutlicher eine Art antipreußische Allianz unter Führung Österreichs. England sah in Habsburg, das nicht nur auf den Gedanken einer Wiederherstellung des Alten Reiches und des Kaisertums mit seinem Vormachtanspruch verzichtete, sondern gleichzeitig eine Gegenposition gegen das expansive Zarenreich einnahm, einen Garanten für die Wiederherstellung des kontinentaleuropäischen Gleichgewichts. Und in Russland selber dominierte, jedenfalls solange es nicht um eigene territoriale Machtinteressen ging, der Gedanke eines Bündnisses der konservativen Mächte, das man nicht durch ein augenscheinlich, so stellte es zumindest Wien dar, offensives Bündnis mit Preußen gegen das wieder in die alte Ordnung zurückgekehrte Frankreich gefährden wollte. Talleyrand als der mit allen politischen und diplomatischen Wassern gewaschene Vertreter Frankreichs schließlich umriss sofort, was die tieferen, die eigentlichen Gründe für das Verhalten der einzelnen Großmächte, insbesondere Österreichs, waren und richtete seine ganze Politik darauf aus.

Vor allem unterstützte Talleyrand Habsburg nachdrücklich in dessen Bestreben, den Status quo, soweit es nicht um direkte französische Eroberungen ging, so weit wie möglich zu erhalten. Das betraf vor allem die sogenannten Rheinbundstaaten, die, mit Ausnahme Sachsens, gleichsam im letzten Augenblick die Seite gewechselt hatten. Diejenigen, die als Monarchen und als Regierungen 1813 an der Spitze dieser Staaten standen, hatten territorial und machtpolitisch von der Herrschaft Napoleons auf Kosten ihrer kleineren Nachbarn erheblich profitiert. Sie aber waren, wie vor allem Talleyrand nachdrücklich betonte, im Sinne der traditionellen Lehre des Gottesgnadentums »legitime« Herrscher und standen daher sozusagen unter dem Schutz des in ganz Europa wieder etablierten Legitimitätsprinzips.

Das war natürlich eine bloße Formel, deren Substanz bereits vielfältig in Frage gestellt war. Aber sie war, verbunden mit ganz konkreten Machtinteressen, gegen weitergehende Veränderungen vor allem in Mitteleuropa instrumentalisierbar, wie sie auf preußischer Seite vor allem von einer Fraktion um den Freiherrn vom Stein und einem Teil der Militärführung propagiert wurden. Gegen sie führte Metternich unter der Hand das Argument ins Feld, das seien, unter dem Deckmantel angeblich konservativer, gegen die revolutionäre napoleonische Herrschaft gerichteter Parolen, »Jakobiner«, die in Wahrheit auf einen radikalen Umsturz aller Verhältnisse hinarbeiteten.

Und dieses Argument verfing aus ganz unterschiedlichen

Gründen bei vielen. Bei den einen, weil ihnen Reformen aus konservativem Geist, wie sie der Freiherr vom Stein propagierte, ein Widerspruch in sich selbst erschienen, hinter denen dann mit Sicherheit, auch wenn Stein das nicht wollte, radikale Kräfte zur Herrschaft gelangen würden. Bei den anderen, und das war die Mehrheit innerhalb und außerhalb Preußens, weil sie befürchteten, dass auf diesem Wege ihre traditionelle oder neuerworbene Machtposition untergraben würde. Und schließlich bei allen jenen, die nach den stürmischen Veränderungen der vergangenen fünfundzwanzig Jahre vor allem eines erstrebten: Ruhe.

Vertreter Preussens auf dem Wiener Kongress

Humboldt erfasste nach seinen langen Jahren in Wien, seiner vertrauten Beziehung zu Metternich und zu dessen mittlerweile engstem politischen Berater, Friedrich Gentz, seinen vielfältigen Gesprächen mit den führenden Staatsmännern Europas in Prag und schließlich in Châtillon die allgemeine Stimmung und das an den Höfen der Großmächte vorherrschende Klima wie kaum ein anderer. Von daher erwartete er für Preußen und vor allem für die deutsche Sache, so wie er sie im Lichte der Freiheitskriege und der im Entstehen begriffenen nationalen Bewegung sah, von dem Kongress der Mächte in Wien von vornherein sehr wenig.

Die beherrschenden Figuren, die über den Weg in die Zukunft im Wesentlichen bestimmen würden, so Humboldt, seien Metternich und an seiner Seite Talleyrand. Preußen, das einen so entscheidenden Anteil an dem schließlichen Sieg über Napoleon gehabt habe, könne nur versuchen, dem Bestreben Österreichs, es in Deutschland und in Europa wieder ganz in die zweite Reihe herabzudrücken, Widerstand zu leisten. Im Übrigen könne es auf die Zukunft und die weitere Entwicklung hoffen, die vielleicht zu günstigeren Verhältnissen führen werde.

Am Schluss des Kongresses zog er in diesem Sinne eine höchst negative Bilanz, die er freilich, bei allem Pessimismus, mit den Worten beendete, die nun getroffenen Vereinbarungen und Ergebnisse könnten nicht das letzte Wort sein. Preußen sei »jetzt mehr als je eine Macht, der viele die Vernichtung geschworen haben, und es ist lange nicht kräftig genug, als dass die Sache unmöglich sein sollte. Was jetzt geschehen ist, kann nur Stufe sein. Wenn auch König, Minister, jedermann das Gegenteil will, die Natur der Dinge und der Geist, der in diesem Jahrhundert weht, reißt alles mit sich fort.«

Humboldts politische Konzeption und seine praktische Politik

Zunächst hatte er, gemeinsam mit Hardenberg, aus der Position der Defensive, in der sie sich beide mit Preußen von vornherein befanden, darum gekämpft, dass Preußen in dem großen Länder- und Gebietsschacher, der in Wien zwischen den Großmächten ausgefochten wurde, wenigstens einen einigermaßen angemessenen Teil erhielt.[246] Neben dem Rheinland und Westfalen, die Preußen aus der napoleonischen Erbmasse zugesprochen wurden, richteten sich Preußens Blicke auf Sachsen, dessen König bis zuletzt zu Napoleon gehalten hatte, und auf jenen Teil des unter Napoleon wieder selbständig gewordenen Polen, den es im Zusammenhang mit den drei sogenannten polnischen Teilungen in der zweiten Hälfte des 18. Jahrhunderts erworben hatte. Auf den übrigen Teil erhob Russland insofern Anspruch, als es eine Personalunion mit dem formal, wenn auch in reduzierter Form, selbständig bleibenden polnischen Großherzogtum proklamierte. Gegen beides wandten sich die übrigen drei Großmächte, Österreich, Frankreich und England, mit aller Schärfe mit dem Argument, dadurch werde das angestrebte Gleichgewicht zwischen den Mächten zugunsten Russlands und Preußens verschoben.

Der Konflikt über diese Frage führte Anfang 1815 an die Grenze eines Krieges zwischen den beteiligten Mächten, der im letzten Augenblick nur durch einen Kompromiss verhindert werden konnte. Dieser Kompromiss, so schien es zunächst, ging im Wesentlichen auf Kosten Preußens, das auf seinen Anspruch auf ganz Sachsen verzichten musste und dafür mit größeren Teilen des Rheinlandes und auch Westfalens entschädigt wurde. Dadurch aber, dass das Herrschaftsgebiet Preußens noch stärker an den Rhein, das alte Gebiet des sogenannten Dritten Deutschlands, rückte, während sich Österreich gleichzeitig im Interesse seines Bündnisses mit den süddeutschen Staaten, besonders mit Blick auf das Großherzogtum Baden, definitiv vom Rhein zurückzog und sich auf Italien konzentrierte, wurde Preußen zu einer überwiegend deutschen Macht im Sinne der nationalen Bewegung in Deutschland, während Habsburg noch stärker ein Vielvölkerstaat wurde. Für die Zukunft sollte das, ohne dass man sich in Wien dessen bewusst war, eine entscheidende Weichenstellung sein.

In den komplizierten Verhandlungen, die über all dies im Herbst und Winter 1814/15 zwischen den Großmächten geführt wurden, standen auf der einen Seite England, Österreich und Frankreich und auf der anderen Seite Russland mit seinem Anspruch auf Polen. Preußen wurde von beiden Lagern umworben. England und vor allem Österreich verwiesen darauf, dass sie als Gegenleistung für den preußischen Anspruch auf Sachsen, den sie insgeheim schon anerkannt hatten, ein Eintreten Preußens in die Abwehrfront gegenüber den russischen Ansprüchen auf ein formal wiederherzustellendes, aber in völliger Abhängigkeit von Russland zu haltendes Königreich Polen erwarteten. Russland hingegen beschwor das enge Zusammengehen mit Preußen in dem vergangenen Krieg, das überhaupt erst den Wiederaufstieg Preußens zu einer Großmacht ermöglicht habe. Humboldt und auch Hardenberg suchten dazwischen einen vermittelnden Kurs zu steuern und die Spannungen durch Kompromisse zu entschärfen. Ihr König jedoch empfand es als seine Ehrenpflicht, Partei für Russland zu ergreifen, selbst wenn es darüber zu einem militärischen Konflikt mit den drei übrigen Großmächten kommen sollte.

In Wien freilich, bei Metternich, bei dem britischen Gesandten Castlereagh und natürlich bei Talleyrand – der insgeheim darauf setzte, dass sich über der polnisch-sächsischen Frage die beiden deutschen Großmächte endgültig zerstreiten würden –, schätzte man die Konstellation insofern anders ein, als man Humboldt als denjenigen ansah, der auf eine entschiedene Parteinahme Preußens zugunsten Russlands hinarbeite und insofern den Konflikt bewusst schüre. Das Gegenteil war der Fall. Humboldt suchte

nicht nur zu vermitteln, sondern war, sollten sich die Dinge weiter zuspitzen, im Letzten entschlossen, sich der Verbindung der
drei zusammenarbeitenden Großmächte anzuschließen und sich
gegen Russland zu stellen.

Am 13. November 1814, acht Tage nachdem sich der preußische König und der Zar in Anwesenheit Hardenbergs, aber nicht
Humboldts endgültig über ein Zusammengehen in den strittigen
Fragen verständigt hatten, schrieb Humboldt an seine Frau: »Hier
ist Frankreich ganz gegen Russland und seine Ideen mit Polen,
sowie auch ganz gegen Sachsen. Sollten wir uns wirklich geradezu
entscheiden müssen, mit Rußland oder mit Österreich und England in dieser Sache zu stehen, so bin ich so entschieden für die
letzte Meinung, dass ich alles daran setzen werde. Ich habe, aber
das ist tiefes Geheimnis, ein deutsches Memoire darüber für den
König gemacht, das ihm freilich nicht gefallen wird.«[247]

In der Tat hat Humboldt in seiner Denkschrift vom 9. November
1814 eine ebenso entschiedene wie schonungslose Bilanz aus der
Perspektive Preußens gezogen, die dem Monarchen alles andere
als gefallen haben muss. Nüchtern beschrieb er darin zunächst die
Lage Preußens im Kreis der europäischen Großmächte. Preußen
befinde sich in einer kritischeren Situation als irgendein anderer
Staat. »Es kann nur auf die Provinzen, welche es vor dem Kriege
besaß, und auf seinen wiedereroberten alten rechnen.« Sachsen
sei ihm »von Österreich und England nur unter der Bedingung
zugesichert worden, dass es in der Polnischen Angelegenheit den
gleichen Gang mit ihnen gehe, und um den Rhein herum ist der
neue Besitzstand noch nicht einmal vorläufig irgend bestimmt
verabredet«. Er halte es daher für unmöglich, »dass Preußen sich
aus dieser Lage herausziehe, ohne eine Gefahr wirklich ernsthaft theilen zu wollen«, und ebenso für unmöglich, »dass es von
Oesterreich und England die in Deutschland gewünschten Besitzungen zugestanden, anerkannt und garantirt erhalte« und dabei
doch »auf seine Weise und nach seinem Gefallen mit Russland
abschließen und an dem ferneren Zwist über Polen keinen Theil
nehmen könne«. Es habe bei Lage der Dinge auch keinen Zweck,
eine Entscheidung für eine der beiden Seiten aufzuschieben.

»Schon jetzt hegen Oesterreich und England die Meinung«, fuhr er fort, »dass Preußen sie nicht gegen Russland unterstützen wird. Nimmt diese Meynung in den nächsten Tagen zu, wie sie es denn, ohne eine bestimmte Erklärung Preussens, nothwendig muss, so werden sie, da die Umstände zu dringend sind, neue Verbindungen und zwar solche suchen, die nicht anders als nachtheilig für Preussen ausfallen können, werden allen Forderungen Preussens Schwierigkeiten entgegensetzen, und allzu wahrscheinlich auch den Congress ins Spiel ziehen, um die Polnische und Sächsische Angelegenheit bei ihm zur Sprache zu bringen.«

Aus dieser sehr nüchternen und gleichzeitig ausgesprochen realistisch-präzisen Analyse der Lage zog er den Schluss, dass eine Entscheidung für Preußen natürlich außerordentlich schwierig sei. Denn es müsse sich »entweder mit Russland für eine Sache verbinden, die ihm selbst schädlich ist und die es ausserdem weder gerecht noch Europa nützlich nennen kann; oder mit Oesterreich und England zu Massregeln, die es jetzt für unangemessen und für unpolitisch hält«. Aber auch wenn man sich das vor Augen halte – neutral zu bleiben sei jedenfalls keine Lösung, da Preußen sich damit beide Seiten zu Gegnern mache, und so müsse man sich letzten Endes für ein Zusammengehen mit Österreich und England entscheiden. Denn nur dann könne man auf den weiteren Gang Einfluss nehmen und auf eine »größere Mäßigung bei den Gegnern Russlands« hinarbeiten, »da diese doch selbst einen Bruch scheuen« und Preußen bei einem Zusammengehen mit ihnen »mehr Gewicht haben wird«.[248]

Humboldts Stellungnahme und alles, was er daran an weiteren Überlegungen klammerte, kam jedoch, ohne dass er davon zu dem Zeitpunkt, an dem er seine Denkschrift verfasste, Kenntnis hatte, zu spät. Drei Tage zuvor hatte sein König mit dem Zaren ein Zusammengehen sowohl in der polnischen als auch in der sächsischen Frage beschlossen. Hardenberg, der bei diesem entscheidenden Treffen zwischen den beiden Monarchen dabei war, mochte zwar die Überlegungen, die Humboldt in seiner Denkschrift angestellt hatte, im Wesentlichen teilen. Aber er fügte sich der Haltung seines Königs. Ob er Humboldts Denkschrift im

Nachhinein an den König hat gelangen lassen oder ob er sie in seinen Papieren bewahrt hat, steht dahin. Aber wie dem auch sei – zwischen Humboldt und dem Monarchen bestand in dieser Frage, die für das künftige Verhältnis zwischen Preußen und Österreich so entscheidend sein sollte, von Anfang an eine tiefe Meinungsverschiedenheit. Sie belastete ihre weitere Beziehung, auch wenn sich Humboldt als zweiter Vertreter Preußens auf dem Wiener Kongress der vom König vorgezeichneten Linie fügte und sich nur nach Kräften mit allem, was in seiner Macht stand, bemühte, die Spannungen zwischen Russland und den drei westlichen Mächten nicht zum offenen militärischen Konflikt gelangen zu lassen.

In der Öffentlichkeit allerdings galt er nicht nur in Preußen, sondern auch in Österreich, hier unter direkter Inspiration Metternichs, als entschiedener Wortführer der russischen Ansprüche. Und Talleyrand nahm als Sprecher Frankreichs diesen Gedanken nur zu gerne auf, um seinerseits ein Zusammengehen Österreichs mit Preußen dauerhaft zu blockieren. So wurde Humboldt fast allgemein als jemand angesehen, der einen friedlichen Interessenausgleich der Großmächte verhindert habe. Er wurde daher von praktisch allen Seiten mit Misstrauen beobachtet.

Das steigerte sich noch dadurch, dass er im Weiteren mit Nachdruck für eine vollständige Annexion Sachsens durch Preußen eintrat. Zunächst darin unterstützt durch Russland, gab der Zar die preußische Forderung im Zeichen der Drohung der anderen Seite mit einem militärischen Konflikt dann auf zugunsten einer die russische Seite begünstigenden Lösung der polnischen Frage. Dafür erhielt zwar Preußen im Sinne des europäischen Gleichgewichts territoriale Kompensationen am Rhein und in Westfalen. Aber der Gewinner bei diesem Länderschacher war doch eindeutig Österreich, das als Gegengewicht gegen Russland von englischer, aber auch von französischer Seite begünstigt wurde – hier zugleich mit Nebenblick auf die damit verbundene Befestigung des österreichisch-preußischen Gegensatzes, an dem Paris im Interesse der eigenen Machtstellung sehr gelegen war.

An den langwierigen Verhandlungen über all dies hat Humboldt als der zweite Mann Preußens intensiv teilgenommen und dabei durch sein Verhandlungsgeschick und seine eingehende Sachkenntnis manchen kleinen Erfolg erzielt, während sich Hardenberg mehr mit dem gesellschaftlichen Leben in der österreichischen Hauptstadt und seinen wechselnden Amouren beschäftigte. Aber von dem großen Konzept eines Vermittlers zwischen den Mächten, wie er es in seiner Denkschrift vom 9. November in der Annahme entwickelt hatte, die Entscheidung sei noch offen, war nach dem festen Bündnisversprechen Preußens gegenüber Russland nicht mehr die Rede.

Wie Humboldt prophezeit hatte, bewegte Preußen sich fortan als Juniorpartner im Schatten der russischen Macht und wurde von den übrigen Mächten in diesem Sinne behandelt. »Wenn sich die jetzt zwiespältigen Mächte doch noch, nach einiger Zeit, ohne Blutvergießen versöhnen«, mit diesen Worten hatte er seine große Denkschrift vom 9. November beendet, »so wird Oesterreich in allen Verhältnissen in Deutschland immer Preussen fühlen lassen, dass es sich von seiner und, in seiner Ansicht, von der allgemeinen Sache getrennt hat, und da diese Verhältnisse für Preussen immer die nächsten und wichtigsten bleiben, wird Russland es dafür nicht entschädigen können.«

Diese Prognose Humboldts, abgegeben mit Blick auf eine scheinbar noch bevorstehende Entscheidung, erwies sich nur zu bald, angesichts des Entschlusses des preußischen Königs für ein Zusammengehen mit Russland, als geradezu prophetische Voraussage. Die nun Schritt für Schritt eintretende Situation vor Augen, konzentrierte sich Humboldt im Weiteren immer mehr auf die Regelung der innerdeutschen Verhältnisse und auf die Frage der künftigen deutschen Verfassung.

Schon ein Jahr zuvor, im Dezember 1813, hatte er, wie bereits dargelegt, seine diesbezüglichen Ansichten in einer großen Denkschrift zu Papier gebracht. Allerdings, was er hier im Hinblick auf den zu gründenden »Verein« deutscher Staaten als den »Schlusstein des ganzen Gebäudes« bezeichnet hatte, nämlich die »feste, durchgängige, nie unterbrochene Uebereinstimmung und Freundschaft Oesterreichs und Preussens«, das bestand faktisch nicht mehr oder doch nur noch in sehr begrenztem Maße. Immer-

hin hatten die alliierten Mächte am 28. Januar 1814 bei der Feststellung der Friedensvorschläge den Beschluss gefasst, Deutschland solle künftig aus unabhängigen Staaten bestehen, die aber
durch einen Bund vereinigt werden sollten, der Deutschlands
Unabhängigkeit verbürge. Dieser Beschluss war in dem Vertrags-
entwurf für den Kongress von Châtillon und in der Konvention
von Chaumont vom 1. März 1814 wiederholt worden. Humboldt
hatte den ganzen Sommer 1814 darauf gedrängt, dass er praktisch vollzogen, also eine innere und äußere Ordnung für den zu
schließenden Bund in Verhandlungen zwischen den hauptsächlich
daran zu beteiligenden Mächten verabredet und festgelegt werde.

Hardenbergs und Humboldts Verfassungsplan für den Deutschen Bund

Das zu diesem Zweck geplante Komitee für die Erörterung der
deutschen Verfassungsfragen kam indes zunächst nicht zustande.
Aber Hardenberg hatte im Juli 1814 einen Verfassungsplan in
zehn Artikeln entworfen und ihn in Gesprächen mit dem Freiherrn vom Stein und dem Grafen Solms-Laubach in Frankfurt
am Main weiter ausgearbeitet. Diesen Entwurf mit schließlich 41
Artikeln erhielt Humboldt am 28. August 1814, wenige Wochen
vor Eröffnung des Kongresses in der österreichischen Hauptstadt. Hier erhob Humboldt sogleich lebhaften Einspruch vor
allem gegen den Paragraphen 2, der lautete: »Dieser Bund soll in
sich begreifen folgende dem Hause Österreich gehörende Länder:
Salzburg, Tirol, Berchtesgaden, Vorarlberg und dasjenige, was dieses Erzhaus am Oberrhein erhalten wird, alles was Preußen links
der Elbe besitzt und erhält, ferner alle deutschen Staaten, sowie
sie von der Ostsee, der Eider, der Nordsee, dem niederländischen,
französischen und schweizerischen Gebiet begrenzt werden. Die
hier nicht benannten österreichischen und preußischen Staaten
bleiben besser außerhalb des Bundes, damit es desto weniger
Schwierigkeiten habe, diejenigen Teile jener beiden Monarchien,
die mit in den Bund aufgenommen werden, allen Bundesgesetzen

mit zu unterwerfen und das Band desto fester zu knüpfen. Österreich und Preußen als Mächte schließen aber mit der Föderation ein unauflösliches Bündnis und garantieren besonders die Verfassung und Integrität derselben.«

Hardenberg hatte diesen Paragraphen vor allem unter dem Einfluss des Freiherrn vom Stein formuliert, der hoffte, den Rheinbundfürsten auf diese Weise den Schutz und die Protektion durch die beiden deutschen Großstaaten, also in erster Linie Österreich, zu entziehen und damit einer Wiederbelebung der alten Reichsidee zumindest in diesen Territorien zu dienen. Gerade aus diesem Grund aber widersprach Metternich, der sich inzwischen der Unterstützung der Rheinbundfürsten sicher war, später dem Hardenberg'schen Vorschlag – wenn auch aus rein machtpolitischen, vom österreichischen Standpunkt aus begründeten Ideen. Humboldt hingegen sah durch diesen Entwurf die angestrebte, wenn auch lockere politische Einheit der Nation entscheidend bedroht.

Unter Metternichs direktem, von Humboldt sekundiertem Einfluss unterzogen Hardenberg, Humboldt, Metternich und Hardenbergs hannoveranischer Namensvetter auf dem Kongress die 41 Artikel einer grundlegenden Revision und zogen sie auf zwölf zusammen. Geleitet wurden sie dabei von dem Vorschlag Metternichs, in Wien nur die Grundlagen für den zu begründenden »Deutschen Bund« zu schaffen und alle Einzelheiten dem zu etablierenden Organ des Bundes, dem »Bundestag«, zu überlassen, einem permanenten Kongress der Gesandten der einzelnen Bundesstaaten mit unterschiedlichem Stimmrecht unter Leitung des österreichischen »Präsidialgesandten«. Zum Bund sollten, so wurde nun festgelegt, jeweils auch Österreich und Preußen mit einem größeren Teil ihrer Territorien und mit ihren Hauptstädten gehören.

Die nähere Beratung der zwölf Verfassungsvorschläge wurde einem »Komitee für die deutschen Angelegenheiten« übertragen, dem Metternich und der Gesandte Johann von Wessenberg für Österreich, Hardenberg und Humboldt für Preußen, Carl Philipp Wrede für Bayern, Ernst von Münster und der Hannoveraner Hardenberg für Hannover und schließlich Franz von Linden

und Graf von Wintzingerode für Württemberg angehörten. Am
14. Oktober hielt das Komitee seine erste Sitzung ab. Schon in
der dritten Sitzung, sechs Tage später, kam es zu einer ersten
Stockung, da der bayerische Vertreter sich unter anderem nachdrücklich gegen die in Paragraph 9 des Hardenberg-Metternich-
schen Entwurfs ausgesprochene Bestimmung wandte, Staaten, die
keine Länder außerhalb Deutschlands besäßen, sei es verboten,
mit auswärtigen Mächten Krieg zu führen oder an einem solchen
auch nur teilzunehmen sowie entsprechende Bündnissubsidien
einzugehen, mit anderen Worten eine aktive Außenpolitik zu betreiben. Da sich auch Württemberg diesem Einspruch anschloss,
stagnierten die Verhandlungen. Und da in der Zwischenzeit die
Spannungen zwischen den Großmächten, also zwischen Österreich, England und Frankreich auf der einen Seite, Russland und
Preußen auf der anderen, über die sächsische und die polnische
Frage einem Höhepunkt zusteuerten, blieben die Gespräche über
die Bildung eines »Deutschen Bundes« zunächst über Monate
liegen. Erst nachdem unmittelbar an der Schwelle eines Krieges
zwischen den Großmächten ein Kompromiss gefunden worden
war – ein Kompromiss, der wesentlich auf Kosten Preußens und
seiner sächsischen Ansprüche ging –, kamen die Verhandlungen
über die deutsche Frage wieder in Gang.

In der Zwischenzeit hatte sich Humboldt intensiv und bis ins
Einzelne mit den von Metternich und Hardenberg als Entwurf
vorgelegten zwölf Artikeln einer Verfassung für die künftige
Gestaltung der Verhältnisse in dem zu schaffenden »deutschen
Verein« beschäftigt, die dem »Komitee für die deutschen Angelegenheiten« im Oktober unterbreitet worden waren. Dabei
hatte er zwei Fassungen entworfen, eine mit und eine ohne die
ins Auge gefasste Einteilung des Bundesgebietes in Kreise. Die
Verhandlungen darüber und die Gegenvorschläge, die dazu von
allen Seiten, von österreichischer, von Seiten der größeren sogenannten Mittelmächte in Deutschland, von den kleinen Staaten und auch den Mediatisierten eingingen, beschäftigten die
beteiligten Mächte und Diplomaten über Monate. Dazu kamen
noch die Auseinandersetzungen über den vom Freiherrn vom

Stein präsentierten Plan, wieder ein Kaisertum an der Spitze des zu schaffenden Bundes einzuführen – freilich in einer gegenüber den Verhältnissen im Alten Reich grundlegend veränderten Form.

Erst als mit der Rückkehr des auf die Insel Elba verbannten Napoleon an die Spitze des französischen Staates eine ganz neue Situation entstand und sich die mittlerweile tief zerstrittenen Alliierten gezwungen sahen, ihrerseits den Krieg gegen den Mann wiederaufzunehmen, den sie endgültig besiegt zu haben glaubten, veränderte sich die Lage grundlegend. Zwar brach das restaurierte napoleonische System schon nach annähernd hundert Tagen nach anfänglichen großen Erfolgen wieder zusammen. Einen Tag nach einem neuerlichen Sieg der französischen Armee über das zahlenmäßig überlegene preußische Heer bei Ligny am 17. Juni 1815 unterlag die gleiche Armee dem vereinten Ansturm der englischen und der preußischen Truppen bei Waterloo/Belle Alliance. Erneut zogen die alliierten Truppen in Paris ein und besiegelten das definitive Ende Napoleons, der nun lebenslänglich auf die englische Insel Sankt Helena im atlantischen Ozean verbannt wurde. Der Schock aber über diese unerwartete Rückkehr des französischen Kaisers und vor allem über die begeisterte Zustimmung, die sie in Frankreich gefunden hatte, bewog die in Wien versammelten Monarchen und ihre Regierungen, ihre Gegensätze, für den Augenblick jedenfalls, hintanzustellen und die Neuordnung Europas und auch Deutschlands entschlossen voranzutreiben und verbindliche Lösungen zu vereinbaren.

Am 8. Juni 1815, zehn Tage vor Waterloo, wurde die Deutsche Bundesakte unterzeichnet, über die in endlosen Verhandlungen nicht nur zwischen den beiden deutschen Großmächten, sondern auch zwischen ihnen und den sogenannten deutschen Mittelmächten sowie den kleineren deutschen Staaten und den Mediatisierten gestritten worden war. Mitglieder des Bundes waren die, wie es wörtlich hieß, »souveränen Fürsten und freien Städte Deutschlands« einschließlich des Königs von Großbritannien als König von Hannover, des Königs von Dänemark als Herzog von Holstein und Lauenburg sowie des Königs der Niederlande als

Großherzog von Luxemburg. Als »Freie Städte« wurden Hamburg, Bremen, Lübeck und Frankfurt am Main aufgeführt.

Der ursprüngliche Hardenberg'sche Entwurf vom Juli 1814 hatte in Bezug auf Österreich und Preußen einen großen Teil der hohenzollernschen beziehungsweise habsburgischen Besitzungen einschließlich der beiden Hauptstädte nicht in den Bund einbezogen. Dagegen hatte Humboldt sogleich nachdrücklich Stellung bezogen, unterstützt von Metternich, der von vornherein eine Vorrangstellung Österreichs im zu gründenden »Deutschen Bund« angestrebt hatte. Der endgültige Vertrag sah nun vor, dass sowohl die österreichischen als auch die preußischen Gebiete, die früher zum Alten Reich gehört hatten, auch zu dem neuen Bund gehören sollten. Danach sollten »nur« Ungarn, Siebenbürgen, Galizien, Kroatien, Slowenien, Lombardo-Venetien und Istrien, über die Österreich seit alters beziehungsweise nach den Beschlüssen des Wiener Kongresses herrschte, nicht zum »Deutschen Bund« gehören, und von den preußischen Gebieten Ost- und Westpreußen, Posen und das mit der preußischen Krone in Personalunion verbundene Fürstentum Neuenburg.

In der Präambel der Bundesakte, deren wesentlicher Teil in die einen Tag später verabschiedete »Kongressakte« aufgenommen wurde, die außer von den fünf Großmächten noch von Schweden, Portugal und Spanien unterzeichnet wurde, war der Zweck des Bundes in sehr allgemeiner Form umschrieben. Seine 39 Mitglieder seien, so hieß es wörtlich, »von den Vorteilen überzeugt, welche aus ihrer festen und dauerhaften Verbindung für die Sicherheit und Unabhängigkeit Deutschlands und die Ruhe und das Gleichgewicht Europas hervorgehen würden«. Sie seien daher übereingekommen, »sich zu einem beständigen Bunde zu vereinigen«. Dieser Bund sei ein »unauflöslicher Verein«. »Der Austritt aus diesem Verein« könne »keinem Mitglied desselben freistehen«.

Über viele Punkte des Vertrages war, wie gesagt, gestritten worden. Darunter in besonderem Maße über die Frage, ob und in welchem Umfang der Bund die Gliedstaaten zum Erlass von Verfassungsgesetzen verpflichten solle. Vor allem von Seiten der süddeutschen Staaten und eines großen Teils der deutschen Öffentlichkeit gab es Bestrebungen, den Ländern den Übergang zu einer Repräsentativverfassung zur Pflicht zu machen. Am Ende beschränkte sich die Mehrheit unter Führung Österreichs auf die Formel: »In allen Bundesstaaten wird eine Landständische Verfassung stattfinden«, wobei im letzten Augenblick statt des »soll stattfinden« des ursprünglichen Entwurfs »wird stattfinden« gewählt wurde.

Humboldts Urteil über den Bund, um dessen innere Gestaltung er seit Monaten gerungen hatte, lautete am Schluss im Rückblick bitter: »Ein höchst unförmliches, in allen seinen Teilen unzusammenhängendes, auf nichts mit einiger Festigkeit ruhendes Gebäude«.[249] In der Tat entsprach der Bund in seiner am Ende verabschiedeten Fassung weder seinen eigenen Vorschlägen noch zum guten Teil auch den Wünschen Preußens, wie sie Hardenberg zu Papier gebracht hatte – von den Erwartungen der deutschen Patrioten ganz zu schweigen. Viele Wochen der höchst intensiven und arbeitsreichen Tätigkeit auf vielen Gebieten lagen hinter ihm, und das Ergebnis war aus seiner Sicht höchst negativ.

Darüber hat Humboldt mit zunehmend resignativem Urteil vor allem in Briefen an seine Frau berichtet und dabei immer wieder eingestreut, wie sehr ihn die Verpflichtung zur Teilnahme an Empfängen, an Festen und sonstigen Einladungen belaste und wie sehr er Stunden der Ruhe, der Einsamkeit und des Zusammenseins mit ihr vermisse. Andere Quellen zeigen freilich – vor allem die Aufzeichnungen seines Jugendfreundes Gentz, der nicht nur in den politischen, sondern auch in den gesellschaftlichen Kreisen der Kongressstadt eine zentrale Rolle spielte –, dass er durchaus am turbulenten Gesellschaftsleben der habsburgischen Metropole lebhaft teilgenommen hat, einschließlich seiner erotischen Aspekte. Aber auch dieser Teil seines Wiener Aufenthaltes drängte seinem Ende entgegen. So war er in der Tat in jeder Hinsicht froh, als er nach der Unterzeichnung der »Schlussakte« des Wiener Kongresses am 9. Juni und der ihm und Gentz übertragenen Endredaktion der Kongressakte am 20. Juni nach Berlin aufbrach, wo er seine Frau und seine Kinder wiedersah.

Der dortige Aufenthalt sollte allerdings nur wenige Tage dauern. Denn mittlerweile hatten, wie bereits gesagt, englische und preußische Truppen bei Belle Alliance/Waterloo nicht nur den aus Elba zurückgekehrten Napoleon endgültig militärisch geschlagen, sondern die siegreichen Alliierten waren auch erneut in die französische Hauptstadt eingezogen, um hier abermals einen Friedensschluss mit der wieder restaurierten bourbonischen Monarchie zu vereinbaren. Und zu den Beratungen darüber wurden natürlich auch die beiden Hauptvertreter Preußens auf dem Wiener Kongress hinzugezogen.

Die Situation allerdings, die sie in Paris vorfanden, war insofern wesentlich verändert, als England und Russland, wenn auch aus ganz unterschiedlichen Motiven heraus, sich für einen milden Frieden für das innerlich nun äußerst geschwächte Frankreich einsetzten – es genüge, so Russland und sich ihm anschließend England, die Ostprovinzen Frankreichs für eine gewisse Zeit besetzt zu halten. Preußen hingegen forderte, wie Humboldt in einer Denkschrift ausführlich begründete,[250] territoriale Abtretungen Frankreichs an seiner bisherigen Ostgrenze zugunsten der Gebiete des eben geschaffenen Deutschen Bundes, um Deutschland vor künftigen Angriffen Frankreichs zu schützen. England und Russland aber brachten dagegen Gleichgewichtsüberlegungen ins Spiel. Dabei setzte Russland insgeheim auf die künftige französische Unterstützung seiner Pläne zur Befreiung der vom Osmanischen Reich beherrschten christlichen Balkanvölker, während sich England ganz im Gegenteil von einem starken Frankreich die Unterstützung seiner eigenen, dem russischen Ausdehnungsdrang entgegengesetzten Orientinteressen erhoffte. Und Metternich hatte zwar größeres Verständnis für die preußisch-deutschen Sicherheitsinteressen, ließ sich aber letzten Endes von den Gleichgewichtsüberlegungen überzeugen.

So stand Preußen im Kreis der Großmächte mit seinen Forderungen ganz allein. Statt der von Hardenberg und vor allem von Humboldt geforderten Gebietsabtretungen Frankreichs mit der »Rückgabe«, wie sie sich ausdrückten, des Elsass, der lothringischen Festungen sowie Territorien an der niederländischen und der Schweizer Grenze kam es im zweiten Pariser Frieden nur zu kleineren territorialen Korrekturen mit Landau, Saarbrücken und Saarlouis als Zentren. Ferner erreichte man die Rückgabe aller geraubten Kunstschätze nicht nur an Preußen und Österreich, sondern auch an den Papst und die italienischen Staaten.

Humboldts entschiedenes, aber letztlich wenig erfolgreiches Auftreten auf dem zweiten Pariser Kongress hatte für ihn in mehrfacher Hinsicht nur nachteilige Folgen. Sein indirekter Widerstand gegen die russischen Pläne trug ihm zusätzlich die Gegnerschaft des Zaren und damit verbunden das Misstrauen seines eigenen Königs ein, der sich nach wie vor an die enge, emotional fundierte Partnerschaft mit dem russischen Monarchen gebunden fühlte. Und auch England und Österreich sahen sich durch Humboldts Verhalten in ihren eigenen Planungen empfindlich gestört, von Frankreich ganz zu schweigen. Andererseits betrachteten die Vertreter der deutschen Nationalbewegung und die um ihren Sieg angeblich betrogenen Repräsentanten der preußischen Armee die preußischen Diplomaten mit Humboldt an der Spitze als Symbolfiguren für das Zurückweichen Preußens auf dem diplomatischen Felde.

Humboldts Bestreben, auf jeden Fall im Spiel zu bleiben, statt unter diesen Umständen sein Amt aufzugeben, hatte ihn um den Ruf gebracht, ein entschiedener Wortführer und Vertreter der gemeinsamen Interessen der reformerischen und zugleich nationalen Kräfte zu sein, als der er nach 1809 so eindrucksvoll hervorgetreten war. Trotzdem blieb er weiterhin im Amt und ließ sich von Hardenberg auch da weiter verwenden, wo es nicht um große Ziele, sondern um den mühevollen Ausgleich machtpolitischer und territorialer Konflikte auf der Basis der Wiener Schlussakte zumal in Mitteleuropa ging.

Vieles war in Wien noch unerledigt geblieben, insbesondere hinsichtlich der Gebietsstreitigkeiten zwischen den süddeutschen Staaten. Deren Lösung war einer dann in Frankfurt am Main tagenden Territorialkommission übertragen worden. Ihr gehörte auch der bisherige preußische Gesandte in Wien und dann zweite Vertreter Preußens auf dem Wiener Kongress, Wilhelm von Humboldt, an.

Die Arbeiten dieser Kommission zogen sich viel länger hin, als ursprünglich erwartet. So hat Humboldt die Zeit zwischen November 1815 bis zum Januar 1817 in Frankfurt verbracht, zunächst allein, ab Sommer 1816 wieder vereint mit seiner Frau und zweien seiner Töchter. Neben seiner Tätigkeit in der Territorialkommission hatte er vorübergehend auch die Geschäfte des neu zu installierenden preußischen Bundestagsgesandten wahrzunehmen. In dieser Eigenschaft hat er Preußen dann auch bei der feierlichen Eröffnung der Bundesversammlung, des sogenannten Bundestages, vertreten.

In dieser Zeit hat er sich auch mit der Frage beschäftigt, ob ihm nicht auch, wie Hardenberg und vielen anderen aus der Führungsgruppe der preußischen Politik in der Zeit der Freiheitskriege, von Seiten des Königs eine Dotation gewährt würde. Am 1. Dezember 1815 wandte er sich deswegen von Frankfurt aus an Hardenberg, der ihm schon Hoffnungen in dieser Richtung gemacht hatte. Zur Begründung könne man vor allem anführen, schrieb er an Hardenberg, wenige Tage nachdem sie sich in Paris getrennt hatten, dass er seinerzeit wesentlichen Anteil an dem so entscheidenden Beitritt Österreichs zu der Allianz gehabt habe. Hier, wo es darauf angekommen sei, »die gehörige Mitte zwischen Vertrauen und Mistrauen, sorglicher Betreibung und unzeitigem Eifer zu halten, wo man sich gleich großer Verantwortlichkeit aussetzte, wenn man durch Erregung von Vertrauen hernach fehlschlagende Erwartungen weckte, oder durch Erweckung von Mistrauen selbst zu diesem Fehlschlagen beitrug, glaube ich, ohne Anmaßung, behaupten zu können, daß, ohne mich, die Sache nicht oder minder gut zu Stande gekommen wäre«.[251] Hardenberg ist auf diese Anregung eingegangen, und ein gutes Jahr später erhielt er durch Kabinettsorder vom 13. März 1817 vom König die Zusicherung, dass er Güter mit jährlichem Ertrag von 5000 Talern erhalten werde. Nach längeren Verhandlungen, die sich vor allem um eine Auseinandersetzung mit Gneisenau drehten, der das gleiche Gut beanspruchte, erhielt Humboldt das Gut Ottmachau an der Neiße in Schlesien.

Während ihn seine Arbeit in der Territorialkommission als ein

mit Konflikten dieser und ähnlicher Art mittlerweile vielfach be-
fasster hoher preußischer Diplomat eher pflichtmäßig beschäftigte, wandte er seine Aufmerksamkeit gezielter und intensiver den
Möglichkeiten und Zielen der künftigen preußischen Bundespoli-
tik zu, von der, wie er konstatierte, ein großer Teil der preußischen
Politik insgesamt abhängen werde. Er tat das vor allem in einer
umfangreichen Denkschrift »Über die Behandlung der Angelegenheiten des Deutschen Bundes durch Preußen«, die zugleich
zur Instruktion des gerade erst ernannten neuen preußischen
Bundestagsgesandten, des Obermarschalls Graf Goltz, bestimmt
war. Dessen Vorgänger als Bundestagsgesandter, der damalige Gesandte in Kassel, von Hänlein, war noch vor seinem Amtsantritt
abberufen worden, da seine Pläne einer dualistischen Leitung des
Bundes und einer Angliederung der süddeutschen Kontingente
des geplanten Bundesheeres an Österreich, der norddeutschen an
Preußen, bei den Gesandten der übrigen deutschen Staaten sogleich eine Welle der Aufregung und des Misstrauens ausgelöst
hatten, die ihn für das Amt untragbar erscheinen ließ.[252]

Humboldts Denkschrift über den Deutschen Bund

Seine Darlegungen seien deswegen etwas ausführlich geraten, so
begann Humboldt seine an Hardenberg gerichtete Denkschrift,
weil er der »festen Überzeugung« sei, »dass die Angelegenheiten
am Deutschen Bunde von unserer Seite nur im engen Zusammenhang mit unserer ganzen äusseren Politik, und in beständiger
Beziehung auf unser inneres Verwaltungssystem gut geführt
werden können«. Von einer Grundtatsache müsse man ausgehen:
»Ein allgemeiner Deutscher Bund war [...] die einzige politische
Form, durch welche sich die ungleichartige Masse grosser und
kleiner Fürsten, welche Deutschland umfasst, in eine Gestalt bringen ließ, welche die Ruhe sichert, Misstrauen entfernt und unnütz
macht, und die gesetzmässige Möglichkeit begründet, denjenigen,
welcher irgend gerechten Verdacht erregt, zur Rechenschaft zu
ziehen.« Von der damit gegebenen Basis aus müsse die »Verbes-

serung und Erweiterung der Bundesacte in Absicht aller inneren
Einrichtungen, welche das Recht sichern und Willkür zu entfernen bezwecken, wohin festere Ständeverfassung, Bundesgericht,
Garantie der Verhältnisse der Mediatisierten u. s. f. gehören, […]
immer ein Hauptaugenmerk des preussischen Bundestagsgesandten bleiben«.

Dieses Ziel, den inneren Ausbau des Bundes und entsprechende Reformen, könne Preußen natürlich nicht auf direktem Wege,
durch Druck auf die kleineren und größeren Staaten erreichen.
Das werde nur zu deren mehr oder weniger geschlossenem Widerstand führen, den Österreich wahrscheinlich schüren werde.
Vielmehr müsse Preußen, bei strikter äußerer Zurückhaltung,
durch seine eigene innere Politik ein Vorbild abgeben für eine
Politik in ganz Deutschland, das heißt für eine Politik im Rahmen
des Bundes, die den Ideen und Interessen der Regierten entspreche und die Zustimmung einer breiten Öffentlichkeit finde. Das
werde ein langer Weg sein, aber bei Lage der Dinge wohl der einzige, auf dem Preußen und mit ihm letztlich die deutsche Sache
vorankommen werde.

So intensiv sich Humboldt für diesen Weg aussprach und so
eingehend und klarsichtig er vor allem die Widerstände dagegen
in den einzelnen deutschen Staaten analysierte, die Preußen zunächst zu äußerster Vorsicht zwängen – ein wirkliches politisches
Handlungskonzept war darin nicht enthalten. Er setzte letztlich
auf den Druck der öffentlichen Meinung, den sich Preußen zu-
nutze machen könne. Was aber am Ende das Ziel sein müsse, das
hat er in der Mitte der Denkschrift sehr klar formuliert.

Was die Natur des Bundes sei, darüber gingen die Vorstellungen
weit auseinander. »Die beiden am meisten auseinandergehenden
Vorstellungen hierüber sind die, welche man auf eine mehr frap-
pante als richtige und präcise Weise unter dem Ausdruck Staatenbund und Bundessstaat einander entgegensetzt, und denen
eifersüchtiges Bestehen auf der Souveränität der Einzelnen, und
patriotische Neigung zu einem Verbande des Ganzen unter einem
allgemeinen Gesetz als Triebfedern zum Grunde liegen. Preussen
habe sich bisher und mit Recht«, fuhr er fort, »zum letzten hin-

geneigt; Oesterreich, oder vielmehr Fürst Metternich mehr zum ersten, so dass es manchmal schien, als wollte er den Bund in ein blosses gewöhnliches Bündnis aufgehen lassen.« Es sei freilich »keineswegs zu leugnen, dass der Deutsche Bund wirklich nicht mit einem, auch ewigen, und mit vielen andern sonst in Bündnissen nicht gewöhnlichen Bedingungen versehenen Allianzvertrag verwechselt werden kann, sondern wirklich die Natur eines Bundesstaates an sich trägt. Denn er verbindet Länder zu einem Ganzen, welche durch ihre Stammverwandtschaft und Sprache offenbar eine Einheit ausmachen, und ehemals im Deutschen Reiche wirklich vereinigt waren.«

Allerdings sei mit einer »noch so richtigen und genauen Definition« wenig erreicht, und es könne durchaus »sehr irre führen, wenn man nunmehr aus dem Begriff des Bundesstaats argumentiren, und dem Bunde Alles beilegen wollte, was aus der allgemeinen Idee eines Staates fliesst«. Vielmehr müsse man festhalten, dass der »Deutsche Bund«, »seiner ursprünglichen Bestimmung und seinem politischen Dasein nach, ein wirklicher Staatenbund ist, der sich aber zur Erreichung seines inneren und äussern Zwecks in gewissen durch die Acte bestimmten Beziehungen eine Einheit und einen Zusammenhang gegeben hat, welche ihn in diesen Beziehungen zu einem Bundesstaate machen«.[253]

Mochte daran auch rein theoretisch manches plausibel sein – praktisch war daraus, wenn überhaupt, nur sehr wenig zu entnehmen. Oder, wenn man so will, nur so viel, dass der Bund in seiner gegenwärtigen Form, wie es offenbar den Ideen und Zielen Metternichs entspreche, ganz auf dem Status quo beruhe und jede Veränderung sogleich an seine Substanz gehe, ihn in Richtung eines Bundesstaates verwandle mit allen Folgerungen, die sich daraus über kurz oder lang mit innerer Konsequenz ergeben würden.

Wenn Hardenberg die langatmigen Ausführungen Humboldts in dieser Denkschrift überhaupt ernsthaft zur Kenntnis genommen hat, so musste ihm klar sein, dass sie, zumindest tendenziell, darauf hinausliefen, sich aus dem engen Bündnis mit Österreich auf der Basis der unbedingten Aufrechterhaltung des Status quo, auf der auch der Deutsche Bund geschlossen worden war, zu lösen und einen ganz anderen Weg einzuschlagen. Dieser sollte, durchaus noch in Form eines entsprechenden Angebots an Österreich, darauf hinauslaufen, schrittweise Ergänzungen und Veränderungen der Bundesakte vorzunehmen, insgeheim im Bündnis mit reformbereiten deutschen Staaten und der erwachten öffentlichen Meinung. Darauf aber wollte sich Hardenberg mit Blick auf die internationale Lage, in der Österreich mehr und mehr eine Vorrangstellung erlangt hatte, die es nun auch im Deutschen Bund beanspruchte, aber auch mit Blick auf die Bewahrung seiner eigenen Machtstellung im Inneren wie nach außen keinesfalls einlassen. Er ging vielmehr den Weg einer ganz engen Kooperation mit Österreich auf der Basis der von Metternich verfolgten Leitlinien und Prinzipien – Leitlinien und Prinzipien, die zunehmend auf die Erhaltung und Bewahrung des Bestehenden, ja auf die Revision mancher in der Bundesakte bereits gegebener Zusagen und Versprechungen hinausliefen, so insbesondere hinsichtlich des Satzes, in allen Bundesstaaten werde »eine landständische Verfassung stattfinden«.

Darüber lockerte sich schrittweise die engere, vertrauensvolle Verbindung und Zusammenarbeit zwischen Hardenberg und Humboldt immer mehr, die im schließlich in der »Völkerschlacht« gipfelnden Krieg gegen Napoleon und während des anschließenden Wiener Kongresses entstanden war. Hardenberg sah in Humboldt nun wieder verstärkt den innen- und außenpolitischen Konkurrenten, der bei den Reformern in Preußen und der mit ihnen vielfach verbündeten preußischen Militärführung sehr viel mehr Anhänger und Sympathisanten besaß als der Staatskanzler, dem man Schwäche und Nachgiebigkeit gegenüber Österreich und den mit Habsburg verbündeten Mittelstaaten, den langjährigen Partnern Napoleons, vorwarf.

So kam es Hardenberg ganz recht, dass von französischer Seite massive Einsprüche gegen Preußens Absicht formuliert wurden, Humboldt nach Abwicklung seiner sich hinziehenden Frankfurter Geschäfte mit der preußischen Gesandtschaft in Paris zu betrauen. Hardenberg ging auf diese Einsprüche nur zu gern ein, und Anfang November 1816 wurde Humboldt statt der ihm seit längerem fest zugesagten Gesandtschaft in Paris diejenige in London übertragen, die er ein knappes Jahr später, Anfang Oktober 1817, nach einem längeren Urlaub auf den Gütern seiner Frau im Thüringischen antrat. Im Hinblick auf die Bundesstagsgesandtschaft bemerkte er rückblickend in einem Brief an Nicolovius, die Stelle sei ihm »nie, weder direct noch indirect angetragen worden«, er habe sie also auch »nie ausgeschlagen«. Und fügte hinzu: »Wie man von Oesterreich und Preußen aus den Bund behandelt, würde ich mich freilich nicht verdammen lassen, leeres Stroh zu dreschen. Denn die Bundestagsgesandten können freilich nichts thun, solange ihre Höfe nicht wissen, was sie mit dem Bunde anfangen wollen oder sollen. Hiervon liegt nun die Schuld nicht an Preußen geradezu, sondern mehr an Oesterreich. Aber sie liegt an Preußen insofern«, schloss er, »als es in Wien ganz anders handeln lassen müßte als durch den jetzigen Gesandten in dieser ihm durchaus fremden Sache geschehen kann, und als es, wenn auch diese Mittel nicht wirksam wären, ganz andere Wege einschlagen sollte.«[254]

GESANDTER IN LONDON

Humboldt hat seine Zeit in London, wo er am 5. Oktober 1817 eintraf, von vornherein nur als eine Zwischenstation verstanden, bevor über seinen weiteren politischen Lebensweg eine endgültige Entscheidung fallen würde. Formal lag diese Entscheidung in einem nach wie vor absolutistisch regierten Staat wie Preußen allein beim König. Faktisch aber hing sie von einem Mit- und Gegeneinander unterschiedlichster personen- und sachlich bedingter Umstände ab, deren jeweilige Bedeutung und deren jeweiliges Gewicht nur schwer zu bestimmen sind.

Mit Blick auf die Verhältnisse in Preußen nach Abschluss des Wiener Kongresses kann man zunächst festhalten, dass einerseits die Machtstellung des zentralen Mannes an der Spitze, nämlich des Staatskanzlers Hardenberg, zwar nicht unumstritten, aber auch nicht wirklich erschüttert war, und dass andererseits die Stellung und der jeweilige Einfluss der beiden um den Vorrang ringenden Personengruppen, der Reformer und der Konservativen, sich verschoben hatten: Beide hielten sich nunmehr ungefähr das Gleichgewicht, ein Gleichgewicht, das Hardenberg aus unmittelbarem Machtinteresse zu erhalten suchte. Die Reformer ihrerseits waren auf der Suche nach jemandem, der, ihnen zuneigend, ein Gegengewicht gegen die dominierende Stellung Hardenbergs bilden könnte und damit zugleich in der Lage sein würde, das alles lähmende Gleichgewicht zwischen den Kräften der Reformer und denen der Konservativen zu ihren Gunsten zu verändern.

Und da fiel der Blick der Reformer zunehmend auf jenen Mann, der, durch seine einschneidenden Reformen auf dem Gebiet des

Unterrichts- und Bildungswesens nachhaltig bewährt, inzwischen auch auf dem allgemein als zentral angesehenen Gebiet der Außenpolitik mehr und mehr als zweiter Mann neben dem Staatskanzler hervorgetreten war – nicht zuletzt als Vertreter Preußens auf dem Wiener Kongress. So war Humboldt, ohne dass er sich darum in speziellem Maße bemüht hätte, zunehmend zu jemandem geworden, auf den sich die Blicke der Reformer richteten, zumal wenn man die Person eines möglichen Nachfolgers des unabweislich in die Jahre gekommenen und von Krankheit bedrohten Hardenberg ins Auge fasste.

Kaum jemand hat das schärfer registriert als Hardenberg selber. Zwar hat er, der innerlich mehr zu den Reformern tendierte und in vielem die Grundanschauungen Humboldts teilte, mit dem Gedanken einer solchen Nachfolgelösung durchaus gespielt. Als der Gedanke jedoch von anderer Seite immer öfter ins Spiel gebracht wurde, da empfand er das mehr und mehr als akute Bedrohung seiner Stellung, und er sah in Humboldt in wachsendem Maße einen gefährlichen Konkurrenten. Da nützte es wenig, dass Humboldt ständig, ihm selber und auch anderen gegenüber, seine unbedingte Loyalität zu Hardenberg betonte und seine Bereitschaft unterstrich, sich ihm auch weiterhin unterzuordnen. Die Tatsache, dass Humboldt siebzehn Jahre jünger war als Hardenberg, genügte diesem, in ihm den Nachfolger im Wartestand zu sehen, der nur auf einen günstigen Augenblick warte, die Stellung auch anzutreten.

Dieses Misstrauen bestimmte seither alle Schritte Hardenbergs in Bezug auf Humboldt, und dessen Reaktionen, mochten sie auch von Fall zu Fall von ganz anderen Überlegungen geleitet sein, verstärkten es nur noch. Mit Hardenbergs ausdrücklicher Zustimmung hatte Humboldt den Londoner Gesandtenposten nur für eine bestimmte Frist übernommen. Nach einem Jahr werde man, so Humboldt, weitersehen. Hierbei hatte Humboldt, wie er offen erkennen ließ, längerfristig die Übernahme eines Ministeramtes in Berlin im Auge. Da er aber gleichzeitig immer wieder betont hatte, dass nach seiner Auffassung die Minister gegenüber dem König gleichberechtigt sein müssten und die gegenwärtige

Lösung mit einem Premierminister, dem »Staatskanzler«, an der Spitze eine an die Person des gegenwärtigen Amtsinhabers gebundene Lösung bleiben sollte, sah Hardenberg darin einen offenen Angriff auf ihn persönlich und auf seine Stellung. Da nützte es wenig, dass Humboldt ein ums andere Mal betonte, dass er Hardenbergs Stellung als eine Stellung auf Lebenszeit ansehe und er sich von dieser Haltung bei allen seinen Handlungen stets bestimmen lassen werde. Hardenberg sah sich vor die Situation eines offenen Machtkampfes gestellt und verhielt sich in der Folgezeit denn auch in diesem Sinne.

Vor diesem Hintergrund hat Humboldt seine Tätigkeit in London,[255] wie gesagt, mehr als kurzfristige Zwischenstation im Sinne eines längeren Urlaubs nach all den Anstrengungen der vergangenen Jahre aufgefasst; sein Gesandtschaftssekretär war hier im Übrigen Heinrich von Bülow, seit 1816 der Verlobte seiner Tochter Gabriele, der dann auch sein Nachfolger als Gesandter in London und schließlich preußischer Außenminister wurde. Vor allem durch den intensiven Briefwechsel mit seiner Frau, die sich in diesen Monaten in Rom aufhielt, sind wir über seine Tätigkeit in London und in England ganz allgemein, seine Begegnungen und Bekanntschaften, sein gesellschaftliches und privates Leben, die Anregungen, die er auf politischem, auf sozialem, aber auch auf künstlerischem und geistig-wissenschaftlichem Gebiet erhielt, im Einzelnen unterrichtet.

Erweiterung des außenpolitischen Blickfeldes

Aus all dem ergibt sich ein detailreiches und farbiges Bild Londons und Englands insgesamt in dieser Zeit nach dem Abschluss des langen Krieges gegen Frankreich und das napoleonische Empire, der Rückwendung auf die innerbritischen Verhältnisse und Probleme, aber auch in noch verstärktem Maße auf die außereuropäische Welt, in der England immer mehr die dominierende Macht wurde.[256] Das hat Humboldt gleichzeitig den Blick geöffnet für die sich ständig ausweitende angelsächsische Welt, auch dafür, wie man von hier aus die politischen, die gesellschaftlichen, die wirtschaftlichen, aber auch die geistig-kulturellen Verhältnisse sah und einschätzte. So begegnete er Thomas Young, dem Spezialisten für die ägyptischen Hieroglyphen, und Charles Wilkins, dem großen Kenner der Sanskritliteratur, die beide seine diesbezüglichen Interessen anregten, und ihm den Anstoß dazu gaben, sich mit diesen Gebieten näher zu beschäftigen.

Sein bis dahin neben der deutschen vor allem von der Perspektive der romanischen Länder, von Frankreich, von Spanien, vor allem auch von Italien bestimmte Weltsicht erhielt so einen noch stärker kosmopolitischen Anstrich. Die Idee der Einheit der Welt und der Menschheit, die sich vor allem, so war er von früh an überzeugt, in der Einheit der Sprache spiegele, die hinter all der Vielheit der Sprachen stehe, erhielt hier weiteren Antrieb.

Er lenkte seine Ideen auf ein Feld, das ihn nach dem Ende seiner politischen Laufbahn, nach dem Scheitern aller seiner diesbezüglichen Hoffnungen und Erwartungen, den Rest seines Lebens intensiv beschäftigen sollte. In ihm sah er fortan seine eigentliche, seine wahre Lebensaufgabe: die Erforschung dessen, was den Menschen, seine Auffassungen, sein Begriffsbild und sein ganzes Denken im Letzten bestimme und ausmache – seine Fähigkeit, die Welt über die Sprache zu erfassen und zu interpretieren. In der Unterbrechung, die seine rastlose Tätigkeit im politischen Leben während der vergangenen Jahre durch seinen Aufenthalt in England erfuhr, fand er, indirekt und halb bewusst, den Weg, wenn man so will, zurück in die Welt seiner Jugend, der Konzentration auf sich selbst als Spiegel zugleich der Geschichte der Menschheit.

Aber vor allem brachte der Aufenthalt in England für ihn zunächst die Wiederbegegnung mit einer Welt, in die er sich in seiner Zeit in Rom immer tiefer versenkt hatte: Ein Jahr zuvor, 1816, hatte der britische Staat von dem ehemaligen Gesandten Großbritanniens in Konstantinopel, Thomas Bruce, dem 7. Earl of Elgin, dessen Sammlung griechischer Plastik, darunter Teile des Parthenonfrieses, erworben, die dieser auf seinen Griechenlandreisen zusammengetragen hatte. Diese Sammlung, die später sogenannten Elgin Marbles, hat Humboldt schon wenige Tage nach seiner Ankunft erstmals besucht und war von ihr völlig hingerissen. »Es ist der größte Genuß, den man irgendwo haben kann und verdient für Dich allein die Reise«, schrieb er an seine Frau.[257]

Erst hier würden Athen und die ganze altgriechische Welt wirklich anschaulich. Es sei dies der Hauptgewinn, den er von London mitnehmen werde. Keine Woche verging seither ohne einen Besuch bei den »Marmorn«, wie er die Plastiken in wortwörtlicher Übersetzung des englischen Ausdrucks nannte, die ihn »wie lebendige Wesen anzogen und höher und tiefer als die Menschen«. Noch sein letzter Londoner Tag vor seiner Abreise war dem Abschied von ihnen gewidmet. Hier begegnete ihm jene Welt, zu der er seit seiner Jugend hingestrebt hatte, die er in seinen Studien zu einem Idealbild des antiken Menschen geformt hatte, einem Idealbild, das er nun in konkreter Anschaulichkeit vor sich sah.

Es war zugleich der Geist einer vorgestellten Gegenwelt zu der Realität seiner Gegenwart, der ihn von daher anwehte und ihn über das heraushob, was ihn in dieser Gegenwart immer wieder bedrängte und bedrückte. »Wenn ich noch einige Jahre ungestört und ruhig mit Dir leben kann«, schrieb er aus diesem Geist heraus in einer Neujahrsbetrachtung 1818 an seine Frau, »so mache ich keine weitere Forderung an die Erde. Ich kann vielleicht noch manches tun, manches hervorbringen, manches hinterlassen, allein ich werde nie einen Wert darauf setzen, so wenig als auf das, was ich bisher getan haben mag. Das Beste aus einem Menschen geht nie aus ihm heraus, als wenn es ein anderer in lebendiger Vertraulichkeit der Gedanken und Gefühle unmittelbar von ihm entnimmt, und dann kehrt es allemal wieder höher und reicher in ihn zurück.«[258]

Weltzugewandtheit und Weltflucht verbanden sich bei ihm immer wieder in einer Weise, die schon die Zeitgenossen fragen ließ, was nun bei ihm dominierte und ob die scheinbare Weltflucht nicht ein bewusstes Ausweichen in eine als Ideal vorgestellte, eine gleichsam höhere Welt sei, von der aus er die Realität der Gegenwart bewusst und gezielt verändern wollte. Hinter der scheinba-

Die Elgin Marbles

ren Weltflucht stehe also in Wahrheit, so mochte man schließen, das Idealbild einer Welt, in deren Sinne die Realität der gegebenen Wirklichkeit schrittweise zu verändern das eigentliche, den Menschen im Letzten leitende Ziel sei.

Wie man aber die merkwürdige Verbindung von Weltflucht und Weltzugewandtheit bei Humboldt auch immer deuten mochte – sie machte ihn als Person auch in England interessant, dessen Oberschicht ihrerseits mehr und mehr von der Bewunderung für den Geist der Antike erfasst worden war. Er erschien von daher gerade auch in England als Mann der Zeit und wurde in diesem Sinne in der englischen Gesellschaft herumgereicht, während ihm als diplomatischem Vertreter Preußens von Staats wegen nur geringe Aufmerksamkeit zuteilwurde. Das irritierte ihn kaum, da auch er nur wenig politische Berührungspunkte zwischen England und Preußen nach Abschluss der militärischen Kooperation gegen Napoleon und der Beendigung des Wiener Kongresses sah. So konnte er sich ganz auf die Beobachtung des englischen Lebens und der englischen Gesellschaft konzentrieren, die er freilich hinsichtlich ihrer in die Moderne drängenden Momente, dem Beginn der sogenannten industriellen Revolution und ihrer sozialen Voraussetzungen und Folgen, kaum zur Kenntnis nahm.

Am Anfang seiner Londoner Zeit klagte Humboldt vor allem darüber, dass er als Gesandter »in einer ganz fremden Lage Grund fassen, Verbindungen anknüpfen, sich seine Lage bilden« müsse. Das nehme »im Anfang immer alle Muße hin, die man sonst haben würde«. Hier sei das »mehr nötig als irgendwo«, und seine Stellung sei »nicht ganz leicht«.[259] Das aber änderte sich sehr rasch. Der Prinzregent habe Frau von Berg, der Freundin der verstorbenen Königin Luise, »ausdrücklich gesagt«, schrieb er seiner Frau Anfang November 1817, »dass er sich freue, mich hier zu sehen«, und Castlereagh und Liverpool, »die beiden ersten Minister«, hätten »auf ähnliche Weise und mit großer Achtung« von ihm gesprochen.[260] Im Zusammenhang mit seinen regelmäßigen Theaterbesuchen, die er von Anfang an unternahm – noch im Oktober sah er mit »Richard III.« und »Romeo und Julia« zwei Stücke von William Shakespeare –, machte er viele Bekanntschaften mit Mitgliedern der englischen Gesellschaft, so mit dem jüngeren Sohn von Lord Spencer, einem Enkel des berühmten Marlborough, der ihn gleich auf seinen Landsitz bei London einlud. Er sei dort, berichtete er seiner Frau, schon mehrmals gewesen. »Man findet immer Leute dort, die sich mit Kunst oder Literatur beschäftigen, einen, der den Oberon übersetzt hat«, und Spencer selber sei »ein Mann von vielen Kenntnissen, der vorzüglich Griechisch weiß«.[261]

Von dem Gewicht und der Bedeutung der englischen Presse gewann er einen unmittelbaren Eindruck, auch was ihre kritische Grundhaltung anging. »Wenigstens drei der ungeheuren Blätter« der Londoner Presse müsse »man täglich zu sich nehmen«: »Sie sind eine Macht, es wäre vergebens, es abzuleugnen.«[262] Die englischen Zeitungen führen fort, berichtete er in anderem Zusammenhang, »gegen die heilige Allianz[263] und die verbündeten Mächte zu wüten. Keiner kommt unangetastet weg, neulich aber bekam es Österreich am meisten, und es war ausdrücklich gesagt, man wolle Preußen nicht das Unrecht tun, es mit Österreich zu vergleichen.« Ihn lasse man im Augenblick in Ruhe, wie lange, stehe dahin.[264]

Was Humboldt sehr auffiel, war die Einheitlichkeit im Lebensstil der Engländer bis hin zum Stil des Essens und ihre Neigung, auch den Ausländern diesen Stil fest vorzugeben, »sie zu ihren Sitten zu zwingen«. »Sie reden gar nicht davon und tun eigentlich nichts dazu, aber man findet hier alles in so festen, konsequenten und durch alle Punkte durchgehenden Formen, auch bis auf gewisse Unterschiede so gleich durch alle Stände der Nation, dass einem auch gar nicht einmal der Gedanke kommt, sich davon ausnehmen zu wollen.«[265]

Aus der Fülle der Beobachtungen über die Verhaltensweisen, den Lebensstil und die Mentalität der Engländer formte er Schritt für Schritt wie ein beobachtender Ethnologe ein Bild von ihnen, aus dem er gewisse Grundzüge ihres nationalen Charakters ableitete. Dabei blieb er allerdings stehen. Er war weit davon entfernt, daraus einen Typus zu konstruieren, also das Bild eines »typischen« Engländers. So etwas gebe es nicht, ebenso wenig wie einen »typischen« Deutschen, einen »typischen« Franzosen, einen »typischen« Italiener oder Römer. Nur typische Züge, die hier mehr, dort weniger stark aufträten und die Verhaltensweise und die Mentalität der einzelnen Individuen mitprägten und bestimmten, ohne ihren jeweiligen Charakter und ihre Individualität vollständig zu formen. Über die Beobachtung von einzelnen charakteristischen Zügen und Verhaltensformen ist er sehr bewusst nicht hinausgegangen.

Das war das eine, das gewissermaßen Individuell-Private, das ihn während seiner Zeit in England, weitgehend frei von Dienstgeschäften, beschäftigte, die Beobachtung des Lebens und der Lebenswelt auf der britischen Insel und die allgemeinen Überlegungen, die er daran knüpfte und seiner Frau mitteilte. Es waren Überlegungen eines gutsituierten Müßiggängers, letztlich ohne weiteren politischen Belang.

Inneres Ringen um die weitere politische Laufbahn

Dahinter aber verbarg sich – und das war das andere – eine permanente innere Anspannung hinsichtlich der Frage, was aus seinem Leben weiter werden solle, also die Frage, ob er, der 1809 ganz plötzlich und unerwartet zu einem an zentraler Stelle handelnden Politiker geworden war, auf diesem Wege, mit freilich schwankenden und unsicheren Aussichten, weiterschreiten oder ob das Ganze, nach mehr oder weniger freiwilligem Rückzug von allen politischen Ämtern, letztlich eine bloße Episode bleiben solle. Schon sehr früh, 1810, hatte er offen, auch seinem König gegenüber, signalisiert, dass sein Ziel letzten Endes ein eigenständiges Ministeramt in einem auf unbedingter Kollegialität seiner Mitglieder beruhenden Kabinett sei.

An diesem Ziel hatte er unbeirrt festgehalten, auch wenn ziemlich rasch klargeworden war, dass auf absehbare Zeit weder der Monarch noch auch vor allem der Mann für dieses Ziel zu gewinnen sei, der seit 1811 als Staatskanzler an der Spitze des preußischen Kabinetts stand und die Minister mehr oder weniger als abhängige Mitarbeiter behandelte. Da Humboldt durch seine Tätigkeit als Leiter des preußischen Unterrichtswesens, aber auch durch sein anschließendes Wirken in der preußischen Diplomatie in den entscheidenden Jahren der Freiheitskriege eine zentrale Stellung im Kreis der preußischen Reformer erlangt hatte, schien ihm der Weg zu diesem Ziel zwar schwierig, aber nach wie vor offen – offen jedenfalls so lange, wie das Verfassungsversprechen noch aktuell war, das der preußische König im Frühjahr 1813 gegeben hatte und das durch die zwei Jahre später verabschiedete Bundesakte noch einmal indirekt bekräftigt worden war, die erklärt hatte, dass in allen Staaten des neugegründeten Deutschen Bundes eine »landständische Verfassung stattfinden wird«. Eine Karriere auf parlamentarischer Ebene, wie sie Humboldt gerade jetzt in England hatte beobachten können, würde jedenfalls möglich sein.

Hält man sich dies vor Augen, so wird man, ungeachtet vieler

schwankender Äußerungen Humboldts in dieser Zeit, davon ausgehen können, dass er so oder so zu diesem Zeitpunkt noch eine
längere politische Karriere vor sich sah. Mit innerer Gelassenheit
beobachtete er, wie Hardenberg ihn mit allen Kräften vom politischen Zentrum, sprich von einem Amt in Berlin, fernzuhalten
versuchte. Als Humboldt ihn im Frühjahr 1818 daran erinnerte,
dass bei seiner Bestellung zum preußischen Gesandten in England davon die Rede gewesen sei, dass diese Gesandtenzeit nicht
länger als ein Jahr dauern solle und bis dahin ein Entschluss über
seine weitere Verwendung erfolgen werde, bemühte sich Hardenberg geradezu verzweifelt darum, ihm einen anderen Posten im
diplomatischen Dienst schmackhaft zu machen.

Humboldts Schreiben an den Monarchen, in dem er diesen
um eine Verwendung in einem politischen Amt in Berlin bat,[266]
ließ Hardenberg – es war, wie es der Regel entsprach, über ihn an
den König gerichtet – Monate liegen und verbreitete gleichzeitig
das Gerücht, Humboldt habe darin, gegen seinen, Hardenbergs,
erklärten Willen, ganz generell um seinen Abschied aus dem
staatlichen Dienst gebeten. In einem ausführlichen Schreiben an
Hardenberg vom Ende Mai 1818 widersprach Humboldt dieser
Version mit Nachdruck und erklärte nochmals seine Bereitschaft,
auch weiterhin im preußischen Staatsdienst zu verbleiben, und
sei es auch nur als Mitglied im hoffentlich bald wiederbelebten
preußischen Staatsrat.

In Antwort darauf bot Hardenberg Humboldt jeden denkbaren
Posten im diplomatischen Dienst an, darunter auch ein Amt in
Rom. Humboldt aber sah darin nur noch, und das wohl zu Recht,
den verzweifelten Versuch Hardenbergs, ihn von Berlin fernzuhalten und die, wie er überzeugt war, jedenfalls anstehende
Entscheidung über seine weitere politische Laufbahn, die nur in
seiner Ernennung zum Minister bestehen könne, zumindest hinauszuzögern.

Humboldts scheinbare Gelassenheit in London, was seine weitere politische Zukunft anging, erhielt freilich einen empfindlichen
Dämpfer, als bekannt wurde, dass Hardenberg für das frei gewordene Amt des preußischen Außenministers, das in jeder Hinsicht

auf die Person Humboldts zugeschnitten schien, dem König einen
Ausländer, nämlich den dänischen Gesandten am preußischen Hof,
Günther Christian Graf von Bernstorff, vorgeschlagen hatte – unter dem Vorwand, Humboldt habe ja um seinen Abschied aus dem
preußischen Staatsdienst gebeten. Das war der endgültige Bruch
zwischem ihm und Hardenberg und für Humboldt der Anstoß,
nun alle Loyalitätsbekundungen gegenüber dem Staatskanzler
aufzugeben und den politischen Kampf gegen ihn mit aller Ent-
schlossenheit aufzunehmen und zu führen.

Rein äußerlich hat Hardenberg scheinbar im Herbst 1818 noch
einmal den Versuch unternommen, mit Humboldt zu einer Art
Ausgleich zu kommen. Indem er die Bedingung erfüllte, die Humboldt bereits vor Übernahme des Londoner Amtes gestellt hatte,
nicht länger als ein Jahr in England zu bleiben, berief Hardenberg
ihn im Herbst 1818 von dort ab. Gleichzeitig forderte er ihn auf,
sich persönlich mit ihm, quasi als sein engster Mitarbeiter wie in
den Jahren zuvor, in Aachen zu treffen, wo die Monarchen der fünf
Großmächte mit ihren Ministern und deren engstem Stab zusam-
menkamen, um, wie noch in Wien verabredet, über die Lage in
Europa zu beraten und Beschlüsse über gemeinsam zu treffende
Maßnahmen zu verabschieden. Es ging darum, einen Ausgleich
zwischen den Interessen der Quadrupelallianz – der Koalition der
vier Großmächte Russland, Preußen, Österreich und England zur
Wiederherstellung des europäischen Friedens – und, jedenfalls
dem äußeren Ansatz nach, den Zielen der Heiligen Allianz aus-
zuhandeln. Das verfolgte man in einer Serie von Konferenzen der
großen Mächte. Es begann eine Phase der Konferenzdiplomatie,
die dann jedoch nach wenigen Jahren abgebrochen wurde, als sich
im Zusammenhang mit der griechischen Frage definitiv zeigte,
dass die Interessenunterschiede selbst im engeren Lager der Heiligen Allianz unüberwindlich waren.[267]

Zwar war Humboldt in Aachen nicht mehr, wie in Wien, der
zweite Mann Preußens, sondern gewissermaßen ein eher zufällig
anwesender preußischer Diplomat im Wartestand. Aber er kannte
die meisten Minister und ihre direkten Mitarbeiter – und vor allem: Er stellte im Gespräch mit den wichtigsten Männern aus der

Umgebung des preußischen Königs wie auch des Staatskanzlers fest, wie verbreitet die Unzufriedenheit mit der schwankenden und ganz von Metternich abhängigen Haltung Hardenbergs hier war und wie sehr man einerseits auf ihn, Humboldt, als den kommenden Mann setzte.

Andererseits aber wurde auch klar, wie stark die Widerstände gegen ihn und seine politischen Ambitionen gerade auch bei denjenigen waren, die in Europa die Szenerie mehr und mehr beherrschten, mit Metternich und dem Zaren Alexander an der Spitze. Sie ließen ihre Abneigung gegen den nach wie vor des »Jakobinismus«, der Sympathie für die revolutionären, angeblich auf den Umsturz hinarbeitenden Kräfte, verdächtigen Mann mehr als deutlich erkennen. In Preußen allerdings standen sich die reformbereiten und die konservativen Kräfte nach wie vor gegenüber, und auch der Monarch selber schwankte, unter dem Einfluss seines Kriegsministers von Boyen und des Freiherrn vom Stein, noch hin und her.

Dies vor Augen suchte Hardenberg in persönlichen Gesprächen mit Humboldt in Aachen zu einem Modus vivendi zu gelangen. Er bot Humboldt alle möglichen Ämter an, darunter die preußische Gesandtschaft beim Deutschen Bund, also die preußische Bundestagsgesandtschaft in Frankfurt, und zuletzt ein eigens für Humboldt zu schaffendes selbständiges Ministerium für die Rheinprovinzen. Humboldt aber war nach seinen bisherigen Erfahrungen, darunter die ihn besonders verletzende Berufung Bernstorffs zum preußischen Außenminister, nicht mehr bereit, auf diese Ausgleichs- und Versöhnungsangebote Hardenbergs einzugehen, hinter denen er nur Versuche sah, ihn aufs Neue auszuspielen. Er verband vielmehr im Gegenzug seine Bereitschaft, einen Ministerposten zu übernehmen, mit einer Reihe von Bedingungen, die ihm einen wirklich entscheidenden Einfluss sichern würden. Darauf aber wollte sich Hardenberg seinerseits nicht einlassen.

Das Einzige, worauf man sich verständigte, war ein gewisser zeitlicher Aufschub vor einer endgültigen Entscheidung. In dieser Zeit sollte Humboldt als Vertreter Preußens in der Territorialkommission der Großmächte agieren, die in Frankfurt am Main

zur formellen Erledigung der bayerisch-badischen Grenzstreitig-
keiten noch einmal zusammentrat. In eben dieser Zeit aber ver-
finsterte sich, vom Standpunkt der preußischen Reformer her
gesehen, der deutsche und auch der gesamteuropäische Horizont
bereits entscheidend. Metternich suchte, flankiert vom Zaren,
die dominierende Stellung Wiens in Mitteleuropa, innerhalb des
Deutschen Bundes, im Sinne der Kräfte des Bestehenden definitiv
zu sichern und dabei vor allem Preußen und die hier vorandrän-
genden Kräfte in die zweite Reihe zu drücken.

Konflikt mit Hardenberg und Ende
der politischen Laufbahn

Im November 1818 wurde Humboldt offiziell von London abberufen und einstweilen zum preußischen Vertreter in der Territorialkommission der Großmächte in Frankfurt ernannt. Das
war für jedermann deutlich eine Zwischenstation, bevor eine endgültige Entscheidung über seine politische Zukunft fallen würde.
Sie konnte, soviel war jedenfalls von seiner Seite aus klar, nur in
seiner Berufung in ein ganz selbständiges, allein dem König gegenüber verantwortliches Ministeramt bestehen, dessen Inhaber
in keiner Weise vom Staatskanzler und von dessen Weisungen abhängig sein sollte. Das aber hieß, dass der Staatskanzler mit seiner
Ernennung faktisch entmachtet würde. Zwar würde ein Teil der
übrigen Minister, dienstälter als er und damit ganz formal im Vergleich mit ihm höherrangig, über ihm stehen. Aber da er als einziger Minister neben dem Staatskanzler ein direktes Vortragsrecht
beim König besitzen würde, spielte das letztlich keine Rolle. Im
Gegenteil, ihm würde damit deutlich eine Vorrangstellung gegenüber den anderen Ministern eingeräumt werden und, jedenfalls
nach seinem Selbstverständnis, klargemacht, dass er sich politisch
letztlich auf gleicher Ebene wie der Staatskanzler, wie Hardenberg, bewege.

Das anzuerkennen aber war Hardenberg in keiner Weise bereit,
und er setzte alles ihm Mögliche ein, einen solchen Ausgang des
Konfliktes zu verhindern, der praktisch zumindest seine Teilent-
machtung bedeutet hätte. Und dabei kam ihm die allgemeine politische Entwicklung, der Gang der Dinge auf der Ebene des Bundes
und Europas insgesamt zur Hilfe.

Seit dem von den liberalen und nationalen Kräften in Deutschland veranstalteten Wartburgfest 1817 und dem vielerorts sichtbar werdenden Vorandrängen der durch die Burschenschaften national organisierten studentischen Bewegung wurde immer deutlicher, dass die Parolen der Freiheitsbewegung, die neben der Befreiung von der Fremdherrschaft auch die innere Freiheit forderte, nicht verstummt waren, sondern an Stärke ständig zunahmen. Und man konnte beobachten, dass sich diese Forderungen nicht auf Deutschland und auf die studentische Jugend beschränkten, sondern sich in ganz Europa eine nationale und liberale, wie man es nannte, »Emanzipationsbewegung« konstituierte, die die eben im alten Geist restaurierte europäische Ordnung von innen heraus bedrohte.

Vor allem Metternich und seine engsten Berater mit Gentz an der Spitze, aber auch der Zar Alexander sahen in dieser Bewegung, die nicht zuletzt ihre eigene Stellung in Frage stellte, eine große Gefahr, der möglichst früh und energisch zu begegnen sei. Als einen ihrer geheimen Wortführer verdächtigten sie, wie gesagt, Wilhelm von Humboldt, dessen weiteren politischen Aufstieg sie deshalb mit allen Kräften zu verhindern suchten.

Ihre diesbezüglichen Bemühungen waren Teil allgemeiner Bestrebungen, die Kräfte gegen die, wie es hieß, »nationalen Umsturzbewegungen«, den wiedererwachenden »Jakobinismus« zu bündeln und in eine gemeinsame Front zu bringen. Dabei versuchte Metternich in Deutschland jene Elemente in den einzelstaatlichen Regierungen und ihre Monarchen in einer Front zu vereinigen, die sich in ihrer Stellung und ihrem Machtanspruch durch die »Verfassungsbewegungen« gefährdet sahen, die, gestützt auf den Artikel 13 der Bundesakte, der ja »landständische Verfassungen« in allen Staaten versprochen hatte, gleichsam auf legalem Wege entstanden waren.

Metternich und seine Berater warteten schließlich nur noch auf einen geeigneten Anlass, der es ihnen erlauben würde, im Rahmen des Deutschen Bundes alle jene Kräfte zusammenzuführen und auf ein gemeinsames Aktionsprogramm zu verpflichten, die sich durch die sich formierende nationale und liberale Bewegung und ihre Forderungen bedroht und gefährdet sahen. Und dabei kam sehr viel darauf an, wie sich die zweite Großmacht im Bunde, nämlich Preußen, verhalten würde.

In Preußen standen sich, wie gesagt, zu diesem Zeitpunkt die beiden politischen Lager, das Lager der Reformer im Sinne der preußischen Reformen und das Lager der konservativen und restaurativen Kräfte, fast gleich stark gegenüber. Der Monarch schwankte zwischen ihnen, und der Chef der Regierung, der Staatskanzler Hardenberg, tendierte von seiner ganzen politischen Laufbahn und seinen inneren politischen Überzeugungen her, eigentlich zu den Reformern. Sich entschlossen auf ihre Seite zu stellen aber hieß, seinem inzwischen schärfsten politischen Konkurrenten, der immer deutlicher und prononcierter als ein Mann der Reformer hervortrat, nämlich Wilhelm von Humboldt, über kurz oder lang das politische Feld ganz zu überlassen oder jedenfalls auf seine bisherige politische Machtstellung mehr oder weniger zu verzichten, auch wenn Humboldt immer wieder betont hatte, er strebe nicht direkt den Sturz des Staatskanzlers an.

In dieser Situation ließ sich Hardenberg, um seine innere Machtstellung zu behaupten, ganz auf Metternichs Position und damit dezidiert auf die Rolle Preußens als eines abhängigen Juniorpartners Österreichs ein. Humboldt freilich wusste von dieser sich auf dem Gebiet der Außenpolitik, genauer auf dem des Deutschen Bundes, vorbereitenden Entscheidung, die Hardenberg ganz in die Abhängigkeit Österreichs und Metternichs brachte, anfänglich so gut wie nichts. Aber ab Dezember 1818 war er in Frankfurt am Main, wo er, in der Erwartung eines vergleichsweise kurzen Aufenthalts, nur ein Hotelzimmer gemietet hatte und sich vor allem auf sein künftiges innenpolitisches Wirken vorbereitete – als Mitglied des seit März 1817 wiederbelebten Staatsrates und als Innenminister, worauf jetzt seine Wünsche zielten. Vor allem glaubte er auf seine aktive Mitarbeit an der Ausarbeitung der künftigen Verfassung Preußens hoffen zu dürfen, die jetzt, wie er annahm, unmittelbar bevorstand.

Gedankenaustausch mit dem Freiherrn vom Stein: Denkschrift über Preußens ständische Verfassung

In Frankfurt trat Humboldt, nicht zuletzt mit Blick auf die zu schaffende künftige Verfassung, in engsten Gedankenaustausch mit dem Freiherrn vom Stein, der hier den Winter in seinem Frankfurter Stadtquartier verbrachte und sich nach wie vor intensiv vor allem mit Verfassungsfragen beschäftigte. Diese, so hoffte er, werde Humboldt, mit dem er die Gegnerschaft gegen Hardenberg teilte, in seinem Sinne voran- und dadurch das steckengebliebene Werk der Reformzeit wieder in Gang bringen und schließlich vollenden.

Und in der Tat: Auf der Grundlage ausführlicher Gespräche mit dem eigentlichen Initiator und Hauptwortführer der preußischen Reformen und unter Benutzung Stein'scher Aufsätze und Materialien entstand in diesem Winter Humboldts »Denkschrift über Preußens ständische Verfassung«.[268] Sie war, jene historisch-konservativen und konstruktiv-liberalen Elemente zusammenfügend, die in seinen Jugendschriften noch unverbunden nebeneinandergestanden hatten, ganz vom Stein'schen Geist inspiriert. Beteiligung des Volkes an den Staatsgeschäften als Grundprinzip der künftigen Verfassung, darunter verstanden beide, Stein wie Humboldt, die endgültige Realisierung jenes nationalpädagogisch gedachten und konzipierten Selbstverwaltungsprogramms, das die Grundlage der Stein'schen Städteordnung von 1808 gebildet hatte und auf dem auch Humboldts Schul- und Bildungsreformen aufgebaut gewesen waren.[269]

Die Verfassungsideen der süddeutschen Liberalen waren von einem grundsätzlichen Misstrauen gegen jede Form exzessiver Staatsmacht bestimmt und setzten dagegen, neben der Betonung der Unantastbarkeit der individuellen Privatsphäre, das Prinzip der Gewaltenteilung. Im Unterschied dazu sah Humboldt nicht im Gegeneinander, sondern im aufeinander bezogenen Zusammenwirken von Ständen und Regierung, getragen vom gemeinsamen »nationalen« Geist, das zentrale Prinzip einer ständischen

Verfassung. Diese werde die Menschen zusammenführen und die Basis für einen friedlichen Ausgleich der verschiedenen Ideen und Interessen schaffen. Beide Konzepte gingen dabei, noch ganz im Geist der Aufklärung, davon aus, dass die Krone die Idee des Gemeinwohls repräsentiere und ihr Träger in ihrem Sinne handle und daher als eine im Letzten souveräne und zugleich neutrale Macht angesehen werden müsse.

Zentral aber war für Humboldt und Stein, dass der Untertan durch die Verfassung immer mehr an den Staat herangeführt, immer mehr zum Bürger werde und der Staat dadurch zugleich seinen Charakter grundlegend verändern würde. Dem Staat würden hinsichtlich seiner Tendenz des »Ansichreissens und Umsichgreifens«, die die »Staatsbehörden« mehr und mehr bestimme, durch die »Verfassung wohltätige Fesseln« angelegt. Und der Bürger werde »durch die Teilnahme an der Gesetzgebung, Beaufsichtigung und Verwaltung mehr Bürgersinn und Bürgergeschick erhalten, dadurch für sich selbst sittlicher werden und seinem Gewerbe und individuellem Leben, indem er beide näher an das Wohl seiner Mitbürger knüpft, eine höhere Geltung geben«.

Zu dem Zeitpunkt, an dem Humboldt in Frankfurt diese ausführliche Denkschrift über Preußens künftige ständische Verfassung eigenhändig zu Papier brachte, hatte er schon seit längerem die vom 11. Januar 1819 datierte Kabinettsorder in Händen, die ihm ein eigenständiges Ministerium übertrug, verantwortlich vor allem für die ständischen Angelegenheiten und die Verhandlungen mit den Landständen. Außerdem wurde seinem Ressort darin die Zuständigkeit für alle kommunalen Angelegenheiten, die landwirtschaftlichen Kreditsysteme und die Kriegssachen erteilt, soweit diese nicht direkt dem Kriegsministerium zuständen. Gleichzeitig war darin bestimmt, dass sein Geschäftskreis in Zukunft noch erweitert werden würde und er außerdem Mitglied des Staatsrates bleibe.

Statt auf dieses Angebot sofort einzugehen, das in vieler Hinsicht seinen Wünschen entsprach, bat er den König in einem Schreiben vom 24. Januar 1819[270] darum, seine Entscheidung über die Annahme des ihm angebotenen Postens bis zur Abwicklung seiner Geschäfte in Frankfurt und seiner Rückkehr nach Berlin aufschieben zu dürfen. Hier wolle er sich zunächst, so seine Begründung, ein Bild von den dortigen Verhältnissen machen. Damit aber irritierte er den Monarchen auf das Höchste. Friedrich Wilhelm III. lehnte sein Gesuch um Aufschub sogleich, in einer Kabinettsorder vom 31. Januar 1819, in knapper Form und mit »sichtbaren Spuren der Ungnade und des Missfallens« im Hinblick auf Humboldts Reaktion ab.[271]

Ungeachtet dessen begründete Humboldt seine Reaktion in einem eigenhändigen Schreiben an den König noch einmal ausführlich.[272] Entscheidend für ihn sei, dass die Frage der Zuständigkeit der einzelnen Minister und vor allem – hier drückte er sich sehr gewunden aus – die Rolle des Staatskanzlers in Bezug auf die einzelnen Sachfragen eindeutig geklärt würden. Dabei hatte er, neben der generellen Frage der Abgrenzung der Zuständigkeiten, speziell, auch wenn er das nur in Andeutungen umschrieb, den Punkt im Auge, wem, außer natürlich dem König, die letzte Kompetenz für alle Fragen der Vorbereitung und Durchführung der künftigen Verfassung zustehe. Das war wortreich, mit diplomatischen Argumenten verpackt. Aber in der Sache war es klar: Humboldt beanspruchte die Zuständigkeit und alleinige Kompetenz in allen Fragen der künftigen Verfassung und damit indirekt eine zentrale Machtposition neben Hardenberg. Dieser seinerseits wollte gerade in der Verfassungsfrage das letzte Wort behalten. Ja, Humboldt sollte, wenn überhaupt, auch und gerade hier nur die Rolle des Zuarbeiters, des zweiten Mannes, einnehmen. »Der große Fehler des Staatskanzlers und der alles Schlimme, alles Halbe hervorgebracht hat, ist«, schrieb Humboldt Ende Januar 1819 an seine Frau, »daß er nicht Sinn und Charakter dazu hat, ein großes Geschäft frei mit anderen gleich Freien zu führen. Statt sich Leute zu suchen, die neben ihm an erster Stelle stehen konnten, raffte er immer neue Untergeordnete auf, behandelte noch die anderen wie Werkzeuge und entfernte sie, wenn es nicht ging.«[273]

In der Tat hat Hardenberg den Monarchen in diesem Sinne bearbeitet und ihn dazu veranlasst, der von Humboldt, natürlich in diplomatischer Form, verlangten Entscheidung über Zuständig-

keit und Kompetenzen, zunächst jedenfalls, auszuweichen. Mit
Kabinettsorder vom 17. Februar 1819 stellte er ihn vor die Wahl,
den Kabinettsposten in der angebotenen Form entweder anzunehmen oder ganz aus dem Staatsdienst, also auch aus dem Staatsrat,
auszuscheiden. »Ihre Vorstellung vom 9. d. M. enthält entweder
Dinge, die mir bekannt sind, oder solche, über die Ich Mich bereits ausgesprochen habe, oder endlich solche, über die Ich Gutachten des Ministeriums erwarte, um Mich zu entscheiden. Der
Wirkungskreis, den Ich Ihnen jetzt bestimmt habe, ist in Meiner
Kabinettsorder vom 11. ganz genau angegeben. Es steht Ihnen
völlig frei«, fuhr der König fort, »ihn mit der Ihnen angebotenen
Stelle unter den gegenwärtig bestehenden, Ihnen hinreichend bekannten Verhältnissen anzunehmen oder nicht. Wollen Sie aber
überhaupt in Meinem Dienst bleiben, so muß Ich Ihre unbedingte
Erklärung hierüber unverzüglich fordern.« Wollte Humboldt
nicht ganz und definitiv auf eine weitere politische Laufbahn verzichten und sich aus dem politischen Leben vollständig zurück-
ziehen, so musste er das Angebot jetzt annehmen. Er tat das in der
geheimen Hoffnung, dass die Zeit und die Umstände auf Dauer
für ihn arbeiten würden.

Darin bestärkte Humboldt ein Schreiben, das der Generaladjutant der Königs, Karl Ernst Job von Witzleben, unter dem 19. Februar an ihn richtete. Der königliche Erlass, so Witzleben, sei diktiert von der »sehr gereizten Persönlichkeit des Staatskanzlers«.
Hardenberg betrachte die Verfassung als den Schlussstein seines
eigenen politischen Wirkens und sehe in Humboldt denjenigen,
»der ihm den Ruhm streitig machen, die Frucht entreißen wollte«. Daher versuche er Humboldt indirekt dazu zu zwingen, die
Berufung ins Ministerium, die »im Publikum einen sehr guten
Eindruck gemacht« habe, auszuschlagen. Man dürfe dem Staatskanzler keinen Vorwand geben, so Witzleben beschwörend, vor
der preußischen Öffentlichkeit zu erklären, Humboldt habe den
königlichen Auftrag ausgeschlagen.[274]

Minister für die ständischen Angelegenheiten

Dieser Brief änderte Humboldts Meinung und auch die seines engsten Beraters, des Freiherrn vom Stein. Er ging daraufhin auf das königliche Angebot ein, für dessen Ablehnung er und Stein zunächst gewesen waren, wobei er davon ausging, dass er zunächst noch die laufenden Geschäfte in Frankfurt abwickeln werde.[275] Stein freilich betrachtete das Ganze nach wie vor skeptisch. An Friedrich August Graf von Spiegel, ein mit ihm und seinen politischen Zielen sympathisierendes Mitglied des preußischen Staatsrates, schrieb er am 25. Februar: »Humboldt tritt unter höchst ungünstigen Umständen seine Stelle an. Er ist durch das unvermeidliche Verhältnis gegen den Staatskanzler beschränkt. Dieser stumpfe, seichte, aufgeblasene, falsche und egoistische Mann reißt alles an sich, um zu untergraben, zu lähmen, zu verpfuschen. Er ist unfähig, etwas Tüchtiges zu machen, weil er nur sich und sein elendes Ich, nicht das Edle, Große, Gute im Auge hat.«[276]

Das sah auch Humboldt nicht sehr viel anders. Aber er rechnete doch auf seinen persönlichen Einfluss auf den König und auf die recht große Zahl von Personen, die sich als seine Parteigänger zu erkennen gegeben hatten. Die Zeit freilich, die zwischen der Annahme des Ministerangebots Ende Februar 1819 und der tatsächlichen Übernahme des Amtes im Juli des Jahres verstrich – so lange dauerte es bis zum endgültigen Abschluss der Arbeiten der Territorialkommission –, wirkte nicht zu seinen Gunsten, sondern zugunsten Hardenbergs. Dieser benutzte sie unter anderem dazu, die Arbeiten zur Vorbereitung der Verfassung in seinem Sinne voranzubringen, um sich als der eigentliche Schöpfer auch der Verfassung zu profilieren. Und die Umstände entwickelten sich gleichzeitig außen- und aufs Engste damit zusammenhängend innenpolitisch in einer Weise, die für die Grundauffassungen und für die Position Humboldt und seiner politischen Freunde höchst nachteilig war.

Mit der Ermordung August von Kotzebues, des aus Weimar stammenden Theaterdichters, der als persönlicher Berichterstatter des Zaren Deutschland bereist hatte und als dessen Agent galt, durch den radikalen Burschenschafter Karl Ludwig Sand am 23. März 1819 in Mannheim hatten all jene mit Metternich und dem Zaren an der Spitze ein zusätzliches handgreifliches Argument erhalten, die seit langem vor den Gefahren eines drohenden Umsturzes durch »Radikale« und »Jakobiner« gewarnt und entschiedene vorbeugende Maßnahmen dagegen gefordert hatten. Ihre Parole, das sei nicht die Tat eines Einzelnen, sondern als Fanal gedacht für einen allgemeinen Umsturz, fand, teils aus innerer Überzeugung, teils als Propaganda-Argument, aus unterschiedlichen Gründen und mit unterschiedlichen Zielen, bei all jenen breiten Widerhall, die um ihren politischen Einfluss und ihre politische Position fürchteten. Vor allem ließ sich ein großer Teil der regierenden Monarchen in Deutschland von dieser Stimmung anstecken, mit dem österreichischen Kaiser und dem preußischen König an der Spitze.

Beide trafen sich Anfang August 1819, also kurz nachdem Humboldt sein Amt angetreten hatte, mit ihren leitenden Ministern, mit Metternich und Hardenberg, im nordböhmischen Teplitz und verabredeten eine gemeinsame Politik im Sinne der Aufrechterhaltung der, wie sie betonten, im Augenblick aufs Stärkste bedrohten Ordnung. Es gehe darum, hieß es in der sogenannten Teplitzer Punktation wörtlich, gemeinsam »das systematische Treiben einer revolutionären Partei« zu unterbinden, die mit der Forderung nach Auflösung des Deutschen Bundes »zugleich die Existenz aller deutschen Regierungen bedroht«. Zu diesem Zweck sei Preußen entschlossen, »erst nach völlig geregelten inneren Finanzverhältnissen« den Artikel 13 der Bundesverfassung, also die Einführung einer »landständischen Verfassung«, »in seinem reinen Begriff auf seine eigenen Staaten anzuwenden, d.h. zur Repräsentation der Nation keine allgemeine, mit der geographischen und inneren Gestaltung seines Reichs unverträgliche Volksvertretung einzuführen, sondern seinen Provinzen landständische Verfassungen zu erteilen und aus diesen einen Zentralausschuß von Landesrepräsentanten zu bilden«.[277]

Damit war praktisch, kurz nachdem Humboldt sein Amt als Minister für die ständischen Angelegenheiten angetreten hatte, der Weg für die Einführung einer Verfassung für ganz Preußen, die Humboldt als sein zentrales politisches Ziel bezeichnet hatte, von Seiten des Königs versperrt. Und nicht nur das. Noch im August 1819, wenige Tage nach dem Abschluss der Teplitzer Punktation, trafen sich in Karlsbad die leitenden Minister der dem Reaktionskurs prinzipiell zuneigenden Staaten des Deutschen Bundes – die Vertreter der gegenüber diesem Kurs skeptischen und kritischen Staaten hatte man schlicht nicht eingeladen – und fassten dort die sogenannten Karlsbader Beschlüsse. In ihnen wurde, im Rahmen des Deutschen Bundes, wie es hieß, die Errichtung einer »Zentraluntersuchungskommission« zur Aufklärung und Verfolgung »revolutionärer Umtriebe« beschlossen, ferner Maßnahmen gegen Universitätsprofessoren und Studenten, die mit ihnen sympathisierten, die Unterdrückung der Burschenschaften und des Turnwesens und die Verschärfung der Zensur durch ein Bundespressegesetz. Mit diesen Karlsbader Beschlüssen, die dann von der Bundesversammlung einstimmig gebilligt wurden – die zunächst kritischen Staaten resignierten angesichts der inzwischen klaren Mehrheitsverhältnisse –, wurden zentral wichtige Grundrechte wie die Meinungsfreiheit, die Presse- und die Versammlungsfreiheit außer Kraft gesetzt und die Gesellschaft, das heißt die in ihnen eigenständig wirkenden Kräfte, ganz unter die Kuratel einer hochkonservativen, ja reaktionären Staatsmacht gestellt.

Was sollte unter diesen Umständen eine für Preußen ja überhaupt erst zu schaffende und nach der Teplitzer Punktation von vornherein auf die preußischen Provinzen zu begrenzende Verfassung noch bewirken können? Man konnte nur noch auf das Prinzip der einzelstaatlichen Souveränität setzen und mit entsprechender Gestaltung der Verfassung versuchen, den Geist der Karlsbader Beschlüsse in gewisser Weise zu unterlaufen. Das versuchte Humboldt, der neuernannte Minister für »die ständischen Angelegenheiten«, aber auch Hardenberg zeigte sich bemüht, die Dinge innenpolitisch durch Entgegenkommen gegenüber der nach wie vor sehr starken Fraktion, die sich für eine möglichst moderne, liberale Verfassung einsetzte, in der Hand zu behalten.

In diesem Sinne trat er auch nach Teplitz und den Karlsbader Beschlüssen für eine preußische Verfassung ein, die sich allerdings in den Grenzen der darin festgelegten Grundsätze bewegen sollte. Auf diese Linie versuchte er auch Humboldt festzulegen, allerdings stets unter Betonung seines unbedingten Führungsanspruches auch auf diesem Gebiet.

Man kann sich fragen, ob Humboldt sich nicht darauf hätte einlassen sollen – mit dem Hintergedanken, dass der siebzehn Jahre ältere, kränkelnde Staatskanzler so oder so das politische Feld bald räumen werde. Tatsächlich aber ließ er sich nicht darauf ein, sondern sammelte von seinem ersten Tag im neuen Amt an alle um sich, die aus welchen Gründen auch immer gegen Hardenberg und seine Amtsführung zu mobilisieren waren.

Das waren auf der einen Seite, sozusagen selbstverständlicherweise, die Anhänger der preußischen Reformer im Kabinett und in der Beamtenschaft, aber auch bei den Trägern der öffentlichen Meinung, die aus der Ernennung Humboldts neue Hoffnung geschöpft hatten. Es waren aber auch, und das säte Zweifel im Kreis seiner Anhänger über den von ihm verfolgten Kurs, diejenigen aus dem Lager der Konservativen, um nicht zu sagen der Reaktionäre, die hofften, mit Humboldts Hilfe Hardenberg zu stürzen, um ihn dann selber über kurz oder lang über die Klinge springen zu lassen. Hier zeigte sich, dass er, der langjährige Diplomat, mit der Tendenz der verschiedenen innenpolitischen Lager wenig vertraut war, je nach der Situation und den augenblicklichen Mächteverhältnissen Ad-hoc-Bündnisse einzugehen, die keine Grundlage in längerfristigen gemeinsamen Zielen und Überzeugungen hatten.

So ließ er sich, zumindest teilweise, als bloßes Werkzeug gebrauchen und erzeugte damit im Kreis seiner wirklichen Anhänger manche Zweifel, Zweifel, die Hardenberg sehr bewusst nährte, indem er vertraulich betonte, es gehe Humboldt letztlich nur um sein eigenes, persönliches Machtinteresse. Um ihn, Hardenberg, zu stürzen, gehe er Bündnisse mit den unterschiedlichsten Kräften und Personen ein. Mit anderen Worten, er unterstellte Humboldt eine Strategie und ein Verhalten, die diesem völlig fernlagen.

Bei ihm, Hardenberg, waren viele, ja die große Mehrzahl, geneigt anzunehmen, dass sein ganzes Handeln zugleich von seinem persönlichen Machtinteresse, also davon bestimmt sei, seine gegenwärtige Stellung und seinen dominierenden politischen Einfluss zu behaupten. In Bezug auf Humboldt aber nährte Hardenberg bis hinein in den Kreis der unmittelbaren Anhänger Humboldts hinein den Verdacht, dass es bei diesem letzten Endes nicht anders sei, dass es ihm, unabhängig von angeblich weiterreichenden Zielen, in erster Linie darum gehe, Hardenberg zu stürzen und sich an seine Stelle zu setzen. Gleichzeitig betonte der Staatskanzler, dass er trotz aller widrigen Umstände und gegen vielerlei Widerstände an einer Verfassung für Preußen arbeite und Humboldt, statt ihn dabei zu unterstützen, an einem Konkurrenzprojekt sitze und so nolens volens den prinzipiellen Gegnern eines solchen tendenziell von beiden Seiten zu fördernden Vorhabens in die Hände arbeite.

Durch all das wurde Humboldts Stellung in den Wochen nach seinem Amtsantritt immer schwieriger. Zwar gelang es Humboldt, das Ministerium zu einer gemeinsamen Stellungnahme gegen Hardenberg und seinen unbedingten Machtanspruch zu vereinigen – womit er allerdings zugleich die Argumente jener stärkte, es gehe ihm, Humboldt, bei dem Versuch, Hardenberg aus seiner allesbeherrschenden Machtstellung zu verdrängen, in Wahrheit darum, sich selbst an dessen Stelle zu setzen.

Den Anlass zu dieser gemeinsamen Stellungnahme bot eine königliche Kabinettsorder, in der von dem in der Bevölkerung herrschenden »schlechten Geist« die Rede war und das Ministerium aufgefordert wurde, Vorschläge für die Beseitigung der in Staat und Verwaltung waltenden Missstände zu machen. In der Antwort des Ministeriums wurde auf Humboldts Vorschlag hin auf die Besorgnis des Monarchen vor demagogischen Umtrieben nur in wenigen beschwichtigenden Sätzen eingegangen. Im Zentrum stand in dieser Antwort, dass die Quelle aller Gebrechen in Staat und Verwaltung darin bestehe, dass die alles überragende Stellung des Staatskanzlers eine klare Abgrenzung der Verantwortlichkeiten und Zuständigkeiten innerhalb der Regierung und Verwaltung verhindere, die die Grundlage eines gesunden Staatswesens bilde. Man beantrage daher, den Staatskanzler künftig als vorsitzendes Mitglied eines aus selbständigen Mitgliedern bestehenden Staatsministeriums zu bestellen.

Das war zwar eine Meinungsäußerung des gesamten Ministeriums im Hinblick auf die überragende, ja in vieler Hinsicht als diktatorisch empfundene Stellung Hardenbergs, die letztlich ein einheitliches und konsequentes Handeln der Regierung verhindere und damit immer wieder den Eindruck eines schlingernden Kurses des preußischen Staatsschiffes hervorrufe. Aber es war doch jedermann klar, wer der eigentliche Urheber dieses massiven Angriffs auf den Staatskanzler war. Und Humboldt machte auch sonst kein Hehl daraus, dass er die Politik Hardenbergs für grundsätzlich falsch halte und alles tue, sie zu unterlaufen, ihr jedenfalls Steine in den Weg zu legen.

Dabei machte er sehr deutlich, dass es ihm nicht so sehr um die persönliche Gegnerschaft ging, obwohl sie sich in diesen Monaten deutlich verstärkte, sondern um sehr grundsätzliche Fragen, die tief in den beiderseitigen politischen Grundüberzeugungen wurzelten und ihre Vorstellungen von dem anzustrebenden Verhältnis von Staat, Nation und Individuum berührten. Hardenberg blieb letztlich ein Vertreter des patriachalischen Staatsgedankens, so wie ihn die Aufklärung in Fortführung und gleichzeitiger Rationalisierung der Staatsidee des Absolutismus entwickelt hatte. Der Staat habe das Leben der Gesellschaft, und das hieß der in ihr vereinigten Individuen, zu dirigieren und zu leiten und ihr Interesse auf allen Gebieten wahrzunehmen, ein Interesse, das die dem Staat dienende, hierarchisch aufgebaute, von allen partikularen Bindungen befreite Beamtenschaft durch ihre jeweilige Tätigkeit zu erfassen und zu formulieren in der Lage sei. Die Gesellschaft, also die in einem Staat vereinigten Individuen, könne man zwar um ihre Meinung, wo dies nottue, befragen. Die Entscheidung aber müsse überall ganz beim Staat, sprich bei der hierarchisch organisierten Beamtenschaft bleiben.

Humboldt hingegen vertrat seit seiner Jugend eine grundsätzlich andere Staatsidee. Der Staat sei das Exekutivorgan der von Individuen gebildeten und getragenen Gesellschaft, der immer

nur dort handeln dürfe – auch hier von den vereinigten Individuen kontrolliert und geleitet –, wo diese nicht durch individuelle Selbsttätigkeit, allein oder in sich frei organisierenden Ge-
meinschaften, ihre Probleme lösen könnten. Zwar räumte er ein,
dass in der modernen Welt die Gebiete immer größer würden, in
denen allein der Staat die Verhältnisse und das Zusammenwirken in die Hand nehmen und leiten könne – auf dem Gebiet des
öffentlichen Unterrichts und des Bildungswesens hatte er dafür
selber sozusagen indirekt den Beweis erbracht. Aber auch hier
bestand er darauf, dass alle grundsätzlichen Entscheidungen im
Zusammenwirken mit der Gesellschaft oder, besser gesagt, mit
der aus gemeinsam deliberierenden und handelnden Individuen
zusammengesetzten politischen Nation fallen müssten.

All diese grundsätzlichen Überlegungen traten von Fall zu Fall
in den Beratungen über die geplante Konstitution zutage, die im
Schoße einer aus wenigen Mitgliedern bestehenden Kommission unter dem Vorsitz Hardenbergs geführt wurden. Ihr gehörte,
gleichsam als Gegenpol zu Hardenberg, auch Humboldt an. Kurz
nach der Eröffnung der Kommissionsarbeit am 12. Oktober 1819
legte er eine ausführliche Verfassungsdenkschrift vor, hervorgegangen aus der schon Anfang Februar, noch in Frankfurt am
Main, verfassten »Denkschrift über Preußens ständische Verfassung«, von der bereits die Rede war.

In beiden Denkschriften[278] stand im Zentrum der Gedanke, dass
die Verfassung, wie es am Beginn der zweiten Schrift aus dem
Oktober 1819 hieß, »dem monarchischen Prinzip zur Stütze und
zur Vervollständigung« dienen solle. »Das monarchische Prinzip,
ohne eine Verfassung«, so lautete Humboldts Begründung, »ver-
fällt leicht in den seinen eigenen Zweck untergrabenden Fehler:
alle Thätigkeit des Regierens allein an sich zu reissen und dadurch
seine eigene Wirksamkeit zu erschweren; die Nation gleichgültig
gegen das öffentliche Wohl werden zu lassen, und sich dadurch
der Kraft ihres regen Antheils zu berauben; auf Abwege der Willkühr, oder schädlichen Wechsel der Verwaltungsmaximen zu ver-
fallen.« – »Diesen Fehlern muss die Verfassung vorbeugen«, fuhr
Humboldt fort, »indem sie erstlich den Theil der Verwaltung,

welcher Staatsbehörden nur uneigentlich zukommt, in die Hände von ständischen giebt; zweitens der Nation lebendiges Interesse für die Angelegenheiten sowohl der Theile als des Ganzen des Staats einflößt; und indem sie drittens den Regierungsmaßregeln heilsame Schranken setzt, und die Gesetzgebung an Formen bindet, welche zur Stätigkeit und zu langsam reifender Ueberlegung nöthigen.«

Die Verfassung ihrerseits müsse vor allem auf drei Prinzipien beruhen beziehungsweise in ihrem Sinne wirken. Zum einen gelte es, »die Verwaltung der Angelegenheiten der Nation, welche besser ständischen Behörden anvertraut wird, von der Verwaltung der Staatsangelegenheiten sorgfältig abzusondern, und beide in das Verhältnis zu stellen, aus welchem die grösste Ruhe und die grösste Kraft der Monarchie hervorgeht«. Weiter müsse es eine der Hauptaufgaben der Verfassung sein, »in der Nation Liebe und regen Eifer für die Besorgung ihrer Angelegenheiten hervorzubringen«. Und schließlich müsse es ihr Ziel sein, »die Grundsätze als unverbrüchlich aufzustellen, durch deren Verletzung die Monarchie in Willkühr ausarten würde und die ständische Berathung in solche Formen zu bringen, welche das Prinzip der Erhaltung über das Bestreben nach Neuerung herrschend erhält«.

Zu den Grundsätzen, die als »unverbrüchlich aufzustellen« seien, rechnete Humboldt, wie er im Weiteren ausführte, vor allem die »verfassungsmäßig« zu garantierenden »Rechte aller einzelnen Staatsbürger«, mit der Garantie der »Sicherheit der Person, des Eigenthums, der Freiheit des Gewissens« an der Spitze, einschließlich der »Freiheit der Presse«. Dieser um weitere Punkte zu ergänzende Katalog von Grundrechten sei in jeder Verfassung, also auch in einer auf ständischen Grundlagen basierenden Konstitution, unabdingbar.

Den Aufbau einer solchen Konstitution, das Verhältnis von Gemeinden, Provinzialversammlungen und der das ganze Land umfassenden Gesamtvertretung und die Art ihres Zusammenwirkens hat Humboldt im Weiteren in allen Einzelheiten umschrieben und gleichzeitig die zwischen den Kommissionsmitgliedern strittigen Punkte ausführlich diskutiert. Das braucht uns hier jedoch nicht zu beschäftigen, da es durch den weiteren Gang der Dinge keinerlei praktische Bedeutung mehr erlangte. Wohl aber verdienen die Sätze im Hinblick auf seine politische Grund-konzeption und auf sein ganzes politisches Denken besonders hervorgehoben zu werden, in denen er die Bedeutung von Verfas-sungen im Allgemeinen und von Vertretungskörperschaften im Besonderen hervorhob, wie auch immer sie im Einzelnen gebildet und zusammengesetzt seien.

»In einer Monarchie ohne Verfassung«, so betonte er in seiner Denkschrift vom Oktober 1819, »hat der Regent bloss seine Beam-ten sich selbst gegenüber stehen. Die Stimme der Nation kommt nur durch ihre [der Beamten] Organe oder durch die ungeregelte öffentliche Meinung oder durch den Weg der Beschwerde, daher nur auf nicht unpartheiische, dunkle oder niedrige Weise an ihn. Ohne ihn von der wahren Lage der Dinge unterrichten zu kön-nen, macht sie ihn ungewiss oder unschlüssig, und er verliert sehr leicht die ersten Bedingungen eines glücklichen Regentendaseyns, die Zuversicht und das Vertrauen des Regierens.« – »Ständische Behörden«, fuhr er fort, »ersetzen diesen Mangel und geben der Regierung, indem sie selbst für ihre Massregeln verantwortlich werden, die nothwendige Sicherheit.« Diese Institutionen, also die Vertretungskörperschaften, müssten aber »durch die Verfas-sung wahrhaft mit den Angelegenheiten der Nation beschäftigt und mit ihren Bedürfnissen vertraut dastehen«. Sie dürften also »nicht eine zweite, nur anders gewählte Classe von Beamten, ne-ben den Staatsbeamten und von ihrem Einfluss gelenkt, bilden«.

Das zentrale Motiv, das ihn bei seinen detaillierten Vorschlägen für eine Verfassungsgesetzgebung leitete, hat er noch einmal in dem Satz zusammengefasst: »Allein durch Erziehung des Volkes zur Einsicht und Tat kann eine Staatsverfassung belebt werden, und diese Erziehung bewirken Einrichtungen, die der Tätigkeit des einzelnen freien Spielraum anweisen und ihm Gelegenheit geben zur Sammlung von Erfahrungen; die ihn aber zuerst dahin führen, die Angelegenheiten seiner Gemeinde zu verwalten, und so den Grund legen zur Empfänglichkeit für die Liebe zum All-gemeinen.«

Als Humboldt freilich seine Thesen über die leitenden Prinzipien und über die Einzelheiten der zu schaffenden Verfassung zu Papier brachte und sie, konkurrierend zu dem gleichzeitig vorgelegten, sehr viel allgemeineren und vageren Entwurf Hardenbergs, der Kommission unterbreitete, da war er sich längst bewusst, dass die Zeit immer eindeutiger gegen ihn und seine Ideen arbeitete. Seine Vorschläge waren demgemäß im Grundsätzlichen wie im Detail bewusst als ein Gegenprogramm zu dem konzipiert, was in zunehmendem Maße, in Opposition zu den Forderungen der sich konstituierenden nationalen und liberalen Bewegung in Preußen wie in ganz Deutschland, die politische Szene beherrschte.

Zwar identifizierte sich Humboldt mit diesen Forderungen nur zum Teil. Vor allem trat er nach wie vor für einen Kompromiss zwischen den Vertretern der alten und den Wortführern einer neuen Ordnung ein und sprach sich konkret dafür aus, dass der Krone und ihrem Träger die politische Führungsrolle zukomme. Gleichzeitig insistierte er jedoch nachdrücklich auf der Idee der Grundrechte und darauf, dass den gewählten Vertretungskörperschaften auf allen Ebenen des Gemeinwesens eine gleichberechtigte Stellung neben den Repräsentanten der staatlichen Exekutive im engeren Sinne, also der Regierung und der Beamtenschaft, zukomme. Mit anderen Worten, er trat mit Nachdruck für das Programm der preußischen Reformer ein, wie es seiner Meinung nach vor allem der Freiherr vom Stein und der Kreis seiner engsten Berater verkörpert hatten und weiterhin verkörperten.

Die Gegenposition dagegen war in seiner unmittelbaren Gegenwart mit den Karlsbader Beschlüssen formuliert worden, gegen die sich Humboldt mit allem Nachdruck aussprach; er nannte sie »schändlich, unnational, ein denkendes Volk aufregend«. Schon vor seinem Eintritt in das Ministerium hatte das Kabinett gegen die polizeilichen Untersuchungen und Verfolgungen der sogenannten Demagogen protestiert und verlangt, dass dabei die festgelegten Verfahren des Rechtsweges eingehalten und Entscheidungen nur nach gerichtlichem Urteil getroffen würden. Auf diesen Protest hatte der Monarch mit Kabinettsorder vom 16. September 1819 sehr ungnädig reagiert. Es spreche sich darin ein ganz ungerechtfertigtes Misstrauen gegen die vom Herrscher sanktionierten Grundsätze aus, in deren Sinne die »Polizei«, sprich die Träger der inneren Verwaltung, völlig rechtmäßig handelten.

Gleichzeitig ließ der König dem Ministerium über Hardenberg die vier Gesetze mitteilen, die die Bundesversammlung aufgrund des in Karlsbad gefassten Beschlusses, dass die Bundesversammlung die »oberste Gesetzgebung in Deutschland« konstituiere, inzwischen verabschiedet hatte. Es handelte sich um den Beschluss einer provisorischen Exekutionsordnung sowie über die in Bezug auf die Universitäten zu ergreifenden Maßregeln, beide vom 20. September 1819, sowie über das »Preßgesetz« und das über die Einsetzung einer Zentraluntersuchungskommission in Mainz vom gleichen Tage.

Im Lichte dieser Beschlüsse entwarf Humboldt zwei Schriften, von denen die zweite den Umfang einer förmlichen Denkschrift annahm. In der ersten betonte er das Recht des Ministeriums, von sich aus darauf hinzuweisen und darauf hinzuwirken, dass auch bei »außerordentlichen Maßregeln, wenn die Sicherheit Sr. Maj. und des Staats solche erheischten«, der Rechtsweg eingehalten werde. Vor allem gehe es darum, den »zwiefachen Grundsatz aufrecht zu erhalten, dass niemand anders, als insofern er eines vor den Richtern zu stellenden Verbrechens verdächtig sey, in seiner Freiheit beeinträchtigt werden, und niemand auf die Länge weder in der Untersuchung noch in der Entscheidung seiner Sache seinem natürlichen Rechte entzogen werden dürfe«.

Diesem relativ knappen Votum, mit dem das Ministerium sein Recht betonte, bezüglich dieser zentralen Fragen selbständig, ohne entsprechende Aufforderung, seine Meinung zu äußern, ließ Humboldt namens des Gesamtministeriums eine umfangreiche Denkschrift zu der ganzen Frage der Karlsbader Beschlüsse und den auf diesen gegründeten Gesetzen folgen. Noch einmal betonte er eingangs das Recht, ja die Pflicht des Ministeriums, seine »Meynung über die Gesetzlichkeit und Rathsamkeit der in Absicht der hochverrätherischen Umtriebe ergriffenen Massregeln auszusprechen«. Es sei »nicht mehr von Ergreifung temporärer Massregeln gegen die Umtriebe einer Anzahl verblendeter, irregeführter oder absichtlich unruhiger Köpfe« die Rede. Es gehe um eine »Ausdehnung der Gewalt des Bundestages«, um ein »Beschränkung der Rechte Ew. Königlichen Majestät über Allerhöchst Ihre eigenen Unterthanen«, ja um eine »Verminderung der Selbständigkeit der Monarchie«.

Dagegen aber, gegen die damit verbundene Veränderung der beschlossenen Verfassung des Deutschen Bundes und damit zugleich der Stellung Preußens in diesem Bund, seien von Seiten des Ministeriums schwerwiegende Bedenken geltend zu machen. »War Alles, was jetzt angeordnet ist, zur Entfernung drohender Gefahren nothwendig«, so formulierte Humboldt die Position des Ministeriums, wie er sie sah und als Beschluss vorschlug, »so hätten wir es, wenn wir uns ein Urtheil erlauben dürfen, für zweckmäßiger gehalten, der ganzen Massregel den Charakter einer außerordentlichen zu geben, sie bloss auf diese besonderen und außerordentlichen Umstände zu beschränken, und keinen längeren Zeitraum als höchstens einen zweijährigen festzusetzen, nach welchem eine neue Berathung eintreten sollte. Wollte man auch noch weiter gehen und Einige, wie beabsichtigt scheint, wirklich auf immer bestimmen, so hätte uns dennoch besser geschienen, diese neuen Bestimmungen vermöge eines neuen Vertrages anzuordnen. In dem einen oder anderen Falle würde alsdann klar ausgesprochen, dass so ausgedehnte Befugnisse weder in dem Buchstaben noch dem Geiste der Bundesakte liegen.«[279]

Grundsätzlicher und entschiedener hätte man die Opposition gegen die Karlsbader Beschlüsse sowie den mit ihnen verfolgten Kurs Metternichs und der mit ihm sympathisierenden Staaten des Deutschen Bundes nicht formulieren können. Der preußische König und sein Staatskanzler Hardenberg waren an diesen Beschlüssen unmittelbar beteiligt gewesen, und Preußen hatte auch den darauf gründenden Bundesgesetzen zugestimmt. Sich von ihnen nun abzuwenden und dabei gleichzeitig die Frage nach dem Grundcharakter der Verfassung des Deutschen Bundes neu aufzuwerfen hätte auch innenpolitisch einen radikalen politischen Kurswechsel Preußens bedeutet.

Dazu aber war der König nicht bereit. Und so war über das poli-

tische Schicksal Humboldts, während die eingesetzte Kommission
noch über die geplante Verfassung für Preußen beriet, schon definitiv entschieden. Es bedurfte nur noch eines äußeren Anlasses,
um seine Entlassung aus allen staatlichen Ämtern, einschließlich
des Staatsrats, herbeizuführen, wie sie Hardenberg seit längerem
betrieb. Den unmittelbaren Anstoß gab schließlich jene dem König Anfang November 1819 überreichte Denkschrift Humboldts
über die Karlsbader Beschlüsse.[280]

Wenig später erhielten Humboldt und sein Ministerkollege
Beyme, der neben Boyen, der schon kurz vorher im Streit um
das von ihm vorgelegte Wehrgesetz seinen Rücktritt erklärt hatte,
als einziger Minister für Humboldts Protest gegen die Karlsbader
Beschlüsse gestimmt hatte, eine Kabinettsorder. In ihr verfügte
der König zum 31. Dezember 1819 ihre Entlassung aus allen
staatlichen Ämtern, also auch aus dem Staatsrat, in dem beide Sitz
und Stimme hatten.

Hardenberg war nun also endgültig der Sieger in dem Macht-
kampf mit Humboldt, den er immer mehr auf die Spitze getrieben
hatte. Allerdings war es ein Sieg, den er wesentlich den Umständen, dem erfolgreichen Vorandrängen der Kräfte der Reaktion
verdankte, die nun auch in Preußen im Zeichen der Politik der
Karlsbader Beschlüsse mehr und mehr die Oberhand gewannen.
Hardenberg bekam das schon ein halbes Jahr später unmittelbar
zu spüren, als der König seinen Entwurf einer preußischen Verfassung, der im Wesentlichen auf der Linie Humboldts lag, ablehnte
und erkennen ließ, dass er auf absehbare Zeit überhaupt gegen
eine Einlösung des einst gegebenen Verfassungsversprechens sei.
Hardenberg blieb im Amt, ein Jahr später, im November 1822,
starb er auf einer Reise nach Genua, politisch inzwischen weitgehend gescheitert.

Humboldt, sein Gegenspieler, auf den die Reformer bis zum
Schluss gesetzt hatten und gegen den Hardenberg nicht so sehr
aus sachlichen, sondern aus machtpolitisch-egoistischen Gründen erfolgreich zu Felde gezogen war, hatte seine Niederlage
nach außen hin ohne erkennbare Reaktion quittiert. Anders als
im parlamentarisch regierten England gab es im absolutistischen

Preußen nicht ein quasi offizielles Amt als Führer der Opposition. Und so schied er still aus dem Staatsdienst, in dem er in verschiedenen Funktionen seit fast zwanzig Jahren tätig gewesen war – die ersten sechs, die Jahre in Rom, freilich eher nebenamtlich. Als langgedienter Staatsdiener und zuletzt Minister hätte er natürlich Anspruch auf eine Pension erheben können. Das allerdings lehnte er entschieden ab. Er sei, so konnte man das deuten, eben kein Staatsdiener im üblichen Sinne, sondern jemand, der dem Staat seine Dienste aus freien Stücken geleistet habe und dementsprechend nur für die Zeit bezahlt werden wolle, in der er dem Staat diese Dienste zur Verfügung gestellt habe. Wenn diese Dienstzeit ende, so konnte man das deuten, so ende auch die freiwillig eingegangene Bindung an diesen Staat. Er sei nun wieder ein völlig freies und unabhängiges Individuum, das seinen weiteren Lebensweg aus eigener Initiative gestalte, nur sich selbst verantwortlich. Und in diesem Sinne hat er in der Tat, ohne nostalgischen Rückblick, sein weiteres Leben geführt, ganz konzentriert auf das, was er fortan als seine Lebensaufgabe empfand.

Rückkehr in die private Existenz

Fünfzehn Jahre hatte Humboldt nach seiner Entlassung aus dem Staatsdienst noch zu leben. Es war diese Zeit von vornherein nicht der Beginn eines Lebens sozusagen im Wartestand mit der Perspektive, über kurz oder lang wieder auf die politische Bühne zurückzukehren. Es war, so empfand er es vom ersten Augenblick an, der Beginn einer ganz neuen Form seiner Existenz oder, besser gesagt, der Rückkehr zu einem Leben, zu dem er sich nach Abschluss seines Studiums im Alter von vierundzwanzig Jahren sehr bewusst entschlossen hatte.

In Konzentration auf die eigene Person, auf das Studium der eigenen Persönlichkeit hatte er diese Jahre, von beruflichen Aufgaben und Pflichten völlig entlastet, als vor allem nach dem Tod der Mutter finanziell weitgehend unabhängiger Edelmann im Banne seiner weitgespannten Interessen auf den verschiedensten Gebieten verbracht – in enger Gemeinschaft mit seiner Frau, die sich, wie er, außer dem Leben in der Gesellschaft ganz der Welt der Kunst, der Literatur, des Schauspiels mit Schwerpunkt vor allem auf deren Erscheinungsformen in der Antike widmete.

Zuerst hatten sie auf den Gütern seines Schwiegervaters im Thüringischen gelebt, dann, unterbrochen durch längere Reisen, in Jena, in enger Verbindung mit Friedrich Schiller und seiner Welt, schließlich in Paris und in Spanien, einem Land, das sie mehrere Monate hindurch besuchten. Elf Jahre waren darüber vergangen, bevor er sich, auch aus materiellen Gründen, entschlossen hatte, in den diplomatischen Dienst Preußens einzutreten und, nachdem er noch eine Reise ins Baskenland und ins heimische Berlin unternommen hatte, den Posten eines Vertreters Preußens beim Heiligen Stuhl zu übernehmen.

Aber auch die sechs Jahre, die er und seine Frau in Rom verbrachten, waren überwiegend der Pflege ihrer privaten Interessen und Neigungen gewidmet gewesen, da seine Amtsgeschäfte beim Heiligen Stuhl, der in dieser Zeit ganz unter der Kuratel Napoleons und der Franzosen stand, sich auf ein Minimum beschränkt hatten. Erst im Herbst 1808 ereilte ihn, der mittlerweile dem Ruf eines hochgebildeten, vielseitig interessierten und informierten, mit den geistigen Strömungen und Lagern Deutschlands, aber auch Frankreichs und Italiens eng vertrauten Mannes erworben hatte, der zudem in seinen politischen Ansichten als liberal und fortschrittsfreundlich galt, der Ruf, eine führende Stelle auf dem für die innere Erneuerung Preußens als zentral angesehenen Gebiet des öffentlichen Bildungswesens zu übernehmen.

Die Initiative war vor allem vom Haupt der preußischen Reformer, dem Freiherrn vom Stein, ausgegangen, dem Führer jener politischen Reformbewegung, die inzwischen, nach Jena und Auerstedt, die politische Szene in Preußen weitgehend beherrschte. Damit, mit der Annahme dieser Stellung, war er mit einem Schlag in eine ganz neue, politisch zentrale Position gelangt, ein Karrieresprung und eine Veränderung seiner ganzen Existenz, mit der niemand, er zuletzt, hatte rechnen können und die sich nur aus der fast vollständigen Niederlage Preußens und dem sich unmittelbar anschließenden radikalen politischen Umbruch erklären lässt.

Dem folgten, wie geschildert, elf Jahre, in denen Humboldt nach seinem spektakulären Erfolg als Leiter des preußischen Unterrichts- und Bildungswesens, als preußischer Gesandter in Wien und London, als diplomatischer Vertreter Preußens auf dem Wiener Kongress und schließlich als Minister für die ständischen Angelegenheiten zu einer zentralen politischen Figur in Preußen aufgestiegen war – freilich stets im Schatten und dann im Konflikt mit Hardenberg, dem die Szene bis fast zum Schluss beherrschenden preußischen Staatskanzler, zu dessen entschiedenem Gegner Humboldt am Ende geworden war.

Das alles lag nun mit einem Schlag, mit seiner abrupten Entlassung aus dem preußischen Staatsdienst am 31. Dezember 1819, hinter ihm. Seine Person blieb zwar in der öffentlichen Meinung Preußens und im Kreis der Beamtenschaft und der leitenden Minister als möglicher Ministerkandidat im Falle eines neuerlichen innenpolitischen Kurswechsels noch lange präsent. Manche dachten gar an ihn als potentiellen Nachfolger von Hardenberg an der Spitze der Regierung. Aber das waren doch letzten Endes bloße Spekulationen ohne realen Kern. Der Bruch war in Wahrheit, angesichts des völligen Einschwenkens Preußens auf die Linie Metternichs und des Sieges der reaktionären Kräfte auch im Inneren des Landes endgültig, und Humboldt selber hat keinen Augenblick daran gezweifelt.

Geschichte des Aufbaus und der Struktur der menschlichen Sprache

Er widmete sich sogleich mit der ihm weiterhin eigenen Energie einem ganz anderen Feld, das er zwar in den vergangenen Jahren neben seiner amtlichen Tätigkeit immer wieder ansatzweise erkundet hatte, dem er sich aber erst jetzt mit voller Kraft und in dem Bewusstsein zuwandte, dass das nun seine eigentliche Lebensaufgabe sei: der Erforschung der Geschichte, des inneren Aufbaus und der Struktur der menschlichen Sprache, die das Denken und das Bewusstsein des Menschen stärker als alles andere forme und präge, ja ihn recht eigentlich zum Menschen mache, ihn von allen anderen Lebewesen unterscheide und ihn als Genus konstituiere, jenseits aller sonstigen, in ihrer Mannigfaltigkeit letztlich unermesslichen Umstände, die die Geschichte und das Leben des Menschen ausmachten.

Die hinter allen Unterschieden der menschlichen Sprachen stehende Gemeinsamkeit der Sprachbildung vergleichend aufzudecken und zu analysieren, das sei, so Humboldt, die zentrale Aufgabe einer in diesem Sinne allgemeinen Sprachwissenschaft. Schon in einem Brief an Friedrich August Wolf, den bereits häufiger erwähnten Altertumsforscher, vom Juni 1804 nannte er die »vergleichende Sprachkunde«, die »Sprachvergleichung« ein Mittel, ein »Vehikel«, »um das Höchste und Tiefste, und die Mannigfaltigkeit der ganzen Welt zu durchfahren«.[281] Von ihr könne man, so Humboldts Grundthese, Einsichten erwarten in das, was das Denken, das Bewusstsein, die Vorstellungswelt und damit das Verhalten und das Handeln des Menschen, jedes Menschen, im Kern bestimme.

Das war sein Ausgangspunkt und zugleich seine Arbeitshypothese.[282] Sie erwies sich schon bald als geeignete Klammer und Begründung einer allgemeinen, vergleichenden Sprachwissenschaft, die nicht zuletzt durch die einschlägigen Reden und Schriften Humboldts in jener Zeit einen gewaltigen Auftrieb erhielt, ja sich überhaupt erst zu einer Wissenschaft im engeren Sinne entwickelte. Von ihr erhoffte man sich seither zugleich einen Zugang zu dem Phänomen menschlicher Bewusstseinsbildung ganz allgemein.

Humboldt beherrschte schon in jungen Jahren neben den alten Sprachen, dem Griechischen und dem Lateinischen, das Französische, dann das Italienische und das Englische fließend, hatte darüber hinaus das Spanische und später, in der Zeit, in der er Leiter der Sektion des Kultus und des öffentlichen Unterrichts in Preußen war, Anfänge des Litauischen, in Wien des Ungarischen und Tschechischen gelernt. In Paris und auf seinen Reisen nach Spanien hatte er sich zudem mit dem Provenzalischen und dem Baskischen beschäftigt und von hier aus mit seinen ersten im engeren Sinne sprachwissenschaftlichen Studien begonnen. An dem dadurch geweckten Interesse an Fragen der Sprachwissenschaft hatte er, vom Baskischen ausgehend, kontinuierlich festgehalten und eine Reihe von übergreifenden, allgemeinen Ideen dazu entwickelt.

Die erste Schrift, mit der er schon wenige Monate nach seiner Entlassung aus dem staatlichen Dienst auf diesem Gebiet hervortrat, trug den Titel »Ueber das vergleichende Sprachstudium in Beziehung auf die verschiedenen Epochen der Sprachentwicklung«.[283] Sie war hervorgegangen aus einer Rede vor der Berliner Akademie am 29. Juni 1820, jener Akademie, an deren grundlegender Reform er als Chef der Abteilung für das öffentliche Bildungswesen in Preußen seinerzeit entscheidend mitgewirkt hatte und deren Mitglied er seit mehr als zehn Jahren war. Sie begann mit dem programmatischen Satz: »Das vergleichende Sprachstudium kann nur dann zu sichren und bedeutenden Aufschlüssen über Sprache, Völkerentwicklung und Menschenbildung führen, wenn man es zu einem eignen, seinen Nutzen und Zweck in sich selbst tragenden Studium macht.«

In diesem Sinne hat er in den folgenden Jahren immer neue Sprachen in ihrem Aufbau, ihrer Grammatik und ihren Formen im Einzelnen untersucht, jeweils im Vergleich mit den bereits auf diese Weise erschlossenen Sprachen. Dabei trug er, von übergreifenden, allgemeinen Fragestellungen geleitet, ein gewaltiges Material zusammen mit dem Ziel, am Ende zu allgemeinen Gesetzen der Sprachbildung und der Sprachentwicklung in den verschiedenen Sprachfamilien vorzudringen und schließlich einen Eindruck davon zu gewinnen, wie sich über die Sprachen das Weltbild und das Selbstverständnis, auch die Mentalität und das Verhalten der verschiedenen Völker herausgeformt hätten und was sich aus all dem, bei allen Unterschieden, über den Grundcharakter, über das Wesen der Menschheit erschließen lasse.

Er verband dabei in einer für seine gesamten sprachgeschichtlichen Arbeiten typischen Weise jeweils genaue Kenntnisse über grammatikalische Formen, Wortbildungen und Artikulation in den verschiedensten Sprachen mit allgemeinen Überlegungen und Ideen, was dahinter jeweils an sprachformenden, die einzelnen Sprachen innerlich verbindenden, für das Menschengeschlecht insgesamt typischen Elementen stecke, an »Charakter«, wie er sich ausdrückte. Von hier aus gelangte er zu der übergreifenden Konzeption, die alle seine vielfältigen Einzelforschungen miteinander verknüpfte und zusammenfügte, nämlich dass die menschliche Sprache – die er, das war das eigentlich Neue, als Synthese von Begriff und Laut verstand und insofern, wie Jürgen Trabant es formuliert hat, als unmittelbare »Produktion des Denkens«[284] – in allen ihren hundertfachen Brechungen und Ausprägungen die tiefsten Einsichten in den jeweiligen Grundcharakter des Men-

schen und der menschlichen Kultur eröffne. Sprache sei, so hat
Humboldt es selber in der berühmten, in ihrem ersten Druck
mehr als vierhundert Seiten umfassenden »Einleitung« zu seinem
posthum publizierten Werk »Über die Kawisprache auf der Insel
Java« formuliert, »das bildende Organ des Gedankens« oder, wie
er an anderer Stelle dieser grundlegenden Darstellung schreibt,
»die sich ewig wiederholende Arbeit des Geistes, den articulirten
Laut zum Ausdruck des Gedankens fähig zu machen«.[285]
Hier verband sich die Sprachwissenschaft mit der Sprachphilosophie oder ging, besser gesagt, unmittelbar in diese über, wobei
Humboldt zufolge jeweils das die einzelne Sprache prägende nationale Element das entscheidende Trennungskriterium darstelle. Diese Trennung wirke freilich, das war der weitere Gedanke,
niemals absolut. Vielmehr bildeten sich zwischen den einzelnen
Sprachen jeweils engere und, zwischen den dadurch geschaffenen
Sprachfamilien, weitläufigere Verbindungen, hinter denen, wenn
sie erst einmal alle im Zusammenhang erforscht sein würden,
eines Tages die große übergreifende Einheit der menschlichen
Sprachenwelt sichtbar werden würde, auf der alle menschliche
Kultur im Letzten beruhe.
Von dieser umfassenden Konzeption geleitet, hat sich Humboldt
in den Jahren zwischen seiner Entlassung aus dem preußischen
Staatsdienst und seinem Tode 1835 dem Studium der verschiedensten Sprachen sowie Sprachfamilien und -gruppen gewidmet,
stets bestimmt von dem Gedanken, damit jeweils einen Teil eines
großen, zusammenhängenden Ganzen zu erforschen. Soviel sich
aus seinen Vorträgen und Publikationen,[286] aber auch aus dem,
was sich aus seinem heute fast ganz vernichteten privaten Nachlass erschließen lässt, arbeitete er dabei bisweilen gleichzeitig auf
ganz verschiedenen Sprachgebieten, die sich freilich in seinem
Kopf immer, wenn auch fragmentarisch, zu einer höheren, Ver-
gleiche provozierenden Einheit zusammenfügten.
So hat er sich einerseits, wie sich aus den Materialsammlun-
gen und Forschungsaufzeichnungen in seinem handschriftlichen
Nachlass in der Berliner Staatsbibliothek ergibt, intensiv mit den
altamerikanischen Sprachen beschäftigt; in seinem Nachlass sind

rund dreißig von ihm selbst verfasste, mehr oder minder weit aus-
geführte Grammatiken und Wörterbücher dieser Sprachen aus
den Jahren 1820 bis 1823 überliefert. Auf dieser Grundlage hat er
eine Fragment gebliebene »Analyse der mexikanischen Sprache«
und eine Akademievorlesung aus dem Jahre 1823 verfasst, die den
Titel trug: »Inwiefern lässt sich der ehemalige Kulturzustand der
eingeborenen Völker Amerikas aus den Überresten ihrer Sprachen beurtheilen?«[287]

Andererseits hat er sich in jenen Jahren intensiv mit dem Sanskrit, jener Hoch-, Literatur- und Gelehrtensprache Indiens und
der Brahmanen, beschäftigt und schon nach wenigen Monaten
des Studiums einen Aufsatz über bestimmte Verbalformen dieser
schwierigen Sprache veröffentlicht. Dieser Aufsatz fügte sich unmittelbar ein in die zu diesem Zeitpunkt hochaktuelle Diskussion
über ein ganz neu entdecktes sprachwissenschaftliches Gebiet und
wurde von dessen Protagonisten mit großer Zustimmung aufgenommen.

In den Jahren unmittelbar davor waren vor allem durch drei
Gelehrte die wissenschaftlichen Grundlagen dieser neuen sprachwissenschaftlichen Disziplin, der Indogermanistik, gelegt worden:
durch Rasmus Rask, der auf dem Wege des Vergleichs und entsprechender Rückschlüsse die Regelmäßigkeiten der Lautentspre-
chungen in der sogenannten indogermanischen Sprachfamilie
erkannt hatte. Durch Franz Bopp, der die Übereinstimmungen im
Formenbau vor allem beim Verb festgestellt hatte und gleichzeitig die historisch-vergleichende Grammatik dieser Sprachen begründete. Und schließlich durch Jacob Grimm, der die Bedeutung
der geschichtlichen Entwicklung am Beispiel der Untergruppe der
germanischen Sprachfamilie aufzeigte.

Humboldt hatte Franz Bopp während seiner Londoner Gesandtenzeit als Mitarbeiter August Wilhelm Schlegels kennengelernt,
aufgrund seiner Empfehlung war Bopp 1821 nach Berlin berufen worden. Vor allem in Anknüpfung an dessen Schriften hatte
Humboldt seine eigenen Vorstellungen über die Rolle und Funktion der Sprache im Prozess der kollektiven Bewusstseinsbildung
des Menschen entwickelt. Sie hat er im Lauf der nächsten Jahre

durch das systematische Studium immer neuer Sprachen und Sprachfamilien laufend erweitert und vertieft.

Wie sehr sich Humboldt gleichzeitig mit Fragen und Entdeckungen beschäftigte, die auf ganz anderen Feldern, abseits der von ihm vornehmlich behandelten Gebiete lagen, zeigen einige kleinere Aufsätze, die von der Schrift und ihrem Verhältnis zur Sprache handeln. Ins Zentrum gerückt worden waren diese Fragen vor allem durch die Bemühungen englischer und französischer Gelehrter um die Entzifferung der Hieroglyphen. Der entscheidende Durchbruch war hier dem französischen Ägyptologen Jean François Champollion gelungen, der 1822 aufgrund der dreisprachigen Inschrift des Steins von Rosetta den Nachweis geführt hatte, dass die Hieroglyphenschrift eine Lautschrift sei.

Humboldt hat an der Diskussion über diese Lösung lebhaften Anteil genommen. Drei Akademievorlesungen »Über den Zusammenhang der Schrift mit der Sprache«, »Über die Buchstabenschrift und ihren Zusammenhang mit dem Sprachbau« und »Über vier ägyptische löwenköpfige Bildsäulen in den hiesigen königlichen Antikensammlungen« der Jahre 1823, 1824 und 1825 sind daraus hervorgegangen.[288]

Die wichtigste Gruppe seiner Arbeiten aber bildeten Studien, die, jeweils von einzelnen sprachwissenschaftlichen Fragen ausgehend, grundsätzliche und allgemeine Probleme der Sprachwissenschaft behandelten. Sie akzentuierten stets aufs Neue, dass die Sprachvergleichung vor allem ein Mittel der Sprachphilosophie sei. Ganz deutlich wird das etwa in Humboldts Vortrag aus dem Jahre 1821 »Über das Entstehen der grammatischen Formen und ihren Einfluß auf die Ideenentwicklung«. In ihm entwickelte er die These, dass der Bildungswert der Sprachen sich nach dem Maße ihres grammatischen Formenreichtums bestimme. Dem Griechischen, dem Sanskrit und den semitischen Sprachen komme dabei der höchste Rang zu.[289]

Dem widersprach wenig später der Pariser Professor Abel-Rémusat, einer der führenden Sinologen seiner Zeit, mit Nachdruck – zugleich ein Zeichen dafür, wie unmittelbar der geistige Austausch zwischen den Gelehrten damals jenseits aller territo-

rialen und nationalen Grenzen funktionierte.[290] Das Chinesische,
so betonte Abel-Rémusat, verfüge als die Sprache eines der ältesten Kulturvölker zugleich über eine reiche Literatur, entbehre
jedoch jeder grammatischen Formung.

Humboldt konnte dem nicht widersprechen. Er zog sich jedoch,
ohne die von ihm formulierte Grundthese aufzugeben, mit dem
Argument aus der Affäre, dass die Analyse der chinesischen Sprache in der Tat einen Faktor beleuchte, den man künftig, im Hinblick auf die daraus zu ziehenden sprachphilosophischen Schlussfolgerungen, stärker berücksichtigen müsse. In seiner »Lettre à
Monsieur Abel-Rémusat sur la nature des formes grammaticales
en général et sur le génie de la langue Chinoise en particulier« von
1826 betonte er, »dass im Chinesischen gerade die scheinbare Abwesenheit aller Grammatik die Schärfe des Sinnes, den formalen
Zusammenhang der Rede zu erkennen, erhöht« habe. Sie habe
also, räumte er ein, hier gleichfalls geistbildend gewirkt, während
»im Gegenteil die Sprachen mit versuchter, aber nicht gelingender
Bezeichnung der grammatischen Verhältnisse den Geist vielmehr
einschläfern«.[291]

Für sich selber, das heißt für das von ihm konstruierte System
der Sprachen, aber zog er aus dem Ganzen einen sehr viel weiter
reichenden Schluss. Das formenreiche Sanskrit und das in dieser
Hinsicht ungeformte Chinesische erscheinen bei ihm fortan als
die beiden Pole, zwischen denen sich die übrigen Sprachen bewegen, jeweils näher dem einen oder dem anderen.

Von dieser Grundlage aus hat er dann sein sprachphilosophi-
sches Hauptwerk in Angriff genommen und in ihm die übergreifenden Thesen jeweils im Einzelnen sprachphilosophisch begründet. Es handelte sich um eine breitangelegte Untersuchung
über die Kawi-Sprache, die heilige Dichter- und Gelehrtensprache
Javas und der umliegenden Inselwelt. Was ihn dabei besonders
interessierte, war die Vermischung sanskritischer und malaiischer
Sprachelemente als Ausdruck der indischen Einwirkung auf die
einheimische Bildung. Diesen Zusammenhängen suchte er im Einzelnen nachzugehen mit dem Ziel, daran eine zusammenfassende
Darstellung des malaiischen Sprachstammes anzuschließen.

Von den mit diesem Ziel unternommenen Forschungen wurden drei Bände nach seinem Tode veröffentlicht, die freilich über den sprachanalytischen und sprachphilosophischen Ansatz des Ganzen kaum hinausgingen, so anregend dieser in vieler Hinsicht war. In ihm steckte ein gewaltiges und jedenfalls für einen Einzelnen letztlich uneinlösbares Programm. Es führte, bei aller verbalen Konzentration auf große, übergreifende Fragen, gerade bei der Intensität der Forschung immer wieder in Detailfragen, in die Erörterung spezieller Probleme, hinter denen die übergreifende Fragestellung zum bloßen Programm, zu einer leitenden Idee wurde.

Diese freilich hat er in einem mit seinen Untersuchungen zur Kawi-Sprache nur ganz locker verbundenen Einleitungsband noch einmal zusammengefasst, der, wie schon gesagt, durch den Herausgeber der Akademieausgabe den Titel erhielt: »Über die Verschiedenheit des menschlichen Sprachbaus und ihren Einfluß auf die geistige Entwicklung des Menschengeschlechts«.[292] Auf diesen Band hat man sich im Kreis der Sprachwissenschaftler der folgenden Generationen, vor allem dann im 20. Jahrhundert, immer wieder berufen.[293] Auf ihm vor allem gründete Humboldts Ruf als Sprachwissenschaftler oder, besser gesagt, als Sprachphilosoph. Aber gleichzeitig wurde an ihm auch deutlich, wie sehr Theorie und Praxis auseinanderfielen, wie auch hier die praktische Einlösung des theoretisch begründeten Programms, wenn sie überhaupt möglich war, in immer weitere Ferne rückte.

Auch die allgemeine Sprachwissenschaft, zu deren Hauptbegründern Humboldt ohne Zweifel zu zählen ist, teilte und teilt bis heute das Schicksal fast aller empirisch arbeitenden Wissenschaften: Bei der Lösung eines Problems eröffnen sich hundert neue. Das sei, so Max Weber am Ende des 19. Jahrhunderts, das Wesen aller Wissenschaft, dass sie nie und nirgends zum Abschluss, zum Ende komme.

Die großen, die ewigen »Ideen«, von denen nach den Vorstellungen des Kreises um Friedrich Schiller und Humboldt und vielen anderen in ihrer Zeit die Geschicke der Welt bestimmt würden – sie verschwanden schrittweise am Horizont und machten der Unendlichkeit des nur empirisch, und das hieß zugleich nur historisch Erfassbaren Platz. Die andere große Gestalt des Weimar-Jenaer Kreises, in dem Humboldt jahrelang verkehrte und mit dem er bis zu dessen Tod in einem ständigen Briefwechsel stand,[294] nämlich Johann Wolfgang von Goethe, setzte damals neben die großen, weltbestimmenden Ideen, von deren Bedeutung auch er durchdrungen war, die Welt der empirisch, durch »Anschauung« erfahrbaren Wirklichkeit, die ihren eigenen, den Menschen letztlich nur zum Teil erkennbaren Gesetzen folge, darunter nicht zuletzt dem des Zufalls. Beide, Schiller wie Goethe, aber waren sich darin einig, dass sich weder die Welt der Ideen noch das empirisch Erfassbare abstrakt und allgemein umschreiben und durchdringen lasse, sondern dass dazu allein das Medium der Kunst, genauer gesagt, der in ihrem Dienst wirkende, von seiner Individualität und der letztlich unerklärbaren Intuition geleitete Künstler in der Lage sei.

Von all dem hat sich Humboldt in seinem Denken tief beeindrucken lassen. Der Weg freilich, den Schiller wie Goethe mit ihren jeweiligen Werken beschritten, in denen sie zugleich die Kunst als die Versöhnerin der Kräfte des Rationalen und der, jedenfalls für den Menschen, als irrational erscheinenden Elemente feierten – dieser Weg blieb Humboldt weitgehend verschlossen, sosehr er sich auch immer wieder darum bemühte, einen Zugang zu finden.

Stattdessen glaubte er in den letzten anderthalb Jahrzehnten seines Lebens mit seiner weitgespannten Konzeption einer allgemeinen Sprachwissenschaft einen ihm gemäßen, seinem ganzen Wesen und Charakter entsprechenden Weg der Daseinsbewältigung gefunden zu haben. Und er ist darüber in der Tat zu einem großen und bis in unsere Gegenwart, ja gerade in ihr einflussreichen Gelehrten geworden und zugleich zu einem Spezialisten in einem sehr weit ausgedehnten wissenschaftlichen Fach.[295] Das, was er zu Beginn seines Lebens als dessen eigentliches Ziel bezeichnet hatte, nämlich in der Konzentration auf seine eigene Existenz gleichzeitig das Wesen des Menschen generell zu erfassen, trat darüber allerdings mehr und mehr zurück. Nun galt seine ganze Konzentration seinem wissenschaftlichen Werk und nicht mehr so sehr seiner eigenen Person.

Aber noch einmal zurück zu den Anfängen seiner sprachgeschichtlichen, seiner stets zugleich sprachphilosophischen Forschungen. Bereits ein halbes Jahr nach seinem Ausscheiden aus dem staatlichen Dienst hatte er mit seiner Studie über das vergleichende Sprachstudium das Programm präsentiert, das er in den nächsten Jahren bis zu seinem Tode intensiv verfolgen sollte. Gleichzeitig hatte er die Grenzen seines Vorhabens beziehungsweise die Schwierigkeiten umrissen, die es von vornherein aufwarf, Schwierigkeiten, die wohl die Möglichkeiten eines Einzelnen und vielleicht einer ganzen Generation von Forschern überstiegen und nur, wenn überhaupt, von mehreren Generationen zu überwinden sein würden.

Schon die »Bearbeitung einer einzigen Sprache« sei schwierig. »Denn wenn auch der Totaleindruck jeder Sprache leicht aufzufassen ist, so verliert man sich, wie man den Ursachen desselben nachzuforschen strebt, in einer zahllosen Menge scheinbar unbedeutender Einzelheiten, und sieht bald, dass die Wirkung der Sprachen nicht sowohl von grossen und entschiedenen Eigenthümlichkeiten abhängt, als auf dem gleichmässigen, einzeln kaum bemerkbaren Eindruck der Beschaffenheit ihrer Elemente beruht.« Allerdings, hier werde »gerade die Allgemeinheit des Studiums das Mittel« sein, »diesen feingewebten Organismus mit Deutlichkeit vor die Sinne zu bringen, da«, wie er sein Programm thesenhaft im Einzelnen begründete, »die Klarheit der in vielfach verschiedener Gestalt doch immer im Ganzen gleichen Form die Forschung erleichtert«.

»Wie unsre Erdkugel grosse Umwälzungen durchgangen ist«, fuhr er fort, »ehe sie die jetzige Gestaltung der Meere, Gebirge und Flüsse angenommen, sich aber seitdem wenig verändert hat, so giebt es auch in den Sprachen einen Punkt der vollendeten Organisation, von dem an der organische Bau, die feste Gestalt sich nicht mehr abändert.« Alles komme also darauf an, »den niedrigsten Stand der Sprachbildung zu bestimmen, um wenigstens die unterste Stufe auf der Organisationsleiter der Sprachen aus Erfahrung zu kennen«, von der aus, so wiederholte er seine Grundthese, keine grundlegenden Veränderungen der »wesentlichen grammatischen Formen« mehr stattgefunden hätten, die Sprache also definitiv »ihre Gestalt gewonnen« habe.

Hiervon, also von der »ersten, aber vollständigen Bildung« des »organischen Baues« einer Sprache ausgehend, könne man vor allem zwei Momente untersuchen: erstens »die Umänderungen durch fremde Beimischung«, bis die Sprachen »wieder zu einem Zustande der Stätigkeit gelangen«, und zweitens ihre »innere und feinere Ausbildung, wenn ihre äußere Umgränzung (gegen andre) und ihr Bau im Ganzen einmal unveränderlich feststeht«.

Das legte Humboldt unter den verschiedensten Aspekten, vielfältig differenzierend, dar. Seine Absicht sei es dabei gewesen, so hielt er abschließend fest, »das Feld der vergleichenden Sprachuntersuchungen im Ganzen zu überschlagen, ihr Ziel festzustellen und zu zeigen, dass, um es zu erreichen, der Ursprung und die Vollendung der Sprachen zusammengenommen werden muss«. »Nur auf diesem Wege«, betonte er, »können diese Forschungen dahin führen, die Sprachen immer weniger als willkürliche Zeichen anzusehen und, auf eine, tiefer in das geistige Leben eingreifende Weise, in der Eigenthümlichkeit ihres Baues Hülfsmittel zur Erforschung und Erkennung der Wahrheit und Bildung der Gesinnung und des Charakters aufzusuchen.«

Und er weitete diesen Gedanken noch einmal aus. »Wenn in den, zu höherer Ausbildung gediehenen Sprachen eigne Weltansichten liegen, so müsse es ein Verhältnis dieser nicht nur zu einander, sondern auch zur Totalität aller denkbaren geben.« Es sei alsdann »mit den Sprachen wie mit den Charakteren der Menschen selbst oder um einen einfacheren Gegenstand zur Vergleichung zu wählen, wie mit den Götteridealen der bildenden Kunst, in welchen sich Totalität aufsuchen und ein geschlossener Kreis bilden lässt, da jedes das allgemeine, als gleichzeitiger Inbegriff aller Erhabenheit nicht individualisierbare Ideal von Einer bestimmten Seite darstellt«.

Von hier aus gelangte Humboldt, von seiner zunächst recht pragmatischen Konzeption der Sprachentstehung und -entwicklung ausgehend, zu einer rein idealistischen Abstraktion, nämlich der Ansicht, dass, wie es im letzten Satz der ganzen Schrift hieß, der Ursprung der Sprachen »in Naturnothwendigkeit und physischem Bedürfnis« liege, aber die »fortschreitende Entwicklung« der Sprachen, gipfelnd in der Ausbildung der Nationalsprachen, »den höchsten geistigen Zwecken« diene.[296] In einem allerletzten, dann freilich gestrichenen Satz hieß es, das letzte Ziel des »vergleichenden Sprachstudiums« sei es, »alle noch erkennbaren Fäden des Zusammenhanges zwischen diesen Endpunkten der Nationen- und Sprachverschiedenheit aufzusuchen und in Ein möglichst zusammenhängendes Gewebe zu verknüpfen«.[297]

Dem hier umschriebenen Ziel hat Humboldt, wie dargestellt, eine Fülle von Einzelstudien gewidmet, die verschiedenste Sprachen und Sprachfamilien zum Gegenstand hatten, freilich allesamt nie über den prinzipiellen Ansatz hinauskamen und den nachfolgenden Sprachwissenschaftlern vor allem als Anknüpfungspunkt für eigene Spezialstudien dienten.

Studie über die Aufgabe des Geschichtsschreibers

Bevor er sich jedoch seinen Sprachstudien auf den verschiedenen Gebieten widmete, hat er sich in einem weiteren Akademievortrag 1821 einem ganz anderen Bereich zugewandt und damit, damals wie später, ein wesentlich größeres Publikum erreicht. Der Vortrag trug den Titel »Ueber die Aufgabe des Geschichtsschreibers«[298] und begrenzte dessen Aufgabe auf »die Darstellung des Geschehenen«. »Je reiner und vollständiger ihm diese gelingt, desto vollkommener hat er jene gelöst.« Die »einfache Darstellung« sei zugleich »die erste, unerlässliche Forderung seines Geschäfts und das Höchste, was er zu leisten vermag. Von dieser Seite betrachtet«, fuhr er fort, »scheint er nur auffassend und wiedergebend, nicht selbstthätig und schöpferisch.«

Freilich, das Geschehene sei stets »nur zum Theil in der Sinnenwelt sichtbar, das Uebrige muss hinzu empfunden, geschlossen, errathen werden. Was davon erscheint, ist zerstreut, abgerissen, vereinzelt; was dies Stückwerk verbindet, das Einzelne in sein wahres Gesicht stellt, dem Ganzen Gestalt giebt, bleibt der unmittelbaren Beobachtung entrückt.« Und hier beginne die eigentliche, die wahre Aufgabe des Geschichtsschreibers. Denn mit der »nackten Absonderung des wirklich Geschehenen«, so wichtig und unerlässlich diese als Ausgangspunkt sei, sei »noch kaum das Gerippe der Begebenheit gewonnen«.

Dabei stehenzubleiben heiße »die eigentliche, innere, in dem ursächlichen Zusammenhang gegründete Wahrheit einer äusseren, buchstäblichen, scheinbaren aufzuopfern, gewissen Irrthum wählen, um noch ungewisser Gefahr des Irrthums zu entgehen«. »Die Wahrheit alles Geschehenen« beruhe nämlich »auf dem Hinzukommen« jenes eben erwähnten »unsichtbaren Theils jeder Thatsache«, und diesen müsse daher »der Geschichtsschreiber hinzufügen. Von dieser Seite betrachtet«, fuhr Humboldt in seiner Argumentation fort, »ist er selbstthätig und sogar schöpferisch, zwar nicht indem er hervorbringt, was nicht vorhanden ist, aber indem er aus eigner Kraft bildet, was er, wie es wirklich ist, nicht mit bloßer Empfänglichkeit wahrnehmen könnte. Auf verschiedene Weise, aber ebensowohl als der Dichter muß er das zerstreut Gesammelte in sich zu einem Ganzen verarbeiten.«

Diesen zentralen Gedanken hat Humboldt im Weiteren mit einer Fülle von einzelnen Beobachtungen und Hinweisen verfolgt und untermauert. Dabei zeichnete er ein Bild des wahren Historikers, das diesen neben dem Dichter und dem Philosophen in die erste Reihe der auf geistig-wissenschaftlichem Gebiet Tätigen rückte. »Der Geschichtsschreiber«, so hob er dessen Rolle hervor, »umfasst alle Fäden irdischen Wirkens und alle Gepräge überirdischer Ideen; die Summe des Daseyns ist, näher oder entfernter, der Gegenstand seiner Bearbeitung, und er muss daher auch alle Richtungen des Geistes verfolgen. Speculation, Erfahrung und Dichtung sind aber«, fügte er hinzu, »nicht abgesonderte, einander entgegengesetzte und beschränkende Thätigkeiten des Geistes, sondern verschiedne Strahlseiten desselben.«

Was aber sei der eigentliche Kern der Aufgabe des Historikers, das, was ihn bei seiner Tätigkeit im Letzten leite? Es müsse ihm in erster Linie darum gehen, das Wirken von Ideen in der Geschichte aufzuzeigen. Dabei müsse er sich freilich immer bewusst bleiben, dass diese Ideen unablösbar mit dem Geschehenen und Geschehen, also mit der Geschichte selbst in ihren verschiedenen Bereichen, verknüpft seien. Der Historiker könne sie nur in der Rekonstruktion des Geschehenen und in der Aufdeckung der dabei wirkenden Kräfte auffinden und sichtbar machen, anders gesagt im praktischen Vollzug seiner eigentlichen Arbeit, nämlich der möglichst genauen Feststellung der äußeren Abläufe eines Geschehens, und dann, von dieser Basis aus, vor allem die Darstellung der Elemente und Faktoren, die dabei direkt oder indirekt eine Rolle gespielt haben. »Die Nachahmung des Künstlers« gehe »von Ideen aus, und die Wahrheit der Gestalt erscheint ihm nur vermittelst dieser. Dasselbe muss«, so Humboldt, »da in beiden Fällen die Natur das Nachzuahmende ist, auch bei der historischen statt finden, und es fragt sich nur, ob und welche Ideen es giebt, die den Geschichtsschreiber zu leiten im Stande sind.«

Bei der Beantwortung dieser Frage müsse man höchst behutsam vorgehen, »damit nicht schon die bloße Erwähnung von Ideen die Reinheit der geschichtlichen Treue verletze. Denn wenn auch der Künstler und Geschichtsschreiber beide darstellend und nachahmend sind«, fuhr er fort, »so ist ihr Ziel doch durchaus verschieden. Jener streift nur die flüchtige Erscheinung von der Wirklichkeit ab, berührt sie nur, um sich aller Wirklichkeit zu entschwingen, dieser sucht bloß sie und muss sich in sie vertiefen.« Tatsächlich aber müsse der Historiker »die Wahrheit der Begebenheit auf einem ähnlichen Wege suchen als der Künstler die Wahrheit der Gestalt«. »Die Ereignisse der Geschichte« lägen »noch viel weniger als die Erscheinungen der Sinnenwelt so offen da, dass man sie rein abzulesen vermöchte«. Ihr Verständnis sei »nur das vereinte Erzeugnis ihrer Beschaffenheit und des Sinnes, den der Betrachter hinzubringt, und wie bei der Kunst lässt sich auch bei ihnen nicht Alles durch blosse Verstandesoperation eines auf dem andren logisch herleiten und in Begriffe zerlegen; man fasst das Rechte, das Feine, das Verborgene nur auf, weil der Geist richtig es aufzufassen gestimmt ist«. Das richtige »Auffassen des

Geschehenen« aber müsse in diesem Sinne »von Ideen geleitet seyn«. Er habe, schrieb er Anfang Mai 1821 über seine Schrift »Ueber die Aufgabe des Geschichtsschreibers« an Friedrich Gottlieb Welcker, darin »zu entwickeln gesucht, wie es eigentlich keine historische Wahrheit in Erzählung weder einer einzelnen Tatsache noch eines Zusammenhanges von Begebenheiten gibt, wenn man nicht bis zu der unsichtbaren Idee hinabsteigt, die sich in jedem Geschehen offenbart.«[299]

Es verstehe sich freilich von selbst, fuhr Humboldt fort, »dass diese Ideen aus der Fülle der Begebenheiten selbst hervorgehen, oder genauer zu reden, durch die, mit ächt historischem Sinn unternommene Betrachtung derselben im Geist entspringen, nicht der Geschichte, wie eine fremde Zugabe, geliehen werden müssen, ein Fehler, in welchen die sogenannte philosophische Geschichte« leicht verfalle. Damit distanzierte er sich zugleich von der das Denken seiner Gegenwart weithin beherrschenden Hegel'schen Geschichtsauffassung.

Nach höchst komplizierten, in seinen einzelnen Elementen nur schwer nachvollziehbaren Darlegungen über das Wirken einzelner Ideenkomplexe in der Geschichte, bei denen Humboldt als das Entscheidende die fortdauernde innere Lebendigkeit der die Geschichte bestimmenden und vorantreibenden Ideen hervorhob, betonte er zusammenfassend: »Das Geschäft des Geschichtsschreibers in seiner letzten, aber einfachsten Auflösung ist Darstellung des Strebens einer Idee, Daseyn in der Wirklichkeit zu gewinnen.«

Festzuhalten sei, »dass in Allem, was geschieht, eine nicht unmittelbar wahrnehmbare Idee waltet, dass aber diese Idee nur an den Begebenheiten selbst erkannt werden kann«. Der Geschichtsschreiber dürfe auf keinen Fall, so schloss er, »alles allein in dem materiellen Stoff suchend, ihre Herrschaft von seiner Darstellung ausschließen; er muß aufs mindeste den Platz zu ihrer Wirkung offen lassen; er muss ferner, weiter gehend, sein Gemüth empfänglich für sie und regsam halten, sie zu ahnden und zu erkennen; aber er muss vor allen Dingen sich hüten, der Wirklichkeit eigenmächtig geschaffene Ideen anzubilden oder auch nur über dem Suchen des Zusammenhanges des Ganzen etwas von dem lebendigen Reichthum des Einzelnen aufzuopfern. Diese Freiheit und Zartheit der Ansicht muss seiner Natur so eigen geworden seyn, dass er sie zur Betrachtung jeder Begebenheit mitbringt; denn keine ist ganz abgesondert vom allgemeinen Zusammenhange, und von Jeglichem, was geschieht, liegt, wie oben gezeigt worden, ein Theil ausser dem Kreis unmittelbarer Wahrnehmung. Fehlt dem Geschichtsschreiber jene Freiheit der Ansicht, so erkennt er die Begebenheiten nicht in ihrem Umfang und ihrer Tiefe; mangelt ihm die schonende Zartheit, so verletzt er ihre einfache und lebendige Wahrheit.« Wenige Monate später bemerkte er in einem Brief an Goethe:»Ein Wort Schillers ist mir immer gegenwärtig geblieben und hat mir bei dieser Arbeit oft vorgeschwebt. Er sprach davon, daß man seine historischen Aufsätze zu dichterisch gefunden und schloss: ›Und doch muß der Geschichtsschreiber ganz wie der Dichter verfahren. Wenn er den Stoff in sich aufgenommen hat, muß er ihn wieder ganz neu aus sich schaffen.‹ Dies schien mir damals paradox, und ich verstand es nicht recht. Der Bemühung, mir es nach und nach klarzumachen, dankt diese Abhandlung größtenteils ihr Entstehen.«[300]

Wie so oft in seinen theoretischen Schriften, die den fraglichen Gesamtkomplex zu erfassen und zu beschreiben suchten, ging Humboldt auch hier weit über das irgend Praktikable hinaus und entwarf ein Idealbild, dem das Werk keines Historikers zu entsprechen vermochte. Bezeichnenderweise hat er auch nie den Versuch unternommen, selber ein größeres historiographisches Werk in Angriff zu nehmen, das seine theoretischen Forderungen wenigstens im Ansatz eingelöst hätte.[301]

Humboldt blieb auch hier wie letzlich auf dem Gebiet der allgemeinen Sprachwissenschaft, das ihn mehr als ein Jahrzehnt zentral beschäftigte, ein Mann der weitgespannten, alle auch nur denkbaren Aspekte berücksichtigenden und beschreibenden Theorie, der aber, anders etwa als der rund eine Generation jüngere Leopold Ranke, seine Theorie nie in die Praxis umzusetzen versuchte. Im Werk von Ranke, der vom Ansatz her in mancherlei Hinsicht mit ihm vergleichbar war,[302] wurden freilich zugleich,

Karl Friedrich Schinkel

man möchte sagen: unvermeidlicherweise, die Grenzen dieses
theoretisch alle denkbaren Aspekte eines Gegenstandes berücksichtigenden Ansatzes sichtbar. Was Humboldt zu wenig in Rechnung stellte, war die ganz spezifische, selber historisch geprägte
und vermittelte Individualität des jeweiligen Historikers, die seine
Sicht und auch sein generelles Weltbild bestimmen.

In etwas mehr als einem Jahr nach seiner Entlassung hat Humboldt, allerdings anknüpfend an ältere Ansätze und Schriften, diese
beiden grundlegenden Essays »Ueber das vergleichende Sprachstudium in Beziehung auf die verschiedenen Epochen der Sprach-

entwicklung« und »Ueber die Aufgabe des Geschichtsschreibers« zu Papier gebracht und in der Berliner Akademie vorgetragen. Er lebte damals im Winter in Berlin, zunächst in einem Eckhaus der Behrensstraße und der Charlottenstraße, dann in einer Wohnung am Gendarmenmarkt, in der Französischen Straße 42, im Sommer aber fast durchgehend in Tegel, dem Landsitz mit kleinem Schloss, das er von seinen Vorfahren geerbt hatte und in dem er und sein jüngerer Bruder Alexander aufgewachsen waren.

Umbau des Hauses in Tegel

Von Christian Daniel Rauch, dem nachmals berühmten preußischen Bildhauer, den Caroline Humboldt in Rom wie einen Pflegesohn betreut und auch gefördert hatte, erhielt das Ehepaar den Rat, das ererbte Tegeler Gebäude, das Humboldt immer bewusst einen Landsitz und nicht ein Schloss nannte, aus- und umzubauen – nicht zuletzt um die reichen Schätze an antiken Plastiken beziehungsweise auch Abgüssen aufzunehmen und zu präsentieren, die das Ehepaar vor allem in Rom und er dann auch in London zusammengetragen hatte, hier insbesondere Abgüsse von den Phigalia- und Parthenonfriesen. Und von Rauch stammte auch die Anregung, damit Karl Friedrich Schinkel zu betrauen, den sie gleichfalls aus Rom kannten[303] und der, inspiriert durch die Architektur der Antike, einen klassizistischen Baustil entwickelt hatte, den er gerade mit dem Bau der Neuen Wache in Berlin und dem Schauspielhaus am dortigen Gendarmenmarkt beispielhaft vorgeführt hatte. Die Humboldts gingen auf diese Anregung, die so sehr ihren eigenen Vorstellungen entsprach, sogleich ein, und Schinkel plante und leitete in engstem Kontakt mit den Humboldts und deren speziellen Wünschen folgend zwischen 1821 und 1824 den Umbau, der das alte Gebäude in weiten Teilen ganz neu gestaltete.

Es blieb allerdings, auf Humboldts speziellen Wunsch, im Grundcharakter ein Wohnhaus, das in seinen auf Leben und Arbeiten ausgerichteten Räumen zugleich Platz bot für die Aufstellung der

Kunstwerke in dem jeweiligen Raumbezug – vergleichbar etwa
mit Goethes Haus am Frauenplan in Weimar, nur dass dort die
Räume schon vorgegeben waren und nicht mehr entsprechend
umgestaltet werden konnten. Am 26. Dezember 1834, wenige
Wochen vor seinem Tode, verfasste Humboldt ein Sonett, in dem
es hieß: »Ich lieb' euch, meiner Wohnung stille Mauern / und habe
euch mit Liebe aufgebauet;/wenn man des Wohners Sinn im Hause schauet,/wird lang nach mir in euch noch meiner dauern.«[304]
        Erbaut in der Mitte des 16. Jahrhunderts und in der Zeit des
Dreißigjährigen Krieges seitlich um einen mittelgroßen vier-
eckigen Turm erweitert, der wohl Schutz und Zuflucht vor möglichen Plündereien und Brandschatzungen bieten sollte, bildete
das zweistöckige Haus mit neun Fensterachsen das Zentrum eines
kleinen Weingutes im Besitz des Kurfürsten, das von diesem an
wechselnde Pächter vergeben wurde – es gehörte als königliche
Domäne zum Amt Niederschönhausen. Neben dem Weinbau, von
dessen Bedeutung die geräumigen und ausgezeichnet gewölbten
Keller unter dem Haus zeugen, wurden die Pächter des kleinen
Gutes zu Beginn des 18. Jahrhunderts veranlasst, durch Pflanzung
von Maulbeerbäumen die Seidenraupenzucht zu fördern.
        Das Unternehmen nahm freilich keinen günstigen Verlauf,
und die Auseinandersetzung darüber zwischen der Domänenver-
waltung und den Pächtern füllte Bände der darüber überlieferten Akten. Diese Pächter waren zuletzt zwei Brüder, erst Viktor
und dann Friedrich von Holwede, die mit zwei Schwestern aus
einer südfranzösischen Hugenottenfamilie, mit Wilhelmine und
Marie Elisabeth Colomb, verheiratet waren. Ihrem Besitz fügten
sie unter anderem auch das Gut Tegel hinzu. Als der Mann von
Marie Elisabeth starb und sie in zweiter Ehe 1766 den königlichen
Kammerherren und Obristwachtmeister der Kavallerie Alexander
Georg von Humboldt heiratete, fiel diesem als Mitgift – so weit
die äußerst verkürzte Nachlass- und Erbschaftsgeschichte – das
Tegeler Gut zu, dessen Besitz nach seinem Tode wiederum seiner
Frau zukam, eben Marie Elisabeth von Humboldt, der Mutter von
Wilhelm und Alexander. Und nach der Erbschaftsteilung nach
dem Tode der Mutter fiel es allein an Wilhelm von Humboldt.

Schloss Tegel

Um dieses Haus also ging es bei den weitläufigen Aus- und Umbauplänen, die Schinkel nach 1821 entwickelte und in ständigen Gesprächen mit Humboldt und seiner Frau in der heutigen Form umsetzte. Am 31. Oktober 1824, dreieinhalb Jahre nach Baubeginn, wurde das von Grund auf umgebaute, aber gleichzeitig weitgehend in seiner alten Substanz bewahrte Schlösschen mit einem Festessen in Anwesenheit des preußischen Kronprinzenpaares feierlich eröffnet; zwei Jahre später, Anfang November 1826, besuchte der König persönlich Tegel und das Humboldt'sche Schloss, damit zugleich in symbolischer Form dokumentierend, dass der politische Konflikt, der Ende 1819 zu Humboldts Entlassung geführt hatte, inzwischen weitgehend der Vergangenheit angehörte.

Aber zurück zu dem Umbau durch Schinkel. Gewissermaßen als Ausgangspunkt hatte Schinkel den im 17. Jahrhundert angefügten barockartigen Turm an der linken Seite des Hauses genommen. Ihm allerdings hatte er an allen drei übrigen Seiten des Gebäudes in der Grundstruktur gleichartige Gebäude hinzugefügt und diese durch Einbeziehung alter Gebäudeteile jeweils parallel miteinander verbunden. Dadurch war insgesamt, ganz in klassizistischer Form, der äußere Eindruck eines neukonzipierten, schlossartigen Gebäudes entstanden, der noch dadurch verstärkt wurde, dass das Wohnhaus, vor allem zur Gartenseite hin, gleichsam antikisch umgedacht war. Hier spannt sich, wie Paul Ortwin Rave es in seiner kleinen Monographie über »Wilhelm von Humboldt und das Schloß zu Tegel« 1956 formuliert hat, »der neue Teil von Turm zu Turm, ihnen angeglichen in Stil und Gliederung, ein doppelgeschossiger Pfeilerbau mit hohen Gartentüren, hellen schlanken Fenstern und Nischen für Standbilder«.[305]

Abgesehen von den weiteren, hier nicht zu erörternden Einzelheiten des Aus- und Umbaus im Inneren, die zwischen Schinkel und dem Bauherrn, auch hinsichtlich der Aufstellung und der, zugleich symbolträchtig gemeinten, Präsentation der einzelnen Kunstwerke,[306] sehr sorgfältig behandelt und besprochen wurden, muss noch auf die neugeschaffene große Eingangshalle hingewiesen werden, die Schinkel selbst als das eigentlich Zentrale des inneren Umbaus hervorgehoben hat. Vom Altbau nahm Schinkel die frühere Barockdiele hinzu und gewann so eine vom Wirtschaftshof bis zum Garten quer durch die ganze Tiefe des Hauses hindurchführende Halle. Er schuf damit eine Art Binnenhof, den er inhaltlich ganz nach antiken Vorbildern gestaltete. »Eingestellte dorische Säulen, pfeilerartige Wandstücke, gebälkschwere Unterzüge und die gleichmäßig verteilten hohen Türen und Fenster« verliehen, um noch einmal die Arbeit von Rave zu zitieren, »dem Raume mit seinem Stein- und Fliesenbelag des Fußbodens, mit seinen in Quaderfugen gegliederten Mauern und mit der strengen Felderdecke« ein eindrucksvolles Bild. »Die langen Seitenwände sieht man außerdem noch bemerkenswert verziert, durch Bänke mit mächtigen Löwenpranken als Seitenwangen, durch darüber eingelassene Marmortafeln sowie vor allem durch Standbilder, die teils frei auf Sockeln, teils in schön umschließenden Nischen stehen.«[307]

Das Ganze war sehr aufwendig, und das hieß zugleich sehr kostspielig gestaltet und stellte nach dem Umbau in seiner ganzen Anlage eine Verbindung von Museum und Herrenhaus dar, das freilich Schloss zu nennen Humboldt in bürgerlichem Selbstbewusstsein stets ablehnte. Nur wenige konnten sich damals, vor der industriellen Revolution, die viele aus dem Bürgertum dann sehr reich werden ließ, derartiges leisten, und dem Bürgertum rechnete sich Humboldt mit seinem erst vor zwei Generationen erworbenen Amtsadelstitel nach Herkunft und vor allem nach Selbstverständnis ganz zu. Er und seine Frau konnten sich einen solchen aufwendigen Umbau leisten aufgrund verschiedenster Erbschaften, zu denen noch die Dotation mit dem Schloss und der dazugehörigen Gutsherrschaft Ottmachau in Schlesien gekommen war, die er, wie berichtet, im Anschluss an die Freiheitskriege von der preußischen Krone erhalten hatte und die ihm einen jährlichen Reinertrag von rund 5000 Talern einbrachte. So ausgestattet, hatte er mit großer Geste die ihm nach seiner Entlassung aus dem preußischen Staatsdienst zustehende Pension von 6000 Talern im Jahr mit dem Argument ablehnen können, er diene ja nun nicht mehr dem preußischen Staat.

Tegel, das war nach dem umfangreichen Um- und Neubau der endgültige und letzte Wohnsitz der Familie und ist für die Nachwelt für immer mit ihrem Namen verbunden. Hier lebte Humboldt ganz für sich, konzentriert jetzt vor allem auf seine sprachphilosophischen Interessen, die er mit einer großen Zahl von Studien förderte. Sie erregten schon allein wegen der darin verarbeiteten Fülle von Material und der in ihnen behandelten ganz unterschiedlichen Gesichtspunkte und Perspektiven, die jedoch stets auf die Sprache als unmittelbaren Ausdruck des Menschen, seines Denkens, seiner Kultur, seiner Geschichte schlechthin zielten, die größte Bewunderung der Mit- wie der Nachwelt – eine Bewunderung, die allerdings zunächst, so muss man sagen, nur selten von einem tieferen Verständnis für die Substanz des in ihnen letztlich Gemeinten getragen war.

Fortsetzung der sprachwissenschaftlichen
Studien in Tegel

Dabei spielte nicht zuletzt eine Rolle, dass er in seinen Darlegungen oft sehr sprunghaft war, vieles dabei im Einzelnen wie
im Allgemeinen, im Übergreifenden voraussetzend, was ihm
selbstverständlich schien, dem mit der jeweiligen Materie nicht
so unmittelbar vertrauten Leser den Zugang jedoch erheblich
erschwerte. Schon dreißig Jahre vorher hatte er in einem Brief
an Schiller selbstkritisch bemerkt, er ertappe sich oft »auf dem
Fehler, die Ideen zu roh und zu sehr im ganzen hinzuwerfen, statt
sie gehörig zu verarbeiten und auseinanderzulegen«. Und er hatte hinzugefügt: »Es gehört unfehlbar auch sehr viel ästhetischer
Sinn dazu, und vorzüglich ist es schwer, sich eine so klare, vollständige und tiefe Intuition seines Gegenstandes zu erwerben, um
seinen Gedanken diese lebendige Organisation zu verschaffen.«[308]
So blieben und bleiben die meisten seiner sprachanalytischen und
vor allem seiner sprachphilosophischen Darlegungen und Ausführungen für viele auf diesem Gebiet nicht speziell Ausgebildete
weitgehend im Dunkeln.

Als Erstes wandte sich Humboldt nach seiner Akademieabhand-
lung »Ueber das vergleichende Sprachstudium in Beziehung auf
die verschiedenen Epochen der Sprachentwicklung« aus dem Jahr
1820, wie schon gesagt, dem Studium des Sanskrit zu. Es sei dies,
konstatierte er, »unter den uns bekannten« Sprachen »die älteste
und erste, die einen wahrhaften Bau grammatischer Formen und
zwar in einer solchen Vortrefflichkeit und Vollständigkeit des
Organismus besitzt, dass in dieser Rücksicht nur wenig später
hinzugetreten ist. Ihr zur Seite stehen die Semitischen Sprachen,
allein die höchste Vollendung des Baues hat unstreitig das Griechische erreicht«, mit diesen Sätzen schloss er seinen Akademievortrag vom Januar 1822 »Ueber das Entstehen der grammatischen Formen und ihren Einfluß auf die Ideenentwicklung«, der
einmal mehr auf den inneren Zusammenhang aller Sprachen abhob, den es schrittweise zu erforschen gelte.

Neben dem Studium der grammatischen Formen, ihrer Verwandtschaft in den verschiedenen Sprachen und Sprachgruppen und ihrer Entwicklung im Fortschritt der Zeit aber galt sein Interesse den von und in diesen Sprachen entwickelten geistigen Inhalten, dem also, was in ihnen an geistiger Substanz, an Grundvorstellungen über das Leben und an Lehren über das zu erstrebende Verhalten der Menschen vermittelt wurde. Daraus ist 1825/26 eine Reihe von Akademievorträgen hervorgegangen, darunter einer unter dem Titel »Ueber die unter dem Namen Bhagavad-Gità bekannte Episode des Mahabharata«. [309]

Bhagavad-Gità bedeutet zu Deutsch etwa: die von der Gottheit gesungenen Offenbarungen, und bezeichnet unter diesem Namen ein altes, gedankenreiches Lehrgedicht, das in das sechste Buch der Dichtung Mahābhārata verflochten ist. Es umschreibt die Allvergöttlichung der Natur und formuliert den Glaubensinhalt indischer Weisheit. Die darin enthaltene »Yoga«, übersetzt mit Vertiefungslehre, war es, die Humboldt daran besonders anzog, die Lehre, dass das äußere Leben und die Anteilnahme an den Händeln dieser Welt nicht wesentlich seien. Humboldt, der inzwischen wieder so stark, vom aktiven Handeln, ja von aller Politik gelöst, ganz im Reich des Gedanklichen zu Hause war, fühlte eine gewisse innere Verwandtschaft mit jenen indischen Weisen, die nach seiner Ansicht das Tiefste und Erhabenste gedacht hätten, das die Erde aufzuweisen habe.

Was Humboldt hier darlegte, war allerdings, so interessant es für sein eigenes Denken und seine eigenen Vorstellungen war, nur ein Nebenprodukt seiner eigentlichen Studien in jenen Jahren. Sie konzentrierten sich, wie schon dargestellt, ganz auf die Probleme der Sprachentwicklung im engeren Sinne und auf den Vergleich ihrer zentralen Elemente, die sich aus dem Studium der Grammatik der verschiedenen Sprachen ergaben, deren Kreis er ständig erweiterte.

Daraus entstand zugleich der Kontakt mit Sprachgelehrten in aller Welt, der sich in seiner regen Korrespondenz niederschlug. Nach dem Studium des Sanskrit und den mit diesem vor allem grammatikalisch eng verbundenen Sprachen der indogermani-

schen Sprachfamilie wandte er sich im Weiteren insbesondere
den Sprachen der Inselgruppe Polynesiens zu, deren vom Sanskrit weitgehende Unabhängigkeit beziehungsweise aus älteren
gemeinsamen Wurzeln stammende Selbständigkeit der Entwicklung er, auch in Opposition zu Franz Bopp und dessen Überschät-
zung des Indogermanischen, zu beweisen suchte.

Immer stärker trat dabei für ihn eine bestimmte Sprache aus
dieser Sprachgruppe in den Vordergrund, nämlich die Sprache der
Gelehrten und Dichter auf der Insel Java, die Kawi-Sprache. Ihr
widmete er in Tegel die letzten Jahre seines Lebens. Drei große,
erst nach seinem Tode zwischen 1836 und 1839 gedruckte Bände
»Über die Kawi-Sprache auf der Insel Java, nebst einer Einleitung
über die Verschiedenheit des menschlichen Sprachbaues und ihren
Einfluß auf die geistige Entwicklung des Menschengeschlechts«
erregten aufgrund des darin verarbeiteten Materials und der daran
geknüpften ausgreifenden Überlegungen große Bewunderung.
Wirklich gelesen und in ihren Ideen geistig aufgenommen wurden sie freilich damals wie bis heute nur von ganz wenigen, und
von einem tatsächlichen Einfluss auf die Sprachwissenschaft und
den weiteren Gang ihrer Entwicklung wird man kaum sprechen
können. Die Arbeiten wirkten als staunenerregende Monumente
einer Betrachtungsweise und eines Denkens, über die die Zeit inzwischen hinweggegangen war. Das hat Humboldt, zumindest ansatzweise, gespürt und sich gerade deswegen immer tiefer in seine
Arbeit und in seine ursprünglichen Ideen vergraben.

Politische Stellungnahmen in der Restaurationszeit

Ganz freilich hat er über all dem, über seinen immer weiter
ausgreifenden, immer neue Gebiete erschließenden sprachanalytischen Studien und seinen unter stets neuen Aspekten daran
geknüpften sprachphilosophischen Überlegungen, das öffentliche
Leben im engeren und weiteren Sinne nicht aus den Augen verloren. So hat er sich Ende November 1821 ausführlich zu einer
vom 13. November diesen Jahres datierten Denkschrift geäußert,

die der eng mit dem Freiherrn vom Stein befreundete preußische Oberpräsident der Provinz Westfalen, der Freiherr von Vincke, zu dem Thema, »Ueber Sach- und Provinzialminister und Oberpräsidenten« verfasst und ihm übersandt hatte.

In diesem nach seinem Tode aus seinem Nachlass veröffentlichten Schreiben an Vincke hatte Humboldt noch einmal seine Überzeugung formuliert und begründet, dass es nicht »rathsam sein würde, die sogenannten Sachministerien mit Provinzialministerien weder überhaupt noch auf die von Ew. Hochwolgeboren vorgeschlagene Weise zu vertauschen«. Dadurch würden nur Reibungen und Kollisionen vielfältigster Art entstehen, die den ruhigen und einheitlichen Gang der Staatsregierung belasten würden. Die Regierung eines Staates, so betonte Humboldt unter Hinweis auf seine eigenen negativen Erfahrungen, die schließlich zu seinem Sturz geführt hatten, müsse »von der Gesammtheit einer Centralbehörde ausgehen, welche, ohne dass ihre Aufmerksamkeit oder ihr Interesse unrichtig getheilt sey, den ganzen unzertrennten Staat vor Augen behält«.

Man dürfe ganz allgemein nicht von einem vom Gesamtinteresse eines Staates unterschiedenen oder gar im Gegensatz zu diesem stehenden Provinzialinteresse sprechen. Dieses habe sich vielmehr stets dem Gesamtinteresse des Staates unterzuordnen, und der Oberpräsident einer Provinz habe dafür namens der Gesamtregierung Sorge zu tragen. Insofern sei es auch unsinnig, fügte er hinzu, Provinzialstände zu errichten beziehungsweise weiter bestehen zu lassen und gleichzeitig keine allgemeinen, für den Gesamtstaat zuständigen Stände ins Leben zu rufen. Damit würde man nur einen weiteren Spaltpilz in den Gesamtstaat tragen, mit, wie er warnend hinzufügte, unabsehbaren Folgen. Die Frage, so fasste er zusammen, »ob man Provinzialstände, ohne allgemeine, oder allgemeine mit Provinzialständen (was gewiß sehr nützlich und gut seyn würde) oder ohne dieselben einrichten will, ist daher ohngefähr dieselbe mit der: ob ein Staat wieder eine Verbindung mehrerer Staaten werden oder Ein Staat bleiben soll?«[310]

Gut drei Jahre später, am 1. Februar 1825, wandte sich Humboldt ausführlich gegen eine ihm gleichfalls vom Verfasser übersandte

Denkschrift des Oberpräsidenten der Provinz Preußen, Heinrich Theodor von Schön – auch er mit dem Freiherrn vom Stein eng verbunden und einer der führenden preußischen Reformer, der unter anderem an der Bauernbefreiung von 1807 und dem Erlass der Städteordnung von 1808 entscheidend mitgewirkt hatte. In dieser Denkschrift hatte Schön aus Anlass einer aktuellen Ministerkrisis eine Änderung der gesamten Staatsverwaltung vorgeschlagen. Es sollten neben sechs Fachministern auf der Ebene des Gesamtstaates acht Provinzialminister eingesetzt werden, die nur dem König, nicht aber einem der Fachminister untergeordnet sein sollten. Auch gegen diesen Vorschlag wandte sich Humboldt mit aller Entschiedenheit. Er wiederholte dabei, obwohl er politisch wie mit Vincke, so auch mit Schön in den allgemeinen Grundlinien durchaus übereinstimmte, im Wesentlichen die Argumente, die er gegenüber dem Vorschlag Vinckes formuliert hatte. Es gehe nicht an, die endlich erreichte Einheit des preußischen Staates auf der Verwaltungsebene durch Betonung der Selbständigkeit der Provinzen teilweise wieder aufzugeben, und schon gar nicht, diese Selbständigkeit noch zu untermauern, indem man neben die Provinzialstände keine allgemeinen, den Gesamtwillen des preußischen Volkes repräsentierenden Stände setze.

An diesen beiden ausführlichen Stellungnahmen zu den Vorschlägen der beiden preußischen Oberpräsidenten sowie zwei weiteren Denkschriften über das landschaftliche Kreditsystem insbesondere in Schlesien von 1826 und über die Städteordnung vom Januar 1831 sieht man, dass Humboldt ungeachtet seines entschiedenen Rückzugs in das Privatleben – und das hieß konkret die intensive Beschäftigung mit Grundproblemen der allgemeinen Sprachwissenschaft – immer noch ein starkes Interesse für zentrale Fragen der preußischen Politik hatte. So zögerte er dann auch nicht, seine erneute Berufung in den preußischen Staatsrat im September 1830 anzunehmen, aus dem er Ende 1819 ausgeschlossen worden war, und sich intensiv mit den hier behandelten Fragen zu befassen; die eben genannte, an den Kronprinzen gerichtete Denkschrift vom Januar 1831 ist aus diesem Zusammenhang hervorgegangen.

Daneben unterhielt Humboldt in diesen Jahren einen immer weitere Kreise umfassenden Briefwechsel mit Gelehrten aus aller Welt, aber auch aus seiner privaten Umwelt mit der Fülle von Bekanntschaften, die er auf den vielen Stationen seines bisherigen Lebens gemacht hatte, seien sie beruflicher oder auch privater Natur, wobei beides oft ineinanderging. Einer dieser Briefwechsel wurde, freilich in von der Empfängerin redigierter, gekürzter, gelegentlich in der Substanz geänderter oder auch buchstäblich gefälschter Form, nach seiner ersten Veröffentlichung 1847 so populär, dass er zu den bei weitem verbreitetsten Werken aus Humboldts Feder zählt.

Briefwechsel mit Charlotte Diede

Die Adressatin, an die diese Briefe nach ersten schriftlichen Kontakten im November 1814 seit April 1822 in kontinuierlicher Folge und großer Regelmäßigkeit gerichtet waren, war eine fast gleichaltrige Frau, mit der ihn vor Jahren, in seiner Jugend, eine kurze Liebesbeziehung verbunden hatte, wenige Wochen bevor er seiner späteren Frau begegnet war, eine Begegnung, die dann für sein ganzes weiteres Leben bestimmend werden sollte. Es war also eher eine unverfängliche Liebschaft eines damals mit vielen Amouren herumtastenden noch ganz jungen Mannes gewesen, an die er sich später wie an andere gelegentlich erinnerte.

Charlotte Diede, die Adressatin dieser Briefe, hatte sich ihrerseits, damals, 1788, eben neunzehn Jahre alt, kurz zuvor mit einem begüterten Juristen aus Kassel namens Dr. Diede verlobt, der neun Jahre an verschiedenen deutschen Hochschulen studiert und ihr als bekannter Lebemann gekonnt den Hof gemacht hatte. Nicht so sehr seine Person als vielmehr die Perspektive auf ein Leben in den glänzenden gesellschaftlichen Zirkeln der Residenz hatten Charlotte Hildebrand, gegen den entschiedenen Widerstand ihres Vaters, eines Pfarrers in Lüdenhausen im Detmoldischen, bewogen, Diede ihr Wort zu geben. Wenig später aber starb ihre Mutter, und der Vater erkrankte kurz darauf, von diesem Schicksalsschlag schwer getroffen, ernstlich. Auf einer Rekonvaleszenztour nach Pyrmont hatte ihn seine Tochter begleitet. Und hier war sie mit Humboldt zusammengetroffen, der nach Abschluss des Semesters in Göttingen in Begleitung eines Freundes die nähere Umgebung erkundete. Das gerade einmal dreitägige Zusammensein bewegte den jungen Mann in starkem Maße, wobei für ihn unbewusst wohl hinzukam, dass diese neue Flamme anscheinend bereits fest vergeben war.

Die Erinnerung an diese offenbar sehr intensive, von leidenschaftlichen Gefühlen bestimmte Begegnung begleitete Humboldt in den nächsten Wochen und Monaten und regte sich auch in den folgenden Jahren immer einmal wieder. Freilich, das Zusammentreffen mit Fräulein von Dacheröden, seiner späteren Frau, aus dem schon bald eine leidenschaftliche Beziehung erwuchs, verdrängte dann rasch diese Erinnerung.

Charlotte Hildebrand ihrerseits heiratete kurz darauf Diede und zog mit ihm nach Kassel. Die Ehe jedoch erwies sich schnell als wenig glücklich. Von einem Offizier namens Hanstein umworben, entschloss sie sich von einem Tag zum anderen, zu diesem zu ziehen und damit für jedermann offenkundig ihre Ehe zu brechen. In dem anschließenden Scheidungsverfahren, das Diede sogleich anstrengte, bekannte sie sich ohne weiteres für schuldig und verließ, auch vom Vater verstoßen, im Vertrauen auf die Treue Hansteins Kassel. Von diesem immer wieder hingehalten, musste sie allerdings erleben, dass Hanstein nach kurzer Zeit eine andere heiratete.

So war sie, ursprünglich aus einem guten bürgerlichen Hause stammend, binnen weniger Jahre in der Einschätzung ihrer Umwelt sozial tief gefallen, wobei noch hinzukam, dass sie, während der Zeit der französischen Okkupation in Braunschweig lebend, dort den größten Teil ihres ererbten Vermögens verloren hatte und fortan von dem Ertrag ihrer Hände, sprich von Handarbeit leben musste.

Irgendeine Verbindung mit dem längst berühmt gewordenen preußischen Diplomaten Wilhelm von Humboldt gab es neben der vagen Erinnerung an lange zurückliegende Jugendtage nicht.

Trotzdem entschloss sich Charlotte Diede, die seit Jahren mehr schlecht als recht von der Anfertigung künstlicher Blumen und von Ballgarnituren lebte, von Holzminden aus, wo sie inzwischen lebte, einen langen Brief an Humboldt zu schreiben, der im Kern ein Bittbrief um materielle Unterstützung war.

Sie wende sich »nicht an Ew. Excellenz«, so begann ihr von Holzminden am 18. Oktober 1814 datierter Brief, »nicht an den Königlich Preußischen Minister – an den unvergessenen, unvergeßlichen Jugendfreund schreibe ich, dessen Bild ich eine lange Reihe von Jahren verehrend im Gemüth bewahrt und gern und viel dabei verweilt habe, der nie wieder von dem jungen Mädchen hörte, das Ihm begegnete, mit dem Er drei fröhliche Jugendtage verlebte in jenen schönen Gefühlen, die uns noch spät in Erinnerung beseligen und erheben«.

Nach einer ausführlichen Schilderung ihrer Jugendzeit an der Seite ihres, wie sie betonte, hochgebildeten und gleichzeitig vermögenden Vaters und dessen ganz auf ihn eingestellten Frau gab sie einen sehr viel knapperen Überblick über »die hauptsächlichsten Ereignisse« ihres weiteren Lebens, worunter, wie sie formulierte, »die am meisten herausgehoben und beglaubigt werden, die mich zum Schreiben ermuthigt hatten: meine großen Verluste an den Staat« – worunter sie, in merkwürdiger Konstruktion der historischen Verhältnisse, den preußischen Staat meinte. »Daran«, also wohl an ihr Vermögen, das sie angeblich durch das Handeln des Staates eingebüßt habe, »knüpften sich Plane für mein Fortkommen, denen aber überall meine zerstörte Gesundheit, ein Mangel und Erschöpftsein aller Lebenskräfte entgegentraten«. Sie habe also, so hieß das ganz direkt, Forderungen an den Staat und hoffe auf ihre Unterstützung durch ihn, einen der führenden Männer dieses Staates.[311]

Das, was sie hier vorbrachte, war reichlich wirr und ohne erkennbares Fundament. Statt den Brief einfach beiseitezulegen, antwortete Humboldt, der in jenen Tagen auf dem Wiener Kongress intensiv mit Kernproblemen der Zukunft Deutschlands und Europas beschäftigt war, darauf sogleich sehr eingehend und ausführlich. Er bestätigte in seiner Antwort von Anfang November

1814 nachdrücklich, wie stark der Eindruck ihrer kurzen Beziehung in Pyrmont auch für ihn gewesen sei und welch leidenschaftliche Gefühle sie bei ihm ausgelöst habe, an die er sich oft rückblickend erinnert habe.

Was sie freilich hinsichtlich ihrer Ansprüche auf Pensionen durch verschiedene deutsche Staaten geäußert habe, so könne er ihr nur abraten, sie weiterzuverfolgen. Er sehe aber völlig ein, dass sie dringend finanzielle Mittel benötige, und er sei daher, in Erinnerung an sie und in Sorge um ihre Gesundheit, bereit, ihr im Rahmen seiner Möglichkeiten materiell zu helfen. Er legte daher seinem Brief einen Scheck von 200 Talern bei – in heutigem Geld geschätzt ungefähr 15 000 Euro.

Ende Juni 1819, gut dreißig Jahre nach ihrem Zusammentreffen in Pyrmont, hat er sie in Frankfurt am Main, wo er sich als preußischer Delegierter bei den sich hinziehenden Territorialverhandlungen der süddeutschen Staaten längere Zeit aufhielt, kurz persönlich wiedergesehen. Neun Jahre später traf er sie noch einmal in Kassel, wo sie inzwischen lebte. Ansonsten blieb es beim schriftlichen Verkehr, der nach 1822 bis zu seinem Tode regelmäßige Formen mit zwei bis drei oft sehr langen Briefen pro Monat annahm.

In ihnen beschäftigte er sich, neben Berichten über den Verlauf seines eigenen Lebens und die ihn bewegenden Gedanken und Gefühle, vor allem mit Fragen, wie sie mit ihrem Leben zurechtkomme, was sie plane, und insbesondere damit, wie sie ihr Dasein seiner Meinung nach gestalten sollte. Dieser, wie man es nennen kann, pädagogische Grundzug dominierte seine Briefe in immer stärkerem Maße. Er wollte, so hat man den Eindruck, ihr Leben von Grund auf gestalten und bestimmen, sie gleichsam zu seinem Geschöpf machen.

Darüber, was diese Haltung im Kern bedeutete, was ihr innerster Antrieb war, ist in der Literatur viel spekuliert worden, wobei auch immer stärker tiefenpsychologische, ja psychoanalytische Elemente ins Spiel kamen, der Gedanke, eine intellektuell und in ihrer ganzen Lebensauffassung weit unter ihm stehende weibliche Person ganz beherrschen zu wollen – etwas, was ihm in Bezug auf seine eigene Frau nie gelungen war, wenn er es denn überhaupt angestrebt hätte.

Man hat in diesem Zusammenhang auf tief in seinem Inneren verborgene teils masochistische, teils sadistische Elemente seines Wesens verwiesen, die sich in seiner frühesten Jugend ausgeprägt hätten und auf die er selber in manchen autobiographischen Aufzeichnungen mehr oder weniger offen hingewiesen habe. Das alles sind freilich Spekulationen, die uns hier nicht weiter beschäftigen sollen. Fest steht jedenfalls, dass in diesen zum Teil sehr ausführlichen Briefen zugleich vieles über sein eigenes Dasein, sein eigenes Denken, seine eigene Vorstellungswelt enthalten ist, das in gleichsam autobiographischer Form unser Wissen über die Persönlichkeit Humboldts und die Art seiner Einstellung zu sich selber und zu seiner Umwelt erweitert und vertieft.

In dieser Einstellung zu sich selber, zu seiner eigenen Persönlichkeit hat Humboldt schon sehr früh, in der Beobachtung seiner eigenen Person und ihres Wesens, ein Charakteristikum seiner Persönlichkeit gesehen, das seine Handlungen und sein Verhalten von innen her und gleichsam objektiv bestimme. Schon in einem seiner ersten Briefe an Charlotte Diede hat er diesen Grundzug seines Charakters, den er durchaus nicht nur positiv einschätzte, betont. »Schwerlich hat jemand je sich selbst so unpartheiisch beurtheilt und so wenig schonend behandelt, schwerlich je einer so kalt und richtig erkannt, was an den Lobsprüchen andrer abzuschneiden und an dem, worüber sie schweigen, zu tadeln war«, schrieb er ihr Ende Mai 1822. »Und einem gewissen Misstrauen in meine Kräfte und die mir hier und da beigelegten Vorzüge«, fuhr er fort, »verdanke ich sogar die vorzüglichsten der Erfolge, die ich in Privat- und öffentlichen Verhältnissen gehabt habe.«

Das sei das eine. Gleichzeitig aber müsse er gestehen, »dass ich immer einen vorzüglichen Werth darauf gelegt habe, die innere Stimmung zu besitzen und zu bewahren, die auf ein weibliches Gemüth Eindruck zu machen fähig ist«.[312] Das sei das andere, was sein Wesen ausmache und sein Leben in seinem Verhältnis zu Frauen entscheidend beeinflusst und auch deren Verhältnis zu

ihm bestimmt habe – und offenbar, wie er ihren Briefen entneh-
me, immer noch bestimme. Damit deutete er zugleich, wenn auch
ganz indirekt, den erotischen Hintergrund ihres Verhältnisses an,
einen Hintergrund freilich, der vor allem von dem Verhältnis von
Herrschaft und Unterwerfung diktiert war.

Wie Charlotte Diede darauf reagiert hat, wissen wir nicht. Ihre
Briefe sind vernichtet, von wem auch immer. Das eigentliche
Thema zwischen ihnen aber war etwas anders, nämlich Humboldts gleich am Anfang dringend geäußerte Bitte, ihn mit ihrer
Lebensgeschichte, »besonders auch« mit der »Entwickelung und
seltne[n] Ausbildung Ihres inneren Lebens« im Detail vertraut
zu machen. Dabei möge sie, so umschrieb er seinen Wunsch in
allen Einzelheiten, folgendermaßen vorgehen: »Fangen Sie mit
Ihrem Geburtstag und Jahr an, in chronologischer Folge, und in
der größesten Ausführlichkeit. Schreiben Sie aus dem Gedächt-
niß, auf was Sie Sich besinnen, nicht aus der Phantasie. Gehen Sie
zurück in Ihre Kindheit und Jugend, zurück auf Ihre Eltern und
Großeltern, auf Ihre Vorfahren, wenn Sie davon Nachricht haben.
Lieb wäre es mir, wenn Sie in dritter Person redeten. Geben Sie
den Orten und Menschen, wenn Sie dahin kommen, auch mir,
andre Namen, nur den Namen Charlotte behalten Sie. Ich habe
das mit Göthe gemein, dass ich eine besondre Vorliebe für Ihren
Namen habe. Aber reden Sie über Sich vor allem wie über eine
Dritte, loben und tadeln Sie Sich, wo Sie ein andrer loben und
tadeln würde.«[313]

Humboldt hat Charlotte Diede insgesamt, wie gesagt, nur
dreimal in seinem Leben persönlich getroffen und das, nach ihrer
ersten dreitägigen Begegnung in Pyrmont 1788, nur jeweils ganz
kurz, nur für wenige Stunden, 1819 in Frankfurt am Main und
1828 in Kassel. Ihre Beziehung bestand außer in der immer wieder beschworenen Erinnerung an das Treffen in Pyrmont allein
in ihrem Briefwechsel zwischen 1822 und seinem Tod, von dem
allein seine – von ihr stark gekürzten, zum Teil auch nachträglich
veränderten – Briefe erhalten sind, die sie nach langem Zögern
für den Druck vorbereitete, der dann 1847, ein Jahr nach ihrem
Tod, erfolgte.

Was Humboldt im Letzten dazu veranlasst hat, sie gleich zu Beginn ihres dann kontinuierlich fortgesetzten Briefwechsels darum zu bitten, ihm schrittweise eine möglichst ausführliche und detailreiche Beschreibung über ihr Leben und ihre Lebensumstände zukommen zu lassen, entzieht sich unserer Kenntnis. Man kann nur spekulieren, dass es ihm darum zu tun war, auf diese Weise mit Elementen aus der Lebenswelt eines weit von seinem eigenen Dasein und dessen prägenden Faktoren entfernten weiblichen Wesens gewissermaßen die Fiktion eines anderen Lebens, einer Alternative zu seinem eigenen Leben aufzubauen und aus dieser Fiktion Anregungen für seine eigene Existenz, für deren bisher unausgeschöpfte Möglichkeiten zu ziehen. Jedenfalls eröffnen diese Briefe, offene und auch geheime, Perspektiven auf sein privates Leben.

Gleich zu Beginn ihres Briefwechsels betonte er, es sei ihm »lieb, daß Sie niemanden sagen, daß Sie Briefe von mir empfangen. Es geht niemanden was an, daß wir einander schreiben; was heilig in sich ist«, fügte er hinzu, »muß man nicht gemein machen.«[314] Gleichsam im Gespräch mit sich selbst notierte er zu den Motiven, die ihn zu seinen Briefen veranlassten: »Wenn man zu innerer Geistesbeschäftigung geneigt und aufgelegt ist, so entstehen aus den wirklichen Menschen idealische in der Phantasie, denen die wirklichen nur in den äußeren Umrissen zum Grunde liegen. Alle moralischen Fragen, alle tieferen Betrachtungen über Leben und Zweck des Lebens, über Glück und Vollkommenheit, über Daseyn und Zukunft gewinnen ein reiches Interesse, erlauben mannigfaltigere Anwendungen, wenn man sie gleichsam an so vielen Menschengestalten einzeln prüfen kann. Denn in jedem, auch selbst unbedeutenden Menschen liegt im Grunde ein tieferer und edlerer, wenn der wirklich erscheinende nicht viel taugt, oder noch edlerer, wenn er in sich gut ist. Man darf sich nur gewöhnen«, so schloss er, »die Menschen so zu studieren, und man kommt unvermerkt aus einem anscheinend alltäglichen Leben in eine ungleich höhere und tiefere Ansicht der Menschheit überhaupt.«[315] Anders gesagt: Der Briefwechsel Humboldts mit Charlotte Diede war – nicht nur, weil die Gegenbriefe Frau Diedes

nicht überliefert sind – in Wahrheit ein Monolog Humboldts über
sein eigenes Leben, anknüpfend an die immer wieder mit Nachdruck erbetenen Schilderungen Frau Diedes über ihre inneren
und äußeren Lebensumstände, die ihm gewissermaßen den Anlass und den Maßstab lieferten, um die Bedingungen seiner eigenen Existenz zu überdenken.

Das Ganze war von daher in vieler Hinsicht äußerst merkwürdig
und spiegelte letzten Endes das wider, was ihn seit seiner Jugend
leitete und sein Dasein im Kern bestimmte: dass der Mensch nur
über die Erkenntnis seiner selbst, aller Facetten seines Wesens, zu
sich selbst und damit gleichzeitig zu der Erkenntnis der Menschheit und aller in ihrem Wesen und Charakter verborgenen Elemente schlechthin gelangen könne. Im einzelnen Menschen sei
prinzipiell alles enthalten, was, im Guten wie im Schlechten, die
Menschheit ausmache. Und dies rechtfertige, dass sich der Mensch
immer und ständig, auch und gerade im Verkehr mit anderen
Menschen, im Letzten mit sich selbst beschäftige.

In seiner Jugend hatte Humboldt das in die Worte gekleidet,
»dass nichts auf Erden so wichtig ist, als die höchste Kraft und
die vielseitigste Bildung der Individuen, und dass daher der wahren Moral erstes Gesez ist: bilde Dich selbst und nur ihr zweites:
wirke auf andre durch das, was Du bist. Diese Maximen«, so
hatte er fortgefahren, seien ihm so »zu eigen, als dass ich mich
je von ihnen trennen könnte.«[316] Ein knappes Jahr später hat
er das, was er damit meinte, in die berühmt gewordene Formel
gekleidet, es gehe stets um das »an dem Menschen, was eigentlich seiner Natur den wahren Adel gewährt«, nämlich um »die
höchste und proportionierlichste Ausbildung seiner Kräfte zu einem Ganzen«.[317] In der Tat hat er daran stets als Lebensmaxime
festgehalten und sein ganzes Dasein und sein ganzes Verhalten
ihr untergeordnet.

Auch seine Briefe an Charlotte Diede sind im Lichte dieser
Daseinsmaxime zu lesen und in ihrem Spiegel zu interpretieren.
Auch sie reflektieren den Grundsatz: Bilde dich – auch im, hier
wesentlich fiktiven, Gespräch mit anderen – selbst. Natürlich hat
Humboldt gleichzeitig neben diesen ins Zentrum seiner Welt- und

Lebensauffassung zielenden und diese stets aufs Neue in allen ihren Aspekten hin und her drehenden Betrachtungen immer wieder über sein faktisches Leben in Vergangenheit und Gegenwart
berichtet und seine Einschätzungen und Ideen darüber mitgeteilt.
So schrieb er ihr etwa anlässlich des Todes von Hardenberg am
26. November 1822 einen Monat später, am 27. Dezember 1822, er
habe ihr wohl schon seinerzeit »als er noch lebte und man keinen
so nahen Tod ahndete«, einmal geschrieben, »dass sein Hintritt
nichts in meiner Lage verändern würde, und der Erfolg wird jetzt
zeigen, dass ich Recht hatte«. Hardenbergs Tod habe ihm aber im
Übrigen »sehr leid gethan«, fügte er hinzu. »Ich hatte in frühern
Jahren viel mit ihm gelebt, wir waren innerlich, ob wir uns gleich
nicht sahen, auch in den letzten im Grunde nicht auseinander
gekommen. Er hätte von vielen Seiten verdient, dass sein Tod in
einen Moment gefallen wäre, wo er einen tiefern Eindruck auch
allgemeiner hervorgebracht hätte.«[318]
    Auch über seine Berufung in eine, wie er es nannte, »Commis-
sion von Künstlern«, die im Zusammenhang mit der Errichtung
des Berliner Museums im Mai 1829 eingerichtet worden war
und zu deren Leiter er bestimmt wurde[319] – die »Commission«
knüpfte an den »Verein für Kunstfreunde im preußischen Staate« an, der vier Jahre vorher wesentlich auf Humboldts Initiative
hin gegründet worden war und ihn an die Spitze seines leitenden
Direktoriums berufen hatte[320] –, schrieb er und fügte hinzu: »Das
Geschäft ist in sich leicht und interessant, und die Menschen, mit
denen ich in die nächste Berührung komme, gehörten schon immer zum Kreis meines Umgangs. Auf diese Weise stört mich dies
neue Verhältniß weniger als sonst der Fall gewesen seyn würde.«
Über seine Arbeit am Aufbau des Museums und die Grundsätze,
die ihn dabei leiteten, berichtete er nach Abschluss der Arbeiten
am 21. August 1830 zusammenfassend ausführlich dem König,
wobei er nachdrücklich betonte, dass die Hauptabsicht des Museums darin bestehe, Kunst dem allgemeinen bürgerlichen Publikum öffentlich zugänglich zu machen, und die Auswahl und
Präsentation der Kunstwerke in den von Schinkel gestalteten
Räumen dieser Absicht entsprechend erfolgt sei.[321]

Ansonsten aber war von Politik kaum die Rede, und kein Wort fiel über das, was ihn in diesen Jahren vornehmlich beschäftigte, nämlich über seine sprachanalytischen und sprachphilosophischen Arbeiten. Sie lagen wie manches andere, das ihn bewegte, ganz außerhalb des Horizonts der Adressatin und waren demgemäß für ihn nicht der Erwähnung wert in Briefen, die, konzentriert auf ihre Person und ihr ganzes Dasein, gleichsam um die Frage kreisten, wie sich darin die Alternativen des Menschseins, auch seines eigenen Menschseins, spiegelten. Sich in die Person eines anderen zu versetzen und darüber über sich selbst Neues zu erfahren – das war von früh auf eines der entscheidenden Elemente seines Wesens und seines ganzen Daseins, ein Element, das zugleich dazu beitrug, dass er den meisten Menschen seiner Umwelt als kalt und abweisend, als jemand erschien, der diese Umwelt stets kühl und distanziert beobachtete, ohne jede Leidenschaft und ohne tieferes Engagement.

Die Einzige, die diese Grundhaltung durchbrach, war – außer seinen Kindern, vor allem dem Ältesten, der mit gerade elf Jahre in Rom gestorben war – seine Frau, auch wenn sie bisweilen unter seiner Haltung litt und in andere Beziehungen flüchtete. Wie eng ihr Verhältnis war, wissen wir aus den Hunderten von Briefen, die sie während ihrer oft langen Trennungen aneinander richteten und die in immer neuen Wendungen – deren Ton freilich dem heutigen Leser, und vielleicht nicht nur ihm, bisweilen etwas übertrieben zu sein scheint – ihre wechselseitige und unerschütterliche Liebe und Übereinstimmung betonten.

Sonst aber war seine Frau die Einzige, der gegenüber er bei aller formalen Höflichkeit und scheinbaren Warmherzigkeit, die ihn ansonsten auszeichneten, die Haltung kühler Distanz aufgab – mit einer Ausnahme: Friedrich Schiller, mit dem ihn eine von grenzenloser Bewunderung getragene Freundschaft verbunden hatte. Für alle Übrigen aber galt im Letzten eine Haltung kühler Distanz, auch im Verhältnis zu Charlotte Diede, wenn er sich doch des Öfteren bemühte, einen gegenteiligen Eindruck zu erwecken. Ja, gerade ihr gegenüber trat, wenn er nicht, was meist der Fall war, von sich selbst, von der Entwicklung seiner Einstel-

Caroline von Humboldt im Alter

lungen und seiner leitenden Ideen sprach, die Haltung des kühl und zugleich distanzierten Menschenbeobachters immer wieder deutlich hervor.

Neben diesem ausführlichen und kontinuierlichen Briefwechsel mit Charlotte Diede unterhielt er eine umfangreiche weitere Korrespondenz vor allem mit Gelehrten des In- und Auslandes, insbesondere mit solchen, die auf dem Gebiet der Sprachwissenschaft arbeiteten. Diese Korrespondenz aber war gleichsam eine Nebentätigkeit. Im Zentrum seines Lebens, das er ganz zurückgezogen im Winter in Berlin und im Sommer in seinem umgebauten

Schlösschen in Tegel führte, stand die intensive Beschäftigung mit immer neuen Sprachen und Sprachfamilien, die er sprachana-lytisch und sprachphilosophisch, sie jeweils mit anderen Sprachen und Sprachfamilien vergleichend, durchforschte.

Die Ergebnisse dieser Forschungen trug er in regelmäßigen Ab-ständen an der Berliner Akademie der Wissenschaften vor und verfasste gleichzeitig größere, umfangreiche Werke, die meist erst nach seinem Tode gedruckt wurden – so insbesondere das erwähn-te Buch über die Kawi-Sprache auf der Insel Java, das gleichzeitig seine sprachphilosophischen und sprachgeschichtlichen Ideen und Überlegungen zusammenfasste.

Letzte Reisen und Tod

Gereist ist Wilhelm von Humboldt in den letzten anderthalb Jahrzehnten seines Lebens nur noch sehr wenig, eigentlich aus-schließlich in den Sommermonaten zu Kuraufenthalten nach Gastein und dann, ganz am Ende seines Lebens, nach Norderney. Die einzige Ausnahme bildete eine längere Reise, die er 1827 mit seiner Frau und seiner ältesten Tochter Caroline als Begleiter ih-rer Tochter Gabriele und deren Kinder nach London unternahm, wo der Schwiegersohn, Heinrich von Bülow, zum preußischen Gesandten ernannt worden war. Zwei Monate hielt sich das Paar in London auf, und Humboldt erfuhr hier durch vielfache Ehren-bekundungen bis hin zum König, zu Georg IV., welches Ansehen er, der ehemalige preußische Gesandte, als Liberaler und als Ge-lehrter in England genoss. Ähnliches wurde ihm auf der Hin- und Rückreise in Frankreich zuteil, wo er jeweils längere Zeit in Paris Station machte. Hier hielt er eine Vorlesung an der »Académie des inscriptions et belles lettres«, deren Mitglied er als auch in Frank-reich weithin bekannter und berühmter Sprachwissenschaftler seit 1825 war, und traf dort zahlreiche Gelehrte aus diesem Gebiet persönlich, so den Sinologen Jean-Pierre Abel-Rémusat und den Ägyptologen Jean-François Champollion.

Hier wie in London wurde noch einmal deutlich, dass man in

ihm weniger den preußischen Politiker als den Repräsentanten des, nationale Grenzen überschreitenden, geistigen Europas sah, der in seiner Person und in seinem Wirken die leitenden Ideen dieses Europas widerspiegelte. Und auch in Preußen überstrahlte sein Ansehen als Gelehrter und als geistige Figur mehr und mehr das, was sich an Leistungen, Gegensätzen und Konflikten politisch mit seiner Person verbunden hatte.

Ende 1819 war er in deutlichem Konflikt nicht nur mit Hardenberg, sondern auch mit der Krone und der ganzen von Preußen damals verfolgten Politik aus seinem Amt geschieden, unter demonstrativer Ablehnung jeder Pension. In den folgenden Jahren allerdings, in denen er deutlich machte, dass er sich nun nicht etwa als geistigen Wortführer der politischen Opposition und als deren Sprachrohr verstand, sondern sich ganz aus dem politischen Leben zurückzog, hatte sich auch die Haltung des Königs und mit ihr der königlichen Familie ihm gegenüber schrittweise wieder verbessert. 1824 hatten der Thronfolger und seine Frau eine Einladung der Humboldts zu der Einweihung ihres umgebauten Schlosses in Tegel, wie schon gesagt, angenommen, und der König selber hatte Humboldt fünf Jahre später an die Spitze eines Kuratoriums berufen, das die Krone bei der inneren Ausgestaltung des neuerbauten Berliner Museums beraten sollte.

Kurz zuvor war nach längerer Krankheit Humboldts Frau an Krebs gestorben – ein innerer Einschnitt in seiner ganzen Existenz, der ihn bis in die Grundfesten erschütterte und ihn auch rein äußerlich mit einem Schlag zum Greis werden ließ. »Wie mein Leben künftig alleinstehend sein wird«, schrieb er am 29. März 1829, drei Tage nach ihrem Tod, an Friedrich Gottlieb Welcker, »davon habe ich eigentlich jetzt noch gar keinen Begriff. Einsamkeit, Andenken und Selbstbeschäftigung sind es, worauf ich Hoffnung richte, aber auch die Stimmung, die dies im Gemüt erfordert, wird schwer zu gewinnen sein.«[322] Und am 18. Mai an Charlotte Diede: »Ich bin eine lange Reihe von Jahren an der Seite meiner Frau unendlich glücklich gewesen, großentheils allein und ganz durch sie, und wenigstens so, dass sie und der Gedanke an sie sich in alles das mischte, was mich wahrhaft beglückte. Dies ganze Glück hat der Gang der Natur, die Fügung des Himmels mir entzogen, und auf immer und ohne Möglichkeit der Rückkehr entzogen.«[323] »Mein innerstes Dasein wird durch diesen Tod mehr als das Leben zerstört. Das weiß ich, wie man eine Naturgegebenheit voraus weiß«, zog er in einem Brief an seinen Schwiegersohn August von Hedemann, den späteren Generalleutnant und Gouverneur von Erfurt, kurz vor dem Tod der Frau gleichsam abschließend Bilanz.[324]

Neben dem Schloss im Park ließ er sie beerdigen und verbrachte dort fast täglich Augenblicke der Erinnerung und der Andacht. Er verließ Tegel seither kaum noch, den größten Teil der Zeit beschäftigt mit seinen sprachwissenschaftlichen Studien, die sich jetzt vor allem auf die Kawi-Sprache konzentrierten. Am Tage der offiziellen Eröffnung des Museums in Berlin, am 3. August 1830, dem Geburtstag des Königs, verlieh ihm dieser die höchste preußische Auszeichnung, den Schwarzen Adlerorden, und berief ihn wieder in den preußischen Staatsrat, aus dem er zehn Jahre vorher ausgeschlossen worden war, damit gleichsam die endgültige Aussöhnung mit Humboldt und die Anerkennung für die von ihm für den preußischen Staat geleisteten Dienste dokumentierend. An den Sitzungen des Staatsrates hat er bis hinein in den Winter 1834/35 regelmäßig teilgenommen, damit auch seinerseits bezeugend, dass er seinen Frieden mit dem preußischen Staat gemacht hatte.

Die Gesundheit Humboldts allerdings verfiel in den nächsten Jahren unaufhaltsam. Die Augen versagten zunehmend ihren Dienst, auch sein Gehör ließ nach, und der Gang und seine gesamten Bewegungen wurden schleppend; man hat später, viele äußeren Symptome zusammenfassend, daraus geschlossen, er habe zuletzt an der Parkinsonschen Krankheit in einem Frühstadium gelitten. Sein Verstand freilich blieb bis zuletzt klar, und ebenso blieben seine immense Konzentrationskraft und seine Fähigkeit erhalten, sich selbst an weit zurückliegende Ereignisse und Erlebnisse zu erinnern und sich die damit verbundenen Stimmungen wie Ideen zu vergegenwärtigen.

Am 26. März 1835, dem sechsten Todestag seiner Frau, einem

Wilhelm von Humboldt im Alter

kalten, regnerischen Tag, verbrachte er längere Zeit als üblich an
ihrem Grab im Park des Schlosses. Hier zog er sich, schon seit längerem kränkelnd, eine fiebrige Erkältung zu, die in den nächsten
Tagen in eine Lungenentzündung überging. In den folgenden Tagen besprach er mit seinem Bruder Alexander in Erwartung seines nahen Endes seine letzten Wünsche, empfing auch noch den
Besuch des Kronprinzen und dessen Bruders, des späteren Kaiser
Wilhelm, die von ihm Abschied nehmen wollten. Wenig später
verlor er das Bewusstsein. Erst in seinen letzten Stunden gewann
er es wieder zurück. »In mir ist es ganz still, hell und besonnen,

so dass ich nicht klagen kann«, soll er zu seiner Tochter Gabriele, die diese Stunden an seinem Bett verbrachte, gesagt haben. Und dann angeblich: »Legt mich höher, höher hinauf in jedem Sinne.« Gegen Sonnenuntergang des 8. April 1835 ist Wilhelm von Humboldt, wenige Wochen vor seinem 68. Geburtstag, gestorben. Vier Tage später, am 12. April 1835, ist er an der Seite seiner Frau im Park von Tegel beigesetzt worden.

Für die unmittelbaren Zeitgenossen markierte der Tod Humboldts zugleich das Ende einer ganzen Epoche, eines Zeitalters, das in Deutschland von der Person und von den Werken eines Goethe, eines Schiller, der Vertreter der sogenannten Klassik und denen ihrer Gegenspieler aus der Schule der Romantik bestimmt gewesen war. Diesem nun zu Ende gegangenen Zeitalter wurde nach seiner ganzen Persönlichkeit und mit Blick auf sein Wirken als Politiker und Gelehrter der eben verstorbene Wilhelm von Humboldt zugerechnet. Die leitenden Ideen dieser Epoche und auch deren idealistische Weltsicht durchzogen, so sahen es die unmittelbar Nachgeborenen, sein gesamtes Wirken und hatten zugleich seine Persönlichkeit geprägt. Sie konnte man als ideales Vorbild bewundern, aber musste im gleichen Atemzug betonen, dass sich gerade im geistigen Leben die das Denken bestimmenden Umstände und Rahmenbedingungen grundlegend geändert hätten und damit die Menschen der Gegenwart sich an anderen Ideen und an ganz anderen geistigen Lebensvorbildern orientieren müssten.

Es war die Zeit, in der man ganz allgemein die Bedeutung der jeweiligen historischen Umstände für das geistige Leben und Wirken der Menschen betonte und sie dementsprechend, relativierend, aus ihrer jeweiligen Zeit und ihren jeweiligen Lebensumständen heraus interpretierte. Anders gewendet: Humboldts Lebensende fiel in eine Zeit der allgemeinen Historisierung der Weltbetrachtung und jedes einzelner Lebens, die zugleich Vergangenheit und Zukunft radikal voneinander trennte und jede Vergangenheit absolut relativierte, sie also im Wesentlichen nur noch als Vergangenheit betrachtete, sie in diesem Sinne nahezu vollständig historisierte.

Konkret bedeutete das für die Person und das Werk Humboldts, dass man beides fortan, und zwar sogleich nach seinem Tode, im Wesentlichen nur noch historisch sah und aus den historischen Umständen, denen er unterworfen war, deutete und erklärte. Dieser Tendenz kann sich seither kein Betrachter mehr entziehen, der Historiker schon gar nicht. Er neigt dazu, dieses wie jedes individuelle Leben der Vergangenheit aus den besonderen Lebensumständen und Lebensbedingungen zu deuten und zu erklären und gleichzeitig die je spezielle Individualität in wesentlichen Elementen als Reaktion auf diese Lebensumstände und Lebensbedingungen zu interpretieren.

Humboldt freilich hat sich dieser historistischen Deutung und Interpretation seiner Persönlichkeit unbewusst von vornherein und für alle Zukunft dadurch entzogen, dass er seine eigene Persönlichkeit selber von Anfang an nicht nur als Produkt seiner spezifischen Lebensumstände und Lebensbedingungen deutete, sondern beanspruchte, diese stets gezielt und bewusst zur Formung der eigenen Persönlichkeit benutzt zu haben. Er drehte also die Beziehung gewissermaßen um und erklärte, das, was seine Persönlichkeit an äußeren Umständen und Bedingungen angeblich geformt habe, zu letztlich austauschbaren, jeweils gezielt und bewusst eingesetzten Elementen der Ausformung und Ausbildung der eigenen Persönlichkeit, der in seiner Person ursprünglich angelegten unverwechselbaren und einmaligen Individualität. Von diesem Glauben an die eigene, unverwechselbare Individualität war er von früh auf erfüllt und betrachtete sein ganzes Leben unter dem Aspekt, diese Individualität immer genauer und in allen ihren Elementen kennenzulernen. Daraus resultierten seine enorme Ichbezogenheit, aber zugleich auch ausgeprägte Distanz und Objektivität gegenüber den meisten Dingen seiner Außenwelt.

Darauf beruhte und beruht, wie ich zu zeigen versuchte, neben seinem konkreten Wirken in den verschiedensten Lebens- und Wissensbereichen, von dem im Einzelnen die Rede war, die Faszination, die von diesem Leben bis heute ausgeht und über das rein historiographische Interesse hinaus stets auf Neue zur Erforschung und Darstellung reizt. Und das stiftete zugleich die innere Einheit seines Lebens und seines Wirkens.

DANK

Dieses Buch hat mich zwei Jahre lang intensiv beschäftigt. Eine erste Fassung hat Herr Carsten Kretschmann sorgfältig gelesen und dabei in formaler und inhaltlicher Hinsicht zahlreiche Korrekturvorschläge gemacht. Dafür bin ich ihm ebenso zu großem Dank verpflichtet wie Herrn Rainer Wieland, der seitens des Verlages die präsentierte Endfassung eingehend lektoriert und dabei im Einzelnen mancherlei Verbesserungsvorschläge formuliert hat, denen ich fast durchgängig gefolgt bin.

Dankbar bin ich darüber hinaus meiner Sekretärin, Frau Monika Hahn, und den beiden Hilfsassistentinnen Frau Diana Natermann und Frau Nathalie Fornoff für zahllose bibliographische Recherchen, schriftliche Rückfragen und formale Korrekturen, wie sie im Lauf der Arbeit anfielen.

Lothar Gall

Anmerkungen

1 Ideen zu einem Versuch, die Gränzen der Wirksamkeit des Staats zu bestimmen: Ges. Schriften. Bd. 1, Berlin 1903, 106; vgl. a. sein Schreiben an Forster vom 1. Juni 1792.
2 Gott, Gemüt und Welt: Johann Wolfgang von Goethe, Werke, Briefe und Gespräche (Artemis Gedenkausgabe). Zürich/Stuttgart 1948 ff., Bd. 1, 410.
3 West-östlicher Divan. Buch Suleika: ebda., Bd. 3, 353.
4 Zur Familiengeschichte der Eltern Humboldts ausführlich Gabriele Rommel (Red.), Wilhelm von Humboldt und Burgörner (Schriftenreihe Mansfeld-Museum Hettstedt, N. F., 8). Hettstedt 2005.
5 19. Mai 1791: Briefe W. u. C. 3. Aufl., Erster Band. Berlin 1906, 460.
6 Die Jugendbriefe Alexander von Humboldts. 1787–1799. Hrsg. v. Ilse Jahn und Fritz G. Lange. Berlin 1973, 192.
7 An Forster, 1. Juni 1792 bzw. seine Schrift von 1792 mit dem Titel »Ideen zu einem Versuch, die Gränzen der Wirksamkeit des Staats zu bestimmen«; Kapitel II »Betrachtung des einzelnen Menschen, und der höchsten Endzwecke des Daseins desselben«.
8 Wihelm von Humboldts Briefe an eine Freundin. Hrsg. v. Albert Leitzmann. Bd. 1, 177 (v. 1. Mai 1825).
9 Vgl. zu ihm Albert Leitzmann, Wilhelm von Humboldt und sein Erzieher. Mit ungedruckten Briefen Humboldts. Berlin 1940.
10 22. Mai 1789: Briefe W. u. C., Bd. 1, Berlin 1906, 38. Im Weiteren blieb Humboldts Beziehung zu seinem langjährigen Lehrer nicht nur eng, sondern sie gewann zunehmend an emotionaler Qualität und die Anerkennung Humboldts für die persönlichen und charakterlichen Eigenschaften des Lehrers, die er bei verschiedenster Gelegenheit nachdrücklich rühmte und zu dem er bis zu dessen Tod Ende November 1829 ein ausgesprochen freundschaftliches Verhältnis unterhielt.
11 Ende Oktober 1790: Briefe W. u. C. Bd. 1, Berlin 1906, 258.

12 Vgl. zum Folgenden a. Christina M. Sauter, Wilhelm von Humboldt und die deutsche Aufklärung. Würzburg 1989, 34 ff.

13 Immanuel Kant an Marcus Herz, 11. Mai 1781, in: Immanuel Kant, Briefwechsel. Auswahl und Anmerkungen von Otto Schöndörffer. Hamburg 1986, 3. Aufl., 195.

14 Vgl. zu ihm Alexander Košenina (Hrsg.), Johann Jakob Engel (1741–1802). Philosoph für die Welt, Ästhetiker und Dichter. Laatzen 2005.

15 12. November 1790: Briefe W. u. C., Bd. 1, Berlin 1906, 280.

16 Henriette Herz, Erinnerungen, Briefe und Zeugnisse. Hrsg. v. Rainer Schmitz. Frankfurt am Main 1984, 49.

17 Beantwortung der Frage: Was ist Aufklärung? Immanuel Kant, Werke in sechs Bänden. Hrsg. v. Wilhelm Weischedel. Repogr. Nachdruck Darmstadt 1966, Bd. 6, 53–61.

18 Vgl. Klaus Hammacher, Tugendbund und Proselytenmacherei. Des jungen Humboldt Stellung zu den geheimen Gesellschaften, in ders.: Die Dioskuren. Probleme in Leben und Werk der Brüder Humboldt. Mannheim 1986, 16 ff.

19 Zit. nach Herbert Scurla, Wilhelm von Humboldt. Werden und Wirken. 3. veränd. Aufl. Berlin 1985, 27.

20 Vgl. dazu Clemens Menze, Wilhelm von Humboldt und Christian Gottlob Heyne. Ratingen 1966.

21 »Tagebuch der Reise nach dem Reich 1788«: Ges. Schriften, Bd. 14, 43.

22 Ebda., 45.

23 Caroline von Dacheröden an Wilhelm von Humboldt, 28. Juli 1788: Briefe W. u. C., Bd. 1, Berlin 1906, 3.

24 Caroline von Dacheröden an Wilhelm von Humboldt, 24. August 1788: Briefe W. u. C., Bd. 1, Berlin 1906, 6.

25 Caroline von Dacheröden an Wilhelm von Humboldt, 3. November 1788: Briefe W. u. C., Bd. 1, Berlin 1906, 11.

26 Ges. Schriften, Bd. 14, 456.

27 Caroline von Dacheröden an Wilhelm von Humboldt, 4. Januar 1789: Briefe W. u. C., Bd. 1, Berlin 1906, 17 f.

28 Die Jugendbriefe Alexander von Humboldts 1787–1799. Hrsg. v. Ilse Jahn und Fritz G. Lange. Berlin 1973, 47.

29 Tagebuch der Reise nach dem Reich 1788: Ges. Schriften, Bd. 14, 12.

30 Ebda., 24 f.

31 Vgl. zum Wöllner'schen Religionsedikt und dem Streit darum inner- und außerhalb Preußens Christina M. Sautter, Wilhelm von Humboldt und die deutsche Aufklärung. Berlin 1989, bes. 184 ff.

32 Tagebuch der Reise nach dem Reich 1788: Ges. Schriften, Bd. 14, 47.

33 Albert Leitzmann (Hrsg.), Briefe von Wilhelm von Humboldt an Friedrich Heinrich Jacobi. Halle 1892, 24.

34 Johann Friedrich Blumenbach, Über den Bildungstrieb (1781), 3. Aufl. Göttingen 1791, 12.

35 Tagebuch der Reise nach Paris und der Schweiz 1789: Ges. Schriften, Bd. 14, 79 f.

36 Sehr nüchtern und abgewogen zu dem ganzen Komplex Paul R. Sweet, Wilhelm von Humboldt. A Biography. Bd. 1. Columbus 1978, bes. 63 ff., im Unterschied zu Siegfried A. Kaehler (Wilhelm von Humboldt und der Staat. Ein Beitrag zur Geschichte deutscher Lebensgestaltung um 1880. München/Berlin 1927), der darauf, unter Verwendung tiefenpsychologischer Elemente und mit höchst kritischen Untertönen, seine ganze Deutung Humboldts als eines extrem passiv-genießerischen und ganz egomanen Charakters vor 1808, vor Eintritt in eine leitende Stellung im preußischen Staatsdienst, gründete.

37 An Forster, 1. Juni 1792, bzw. seine Schrift von 1792 mit dem Titel »Ideen zu einem Versuch, die Gränzen der Wirksamkeit des Staats zu bestimmen«: Kapitel II »Betrachtung des einzelnen Menschen, und der höchsten Endzwecke des Daseins desselben«.

38 Humboldt an die »Verbündeten«, insbesondere an Caroline von Beulwitz. 4. August 1789: Briefe W. u. C., Bd. 1. Berlin 1906, 52 f.

39 Wilhelm von Humboldt an Georg Forster, 23. September 1789: Briefe an Forster. Georg Forsters Werke. Bd. 18. Berlin 1982, 350.

40 Ebda., 354.

41 Ges. Schriften, Bd. 14. Dritte Abteilung: Tagebücher, 185.

42 Wilhelm von Humboldt an Georg Forster, 28. Oktober 1789: Briefe an Forster. Georg Forsters Werke. Bd 18. Berlin 1982, 363.

43 Ges. Schriften, Bd. 14. Berlin 1916, 157.

44 Ebda.

45 Ebda., 180.

46 Vgl. zu ihrer Beziehung jetzt vor allem die eindringliche Studie von Hazel Rosenstrauch, Wahlverwandt und ebenbürtig. Caroline und Wilhelm von Humboldt. Frankfurt am Main 2009.

47 Briefe W. u. C., Bd. 1, Berlin 1906, 117.

48 Ebda., 262 bzw. 277.

49 Ebda., 292.

50 Vom 22.–24. 12. 1790: ebda., 341 ff.

51 Albert Leitzmann (Hrsg.), Briefe von Wilhelm von Humboldt an Friedrich Heinrich Jacobi. Halle 1892, 15.

52 Briefe an Forster. Georg Forsters Werke. Bd. 18. Berlin 1982, 454.

53 An Forster, 1. Juni 1792, bzw. seine Schrift von 1792 mit dem Titel
»Ideen zu einem Versuch, die Gränzen der Wirksamkeit des Staats zu
bestimmen«: Kapitel II »Betrachtung des einzelnen Menschen, und der
höchsten Endzwecke des Daseins desselben«.

54 Ges. Schriften, Bd. 1, 77 ff. Es handelt sich bei dem Druck um die über-
arbeitete Fassung eines undatierten Briefes an Friedrich Gentz, mit dem
er seit Beginn seiner Dienstzeit in Berlin eng befreundet war.

55 An Brinkmann, 19. Dezember 1793. Wilhelm von Humboldts Briefe
an Karl Gustav von Brinkmann. Hrsg. u. erläutert v. Albert Leitzmann.
Leipzig 1939, 72.

56 Vgl. dazu zuletzt Lydia Dippel, Wilhelm von Humboldt. Ästethik und
Anthropologie. Würzburg 1990, bes. 19 ff. S. a. Hardy Bouillon, Freiheit,
Liberalismus und Wohlfahrtsstaat. Eine analytische Untersuchung zur
individuellen Freiheit im Klassischen Liberalismus und im Wohlfahrtsstaat. Baden-Baden 1997, sowie ders., Die politische Philosophie Wilhelm von Humboldts, in: Jahrbuch zur Liberalismusforschung 6, 1994,
11–30.

57 Ges. Schriften, Bd. 1, 97–254. Erstmals vollständig gedruckt wurde das
Werk erst 1851 in Breslau im Verlag vom Eduard Trewendt, herausgegeben von Eduard Cauer.

58 1794 veröffentlichte Dalberg in direktem Bezug auf Humboldts Schrift
seine Abhandlung mit dem Titel »Von den wahren Grenzen der Wirksamkeit des Staates in Beziehung auf seine Mitglieder«.

59 Ideen zu einem Versuch, die Gränzen der Wirksamkeit des Staats zu bestimmen: Ges. Schriften, Bd. 1, 165.

60 Vgl. zur Interpretation Hardy Bouillon, Liberalismus und Wohlfahrtsstaat. Eine analytische Untersuchung zur individuellen Freiheit im klassischen Liberalismus und im Wohlfahrtsstaat. Baden-Baden 1997.

61 Über Schillers und Dalbergs Reaktionen ausführlich Humboldt an Wolf,
31. März 1793: Wilhelm von Humboldt, Briefe an Friedrich August
Wolf. Textkritisch herausgegeben und kommentiert von Philip Mattson.
Berlin/New York 1990, 43–46; über Körner: Briefwechsel Schiller und
Körner, Bd. 3, 139.

62 In: Wilhelm von Humboldt, Sechs ungedruckte Aufsätze über das klassische Altertum. Leipzig 1896, 3–33. Hrsg. von Albert Leitzmann. Dann
in: Ges. Schriften, Bd. 1, 255–281. Den Zeitgenossen ist dieser Text nur
durch zwei längere Bruchstücke bekannt geworden, die Friedrich August
Wolf später in seine »Darstellung der Alterthumswissenschaft nach Begriff, Umfang, Zweck und Wert« von 1807 einfügte, wo er Humboldts
Gedanken über den grundsätzlichen bildenden Wert der griechischen

Studien rezipierte: vgl. dazu Manfred Fuhrmann, Friedrich August Wolf, in: Deutsche Vierteljahrsschrift für Literaturwissenschaft und Geistesgeschichte 33/1959, bes. 200–206.

63 Lydia Dippel, Wilhelm vom Humboldt. Ästhetik und Anthropologie. Würzburg 1990, 78.

64 »Körner hat mich sehr angezogen«, schrieb Humboldt am 22. Oktober 1793 an Brinkmann: »Er vereint fast alles, was den Umgang angenehm und interessant machen kann, Kenntnisse, Kopf, gute Laune«. Humboldt, so Schiller am 12. Juni 1794 an Körner, »liebt und schätzt Dich unbegrenzt«: Friedrich Schiller, Briefe I 1772–1795, 689. (Friedrich Schiller, Werke und Briefe in zwölf Bänden, Bd. 11, Bibliothek deutscher Klassiker 177, Frankfurt am Main 2002).

65 Friedrich Schiller an Christian Gottfried Körner, 18. Mai 1794: ebda., 681.

66 Rudolf Haym, Wilhelm von Humboldt. Lebensbild und Charakteristik. Berlin 1856, 109 f.

67 Ges. Schriften, Bd. 1, 311–334; vgl. dazu Marion Heinz, Geschlechtertheorie und Staatskonzeption nach W. v. Humboldt, in: Marion Heinz u. Klaus Hammacher (Hrsg.), Recht, Moral, Selbst. Gedenkschrift für Wolfgang H. Schrader. Hildesheim u. a. 2004, 69–78, und Heidi Ritter, Wechselseitige Ergänzung. Wilhelm von Humboldts Geschlechteranthropologie zwischen Erfahrung und Konstruktion, in: Manfred Beetz (Hrsg.), Physis und Norm. Neue Perspektiven der Anthropologie im 18. Jahrhundert. Göttingen 2007, 175–186. S. a. Wolfdietrich Schmied-Kowarzik, Reflexionen zu Wilhelm von Humboldts Phänomenologie der Geschlechter, in: Erhard Wicke (Hrsg.), Menschheit und Individualität. Zur Bildungstheorie und Philosophie Wilhelm von Humboldts. Weinheim 1997, 181–198.

68 Ges. Schriften, Bd. 1, 335–369.

69 Schillers Briefwechsel mit Körner. Von 1784 bis zum Tode Schillers. 4 Theile. Berlin 1847. Dritter Theil: 1793–1796, 238 f.

70 Josef Koerner (Hrsg.), Die Brüder August Wilhelm und Friedrich. Briefe aus frühen und späten Tagen der deutschen Romantik. 1, 1926, 236.

71 Kant an Schiller, 30. März 1795: Schillers Werke, Nationalausgabe, 35. Bd.: Briefe an Schiller 1794–1795. Weimar 1993, 181 f.

72 Schillers Briefwechsel mit Körner, a. a. O., 216.

73 Vgl. dazu s. Tagebuch vom 3. August bis 17. September 1796: Ges. Schriften. Bd. XIV. Tagebücher, hrsg. von Albert Leitzmann. Erster Band. 1788–1798. Berlin 1916, 258–352.

74 Das achtzehnte Jahrhundert. Nach dem Manuskript erstmals gedruckt 1904: Ges. Schriften, Bd. 2, 1.

75 Schiller an Humboldt, [Jena, 22. Juli 1796]: Briefwechsel zwischen Schiller und Wilhelm von Humboldt. Dritte vermehrte Ausgabe mit Anmerkungen von Albert Leitzmann. Stuttgart 1900, 289.

76 Humboldt an Schiller, 2. August 1796: Zit nach Herbert Scurla, Wilhelm von Humboldt. Werden und Wirken. 3., veränd. Auflage, Berlin 1985, 117 f.

77 Die Jugendbriefe Alexander von Humboldts. 1787–1799. Hrsg. v. Ilse Jahn und Fritz G. Lange. Berlin 1973, 553.

78 Albert Leitzmann (Hrsg.), Briefwechsel zwischen Karoline von Humboldt, Rahel und Varnhagen. Weimar 1896, 9.

79 Die Jugendbriefe Alexander von Humboldts. 1787–1799. Hrsg. v. Ilse Jahn und Fritz G. Lange. Berlin 1973, 592.

80 4. September 1797: Briefe. Auswahl von Wilhelm Rößle. Mit einer Einleitung von Heinz Gollwitzer. München 1952, 169 ff.

81 Vgl. dazu auch seine Tagebuchnotizen von 1799: Ges. Schriften, Bd. 15: Tagebücher. Hrsg. v. Albert Leitzmann, Zweiter Band, 1799–1835. Berlin 1918, 1–46.

82 Wilhelm von Humboldt. Sein Leben und Wirken, dargestellt in Briefen, Tagebüchern und Dokumenten seiner Zeit. Hrsg. v. R. Freese. 2. Aufl. Darmstadt 1986, 267. Vgl. a. Udo von der Burg, »Als Nation null«. Zeitgenössische Gedanken Wilhelm von Humboldts zur Französischen Revolution in Briefen und Tagebuchnotizen der 90er Jahre, in: Kurt-Ingo Flessau (Hrsg.), Erziehungsdenken im Bannkreis der Französischen Revolution. Bochum 1998, S. 147–169.

83 Friedrich Schiller, Johann Wolfgang von Goethe. Der Briefwechsel. Historisch-kritische Ausgabe, Bd. 1. Hrsg und kommentiert von Norbert Oellers unter Mitarbeit von Georg Kurscheidt. Stuttgart [2009], 545.

84 Zur Interpretation im Einzelnen vgl. K. Müller-Vollmer, Poesie und Einbildungskraft. Zur Dichtungstheorie Wilhelm von Humboldts. Stuttgart 1967, und, ihm folgend, Paul R. Sweet, Wilhelm von Humboldt. A Biography. Bd. 1, Columbus 1978, 206 ff.

85 Aesthetische Versuche. Erster Theil. Ueber Göthes Herrmann und Dorothea. Braunschweig 1799. Wiederabgedr. in: Ges. Schriften, Bd. 2, 115–319.

86 Vgl. a. Jacques Guilhaumou, Humboldt et l'intelligence politique des Français. Autour de Sieyès, in: Jacques Guilhaumou (Hrsg.), Des notions-concepts en révolution. Autour de la liberté politique à la fin du 18ᵉ siècle. Journée d'études du 23 novembre 2002 à la Sorbonne. Paris 2003, 169–183; Ulrich Muhlack, Das zeitgenössische Frankreich in der Politik Humboldts (Historische Studien, Bd. 400). Lübeck 1967.

87 26. Oktober 1798: Briefe von Wilhelm von Humboldt an Friedrich Heinrich Jacobi. Hrsg. v. Albert Leitzmann. Halle a. S. 1892, 61.

88 Zur Relativierung dieses lange Zeit in der Literatur kanonistisch und normativ verwandten Begriffs der »deutschen Klassik« vgl. Jürgen Kost, Wilhelm von Humboldt, Weimar Klassik, Bürgerliches Bewußtsein. Kulturelle Entwürfe in Deutschland um 1800. Würzburg 2004.

89 Ges. Schriften, Bd. 15: Tagebücher. Hrsg. v. Albert Leitzmann, Zweiter Band, 1799–1835. Berlin 1918, 47–355.

90 Vgl. über den Verlauf der Reise und die dabei verfolgten Ziele a. Wido Hempel, Wilhelm von Humboldt und Spanien, in: Zum Spanienbild der Deutschen in der Zeit der Aufklärung. Eine historische Übersicht hrsg. v. Hans Juretschke. Münster 1997, 224–239.

91 Zu Humboldts Spanienreise und deren Einfluss auf sein zunehmend kosmopolitisch geprägtes, zugleich historisch abgeleitetes und bestimmtes Weltbild vgl. a. Christine Tauber, Nachrevolutionärer Klassizismus. Wilhelm von Humboldts Spanienreisen, in: Archiv für Kulturgeschichte 80/1, 1998.

92 Ges. Schriften, Bd. 15, 451.

93 Ebda., 356–450.

94 Ges. Schriften, Bd. 13, 1–196.

95 Ges. Schriften, Bd. 4, 57–232.

96 Vgl. Humboldts »Ankündigung einer Schrift über die Vaskische Sprache und Nation, nebst Angabe des Gesichtspunctes und Inhalts derselben«, erstmals in Schlegels Deutsches Museum 2, 485–502, dann in: Ges. Schriften, Bd. 13, 281–299.

97 An J. G. Schweighäuser, 24. Oktober 1801: Briefe. Auswahl von Wilhelm Rößle, mit einer Einleitung von Heinz Gollwitzer. München 1952, 221.

98 Ebda., 223.

99 Wilhelm von Humboldt, Briefe an Karl Gustav von Brinkmann. Hrsg. v. Albert Leitzmann. Leipzig 1939, 157.

100 Instruktion für Humboldt vom 22. August 1802: Zit. nach Bruno Gebhardt, Wilhelm von Humboldt als Staatsmann. Bd. 1, Stuttgart 1896, 37.

101 Vgl. a. Nadia Corradini, Wilhelm von Humboldt als preußischer Ministerresident beim Vatikan (1802–1808) und seine unveröffentlichte Korrespondenz mit dem Kardinal Staatssekretär nach den Akten des Geheimen Vatikanarchivs. Köln, Philos. Fakultät [o. J.], 2 Bde., bes. Bd. 1, 38 ff.

102 An Wolf, 6. Februar 1793: Wilhelm von Humboldt, Briefe an Friedrich

August Wolf. Textkritisch herausgegeben und kommentiert von Philip
Mattson. Berlin/New York 1990, 36.

103 An Schiller, 22. Oktober 1803: Briefwechsel zwischen Schiller und
Wilhelm von Humboldt. Dritte vermehrte Ausgabe mit Anmerkungen
von Albert Leitzmann. Stuttgart 1900, 314.

104 Erstmals publiziert durch Friedrich Clemens Ebrard, Neue Briefe Wilhelm von Humboldts an Schiller, 1796–1803, in: Deutsche Rundschau
Bd. 147, 77 ff.

105 Diesen Brief hat er dann freilich nicht in die von ihm gegen Ende seines
Lebens veranstaltete Ausgabe seines Briefwechsels mit Schiller aufgenommen. Er passte wohl nicht in das dahinter wirkende Bestreben
einer gewissen Selbststilisierung.

106 Caroline von Humboldt an ihren Vater, 2. September 1803: Briefe W. u.
C., Bd. 2, 120.

107 Briefwechsel zwischen Schiller und Wilhelm von Humboldt. Dritte
vermehrte Auflage mit Anmerkungen von Albert Leitzmann. Stuttgart
1900, 302 f.

108 24. März 1804: Briefe W. u. C., Bd. 2, 134.

109 Zit. nach Wilhelm von Humboldt. Sein Leben und Wirken. Dargestellt
in Briefen, Tagebüchern und Dokumenten seiner Zeit. Ausgewählt und
zusammengestellt von Rudolf Freese. Darmstadt 1985, 404.

110 Zit. nach Friedrich Schaffstein, Wilhelm von Humboldt. Ein Lebensbild. Frankfurt am Main 1952, 160.

111 Vgl. Ulrich K. Goldsmith, Wihelm von Humboldt: Mentor und Freund
von Friedrich Gottlieb Welcker, in: Calder III, William M. (Hrsg.),
Friedrich Gottlieb Welcker, Werk und Wirkung. Stuttgart 1986, 35–52.

112 Zit. nach: August Wilhelm Schlegel und Frau von Staël. Nach unveröffentlichten Briefen von Pauline Gräfin de Pange. Deutsche Ausgabe
von Willy Grabert. Hamburg 1949, 101 f.

113 Briefe W. u. C., Bd. 2, Berlin 1907, 270.

114 Ebda., 274.

115 Jahrbuch für wissenschaftliche Kritik 2/1830, Sp. 354 f.

116 Zitiert nach Friedrich Schaffstein, Wilhelm von Humboldt. Ein Lebensbild. Frankfurt am Main 1952, 166 f.

117 29. September 1804: Briefe an Friedrich August Wolf. Textkritisch hrsg.
und kommentiert von Philips Mattson. Berlin/New York 1990, 252.

118 Vgl. a. Alfred Behrmann, Wilhelm von Humboldt in Rom: 1802–1808,
in: ders., Das Tramontane oder die Reise nach dem gelobten Lande. Deutsche Schriftsteller in Italien 1755–1808. Heidelberg 1996,
137–153.

119 20. Juli 1805: Briefe an Friedrich August Wolf. Textkritisch hrsg. und
     kommentiert von Philips Mattson. Berlin/New York 1990, 255.
120 Wilhelm von Humboldt, Werke in fünf Bänden. Hrsg. v. Andreas Flit-
     ner u. Klaus Giel. Bd. 5, Stuttgart 1981, 214.
121 Literarischer Nachlaß der Frau Caroline von Wolzogen. Leipzig 1848–
     1849, Bd. 2, 11, zit. nach Volker Riedel, Der Anteil Roms am Antikebild
     Wihelm von Humboldts, in: Schriften der Winckelmann-Gesellschaft,
     Bd. 25. Stendal 2006, 57.
122 Vgl. dazu allgemein Volker Riedel, Der Anteil Roms am Antikebild
     Wilhelm von Humboldts, in: Schriften der Winckelmann-Gesellschaft,
     Bd. 25. Stendal 2006, 53–61.
123 Ges. Schriften, 3. Bd. Berlin 1904, 136–170. Erster Druck: Sechs un-
     gedruckte Aufsätze über das klassische Altertum von Wilhelm von
     Humboldt, herausgegeben von Albert Leitzmann. 1896, 112–153.
124 Ges. Schriften, 3. Bd. Berlin 1904, 171–218. Erster Druck: Sechs un-
     gedruckte Aufsätze über das klassische Altertum von Wilhelm von
     Humboldt, herausgegeben von Albert Leitzmann. 1896, 154–208.
125 Zit. nach Herbert Scurla, Wilhelm von Humboldt. Werden und Wirken.
     3. veränd. Auflage. Berlin 1985, 186.
126 Wilhelm von Humboldts Briefe an Karl Gustav von Brinkmann. Hrsg.
     u. erläutert v. Albert Leitzmann. Stuttgart 1939, 162 f.
127 Einen Höhepunkt erreichte dies in dem Buch von Siegfried A. Kaehler
     (Wilhelm von Humboldt und der Staat. München/Berlin 1927, zweite
     unveränd. Aufl. Göttingen 1963). Kaehler stellte die ganze Schrift darin
     als Zeugnis einer Flucht Humboldts aus der Gegenwart und der geziel-
     ten Abkehr von den politischen Problemen seiner Zeit dar. Dabei über-
     ging er allerdings die dem eindeutig widersprechenden Passagen sehr
     bewusst im Sinne seiner Gesamtdeutung Humboldts als eines weichen
     Genussmenschen, der erst unter dem Zwang der ihm ganz von außen
     gestellten politischen Aufgaben zum Staatsmann »gereift« sei.
128 8. Juni 1805: Briefwechsel zwischen Schiller und Wilhelm von Hum-
     boldt. Dritte vermehrte Ausgabe mit Anmerkungen von Albert Leitz-
     mann. Stuttgart 1900. Anhang: Brief Humboldts an Körner, 326.
129 Ebda., 269.
130 5. Juni 1805: Wilhelm von Humboldt. Briefe. Auswahl von Wilhelm
     Rößle. Mit einer Einleitung von Heinz Gollwitzer. München 1952,
     266.
131 Tegel, im Mai 1830: Briefwechsel zwischen Schiller und Wilhelm von
     Humboldt. Dritte, vermehrte Ausgabe mit Anmerkungen von Albert
     Leitzmann. Stuttgart 1900, 3–38, Zitat 38.

132 23. Juli 1806: Wilhelm von Humboldt. Briefe. Auswahl von Wilhelm Rößle. Mit einer Einleitung von Heinz Gollwitzer. München 1952, 273.

133 Zur Geschichte Preußens in dieser Zeit und der nachfolgenden Epoche vgl. zusammenfassend und gleichzeitig stets sorgfältig abwägend jetzt Christopher Clark, Preußen. Aufstieg und Niedergang 1600–1947, 342–467.

134 Zit. nach Bruno Gebhardt, Wilhelm von Humboldt als Staatsmann. Erster Band. Stuttgart 1896, 81.

135 Wilhelm von Humboldt an Caroline von Humboldt, München, 4. November 1808: Briefe W. u. C., Bd. 3, Berlin 1909, 9.

136 Wilhelm von Humboldt an Caroline von Humboldt, Nürnberg, 7. November 1808: ebda., 10 f.

137 Ebda., 11.

138 Wilhelm von Humboldt an Caroline von Humboldt, Erfurt, 12. November 1808: Briefe W. u. C., 3. Bd., Berlin 1909, 17.

139 Wilhelm von Humboldt an Caroline von Humboldt, Erfurt, 16. November 1808: ebda., 18 f.

140 Wilhelm von Humboldt an Caroline von Humboldt, Erfurt, 14. Dezember 1808: ebda., 46.

141 Ebda., 55.

142 An Friedrich Wilhelm III., 17. Januar 1809: Ges. Schriften, Bd. 16: Politische Briefe. Hrsg. v. Wilhelm Richter, Erster Band 1802–1813, Berlin/Leipzig 1935, 80 f.

143 S. A. Kaehler, Wilhelm von Humboldt und der Staat. Ein Beitrag zur Geschichte deutscher Lebensgestaltung um 1800. München/Berlin 1927, 506 f.

144 Briefe W. u. C., Bd. 3, Berlin 1909, 59.

145 An Wolf, 31. Juli 1809: Wilhelm von Humboldt, Briefe an Friedrich August Wolf. Textkritisch herausgegeben und kommentiert von Philip Mattson. Berlin/New York 1990, 272 f.

146 An Nicolovius, 25. März 1809: Wilhelm von Humboldt. Sein Leben und Wirken, dargestellt in Briefen, Tagebüchern und Dokumenten seiner Zeit. Hrsg. v. Rudolf Freese. 2. Aufl. Darmstadt 1986, 274.

147 Vgl. Wilhelm Süvern, Johann Wilhelm Süvern, 112 f.

148 Vgl. zu ihm Erhard Ross, Wilhelm Uhden. Vierzig Jahre preußischer Beamter in Rom und Berlin 1795–1835, in: Preußen, Europa und das Reich. Hrsg. v. Oswald Hauser. Köln/Wien 1987, 151–193, hier bes. 170 ff.

149 Zit. nach Bruno Gebhardt, Wilhelm von Humboldt als Staatsmann. Bd. 1, Stuttgart 1896, 135.

150 An Natorp, 14. März 1809: Ges. Schriften, Bd. 16. Vierte Abteilung: Politische Briefe. Hrsg. v. Wilhelm Richter. Erster Band 1802–1813, Berlin/Leipzig 1935, 94.

151 Ges. Schriften, Bd. 10. Zweite Abteilung: Politische Denkschriften Bd. 1, Berlin 1903, 251–260.

152 Bereits in einem Brief an Uhden von 9. Juni 1809 bemerkte Humboldt: »Wegen der Academie der Wissenschaften habe ich, wie Sie wissen, einen allgemeinen Plan gemacht«: Ges. Schriften, Bd. 16. Vierte Abteilung: Politische Briefe. Hrsg. v. Wilhelm Richter. Erster Band 1802–1813, Berlin/Leipzig 1935, 137. Worauf er sich dabei bezieht, ist unklar. – An Wolf schrieb er am 13. Oktober 1809, er denke »der Academie jetzt tief ins Fleisch zu greifen« und bitte ihn, Wolf, dazu um Vorschläge: ebda., 221.

153 Zur Diskussion über dieses, wie gesagt, Fragment gebliebene und erst sehr viel später veröffentlichte Gesamtkonzept vgl. zuletzt Heinz-El-mar Tenorth, Wilhelm von Humboldts (1767–1835) Universitätskon-zept und die Reform in Berlin – eine Tradition jenseits des Mythos, in: Zeitschrift für Germanistik. Neue Folge XX–1/2010, 15–28; zum Kontext in der deutschen Universitätslandschaft der Zeit Rüdiger vom Bruch, Zur Gründung der Berliner Universität im Kontext der deutschen Universitätslandschaft um 1800, in: Pallas Athene. Beiträge zur Universitäts- und Wissenschaftsgeschichte. Hrsg. v. Rüdiger vom Bruch. Bd. 2. Stuttgart 2001, 63–77, sowie den gleichfalls von Rüdi-ger vom Bruch herausgegebenen und eingeleiteten Vortragsband der »Schriften des Historischen Kollegs« zum Thema »Die Berliner Uni-versität im Kontext der deutschen Universitätslandschaft nach 1800, um 1860 und um 1910«, München 2010.

154 Ges. Schriften, Bd. 13, 217 f.

155 Vgl. Humboldts Brief an Samuel Gottfried Reiche (Breslau/seit Okto-ber 1809 Leiter der Oelsnerschen Privatunterrichtsanstalt) vom 4. Juni 1809: Ges. Schriften, Bd. 16. Vierte Abteilung: Politische Briefe. Hrsg. v. Wilhelm Richter. Erster Band 1802–1813, Berlin/Leipzig 1935, 133 f. Das betont auch Eberhard Kessel nachdrücklich in seiner Monographie: Wilhelm von Humboldt. Idee und Wirklichkeit, 189 ff., bes. 214.

156 Zu den Aufgaben und der Entwicklung der Deputation vgl. ausführ-lich Clemens Menze, Die Bildungsreform Wilhelm von Humboldts. Hannover 1975, 86 ff.

157 Ges. Schriften, Bd. 10, Zweite Abteilung: Politische Denkschriften, hrsg. v. Bruno Gebhardt. Erster Band, Berlin 1903, 179–186.

158 Vgl. dazu im Einzelnen Clemens Menze, Die Bildungsreform Wilhelm

von Humboldts. Hannover 1975, 166 ff.; zu Humboldt und Pestalozzi
ebda. 183 ff.

159 Humboldt an Nicolovius: Berlin 25. März 1809: Briefe, 293.

160 Zur Vorgeschichte ausführlich Max Lenz, Geschichte der königlichen
Friedrich-Wilhelms-Universität zu Berlin. Bd. 1: Gründung und Aus-
bau. Berlin 1910; sowie allgemein Eduard Spranger, Wilhelm von
Humboldt und die Reform des Bildungswesens. Berlin 1910.

161 An Caroline von Humboldt, Königsberg, 18. August 1809: Briefe W. u.
C., 3. Bd., Berlin 1909, 223.

162 Erstmals war von einer Universität in der preußischen Hauptstadt
1784 in einer Artikelserie des Herausgebers der »Berlinischen Monatsschrift«, des Zentralorgans der Berliner Aufklärung, Friedrich Gedike,
die Rede gewesen, die unter dem Titel »Briefe eines Fremden über Berlin« davon gesprochen hatte, die Universitäten Frankfurt an der Oder
und Halle in einer reformorientierten neuen Universität in Berlin zu-
sammenzuschließen: vgl. dazu Ulrich Muhlack, Die Universitäten im
Zeichen von Neuhumanismus und Idealismus: Berlin, in: Beiträge zu
Problemen deutscher Universitätsgründungen in der frühen Neuzeit,
hrsg. v. Peter Baumgart u. Notker Hammerstein. Wendeln 1978, 299–
340, hier 300.

163 In den Jahren davor hatte es eine Flut von einschlägigen Denkschriften
gegeben, aus denen diejenigen von Humboldts ehemaligem Lehrer Johann Jakob Engel aus dem Jahre 1802 (»Denkschrift zur Errichtung
einer großen Lehranstalt in Berlin«) und von Friedrich Schleiermacher
(»Gelegentliche Gedanken über Universitäten im deutschen Sinne.
Nebst einem Anhang über eine neu zu errichtende«) von 1808 hervorragen. Abdruck beider Denkschriften in: Ernst Müller (Hrsg.), Gelegentliche Gedanken über Universitäten von J. J. Engel, J. B. Erhard,
J. G. Fichte, F. D. E. Schleiermacher, K. F. Savigny, W. v. Humboldt,
G. F. W. Hegel. Leipzig 1990.

164 Die Texte beider Anträge in: Ges. Schriften, Bd. X, Zweite Abteilung:
Politische Denkschriften. Hrsg. v. Bruno Gebhardt, Bd. 1, 139–145 (ei-
genhändiges Konzept) u. 148–154 (endg. Antrag).

165 Zum allgemeinen Zusammenhang vgl. neben der bereits angeführten
Studie von Tenorth Frank Becker, Die Universitätsreform Wilhelm von
Humboldts, in: Frank Becker (Hrsg.), Geschichte und Systemtheorie.
Exemplarische Fallstudien. Frankfurt a. M./New York 2004, 278–302.

166 Der durchgehende Bezug auf den bewusst vage gehaltenen, zwischen
»Preußen« und »Deutschland« schwankenden Begriff der »Nation«
unterschied zugleich Humboldts Universitätsgründung von der zu

diesem Zeitpunkt führenden, ganz kosmopolitisch ausgerichteten Universität Göttingen, die ihm ansonsten vielfach zum Vorbild diente.

167 »Über den Antrag zur Gründung der Universität Berlin«, 20. Juli 1809: Ges. Schriften, Bd. X, Zweite Abteilung: Politische Denkschriften. Hrsg. v. Bruno Gebhardt, Bd. 1, 156.

168 Ebda, 159.

169 Die eminent politische Bedeutung des Ringens um die Humboldt'sche Bildungsreform, die allerdings zunächst noch ganz verdeckt blieb, hat vor allem Clemens Menze in seinen Schriften immer wieder betont: Vgl. Die Bildungsreform Wilhelm von Humboldts. Hannover 1976, und aus den vielen kleineren Beiträgen von ihm etwa: Die Universitätsidee Wilhelm von Humboldts, in: Karl-Heinrich Hansmeyer (Hrsg.), 600 Jahre Kölner Universität 1388–1988. Reden und Berichte zur Geschichte, Gegenwart und Zukunft der Universität Köln. 1989, 87–106.

170 Zit. nach Bruno Gebhardt, Wilhelm von Humboldt als Staatsmann. Bd. 1, Stuttgart 1896, 146.

171 Zit. ebda, 154.

172 Vgl. zur Gründungsgeschichte immer noch Rudolf Köpke, Die Gründung der Königlichen Friedrich-Wilhelms-Universität zu Berlin. Berlin 1860, u. Max Lenz, Geschichte der Königlichen Friedrich-Wilhelms-Universität zu Berlin. Bd. 1. Halle 1910. Ferner die knappe Zusammenfassung bei Eberhard Kessel, Wilhelm von Humboldt. Idee und Wirklichkeit. Stuttgart 1967, 189 ff.

173 Sowohl Schleiermacher als auch Fichte hatten in den Jahren unmittelbar vor dem Amtsantritt Humboldts von entgegengesetzten Standpunkten aus Denkschriften über die Gründung einer Universität in Berlin vorgelegt, die Humboldt natürlich kannte und zwischen denen er mit seiner Konzeption einen Mittelweg einschlug. Texte dieser Denkschriften zuletzt in: Ernst Müller (Hrsg.), Gelegentliche Gedanken über Universitäten. Leipzig 1990, 59–158 (Fichte) und 159–236 (Schleiermacher).

174 Im Wesentlichen an Schleiermachers Ideen orientierte sich Humboldt im Hinblick auf die Universität, nicht so sehr an den wissenschaftstheoretisch begründeten Entwürfen für die neue Anstalt, die er, seinerzeit von Beyme veranlasst, in den Akten vorfand: Vgl. dazu Rüdiger vom Bruch, Die Gründung der Berliner Universität, in: Humboldt International. Der Export des deutschen Universitätsmodells im 19. und 20. Jahrhundert. Hrsg. v. Rainer Christoph Schwinges. Basel 2001, 53–73, hier bes. 62 ff.

175 Zit. nach Bruno Gebhardt, Wilhelm von Humboldt als Staatsmann. Bd. 1. Stuttgart 1896, 207.

176 22. Februar 1810: Ges. Schriften, Bd. 10, Zweite Abteilung: Politische Denkschriften. Hrsg. v. Bruno Gebhardt. 1. Bd. Berlin 1903, 226 f.

177 Zit. nach Bruno Gebhardt, Wilhelm von Humboldt als Staatsmann. Bd. 1. Stuttgart 1896, 236.

178 Über Prüfungen für das höhere Schulfach, 11. April 1810: Ges. Schriften, Bd. 10: Zweite Abteilung: Politische Denkschriften. Hrsg. v. Bruno Gebhardt. Bd. 1. Berlin 1903, 239–242, Zitat 239 f.

179 Zit. nach R. Haym, Wilhelm von Humboldt. Lebensbild und Charakteristik. Berlin 1856, 265.

180 Bruno Gebhardt, Wilhelm von Humboldt als Staatsmann, Bd. 1. Stuttgart 1896, 173 f.

181 Über geistliche Musik, 14. Mai 1809: Ges. Schriften, Bd. 10, Zweite Abteilung: Politische Denkschriften. Hrsg. v. Bruno Gebhardt. Erster Band. Berlin 1903, 73–77.

182 Über die Königliche Bibliothek zu Berlin, 10. Juni 1809: Ges. Schriften, Bd. 10, Zweite Abteilung: Politische Denkschriften. Hrsg. v. Bruno Gebhardt. Erster Band. Berlin 1903, 78.

183 Wilhelm an Caroline von Humboldt, Königsberg, 22. September 1809: Briefe W. u. C., Bd. 3, Berlin 1909, 240.

184 Über den Entwurf zu einer neuen Konstitution für die Juden, 17. Juli 1809: Ges. Schriften, Bd. 10: Zweite Abteilung: Politische Denkschriften. Hrsg. v. Bruno Gebhardt. Erster Band. Berlin 1903, 97–122.

185 Briefe W. u. C., Bd. 3, Berlin 1909, 263.

186 An Schön, Königsberg, 31. Oktober 1809: Ges. Schriften, Bd. 16. Vierte Abteilung: Politische Briefe. Hrsg. v. Wilhelm Richter. Erster Band 1802–1813, Berlin/Leipzig 1935, 233.

187 »Er ist ein Mann von mannigfaltigen Kenntnissen und liberaler Denkungsart«, schrieb Humboldt nach seiner Entlassung und Bestellung zum Gesandten in Wien in einem Privatbrief und fuhr fort, »die Räte, die neben und unter ihm arbeiten, sind gleich trefflich und übereinstimmend in den Grundsätzen, nach denen ich die Sache geleitet hatte, und der Minister, der die Oberaufsicht führt, Gr. Dohna, ist voll Eifers für alles, was Kultus und Unterricht betrifft.« Er sah also zu diesem Zeitpunkt sein Werk in guten Händen, was sich erst seit Ende November 1810 änderte, als Schuckmann das Amt übernahm (an Körner, 4. August 1810: Wilhelm von Humboldt. Sein Leben und Wirken, dargestellt in Briefen, Tagebüchern und Dokumenten seiner Zeit. Hrsg. v. Rudolf Freese. 2. Aufl. Darmstadt 1986, 530 f.).

188 Briefe W. u. C., Bd. 3, Berlin 1909, 239.

189 Humboldt an Caroline, Königsberg, 14. November 1809: ebda., 277.

190 Caroline an Humboldt, Rom, 13. Dezember 1809: ebda., 295.

191 Briefe an Johanna Motherby von Wilhelm von Humboldt und Ernst Moritz Arndt. Mit einer Biographie Johanna Motherby's und Erläuterungen hrsg. v. Heinrich Meisner. Leipzig 1893.

192 Bericht der Sektion des Kultus und Unterrichts, 1. Dezember 1809: Ges. Schriften, Bd. 10: Zweite Abteilung: Politische Denkschriften. Hrsg. v. Bruno Gebhardt. Erster Band. Berlin 1903, 199–224.

193 Humboldt an Caroline, Burgörner, 16. Dezember 1809: Briefe W. u. C., Bd. 3, Berlin 1909, 297 f.

194 Humboldt an Caroline, Erfurt, 7. Januar 1810: ebda., 312 f.

195 Humboldt an Caroline, Berlin, 27. Januar 1810: ebda., 326 ff.

196 Ges. Schriften, Bd. 16. Vierte Abteilung: Politische Briefe. Hrsg. v. Wilhelm Richter. Erster Band 1802–1813, Berlin/Leipzig 1935, 314.

197 Denkschrift an Dohna zur Widerlegung der Einwände gegen die Dotation, 9. Mai 1810: Ges. Schriften, Bd. 10, Zweite Abteilung. Politische Denkschriften I, Hrsg. v. Bruno Gebhardt. Berlin 1903, 269.

198 Generalbericht an den König, 23. Mai 1810: ebda,, 273–280.

199 Dazu Thomas Henne/Carsten Kretschmann, Friedrich Carl von Savignys Antijudaismus und die »Nebenpolitik« der Berliner Universität gegen das preußische Emanzipationsedikt von 1812. Anmerkungen zu einem berühmten Fall der Universitätsgerichtsbarkeit, in: Jahrbuch für Universitätsgeschichte 5, 2002, 217–225.

200 Humboldt an Caroline, Berlin, 14. April 1810: Briefe W. u. C., Bd. 3, Berlin 1909, 374 ff.

201 Humboldt an Caroline, Berlin, 24. April 1810: ebda., 378.

202 Humboldt an die Königin, Berlin, 25. April 1810: Ges. Schriften, Bd. 16: Politische Briefe, hrsg. v. Wilhelm Richter, 1. Bd., 269.

203 An Frau von Berg, 25. April 1810: ebda., 271 f.

204 Ges. Schriften, Bd. 10, Zweite Abteilung. Politische Denkschriften I. Hrsg. v. Bruno Gebhardt. Berlin 1903, 244–250.

205 Zit. nach Bruno Gebhardt, Wilhelm von Humboldt als Staatsmann. Bd. 1. Stuttgart 1896, 352.

206 Wilhelm an Caroline Humboldt, 29. Mai bzw. 5. Juni 1810: Briefe W. u. C. Bd. 3, Berlin 1909, 404 bzw. 406.

207 Wilhelm an Caroline Humboldt, 22. Mai: ebda., 399.

208 Ges. Schriften, Bd. 10, Zweite Abteilung. Politische Denkschriften I, Hrsg. v. Bruno Gebhardt. Berlin 1903, 242 f., vgl. dazu allgemein Hermann Lübbe, Wilhelm von Humboldt und die Berliner Museumsgründung 1830, in: Deutsche Vierteljahrsschrift für Literaturwissenschaft und Geistesgeschichte 54/4. 1980, 656–676. Zum Hintergrund auch

James J. Sheehan, Geschichte der deutschen Kunstmuseen. Von der fürstlichen Kunstkammer zur modernen Sammlung. München 2002, 86–94; Walter Hochreiter, Vom Musentempel zum Lernort. Zur Sozialgeschichte deutscher Museen 1800–1914. Darmstadt 1994, 9–57.

209 Ges. Schriften, Bd. 10, Zweite Abteilung. Politische Denkschriften I. Hrsg. v. Bruno Gebhardt. Berlin 1903, 264–271 bzw. 271 ff.

210 Ebda., 289–299.

211 Caroline an Wilhelm von Humboldt, 30. Juni 1810: Briefe W. u. C. Bd. 3, Berlin 1909, 422.

212 Wilhelm an Caroline, Berlin, 7. August 1810: ebda., 456.

213 Wilhelm an Caroline, Berlin, 28. Juli 1810: ebda., 445.

214 26. Februar 1811, zit. nach Bruno Gebhardt, Wilhelm von Humboldt als Staatsmann. Bd. 1. Stuttgart 1896, 371.

215 An Stein, 10. Oktober 1810: Pertz II, 534.

216 Ferdinand von Ompteda (Hrsg.), Zur deutschen Geschichte in dem Jahrzehnt vor den Befreiungskriegen. 1866 (Auszüge aus dem Nachlass und den Lebenserinnerungen des Vaters Ludwig v. O.).

217 Vgl Paul Stettiner, Der Tugendbund. Königsberg 1904. Zum Streit um den Tugendbund Otto Dann, Geheime Organisierung und politisches Engagement im deutschen Bürgertum des frühen 19. Jahrhunderts. Der Tugendbund-Streit in Preußen, in: Geheime Gesellschaften. Hrsg. v. Peter Christian Ludz. Heidelberg 1979, 399–428.

218 Bruno Gebhardt, Wilhelm von Humboldt als Staatsmann. Bd. 1. Stuttgart 1896, 373.

219 Zit nach ebda., 374. Vgl. hierzu und zum Folgenden a. Paul R. Sweet, Wilhelm von Humboldt. A Biography. Bd. 2, Columbus 1980, 109 ff.

220 Bruno Gebhardt, Wilhelm von Humboldt als Staatsmann. Bd. 1. Stuttgart 1896, 374.

221 Zit. nach Friedrich Schaffstein, Wilhelm von Humboldt. Ein Lebensbild. Frankfurt am Main 1952, 234.

222 Ges. Schriften, Bd. 11. Zweite Abteilung: Politische Denkschriften. Hrsg. v. Bruno Gebhardt. Zweiter Band. Berlin 1903, 1 ff.

223 17. Februar 1811: ebda., 5–8.

224 13. April 1811: ebda., 9 f.

225 6. Juni 1811: ebda., 13 ff.

226 17. Februar 1811 u. 6. Juni 1811: Wilhelm von Humboldts Politische Denkschriften. Hrsg. v. Bruno Gebhardt. Zweiter Band. Berlin 1903, 3 ff. bzw. 10–13.

227 Wilhelm von Humboldts Werke. Hrsg. v. Albert Leitzmann. Dritter Band 1799–1818. Berlin 1904, 288 ff.

228 Ges. Schriften, Bd. 11: Politische Denkschriften. Hrsg. v. Bruno Geb-
     hardt. Zweiter Band. Berlin 1903, 24.
229 Humboldt an Gneisenau, Wien, 14. März 1813: Ges. Schriften. Bd. 16:
     Wilhelm von Humboldts politische Briefe. Hrsg. von Wilhelm Richter.
     Erster Band 1802–1813. Berlin/Leipzig 1935, 369 f.
230 Text dieser Instruktion bei Wilhelm Oncken, Österreich und Preußen
     im Befreiungskriege. Urkundliche Aufschlüsse über die politische Ge-
     schichte des Jahres 1813. Bd. 1, Berlin 1876, 312 ff. und 439 ff.
231 Ges. Schriften, Bd. 11: Politische Denkschriften. Hrsg. v. Bruno Gebhardt.
     Zweiter Band. Berlin 1903, 29 ff.; vgl. a. Ges. Schriften 16: Politische
     Briefe, hrsg. v. Wilhelm Richter. Erster Band 1802–1813, bes. 361 ff.
232 W. v. H. an Caroline v. H., Reichenbach, 13. Juni 1813: Briefe W. u. C.,
     4. Bd. Berlin 1910, 27.
233 17. Juni 1813: ebda., 30.
234 Ebda., 63.
235 Ebda., 77 f. Viele der Briefe an seine Frau wurden freilich durch die
     österreichische Geheimpolizei abgefangen und in Abschrift an Met-
     ternich weitergeleitet, der seinerseits vor allem das, was Hardenberg
     betraf, diesem gegenüber in geheimnisvollen Andeutungen vertraulich
     verwandte.
236 W. v. H. an Caroline v. H., Prag, 31. Juli 1813: ebda., 83.
237 Ebda., 92 f.
238 6. Dezember 1813: ebda., 188 f.
239 8. November 1813: ebda., 165 f.
240 Châtillon, 12. März 1814: ebda., 270.
241 Zu der in dieser Denkschrift gleichzeitig geführten Diskussion mit den
     Positionen des Freiherrn vom Stein vgl. Paul R. Sweet, Wilhelm von
     Humboldt. A Biography. Bd. 2. Columbus 1980, 144 ff.
242 Ges. Schriften, Bd. 11: Politische Denkschriften. Hrsg. v. Bruno Geb-
     hardt. Zweiter Band: Denkschrift über die deutsche Verfassung, De-
     zember 1813, 97 f.
243 Wilhelm an Caroline, 13. Dezember 1813: Briefe W. u. C., 4. Bd. Berlin
     1910, 195.
244 Wilhelm an Caroline, Frankfurt, 1. Dezember 1813: ebda., 185 ff.
245 Wilhelm an Caroline, Freiburg, 12. Januar 1814: ebda., 216 ff.
246 Zu dem Verlauf der Kongresses im Einzelnen und speziell Humboldts
     Rolle in ihm Paul R. Sweet, Wilhelm von Humboldt. A Biography.
     Bd. 2. Columbus 1980, 181 ff.
247 An Caroline Humboldt, Wien 13. 11. 1814: Briefe W. u. C., 4. Bd. Berlin
     1910, 418.

248 Denkschrift Humboldts vom 9. November 1814: Ges. Schriften. Bd. XI: Zweite Abteilung, Bd. 2, Politische Denkschriften. Hrsg. v. Bruno Gebhardt. Berlin 1903, 189–197.

249 Ges. Schriften, Bd. 12: Politische Denkschriften. Hrsg. v. Bruno Gebhardt. Dritter Band. Berlin 1904: Ueber die Behandlung der Angelegenheiten des Deutschen Bundes durch Preussen, 30. September 1816, 80.

250 Anfang August 1815: Ges. Schriften, Bd. XII: Politische Denkschriften. Hrsg. v. Bruno Gebhardt, Dritter Band 1815–1834. Berlin 1904, 15 ff.

251 Humboldt an Hardenberg, 1. Dezember 1815: Ges. Schriften 17: Politische Briefe, hrsg. v. Wilhelm Richter. Bd. 2. Berlin/Leipzig 1936, 92 f.

252 Ges. Schriften, Bd. XII: Politische Denkschriften. Hrsg. v. Bruno Gebhardt, Dritter Band 1815–1834. Berlin 1904, 53–116.

253 Ebda., 73 f.

254 Burgörner, 13. Februar 1817: Ges. Schriften, Bd. 17: Politische Schriften. Hrsg. v. Wilhelm Richter. Zweiter Band. 1813–1835. Berlin/Leipzig 1936, 186.

255 Vgl. zu seiner Londoner Zeit neben den Briefen an seine Frau auch sein Tagebuch von Dezember 1817 bis November 1818, das freilich im Wesentlichen nur sehr knapp Termine seiner verschiedenen Treffen und deren jeweilige Anlässe und Themen festhielt und nur sehr gelegentlich etwas ausführlicher wurde: Ges. Schriften, Bd. 15: Tagebücher. Hrsg. v. Albert Leitzmann, Zweiter Band, 1799–1835. Berlin 1918, 461–513. Vgl. a. Ges. Schriften, Bd. 17: Politische Briefe. Hrsg. v. Wilhelm Richter, Zweiter Band, 1813–1835. Berlin/Leipzig 1936, 199 ff.

256 Vgl. dazu a. allgemein Harald Müller, Politischer Akkord und ökonomische Konkurrenz. Zu den Beziehungen zwischen Preußen und England in den ersten Jahren nach dem Wiener Kongreß, in: Jahrbuch für Geschichte 34, 1987, S. 39–57.

257 Wilhelm an Caroline, 5. November 1817: ebda., 39.

258 Wilhelm an Caroline, 29. Dezember 1817: ebda., 87.

259 Wilhelm an Caroline, 29. Oktober 1817: ebda., 25.

260 Wilhelm an Caroline, 1. November 1817: ebda., 31.

261 Ebda., 34.

262 Wilhelm an Caroline, 10. Dezember 1817: ebda., 68.

263 Das vom Zaren initiierte Bündnis der drei konservativen Ostmächte, Russland, Preußen und der Habsburgermonarchie, dem sich nach und nach die übrigen europäischen Mächte mit Ausnahme Englands, des Vatikanstaats und des Osmanischen Reichs anschlossen mit dem Ziel einer gemeinsamen Politik gegen die Kräfte der »Revolution«.

264 Wilhelm an Caroline, 18. Dezember 1817: Briefe W. u. C., 6. Band. Berlin 1913, 77.

265 Wilhelm an Caroline, 9. Januar 1818: ebda., 96.

266 An Friedrich Wilhelm III., London, 4. April 1818: Ges. Schriften, Bd. 17: Politische Briefe. Hrsg. v. Wilhelm Richter. Zweiter Band, 1813–1835. Berlin/Leipzig 1936, 223 ff.

267 Vgl. in diesem Zusammenhang jüngst den von Wolfram Pyta herausgegebenen Sammelband: Das europäische Mächtekonzert. Friedens- und Sicherheitspolitik vom Wiener Kongreß 1815 bis zum Krimkrieg 1853. Köln/Weimar/Wien 2009 (Stuttgarter Historische Forschungen, Bd. 9).

268 Denkschrift über Preußens ständische Verfassung, 4. Februar 1819: Ges. Schriften. Bd. XII: Politische Denkschriften. Hrsg. v. Bruno Gebhardt. Dritter Band. Berlin 1904, 226–296.

269 Zu den Verfassungsentwürfen Wilhelm von Humboldts, in: Martin Kirsch (Hrsg.), Denken und Umsetzung des Konstitutionalismus in Deutschland und anderen europäischen Ländern. Vgl. ausführlich dazu Carla de Pascale, Stände und Staatlichkeit in den Verfassungen in der ersten Hälfte des 19. Jahrhunderts. Berlin 1999, 47–63.

270 An Friedrich Wilhelm III., Frankfurt, 24.Januar 1819: Ges. Schriften, B. 17: Politische Briefe. Hrsg. v. Wilhelm Richter. Zweiter Band, 1813–1835. Berlin/Leipzig 1936, 276 f.

271 Humboldt an Caroline, 12. Februar 1819: Briefe W. u. C., 6. Bd. Berlin 1913, 469 ff.

272 An Friedrich Wilhelm III., Frankfurt, 9. Februar 1819: Ges. Schriften, Bd. 17: Politische Briefe. Hrsg. v. Wilhelm Richter. Zweiter Band, 1813–1835. Berlin/Leipzig 1936, 283.

273 Wilhelm an Caroline, Frankfurt 28. Januar 1819: Briefe W. u. C., 6. Bd. Berlin/Leipzig 1913, 457.

274 Von Witzleben an Wilhelm von Humboldt, 19. Februar 1819: zit. nach Herbert Surla. Wilhelm von Humboldt. Werden und Wirken. 3. veränd. Aufl. Berlin 1985, 383.

275 An Friedrich Wilhelm III., Frankfurt, 27. Februar 1819: Ges. Schriften, Bd. 17: Politische Briefe. Hrsg. v. Wilhelm Richter. Zweiter Band, 1813–1835. Berlin/Leipzig 1936, 285 f.

276 Zit. n. Heinz Duchhardt, Stein. Eine Biographie. Münster 2007, 375 f.

277 Heinrich von Treitschke, Deutsche Geschichte im Neunzehnten Jahrhundert. Zweiter Teil, Beilagen III, Leipzig 1927, 622–625.

278 Ges. Schriften, Bd. 12, Zweite Abteilung: Politische Denkschriften. Hrsg. v. Bruno Gebhardt, Dritter Band. Berlin 1904: »Denkschrift über Preußens ständische Verfassung«, 226–296, und: »Zur ständischen

Verfassung in Preußen«, 382–455; vgl. in diesem Zusammenhang a. Clemens Menze, Die Verfassungspläne Wilhelm von Humboldts, in: Zeitschrift für historische Forschung 16/1989, 329–346, bes. 333 ff.

279 Beide Entwürfe zu Stellungnahmen des Ministeriums über die »Karls-bader Beschlüsse« und deren wahrscheinliche Folgen in: Ges. Schriften, Bd. XII. Zweite Abteilung: Politische Denkschriften. Hrsg v. Bruno Gebhardt. Dritter Band. Berlin 1904, 360 ff.

280 Vgl. a. Humboldts eigene rückblickende Stellungnahme in einem Brief an Stein v. 22. März 1820: Ges. Schriften, Bd. 17: Politische Briefe. Hrsg. v. Wilhelm Richter. Zweiter Band, 1813–1835. Berlin/Leipzig 1936, 353 ff.

281 16. Juni 1804: Briefe an Friedrich August Wolf. Textkritisch hrsg. und kommentiert von Philips Mattson. Berlin/New York 1990, 248.

282 Allgemein zu den Grundlagen, Voraussetzungen und zentralen Thesen des sprachphilosophischen Denkens Humboldts v. a. Jürgen Trabant, Traditionen Humboldts. Frankfurt am Main 1990. Der Band fasst eine große Zahl von Studien zu Humboldts Sprachphilosophie systema-tisch zusammen und entwickelt daraus ein umfassendes, jeweils den übergreifenden Zusammenhang betonendes Bild des Humboldt'schen Sprachdenkens und seiner philosophischen Grundlagen.

283 Ges. Schriften, Erste Abteilung. Werke. Hrsg. v. Albert Leitzmann. 4. Band. Berlin 1905, 1–34.

284 Jürgen Trabant, Wilhelm von Humboldts Akademiereden über die Sprache, in: Erhard Wicke u. a. (Hrsg.), Menschheit und Individualität. Zur Bildungstheorie und Philosophie Wilhelm von Humboldts. Wein-heim 1997, 91.

285 Zitiert nach: Ges. Schriften, Siebter Band. Berlin 1907, 53 bzw. 46. Der Hrsg. des Bandes, Albert Leitzmann, hat der »Einleitung« den Titel ge-geben »Ueber die Verschiedenheit des menschlichen Sprachbaues und ihren Einfluss auf die geistige Entwicklung des Menschengeschlechts«. Allgemein hierzu und zur Entwicklung des Humboldt'schen Sprach-denkens und seiner Sprachphilosophie Jürgen Trabant, Mithridates im Paradies. Kleine Geschichte des Sprachdenkens. München 2003, 260 ff.

286 Vgl. auch Kurt Mueller-Vollmer, Wilhelm von Humboldts Sprachwis-senschaft. Ein kommentiertes Verzeichnis des sprachwissenschaftlichen Nachlasses. Paderborn 1993.

287 Ges. Schriften, Erste Abteilung. Werke. Hrsg. v. Albert Leitzmann. 5. Band. Berlin 1906, 1–30. Zu seinem amerikanischen Projekt vgl. all-gemein Klaus Zimmermann u. a. (Hrsg.), Wilhelm von Humboldt und die amerikanischen Sprachen. Paderborn 1994.

288 Ges. Schriften, Erste Abteilung. Werke. Hrsg. v. Albert Leitzmann. 5. Band. Berlin 1906, 31–106.

289 Ges. Schriften, Erste Abteilung. Werke. Hrsg. v. Albert Leitzmann. 4. Band. Berlin 1905, 285–313.

290 Vgl. in diesem Zusammenhang a. die Arbeit von Sarah Bösch, Wilhelm von Humboldt in Frankreich. Studien zur Rezeption (1797–2005). Paderborn u.a. 2006, hier bes. 49 ff.

291 Ges. Schriften, Erste Abteilung. Werke, Bd. 5, 254–308; vgl. a. den Text seines Akademievortrages vom 20. März 1826: Über den grammatischen Bau der Chinesischen Sprache: ebda., 309–324.

292 Ges. Schriften, Erste Abteilung. Werke, Bd. 7, mit Abdruck des Vorworts seines Bruders Alexander von Humboldt, 1–349.

293 Vgl. etwa den von Hans-Werner Scharf herausgegebenen Sammelband mit dem Titel:»Wilhelm von Humboldts Sprachdenken«, der die Beiträge eines Symposiums aus Anlass seines 150. Todestages zusammenfasst (Hagen 1989).

294 Zu dem letzten Brief Goethes an Humboldt vom 17. März 1832, den dieser aber zugleich wenige Tage vor seinem Tod an ein größeres, allgemeines Publikum richtete, in dem er anhand des nach sechzig Jahren eben vollendeten »Faust« eine Art Bilanz seiner leitenden Ideen, seines Wirkens und seiner Ziele zog, vgl. Albrecht Schöne, Johann Wolfgang Goethe: Der letzte Brief. Braunschweig 1998.

295 Vgl. dazu a. allgemein Helmut Gipper, Wilhelm von Humboldts Bedeutung für Theorie und Praxis moderner Sprachforschung. Münster 1992; s.a. Jürgen Trabant, Wilhelm von Humboldts Akademiereden über die Sprache, in: Erhard Wicke (Hrsg.), Menschheit und Individualität. Zur Bildungstheorie und Philosophie Wilhelm von Humboldts. Weinheim 1997, 83–109.

296 Welche Bedeutung in diesem Zusammenhang, also der Entwicklung von Nationalsprachen, das Jiddische habe, darauf ist er freilich nicht eingegangen: vgl. Jeffrey Grossman, Wilhelm von Humboldt's Linguistic Ideology: The Problem of Pluralism and the Absolute Difference of National Character – Or, where do the Jews fit in?: German Studies Review, vol. 20, No. 1 (Feb. 1997), 23–47.

297 Über das vergleichende Sprachstudium in Beziehung auf die verschiedenen Epochen der Sprachentwicklung: Ges. Schriften: Erste Abteilung. Werke, Bd. 4, 1–34.

298 Ebda., 35–56. Vgl. zur Interpretation a. Egon Flaig, Ästhetischer Historismus? Zur Ästhetisierung der Historie bei Humboldt und Burckhardt, in: Philosophisches Jahrbuch 94/1, 1987, 79–95, und Fulvio

Tessitore, Wilhelm von Humboldt und der Historismus, Nürnberg 1998.

299 An Welcker, 7. Mai 1821: Rudolf Freese (Hrsg.), Wilhelm von Humboldt. Sein Leben und Wirken dargestellt in Briefen, Tagebüchern und Dokumenten seiner Zeit. 2. bearb. Auflage 1986, 697.

300 18. März 1822: Wilhelm von Humboldt, Briefe. Auswahl von Wilhelm Rößle. Mit einer Einleitung von Heinz Gollwitzer. München o. J., 412.

301 Zur Wirkungsgeschichte der Schrift in der Zeit und in den nachfolgenden Epochen vgl. Paul R. Sweet, Wilhelm von Humboldt. A Biography. Bd. 2. Columbus 1980, 437 ff.

302 Vgl. zu Ranke und Humboldt und vor allem auch zu den Unterschieden in ihrem Ansatz Peter Hanns Reill, History and the life sciences in the early nineteenth century. Wilhelm von Humboldt and Leopold von Ranke, in: Georg G. Iggers / James M. Powell (Eds.), Leopold von Ranke and the Shaping of the Historical Discipline. Syracuse/New York 1990, 21–35.

303 Vgl. dazu a. Susanne Deicher, Ästhetische Fragmente über die Ordnung in der Architektur. Karl Friedrich Schinkel und Wilhelm von Humboldt in Rom 1803/04, in: Zeitschrift für Kunstgeschichte 68, 2005, 391–412.

304 Vgl. hierzu und zum Folgenden Christine und Ulrich von Heinz, Wilhelm von Humboldt in Tegel. Ein Bildprogramm als Bildungsprogramm. München/Berlin 2001.

305 Paul Ortwin Rave, Wilhelm von Humboldt und das Schloß zu Tegel. Berlin 1956, 74.

306 Zu den vor allem in Rom, aber auch in Wien und schließlich in London erworbenen und dann in Tegel präsentierten Kunstwerken vgl. im Einzelnen Paul R. Sweet, Wilhelm von Humboldt. A Biography. Bd. 2. Columbus 1980, 378 ff.

307 Ebda, 82.

308 9. Juli 1796: Siegfried Seidel (Hrsg.), Der Briefwechsel zwischen Friedrich Schiller und Wilhelm von Humboldt. Bd. II, Berlin 1962, 76 f.

309 Ges. Schriften, Bd. 5. Berlin 1906, 190–232.

310 An den Oberpräsidenten von Vincke über Provinzialminister: Ges. Schriften, Bd. 12: Wilhelm von Humboldts politische Denkschriften. Hrsg. v. Bruno Gebhardt. Dritter Band. Berlin 1904, 477–491, Zitat 491.

311 Wilhelm von Humboldts Briefe an eine Freundin. Zum ersten Male nach den Originalen herausgegeben von Albert Leitzmann. 2 Bde. Leipzig 1909. Brief Charlotte Diedes an Humboldt v. 18. Oktober 1814, 15–20.

312 Ebda, 37.

313 Ebda, 39 f.

314 Ebda, 39.

315 Ebda, 42 f.

316 Briefe an Forster. Georg Forsters Werke. Bd. 18. Berlin 1982, 454.

317 An Forster, 1. Juni 1792, bzw. seine Schrift von 1792 mit dem Titel
     »Ideen zu einem Versuch, die Gränzen der Wirksamkeit des Staats zu
     bestimmen«. Kapitel II »Betrachtung des einzelnen Mensch, und der
     höchsten Endzwecke des Daseins desselben«.

318 Briefe an eine Freundin, Bd. 1, 62 f.

319 Vgl. dazu Hermann Lübbe, Wilhelm von Humboldt und die Berliner
     Museumsgründung 1830, in: Deutsche Vierteljahrsschrift für Litera-
     turwissenschaft und Geistesgeschichte 54/4. 1980, 656–676, und Ulrich
     von Heinz, Wilhelm von Humboldt. Ein klassizistisch-romantischer
     Aufklärer, in: Alexander von Bormann (Hrsg.), Ungleichzeitigkeiten
     der europäischen Romantik. Würzburg 2006, 223–248, hier 232 ff.

320 Vgl. dazu ausführlich und zu der Museumsgründung vier Jahre später
     Clemens Menze, Wilhelm von Humboldt und der preußische Kunst-
     verein, in: Kunst und Geschichte im Zeitalter Hegels. Hrsg. v. Christoph
     Jamme unter Mitwirkung von Frank Völkel. Hamburg 1996, 191–226.
     S. a. Friedhelm Brüggen, Wilhelm von Humboldts bildungstheoreti-
     sche Rechtfertigung des Alten Museums zu Berlin. Eine historische
     Erinnerung, in: Stephanie Hellekamps (Hrsg.), Bildung, Wissenschaft,
     Kritik. Festschrift für Dietrich Benner zum 60. Geburtstag. Weinheim
     2001, 69–78.

321 Ges. Schriften, Bd. 12: Politische Denkschriften. Hrsg. v. Bruno Geb-
     hardt. Dritter Band. Berlin 1904, 539–566.

322 Wilhelm von Humboldts Briefe an Fr. G. Welcker. Hrsg. v. Rudolf
     Haym. Berlin 1859.

323 Briefe an eine Freundin, Bd. 2, 25.

324 Zit. nach Friedrich Schaffstein, Wilhelm von Humboldt. Ein Lebens-
     bild. Frankfurt am Main 1952, 338. S.

QUELLEN UND LITERATUR

Quellen

1. Werke

Gesammelte Schriften. Hrsg. v. d. Preussischen Akademie der Wissenschaften. Siebzehn Bände. Berlin 1903–1936. [Abk.: Ges. Schriften]
Werke in fünf Bänden Hrsg. v. Andreas Flitner und Klaus Giel. Stuttgart 1960–1981.
Humboldt, Wilhelm von, Schriften zur Sprache. Frankfurt a. M. 2008.
Humboldt, Wilhelm von, Grundzüge des allgemeinen Sprachtypus. Hrsg. v. Christian Stetter. Berlin/Wien 2004.
Humboldt, Wilhelm von, Über die Verschiedenheit des menschlichen Sprachbaues und ihren Einfluß auf die geistige Entwicklung des Menschengeschlechts. Über die Sprache. Wiesbaden 2003.
Humboldt, Wilhelm von, Anthropologie und Theorie der Menschenkenntnis. Hrsg. v. Hans-Josef Wagner. Darmstadt 2002.
Humboldt, Wilhelm von, Bildung und Sprache. Hrsg. v. Clemens Menze. 5. durchges. Aufl. Paderborn 1997.
Humboldt, Wilhelm von, Über die Sprache: Reden vor der Akademie. Hrsg., kommentiert u. mit einem Nachw. vers. von Jürgen Trabant. Tübingen/Basel 1994.
Wilhelm von Humboldt. Sein Leben u. Wirken. Dargest. in Briefen, Tagebüchern u. Dokumenten seiner Zeit. Hrsg. v. Rudolf Freese. 2. völlig durchges. u. neu gestaltete Aufl. Darmstadt 1986.
Humboldt, Wilhelm von, Individuum und Staatsgewalt. Sozialphilosophische Ideen. Hrsg. u. mit e. Anh. vers. von Hermann Klenner. Leipzig 1985.
Humboldt, Wilhelm von, Schriften zur Anthropologie und Bildungslehre. Hrsg. v. Andreas Flitner. Frankfurt a. M./Berlin/Wien 1984.

Humboldt, Wilhelm von, Schriften zur Anthropologie und Geschichte. 3., gegenüber d. 2. unveränd. Aufl. Stuttgart 1980.

Humboldt, Wilhelm von, Schriften zur Sprachphilosophie. 5., unveränd. Aufl. Stuttgart 1979.

Humboldt, Wilhelm von, Über die Verschiedenheit des menschlichen Sprachbaues. Mit erl. Anm. u. Excursen. 2 Bd. in 1 Bd. Hrsg. u. erl. von August Friedrich Pott. Nachdr. d. Ausg. Berlin 1880. Hildesheim/New York 1974.

Tagebuch Wilhelm von Humboldts von seiner Reise nach Norddeutschland im Jahre 1796. Hrsg. v. Albert Leitzmann (Quellenschriften zur neueren deutschen Literatur- und Geistesgeschichte, Bd. 3). Nachdr. d. Ausg. Weimar 1894. Bern 1970.

Humboldt, Wilhelm von, Sechs ungedruckte Aufsätze über das klassische Altertum. Hrsg. v. Albert Leitzmann. Nachdr. d. Ausg. Leipzig 1896. Nendeln/Liechtenstein 1968.

Humboldt, Wilhelm von, Bildung des Menschen in Schule und Universität. Besorgt u. eingel. von Karl Püllen (Grundlagen und Grundfragen der Erziehung, Bd. 4). Heidelberg 1964.

Humboldt, Wilhelm von, Schriften zur Anthropologie und Bildungslehre. Hrsg. von Andreas Flitner. 2., durchges. Aufl. Düsseldorf/München 1964.

Humboldt, Wilhelm von, Über Schillers Geistestätigkeit. Sonderdr. z. 150. Todestag von Friedrich Schiller 9. Mai 1955. Ebenhausen bei München 1955.

Humboldt, Wilhelm von, Über die deutsche Verfassung. Denkschriften an Freiherrn v. Stein u. Friedrich v. Gentz 1813/14 (Taschenausgaben der Philosophischen Bibliothek, H. 22). Leipzig 1919.

2. Briefe

2.1. Sammlungen

Humboldt, Caroline von, Ein Leben in Briefen. Hrsg. u. mit einem Nachw. versehen von Gunther Tietz. Frankfurt a. M. [u. a.] 1991.

Humboldt, Wilmhelm von, Briefe. Auswahl von Wilhelm Rößle. Mit einer Einleitung von Heinz Gollwitzer. München 1952. [Abk: Briefe]

Mattson, Philip, Verzeichnis des Briefwechsels Wilhelm von Humboldts. Zwei Bände. Heidelberg 1980.

Wilhelm und Caroline Humboldt in ihren Briefen. Hrsg. von Anna von Sydow. 7 Bände. Berlin 1906–1916. [Abk: Briefe W. u. C.]

2.2. *Ausgaben, nach Empfängern geordnet*

Humboldt, Wilhelm von, Briefe an Gottfried Hermann. Mitget. u. erl. von Albert Leitzmann. Weimar 1929.

Wilhelm von Humboldts Briefe an Karl Gustav von Brinkmann. Hrsg. v. Albert Leitzmann. Leipzig 1939.

Geheimnisse des Lebens. Vom Wesen d. Schaffens u. vom Geschichtlichen. Altersbetrachtungen in den letzten Briefen, die J. W. v. Goethe und W. v. Humboldt sich geschrieben haben. Weimar 1941.

Geiger, Ludwig (Hrsg.), Goethes Briefwechsel mit Wilhelm und Alexander von Humboldt. Berlin 1909.

Italien im Bannkreis Napoleons. Die römischen Gesandtschaftsberichte Wilhelm von Humboldts an den Landgraf/Großherzog von Hessen-Darmstadt 1803–1809. Bearb. v. Eva-Marie Felschow u. Ulrich Hussong. Hrsg. v. Eckhart G. Franz (Arbeiten der Hessischen Historischen Kommission, N. F. 4). Darmstadt 1989.

Wilhelm von Humboldts Briefe an eine Freundin. Zwei Bände. Hrsg. v. Albert Leitzmann. Leipzig 1909.

Briefe von Wilhelm von Humboldt an Friedrich Heinrich Jacobi. Hrsg. v. Albert Leitzmann. Halle an der Saale 1892.

Wilhelm von Humboldts Briefe an Christian Gottfried Körner. Hrsg. v. Albert Leitzmann. Berlin 1940.

Briefe an Johanna Motherby von Wilhelm von Humboldt und Ernst Moritz Arndt. Hrsg. v. Heinrich Meisner. Leipzig 1893.

Der Briefwechsel zwischen Friedrich Schiller und Wilhelm von Humboldt. Zwei Bände. Hrsg. v. Siegried Seidel. Berlin 1962.

Briefwechsel in den Jahren 1803 bis 1805. Schiller und Wilhelm von Humboldt. Bearb. v. Friedemann Walbrodt. Berlin-Dahlem 2005.

»Blos zufälliges Versäumnis«? Zwei unbekannte Briefe Wilhelm von Humboldts an Schiller, in: Jahrbuch der Deutschen Schillergesellschaft 40/1996, 14–29.

Humboldt, Wilhelm von, Briefe an Johann Gottfried Schweighäuser. Zum ersten Mal nach d. Orig. hrsg. u. erl. v. Albert Leitzmann (Jenaer germanistische Forschungen, Bd. 25). Jena 1934.

Humboldt, Wilhelm von, Briefe an Friedrich August Wolf. Textkritisch hrsg. u. kommentiert v. Philip Mattson. Berlin/New York 1990.

Humboldt, Wilhelm von, Briefe an Christine Reinhard-Reimarus. Hrsg. v. Arndt Schreiber (Göttinger Arbeitskreis: Veröffentlichung Nr. 154) Heidelberg 1956.

Literatur

Arnhardt, Gerhard, Wilhelm von Humboldt. Neuhumanistischer Bildungstheoretiker und Schulpolitiker mit beachtenswerter Fernwirkung, in: Wissenschaftliche Zeitschrift der Friedrich-Schiller-Universität Jena (Gesellschaftswissenschaftliche Reihe 30) 5, 1981, S. 603–612.

Arnhardt, Gerhard, Zum Verhältnis von Mensch und Erziehung bei Wilhelm von Humboldt, in: Wissenschaftliche Zeitschrift der Pädagogischen Hochschule »Karl Friedrich Wander« 23, 1989, S. 17–23.

Ashmore, Eric, Wilhelm Humboldt's ideas on the formation of character through education, in: Paedagogica Historica 3, 1963, S. 5–26.

Battisti, Siegfried, Humboldts Staats- und Gesellschaftsauffassung und das Subsidiaritätsprinzip, in: Jahrbuch zur Liberalismusforschung 6, 1994, S. 31–44.

Baumgarten, Marita, Professoren- und Universitätsprofile im Humboldt'schen Modell 1810–1914, in: Schwinges, Rainer Christoph (Hrsg.), Humboldt International. Der Export des deutschen Universitätsmodells im 19. und 20. Jahrhundert. Basel 2001, S. 105–129.

Becker, Frank, Die Universitätsreform Wilhelm von Humboldts, in: ders. (Hrsg.), Geschichte und Systemtheorie. Exemplarische Fallstudien. Frankfurt a. M./New York 2004, S. 278–302.

Behrmann, Alfred, Wilhelm von Humboldt in Rom: 1802–1808, in: ders., Das Tramontane oder die Reise nach dem gelobten Lande. Deutsche Schriftsteller in Italien 1755–1808. Heidelberg 1996, S. 137–153.

Benner, Dietrich, Bildung, Wissenschaft und Universitätsunterricht, in: Wicke, Erhard (Hrsg.), Menschheit und Individualität. Zur Bildungstheorie und Philosophie Wilhelm von Humboldts. Weinheim 1997, S. 131–150.

Benner, Dietrich, Wilhelm von Humboldts Bildungstheorie. Eine problemgeschichtliche Studie zum Begründungszusammenhang neuzeitlicher Bildungsreform. 3. erw. Aufl. Weinheim/München 2003.

Berglar, Peter, Wilhelm von Humboldt mit Selbstzeugnissen und Bilddokumenten. Reinbek bei Hamburg 1970.

Binswanger, Paul, Wilhelm von Humboldt. Frauenfeld/Leipzig 1937.

Blaeschke, Axel, Über Individual- und Nationalcharakter, Zeitgeist und Poesie. »De l'influence des passions« und »De la littérature« im Urteil Wilhelm von Humboldts und seiner Zeitgenossen, in: Kaiser, Gerhard R. (Hrsg.), Germaine de Staël und ihr erstes deutsches Publikum. Literaturpolitik und Kulturtransfer um 1800. Heidelberg 2008, S. 145–161.

Bösch, Sarah, Wilhelm von Humboldt in Frankreich. Studien zur Rezeption (1797–2005). Paderborn/München/Wien 2006.

Borsche, Tilman, Wilhelm von Humboldt (Beck'sche Reihe: Große Denker, 519). München 1990.

Borsche, Tilman, Denken, Sprache, Wirklichkeit. Grundlinien der Sprachphilosophie Wilhelm von Humboldts, in: Wicke, Erhard (Hrsg.), Menschheit und Individualität. Zur Bildungstheorie und Philosophie Wilhelm von Humboldts. Weinheim, 1997, S. 65–81.

Bouillon, Hardy, Die politische Philosophie Wilhelm von Humboldts, in: Jahrbuch zur Liberalismusforschung 6, 1994, S. 11–30.

Bouillon, Hardy, Freiheit, Liberalismus und Wohlfahrtsstaat. Eine analytische Untersuchung zur individuellen Freiheit im klassischen Liberalismus und im Wohlfahrtsstaat. Baden-Baden 1997.

Brandt, Harm-Hinrich, Studierende im Humboldt'schen Modell des 19. Jahrhunderts, in: Schwinges, Rainer Christoph (Hrsg.), Humboldt International. Der Export des deutschen Universitätsmodells im 19. und 20. Jahrhundert. Basel 2001, S. 131–150.

Brenner, Dietrich, Wilhelm von Humboldts Bildungstheorie. Weinheim u. a. 1990.

Bretz, Martina, Blick in Preußens Blüte. Wilhelm von Humboldt und die Bildung der Nation, in: Bahners, Patrick (Hrsg.), Preußische Stile. Ein Staat als Kunststück, Stuttgart 2001, S. 225–248.

Vom Brocke, Bernhard, Preußen. Land der Schulen, nicht nur der Kasernen. Preußische Bildungspolitik von Gottfried Wilhelm Leibniz und Wilhelm von Humboldt bis Friedrich Althoff und Carl Heinrich Becker, 1700–1930, in: Böhme, Wolfgang (Hrsg.), Preußen. Eine Herausforderung. Karlsruhe 1981, S. 54–99.

Vom Bruch, Rüdiger, Universitätsreform als Antwort auf die Krise. Wilhelm von Humboldt und die Folgen, in: Sieg, Ulrich (Hrsg.), Die Idee der Universität heute. München 2005, S. 43–55.

Vom Bruch, Rüdiger, Zur Gründung der Berliner Universität im Kontext der deutschen Universitätslandschaft um 1800, in: Müller, Gerhard (Hrsg.), Die Universität Jena. Tradition und Innovation um 1800. Tagung des Sonderforschungsbereiches 482: »Ereignis Weimar-Jena. Kultur um 1800« vom Juni 2000. Stuttgart 2001, S. 63–77.

Vom Bruch, Rüdiger (Hrsg.), Die Berliner Universität im Kontext der deutschen Universitätslandschaft nach 1800, um 1860 und um 1910 (Schriften des Historischen Kollegs. Kolloquien, 76). München 2010.

Brüggen, Friedhelm, Wilhelm von Humboldts bildungstheoretische Rechtfertigung des Alten Museums zu Berlin. Eine historische Erinnerung, in: Hellekamps, Stephanie (Hrsg.), Bildung, Wissenschaft, Kritik. Festschrift für Dietrich Benner zum 60. Geburtstag. Weinheim 2001, S. 69–78.

Budde, Gerhard, Wilhelm von Humboldts Bildungsideal, in: Pädag. Führer Wien 87, 1937, S. 179–181.

Burg, Udo von der, »Als Nation null«. Zeitgenössische Gedanken Wilhelm von Humboldts zur Französischen Revolution in Briefen und Tagebuchnotizen der 90er Jahre, in: Flessau, Kurt-Ingo (Hrsg.), Erziehungsdenken im Bannkreis der Französischen Revolution. Bochum 1998, S. 147–169.

Caianiello, Silvia, Scienza e tempo alle origine dello storicismo tedesco (La cultura storica, 26). Napoli 2005.

Caianiello, Silvia, La »duplice natura« dell'uomo. La polarità come matrice del mondo storico in Humboldt e in Droysen (Istorica 8). Soveria Mannelli 1999.

Chabrolle-Cerretini, Anne-Mari, La ›vision du monde‹ de Wilhelm von Humboldt. Histoire d'un concept linguistique. Lyon 2007.

Chiarini, Paolo, La »distanza« da Goethe. Wilhelm von Humboldt, Fanny Mendelssohn e alcune »circostanze italiane«, in: Chiarini, Paolo (Hrsg.) Rom–Europa. Treffpunkt der Kulturen 1780–1820. Würzburg, 2006, S. 365–379.

Clark, Christopher, Preußen und Niedergang 1600–1947. 2. Aufl. München 2008 (Originalausg.: Iron Kingdom. The Rise and Fall of Prussia 1600–1947. Cambridge 2006).

Corradini, Nadia, Wilhelm von Humboldt als preußischer Ministerresident beim Vatikan (1802–1808) und seine unveröffentlichte Korrespondenz mit dem Kardinal Staatssekretär. Nach den Akten des geheimen Vatikanarchivs. Köln 2002.

De Pascale, Carla, Stände und Staatlichkeit in den Verfassungsentwürfen W. v. Humboldts, in: Kirsch, Martin (Hrsg.), Denken und Umsetzung des Konstitutionalismus in Deutschland und anderen europäischen Ländern in der ersten Hälfte des 19. Jahrhunderts. Berlin 1999, S. 47–63.

Deicher, Susanne, »So liessen sich vielleicht aus allen Bauern und Handwerkern ›Künstler‹ bilden.« Zur Konzeption einer medial vermittelten Öffentlichkeit bei Wilhelm von Humboldt, in: Engstrom, Eric J. (Hrsg.), Figurationen des Experten. Ambivalenzen der wissenschaftlichen Expertise im ausgehenden 18. und frühen 19. Jahrhundert. Frankfurt a. M. 2005, S. 43–60.

Deicher, Susanne, Ästhetische Fragmente über die Ordnung in der Architektur. Karl Friedrich Schinkel und Wilhelm von Humboldt in Rom 1803/04, in: Zeitschrift für Kunstgeschichte 68, 2005, S. 391–412.

Dippel, Lydia, Wilhelm von Humboldt. Ästhetik und Anthropologie (Epistemata, Rh.: Literaturwissenschaft, 50). Würzburg 1990.

Diwald, Hellmut, Wilhelm von Humboldt, in: ders. (Hrsg.), Im Zeichen des Adlers. Porträts berühmter Preußen. Bergisch Gladbach 1981, S. 71–86.

Doering, Detmar, Wilhelm von Humboldt et les origines du libéralisme allemand, in: Nemo, Philippe (ed.), Histoire du libéralisme en Europe. Paris 2006, S. 859–880.

Domandl, Sepp, Goethe, Kant, W. v. Humboldt. Zur Aktualität der deutschen Klassik. Frankfurt a. M./Berlin/Bern 1997.

Dove, Alfred, Die Gebrüder von Humboldt, in: Meinecke, Friedrich / Dammann, Oswald (Hrsg.), Alfred Dove. Ausgewählte Aufsätze und Briefe. Bd. 1. München 1925, S. 104–124.

Duchhardt, Heinz, Stein. Eine Biographie. Münster 2007.

Düwell, Kurt, Das Spannungsfeld zwischen der humboldtschen Universitätsidee und den deutschen Technischen Universitäten im 19. Jahrhundert. Zur Vorgeschichte der »zwei Kulturen«, in: Hantsche, Irmgard (Hrsg.), Zur Geschichte der Universität. Das »Gelehrte Duisburg« im Rahmen der allgemeinen Universitätsentwicklung. Referate des 5. Mercator-Symposiums, 3.–4. Februar 1997. Bochum 1997, S. 127–140.

Dummer, Jürgen, Wilhelm und Caroline von Humboldt. Ihr Briefwechsel als Quelle für die preußisch-römischen Beziehungen, in: Rügler, Axel (Hrsg.), Italien in Preußen, Preußen in Italien. Ein Kolloquium der Winckelmann-Gesellschaft, des Forschungszentrums Europäische Aufklärung und der Philosophischen Fakultät der Universität Potsdam, vom 25. bis 27. Oktober 2002. Stendal, 2006, S. 62–68.

Eisermann, Gottfried, Wilhelm von Humboldt, Clausewitz und der Staat, in: Staat 34/2, 1995, S. 199–220.

Esch, Arnold, Deutsche Rom-Erfahrung im späten 18. und frühen 19. Jahrhundert, in: »endlich in dieser Hauptstadt der Welt angelangt«. Goethe in Rom. Publikation zur Eröffnung der Casa di Goethe in Rom. Hrsg. v. Konrad Scheuermann u. Ursula Bongaerts-Schorner. Bd. 1: Essay. Mainz o. J., S. 72–77.

Espagne, Michel, Humboldt à Paris, lecteur de Goethe, in: Revue germanique internationale 12, 1999, S. 195–209.

Faber, Karl-Georg, Das große Individuum bei Wilhelm von Humboldt. Ein Beitrag zur Geschichte des Historismus, in: Duchhardt, Heinz (Hrsg.), Festschrift für Eberhard Kessel zum 75. Geburtstag. München 1982, S. 9–24.

Feger, Hans / Brittnacher, Hans Richard, Die Realität der Idealisten. Friedrich Schiller, Wilhelm von Humboldt, Alexander von Humboldt. Köln/ Weimar/Wien 2008.

Fehér, István M., Schelling – Humboldt. Idealismus und Universität. Mit Ausblicken auf Heidegger und die Hermeneutik. Frankfurt a. M./Berlin/ Bern 2007.

Fehér, István M., Schelling und die Humboldt'sche Universitätsidee. Im Kontext des Idealismus, in: ders. (Hrsg.), Philosophie und Gestalt der Europäischen Universität. Akten der Internationalen Fachtagung Budapest, vom 6.–9. November 2003. Stuttgart–Bad Cannstatt 2008, S. 169–210.

Ferron, Isabella, »Sprache ist Rede«. Ein Beitrag zur dynamischen und organizistischen Sprachauffassung Wilhelm von Humboldts (Epistemata, Rh.: Philosophie, Bd. 475) Würzburg 2009.

Feuchter-Feler, Anne, La contribution de Wilhelm von Humboldt aux »Heures«. Une image anthropologique du classicisme weimarien, in: Heitz, Raymond (ed.), Schiller publiciste = Schiller als Publizist. Bern/Berlin/Bruxelles 2007, S. 275–295.

Feuchter-Feler, Anne, Das literarische Intellektuellenmilieu in Wilhelm von Humboldts Briefwechsel mit Schiller (1790–1805), in: Béhar, Pierre (ed.), Médiation et conviction. Mélanges offerts à Michel Grunewald. Paris 2007, S. 329–346.

Fingerle, Karlheinz, Zur bildungspolitischen Rezeption Wilhelm von Humboldts, in: Wicke, Erhard (Hrsg.), Menschheit und Individualität. Zur Bildungstheorie und Philosophie Wilhelm von Humboldts. Weinheim 1997, S. 151–163.

Fiorillo, Vanda, La giustizia introiettata. Edificazione interiore e potere punitivo nel liberalismo di Wilhelm von Humboldt, in: Malandrino, Corrado (ed.) Politica, scienze e cosmopolitismo Alexander e Wilhelm von Humboldt. Milano 1997, S. 95–122.

Flaig, Egon, Ästhetischer Historismus? Zur Ästhetisierung der Historie bei Humboldt und Burckhardt, in: Philosophisches Jahrbuch 94/1, 1987, S. 79–95.

Flickinger, Hans-Georg, Die Staatsverfassung »nach bloßen Grundsätzen der Vernunft« (Wilhelm v. Humboldt), in: Wicke, Erhard (Hrsg.), Menschheit und Individualität. Zur Bildungstheorie und Philosophie Wilhelm von Humboldts. Weinheim 1997, S. 165–179.

Förster, Wolfgang, Wilhelm von Humboldt und seine philosophische Leistung, in: ders. (Hrsg.), Klassische deutsche Philosophie in Berlin. Berlin 1988, S. 15–136.

Fornaro, Sotera, Wilhelm von Humboldt und die Altertumswissenschaft an Schule und Universität, in: Seidensticker, Bernd (Hrsg.), Altertumswissenschaften in Berlin um 1800 an Akademie, Schule und Universität. Hannover-Laatzen 2006, S. 85–105.

Freese, Rudolf (Hrsg.), Wilhelm von Humboldt: Sein Leben und Wirken, dargestellt in Briefen, Tagebüchern und Dokumenten seiner Zeit. 2., völlig durchges. u. neugestaltete Aufl. Darmstadt 1986.

Fröhlich, Stefan / Reuß, Andreas, Die Humboldts. Lebenslinien einer gelehrten Familie. Berlin 1999.

Fröschle, Hartmut, Wilhelm von Humboldts politische Theorie und Sprachphilosophie. Deutsche Antworten auf die französische Revolution, in: Timm, Eitel (Hrsg.), Geist und Gesellschaft. Zur deutschen Rezeption der Französischen Revolution. München 1990, S. 57–68.

Gandouly, Jacques, Wilhelm von Humboldt ou l'humanisme comme idéal de vie et objet de recherches, in: Revue d'Allemagne et des pays de langue allemande 25/3, 1993, S. 263–274.

Gebhardt, Bruno, Wilhelm von Humboldt als Staatsmann. Zwei Bände. Stuttgart 1896/1899.

Geier, Manfred, Die Brüder Humboldt. Eine Biographie. Reinbek/Hamburg 2009.

Gerhardt, Volker, Humboldts Idee. Zur Aktualität des Programms Wilhelm von Humboldts, in: Henningsen, Bernd (Hrsg.), Humboldts Zukunft. Das Projekt Reformuniversität. Berlin 2007, S. 55–75.

Giacomoni, Paola, Wilhelm von Humboldt e l'idea di »Bildung«, in: Ann-Trento 10, 1984/1985, S. 339–365.

Gipper, Helmut, Wilhelm von Humboldts Bedeutung für Theorie und Praxis moderner Sprachforschung. Münster 1992.

Glazisnki, Bernd, Antike und Moderne. Die Antike als Bildungsgegenstand bei Wilhelm von Humboldt. Aachen 1992.

Göbels, Armin, Das Verfahren der Einbildung. Ästhetische Erfahrung bei Schiller und Humboldt (Hamburger Beiträge zur Germanistik, Bd. 21). Frankfurt a. M./Berlin/Bern 1994.

Goldsmith, Ulrich K., Wilhelm von Humboldt, Mentor und Freund von Friedrich Gottlieb Welcker, in: Calder III, William M. (Hrsg.), Friedrich Gottlieb Welcker, Werk und Wirkung. Vorträge, gehalten auf der Welcker-Tagung in der Werner-Reimers-Stiftung in Bad Homburg vom 5.–7. November 1984 (I) und zur Eröffnung der Ausstellung »Friedrich Gottlieb Welcker (1784–1869), Philologe, Archäologe und Oberbibliothekar in Bonn« in der Universitäts-Bibliothek Bonn am 5. November 1984 (II). Stuttgart 1986, S. 35–52.

Grossman, Jeffrey, Wilhelm von Humboldt's linguistic ideology. The problem of pluralism and the absolute difference of national character – or, where do the Jews fit in?, in: German studies review 20/1, 1997, S. 23–47.

Guilhaumou, Jacques, Sieyès la métaphysique allemande, in: Annales historiques de la révolution française 317, 1999, S. 513–535.

Guilhaumou, Jacques, Humboldt et l'intelligence politique des Français. Autor de Sieyès, in: ders. (Hrsg.), Des notions-concepts en révolution.

Autour de la liberté politique à la fin du 18ᵉ siècle. Journée d'études du 23 novembre 2002 à la Sorbonne. Paris 2003, S. 169–183.

Haberland, Detlef/Wolfgang Hinrichs/Clemens Menze (Hrsg.), Die Dioskuren II. Annäherungen an Leben und Werk der Brüder Humboldt. Mannheim 2000.

Hammacher, Klaus, Die Philosophie des deutschen Idealismus. Wilhelm v. Humboldt und die preußische Reform, in: ders. (Hrsg.), Universalismus und Wissenschaft im Werk und Wirken der Brüder Humboldt. Beiträge zu 2 Tagungen 1972 (Gras-Ellenbach) und 1974 (Aachen). Frankfurt a. M. 1976, S. 85–135.

Hammerstein, Notker, Humboldt im Dritten Reich, in: Schwinges, Rainer Christoph (Hrsg.), Humboldt International. Der Export des deutschen Universitätsmodells im 19. und 20. Jahrhundert. Basel 2001, S. 469–483.

Hardtwig, Wolfgang, Wilhelm von Humboldt, Berlin und die dezentrierte Universitätsreform. Zugleich ein Kommentar zu Teil I, in: Schwinges, Rainer Christoph (Hrsg.), Humboldt International. Der Export des deutschen Universitätsmodells im 19. und 20. Jahrhundert, Basel 2001, S. 151–160.

Hardy, Jörg, Zur »Logik der Sprachforschung« bei Wilhelm von Humboldt, in: Dutz, Klaus D. (Hrsg.), Theorie und Rekonstruktion. Trierer Studien zur Geschichte der Linguistik. Münster 1996, S. 101–122.

Hartke, Werner/Maskolat, Henny (Hrsg.), Wilhelm von Humboldt. 1767, 1967. Erbe, Gegenwart, Zukunft. Beitr. vorgelegt von d. Humboldt-Univ. zu Berlin anlässl. d. Feier d. 200. Geburtstages ihres Gründers. Halle 1967.

Hartmann, Hans [u.a.], Die Brüder Humboldt heute (Abhandlungen der Humboldt-Gesellschaft für Wissenschaft, Kunst und Bildung e.V., Bd. 2). Mannheim 1968.

Haym, Rudolph, Wilhelm von Humboldt. Berlin 1856 (Nachdruck Osnabrück 1965).

Heckelmann, Dieter, Wilhelm von Humboldt und die Berliner Universität bis zur Freien Universität, in: Schlerath, Bernfried (Hrsg.), Wilhelm von Humboldt. Vortragszyklus zum 150. Todestag. Berlin/New York 1986, S. 17–28.

Heinz, Christine von/Heinz, Ulrich von, Wilhelm von Humboldt in Tegel. Ein Bildprogramm als Bildungsprogramm. München/Berlin 2001.

Heinz, Marion, Geschlechtertheorie und Staatskonzeption nach W. v. Humboldt, in: dies. (Hrsg.), Recht, Moral, Selbst. Gedenkschrift für Wolfgang H. Schrader. Hildesheim [u.a.] 2004, S. 69–78.

Heinz, Ulrich von, Die Brüder Wilhelm und Alexander von Humboldt, in: Hamel, Jürgen (Hrsg.), Alexander von Humboldt in Berlin: Sein Einfluß auf die Entwicklung der Wissenschaften; Beiträge zu einem Symposium. Augsburg 2003, S. 15–26.

Heinz, Ulrich von, Wilhelm von Humboldt. Ein klassizistisch-romantischer Aufklärer, in: Bormann, Alexander von (Hrsg.), Ungleichzeitigkeiten der europäischen Romantik, Würzburg 2006, S. 223–248.

Heinz, Ulrich von, Künstlerrepublik und Kunstmarkt. Wilhelm und Caroline von Humboldt in Rom, in: Rügler, Axel (Hrsg.), Italien in Preußen, Preußen in Italien. Ein Kolloquium der Winckelmann-Gesellschaft, des Forschungszentrums Europäische Aufklärung und der Philosophischen Fakultät der Universität Potsdam, vom 25. bis 27. Oktober 2002. Stendal 2006, S. 69–84.

Hempel, Wido, Wilhelm von Humboldt und Spanien, in: Juretschke, Hans (Hrsg.), Zum Spanienbild der Deutschen in der Zeit der Aufklärung. Eine historische Übersicht. Münster 1997, S. 224–239.

Hennigfeld, Jochem, Volk, Staat und Nation bei Wilhelm von Humboldt, in: Burger, Rudolf (Hrsg.), Gesellschaft, Staat, Nation. Wien 1996, S. 76–90.

Henningsen, Bernd, Einsamkeit und Freiheit. Die humboldtsche Universität und die Politik, in: ders. (Hrsg.), Humboldts Zukunft. Das Projekt Reformuniversität. Berlin 2007, S. 103–131.

Herberts, Kurt, Zurück zu Humboldt. Seine Renaissance als Zukunft des Abendlandes (Neue Position, Bd. 1). Würzburg 1986.

Herling, Bradley L., The problem of action in the early German interpretation of the ›Bhagavadgita‹, in: Esleben, Jörg (Hrsg.), Mapping channels between Ganges and Rhein. German-Indian cross-cultural relations. Newcastle 2008, S. 82–106.

Herrmann, Ulrich (Hrsg.), Bildung durch Wissenschaft? Mythos »Humboldt« (Reden und Aufsätze der Universität Ulm, H. 1). Ulm 1999.

Heydorn, Heinz-Joachim, Wilhelm von Humboldt, in: ders./Koneffke, Gernot (Hrsg.), Studien zur Sozialgeschichte und Philosophie der Bildung. München 1973, S. 57–84.

Hohendahl, Peter Uwe, Reform als Utopie. Die preußische Bildungspolitik 1809–1817, in: Voßkamp, Wilhelm (Hrsg.), Utopieforschung. Interdisziplinäre Studien zur neuzeitlichen Utopie. Stuttgart 1982, S. 250–272.

Honigmann, Peter, Der Einfluß von Moses Mendelssohn auf die Erziehung der Brüder Humboldt, in: Mendelssohn Studien 7, 1990, S. 39–76.

Honigmann, Peter, Über den Unterschied zwischen Alexander und Wilhelm von Humboldt in ihrem Verhältnis zu Juden und Judentum, in: Heuer, Renate (Hrsg.), Konfrontation und Koexistenz. Zur Geschichte des deutschen Judentums. Frankfurt a. M/New York 1996, S. 46–81.

Hornscheidt, Antje, »Die Sprache erscheint in der Wirklichkeit als ein

Vielfaches«. Über die Vielfalt in Wilhelm von Humboldts sprachwissenschaftlichen Werken und die Einfalt der Rezeption, in: Henningsen,
Bernd (Hrsg.), Humboldts Zukunft. Das Projekt Reformuniversität. Berlin 2007, S. 219–266.

Hubig, Christoph, Der Humanismus Humboldts und Preußen, in: Rapp,
Friedrich (Hrsg.), Philosophie und Wissenschaft in Preußen. Kollo-
quium an der Technischen Universität Berlin WS 1981/82. Berlin 1982,
S. 145–173.

Hübner, Ulrich, Wilhelm von Humboldt und die Bildungspolitik. Eine Untersuchung zum Humboldt-Bild als Prolegomena zu einer Theorie der
historischen Pädagogik. München 1983.

Huttner, Markus, Humboldt in Leipzig? Die »Alma Mater Lipsiensis« und
das Modell der preußischen Reformuniversität im frühen 19. Jahrhundert,
in: Hettling, Manfred (Hrsg.), Figuren und Strukturen. Historische Essays
für Hartmut Zwahr zum 65. Geburtstag. München 2002, S. 529–561.

Iorio, Moarc, Zwischen Liberalismus und Libertarianismus. Wilhelm von
Humboldts politische Philosophie, in: Jahrbuch zur Liberalismusforschung 20, 2008, S. 233–252.

Ivo, Hubert, Nation als geistige Form der Menschheit. Wilhelm von Humboldts Sprachdenken als Exegese der ›conditiones humanae‹, in: Sitzungsberichte der Leibniz-Sozietät 53/2, 2002, S. 5–24.

Izenberg, Gerald N., Impossible individuality. Romanticism, revolution and
the origins of modern selfhood, 1787–1802. Princeton/N.J. 1992.

Jacob, Daniel, Zwischen Universalität, Historizität und Typologie. Pro-
jektionen des Verhältnisses von Sprache und Denken bei Wilhelm von
Humboldt, in: ders. (Hrsg.), Sprachgeschichte und Geschichte der Sprachwissenschaft. Tübingen 2007, S. 143–168.

Jahnke, Hans Niels, Mathematik und Bildung in der Humboldtschen Reform (Studien zur Wissenschafts-, Sozial- und Bildungsgeschichte der
Mathematik, 8). Göttingen 1990.

Janz, Rolf-Peter, Wilhelm von Humboldt liest Schiller, in: Feger, Hans
(Hrsg.), Die Realität der Idealisten. Friedrich Schiller, Wilhelm von Humboldt, Alexander von Humboldt. Köln [u.a.] 2008. S. 167–175.

Jecht, Dorothea, Die Aporie Wilhelm von Humboldts. Sein Studien- und
Sprachprojekt zwischen Empirie und Reflexion (Germanistische Linguistik, Monographien, Bd. 10). Hildesheim/Zürich/New York 2003.

Jeismann, Karl-Ernst, Wilhelm von Humboldt als Chef der Sektion für
Kultus und Unterricht in Berlin und seine Bedeutung für die Bildungsreformen in Deutschland, in: Ribbe, Wolfgang (Hrsg.), Berlin im Europa
der Neuzeit. Ein Tagungsbericht. Berlin/New York 1990, S. 99–111.

Kaehler, Siegfried A., Wilhelm und Alexander von Humboldt in den Jahren der Napoleonischen Krise, in: Historische Zeitschrift, Folge 3, Bd. 20, 1916, S. 231–270.

Kaehler, Siegfried August, Wilhelm von Humboldt und der Staat. München/ Berlin 1927. 2. Aufl. Göttingen 1963.

Kahnert, Klaus, Denken als Sprechen. Die Bedeutung Wilhelm von Humboldts für die Sprachphilosophie, in: ders. (Hrsg.), Umbrüche. Historische Wendepunkte der Philosophie von der Antike bis zur Neuzeit. Festschrift für Kurt Flasch zu seinem 70. Geburtstag. Amsterdam/Philadelphia 2001, S. 245–259.

Kessel, Eberhard, Wilhelm von Humboldt und die deutsche Universität, in: Studium generale 8, 1955, S. 409–425.

Kessel, Eberhard, Wilhelm von Humboldt Idee und Wirklichkeit, Stuttgart 1967.

Kessler, Herbert (Hrsg.), Die Dioskuren. Probleme in Leben und Werk der Brüder Humboldt. Mannheim 1986.

Kinzel, Ulrich, Ethische Projekte. Literatur und Selbstgestaltung im Kontext des Regierungsdenkens Humboldt, Goethe, Stifter, Raabe (Das Abendland, N. F. 27). Frankfurt a. M. 2000.

Klenner, Hermann, Drei Irrtümer, Wilhelm von Humboldts frühe Staatsphilosophie betreffend, in: Staat u. Recht 34, 1985, S. 281–288.

Klose, Jürgen, ›Deutsch und Nicht-Deutsch‹. Zu Wilhelm von Humboldts Begriff des Nationalcharakters, in: Jabłkowska, Joanna (Hrsg.), Nationale Identität. Aspekte, Probleme und Kontroversen in der deutschsprachigen Literatur. Łódź, 1998, S. 66–74.

Knackmuß, Susanne, Quo vadis – oder wo steckt Vassallus? Wilhelm von Humboldt und der Direktor des Grauen Klosters Johann Joachim Bellermann, in: Altertum 54/2/3, 2009, S. 141–188.

Knoll, Joachim Heinrich/Siebert, Horst, Wilhelm von Humboldt. Politik und Bildung. 2. verbesserte Aufl. Heidelberg 1969.

Knopp, Werner, Wilhelm von Humboldt. Ein Staatsmann in Preußen, in: Schlerath, Bernfried (Hrsg.), Wilhelm von Humboldt. Vortragszyklus zum 150. Todestag. Berlin/New York 1986, S. 35–52.

König, Christoph, Wilhelm von Humboldts ›Hermann und Dorothea‹. Zur Problematik einer bildungsphilosophisch begründeten Philologie, in: Roggausch, Werner (Hrsg.), Germanistentreffen Deutschland–Italien, 8.–12. 10. 2003. Dokumentation der Tagungsbeiträge. Bonn 2004, S. 119–146.

König, Irina, Vom Ursprung des Geistes aus der Geschlechtlichkeit. Zur chronologischen und systematischen Entwicklung der Ästhetik Wilhelm von Humboldts (Deutsche Hochschulschriften, Bd. 413). Egelsbach/Köln/ New York 1992.

Konrad, Franz-Michael, Wilhelm von Humboldt. Göttingen 2010.

Kopetz, Hedwig, Forschung und Lehre. Die Idee der Universität bei Humboldt, Jaspers, Schelsky und Mittelstraß (Studien zu Politik und Verwaltung, Bd. 78). Wien/Köln/Graz 2001.

Kost, Jürgen, Individualität und Soziabilität. Überlegungen zum kulturgeschichtlichen Ort des Humanitätsideals Wilhelm von Humboldts und der Weimarer Klassik, in: Dörr, Volker C. (Hrsg.), »Verteufelt human«? Zum Humanitätsideal der Weimarer Klassik. Berlin 2008, S. 15–29.

Kost, Jürgen, Wilhelm von Humboldt. Weimarer Klassik. Bürgerliches Bewusstsein. Kulturelle Entwürfe in Deutschland um 1800 (Studien zur Literatur- und Kulturgeschichte, 19). Würzburg 2004.

Krebs, Roland, Wilhelm von Humboldt als Mittler zwischen Paris und Weimar, in: Ehrlich, Lothar (Hrsg.), Ereignis Weimar–Jena. Gesellschaft und Kultur um 1800 im internationalen Kontext. Köln [u. a.] 2008, S. 217–231.

Kronenbitter, Günther, Wilhelm von Humboldt. Bildungsmacht Preußen, in: Heidenreich, Bernd (Hrsg.), Macht- oder Kulturstaat? Preußen ohne Legende. Berlin 2002, S. 137–145.

Kronenbitter, Günther, Wilhelm von Humboldt, 1767–1835, in: Heidenreich, Bernd (Hrsg.), Politische Theorien des 19. Jahrhunderts. Konservatismus, Liberalismus, Sozialismus. Berlin 2002, S. 313–327.

Küttler, Wolfgang, Wilhelm von Humboldts Akademievortrag »Über die Aufgabe des Geschichtschreibers« und die Tradition des Historismus, in: Sitzungsberichte der Leibniz-Sozietät 38/3, 2000, S. 93–103.

Kunz, Lothar, Höhere Schule und Philologenverband. Untersuchungen zur Geschichte der Höheren Schule und ihrer Standesorganisation im 19. Jahrhundert und zur Zeit der Weimarer Republik. Frankfurt a. M. 1984.

Kwan, Tze-Wan, Wilhelm von Humboldt als deutscher Idealist. Ein philosophiegeschichtliches Plädoyer, in: Feger, Hans (Hrsg.), Die Realität der Idealisten. Friedrich Schiller, Wilhelm von Humboldt, Alexander von Humboldt. Köln [u. a.] 2008, S. 95–112.

Lambrecht, Ulrich, Wilhelm von Humboldts Bildungsreform, in: Kiefer, Jürgen (Hrsg.), Parerga. Beiträge zur Wissenschaftsgeschichte. In memoriam Horst Rudolf Abe. Erfurt 2007, S. 191–232.

Landwehr, Hans-Eckehard, Bildung – Sprache – altsprachlicher Unterricht. Eine Studie zur sprachtheoretischen Grundlegung pädagogischen Handelns bei Wilhelm von Humboldt (Texte zur Theorie und Geschichte der Bildung, Bd. 6). Münster 1996.

Lecoq-Gellersen, Ingrid, Die politische Persönlichkeit Wilhelm von Humboldts in der Geschichtsschreibung des deutschen Bildungsbürgertums. Historiographiegeschichtliche Studie zur Problematik der Intellektuellen in der Politik (Europäische Hochschulschriften, Rh. 3: Geschichte und ihre Hilfswissenschaften, Bd. 235). Bern [u.a.] 1985.

Leitzmann, Albert, Wilhelm von Humboldt. Charakteristik und Lebensbild. Halle an der Saale 1919.

Leitzmann, Albert, Wilhelm von Humboldt und sein Erzieher (G. J. C. Kunth). Mit ungedruckten Briefen Humboldts. Berlin 1940.

Leser, Herrmann, Das pädagogische Problem in der Geistesgeschichte der Neuzeit. Bd. 2. München/Berlin 1928.

Lohmann, Ingrid/Mayer, Christine, Educating the citizen. Two case studies on inclusion and exclusion in Prussia in the early nineteenth century, in: Paedagogica historica 43/1, 2007, S. 7–27.

Lübbe, Hermann, Humboldts Bildungsziele im Wandel der Zeit, in: Schlerath, Bernfried (Hrsg.), Wilhelm von Humboldt. Vortragszyklus zum 150. Todestag. Berlin/New York 1986, S. 241–258.

Lübbe, Hermann, Wilhelm von Humboldt und die Musealisierung der Kunst, in: Schlerath, Bernfried (Hrsg.), Wilhelm von Humboldt. Vortragszyklus zum 150. Todestag. Berlin/New York 1986, S. 169–183.

Lübbe, Hermann, Wilhelm von Humboldt und die Berliner Museumsgründung 1830, in: Deutsche Vierteljahrsschrift für Literaturwissenschaft u. Geistesgeschichte 54/4, 1980, S. 656–676.

Lübbe, Hermann, Fortschritt durch Wissenschaft. Die Universitäten im 19. Jahrhundert, in: Hardtwig, Wolfgang (Hrsg.), Deutschlands Weg in die Moderne. Politik, Gesellschaft und Kultur im 19. Jahrhundert. München 1993, S. 171–184.

Marino, Luigi, Wilhelm von Humboldt tra liberalismo e conservatorismo, in: Malandrino, Corrado (Hrsg.), Politica, scienze e cosmopolitismo Alexander e Wilhelm von Humboldt. Milano 1997, S. 31–52.

Martin, Kai, Ästhetische Erfahrung und die Bestimmung des Menschen. Über Kants, Schillers und Humboldts Theorien ästhetischer Bildung und ihre Relevanz für die Musikpädagogik (IfMpF-Forschungsbericht, 20). Hannover 2008.

Matthiessen, Kjeld, Wilhelm von Humboldt und das Studium des Altertums, in: Lohse, Gerhard (Hrsg.), Aktualisierung von Antike und Epochenbewusstsein. Erstes Bruno Snell-Symposion der Universität Hamburg am Europa-Kolleg. München/Leipzig 2003, S. 179–197.

Max, Pascal, Wilhelm von Humboldts Vorstellungen zur Neuordnung des öffentlichen Schulwesens und deren Beurteilung im deutschsprachigen Raum während des 20. Jahrhunderts. Frankfurt a. M. 1996.

Mayer, Christine, Geschlechteranthropologie und die Genese der modernen Pädagogik im 18. und frühen 19. Jahrhundert, in: Baader, Meike Sophia (Hrsg.), Bildungsgeschichten. Geschlecht, Religion und Pädagogik in der Moderne. Festschrift für Juliane Jacobi zum 60. Geburtstag. Köln/Weimar/Wien 2006, S. 119–139.

Menze, Clemens, Wilhelm von Humboldts Lehre und Bild vom Menschen. Ratingen 1965.

Menze, Clemens, Die Bildungsreform Wilhelm von Humboldts. Hannover 1975.

Menze, Clemens, Bildungsstruktur und Bildungsorganisation. Wilhelm von Humboldts Grundlegung des Bildungswesens, in: Preußen. Seine Wirkung auf die deutsche Geschichte. Hrsg. v. d. Thyssen-Stiftung. Stuttgart 1985, S. 109–151.

Menze, Clemens, Anspruch, Wirklichkeit und Schicksal der Bildungsreform Wilhelm von Humboldts, in: Schlerath, Bernfried (Hrsg.), Wilhelm von Humboldt. Vortragszyklus zum 150. Todestag. Berlin/New York 1986, S. 55–81.

Menze, Clemens, Die Verfassungspläne Wilhelm von Humboldts, in: Zeitschrift für historische Forschung 16/3, 1989, S. 329–346.

Menze, Clemens, Die Universitätsidee Wilhelm von Humboldts, in: Hansmeyer, Karl-Heinrich (Hrsg.), 600 Jahre Kölner Universität 1388–1988. Reden und Berichte zur Geschichte, Gegenwart und Zukunft der Universität. Köln 1989, S. 87–106.

Menze, Clemens, Wilhelm von Humboldt. Hrsg. v. Institut für Forschung und Begabtenförderung der Friedrich-Naumann-Stiftung. St. Augustin 1993.

Menze, Clemens, Wilhelm und Caroline von Humboldt in Rom. Anreger, Auftraggeber, Berichterstatter, in: Holst, Christian von (Hrsg.), Schwäbischer Klassizismus zwischen Ideal und Wirklichkeit. 1770–1830. Aufsätze. Stuttgart 1993, S. 71–87.

Menze, Clemens, Das Menschenbild Wilhelm von Humboldts, in: ders. (Hrsg.), Menschenbilder. Festschrift für Rudolf Lassahn. Frankfurt a. M. [u.a.] 1993, S. 137–157.

Menze, Clemens, Berlin und Gießen um 1810. Wilhelm von Humboldt und die gescheiterte Berufung von Johann Ernst Christian Schmidt an die Berliner Universität, in: Mitteilungen des Oberhessischen Geschichtsvereins Gießen 78, 1993, S. 103–122.

Menze, Clemens, Wilhelm von Humboldt und der preußische Kunstverein, in: Jamme, Christoph (Hrsg.), Kunst und Geschichte im Zeitalter Hegels. Hamburg 1996, S. 191–226.

Menze, Clemens, Wilhelm von Humboldt und die deutsche Universität, in:

Wicke, Erhard (Hrsg.), Menschheit und Individualität. Zur Bildungstheorie und Philosophie Wilhelm von Humboldts. Weinheim 1997,
S. 111–129.

Menze, Clemens, Nationalcharakter und Sprache bei Wilhelm von Humboldt (Lüneburger Universitätsreden 6). Lüneburg 2003.

Meßling, Markus, Pariser Orientlektüren. Zu Wilhelm von Humboldts Theorie der Schrift. Nebst der Erstedition des Briefwechsels zwischen Wilhelm
von Humboldt und Jean-François Champollion le jeune (1824–1827)
(Humboldt-Studien, 11). Paderborn [u. a.] 2008.

Möller, Horst, Aufklärung in Preußen. Der Verleger, Publizist und Geschichtsschreiber Friedrich Nicolai (Einzelveröffentlichungen der Historischen Kommission zu Berlin, Bd. 15). Berlin 1974.

Möller, Horst, Fürstenstaat oder Bürgernation. Deutschland 1763–1815.
Berlin 1994.

Moheit, Ulrike, »Eine Pracht, eine Größe, eine Schönheit überall«. Burgörner
im Spiegel der Briefe von Caroline und Wilhelm von Humboldt, in: Knig-
ge, Meinhard (Hrsg.), Zwischen Zettelkasten und Internet. Ein Feststrauß
für Susanne Koppel zum 31. Oktober 2005. Eutin 2005, S. 125–140.

Mollenhauer, Daniel, »L'impénétrable mystère du caractère national«. Les
voyages à Paris et au Pays Basque de Wilhelm von Humboldt et son projet
d'une anthropologie comparée, in: Bourguinat, Nicolas (Hrsg.), Voyager
en Europe de Humboldt à Stendhal. Contraintes nationales et tentations
cosmopolites 1790–1840. Paris 2007, S. 53–70.

Müller, Ernst, Vom Nachteil des Nutzens einer Universität. Über die äußeren Bedingungen ihrer inneren Organisation, in: Henningsen, Bernd
(Hrsg.), Humboldts Zukunft. Das Projekt Reformuniversität. Berlin
2007, S. 77–101.

Müller, Harald, Politischer Akkord und ökonomische Konkurrenz. Zu den
Beziehungen zwischen Preußen und England in den ersten Jahren nach
dem Wiener Kongreß, in: Jahrbuch für Geschichte 34, 1987, S. 39–57.

Müller, Karl, Wilhelm von Humboldt und die heutige Schulreform. Langen-
salza 1926.

Müller-Sievers, Helmut, Epigenesis. Naturphilosophie im Sprachdenken
Wilhelm von Humboldts. Paderborn/München/Wien 1993.

Müller-Vollmer, Kurt, Poesie und Einbildungskraft. Zur Dichtungstheorie
Wilhelm von Humboldts. Mit d. zweisprach. Ausg. e. Aufsatzes Humboldts für Frau von Staël. Stuttgart 1967.

Müller-Vollmer, Kurt, Wilhelm von Humboldts Sprachwissenschaft. Ein
kommentiertes Verzeichnis des sprachwissenschaftlichen Nachlasses.
Paderborn 1993.

Muhlack, Ulrich, Das zeitgenössische Frankreich in der Politik Humboldts (Historische Studien, Bd. 400). Lübeck 1967.

Navarro Pérez, Jorge, Sprache und Individuum. Ein Versuch über den Gedanken der nicht mehr zu findenden Einheit in der Sprachphilosophie Wilhelm von Humboldts (Deimling wissenschaftliche Monographien, Bd. 4). Wuppertal 1993.

Nette, Herbert, Wilhelm von Humboldt 1767–1835, in: Die großen Deutschen. Deutsche Biographie. Bd. 2. Berlin 1956, S. 443–452.

Neugebauer, Wolfgang, Bildungsreformen vor Wilhelm von Humboldt. Am Beisp. d. Mark Brandenburg, in: Jahrbuch für brandenburgische Landesgeschichte 41, 1990, S. 226–249.

Neumann, Werner, Bemerkungen über Berliner Humboldt-Traditionen, in: Linguistische Studien, Rh. A: 174, 1988, S. 123–136.

Niezen, Ronald, The ›Aufklärung‹s human discipline. Comparative anthropology according to Kant, Herder and Wilhelm von Humboldt, in: Intellectual history review 19/2, 2009, S. 177–195.

Oesterle, Günter, Dialog und versteckte Kritik oder »Ideentausch« und »Palinodie«. Wilhelm von Humboldt und Friedrich Schiller, in: Feger, Hans (Hrsg.), Die Realität der Idealisten. Friedrich Schiller, Wilhelm von Humboldt, Alexander von Humboldt. Köln [u.a.] 2008, S. 147–166.

Osterkamp, Ernst, Fläche und Tiefe. Wilhelm von Humboldt als Theoretiker von Schillers Modernität, in: Hinderer, Walter (Hrsg.), Friedrich Schiller und der Weg in die Moderne. Würzburg 2006, S. 101–117.

Ostermann, Rainer, Die Freiheit des Individuums. Eine Rekonstruktion der Gesellschaftheorie Wilhelm von Humboldts (Campus: Forschung, 709). Frankfurt a.M. [u.a.] 1993.

Paletschek, Sylvia, Die Erfindung der Humboldtschen Universität. Die Konstruktion der deutschen Universitätsidee in der ersten Hälfte des 20. Jahrhunderts, in: Historische Anthropologie 10/2, 2002, S. 163–182.

Von Paracelsus zu Goethe und Wilhelm von Humboldt. Hrsg. v. der Internationalen Paracelsusgesellschaft Salzburg (Salzburger Beiträge zur Paracelsusforschung , Bd. 22). Wien 1981.

Pester, Thomas, Zwischen Autonomie und Staatsräson. Studien und Beiträge zur allgemeinen deutschen und Jenaer Universitätsgeschichte im Übergang vom 18. zum 19. Jahrhundert (Schriften zur Stadt-, Universitäts- und Studentengeschichte Jenas, 5). Jena [u.a.] 1992.

Petersen, Jens, Wilhelm von Humboldts Ideen im Lichte der angloamerikanischen Rechtsphilosophie. Potsdam 2005.

Petersen, Jens, Wilhelm von Humboldts Rechtsphilosophie. 2. neu bearb. Aufl. Berlin 2007.

Philonenko, Alexis, Wilhelm von Humbodt ou l'aurore de la linguistiques. Paris 2006.

Pichetto, Maria Teresa, Wilhelm von Humboldt e John Stuart Mill. Richiami tematici e analogie, in: Malandrino, Corrado (Hrsg.), Politica, scienze e cosmopolitismo Alexander e Wilhelm von Humboldt. Milano 1997, S. 123–134.

Pinna, Giovanna, Idealität und Individuum. Zum Lyrikbegriff Schillers und Wilhelm von Humboldts, in: Feger, Hans (Hrsg.), Die Realität der Idealisten. Friedrich Schiller, Wilhelm von Humboldt, Alexander von Humboldt. Köln [u.a.] 2008, S. 187–200.

Poenitsch, Andreas, Die Aktualität dialogisch-pädagogischen Denkens bei Wilhelm von Humboldt, in: Meyer, Martin F. (Hrsg.), Zur Geschichte des Dialogs. Philosophische Positionen von Sokrates bis Habermas. Darmstadt 2006, S. 171–180.

Pott, Hans-Georg, Pragmatische Anthropologie bei Kant, Schiller und Wilhelm von Humboldt, in: Feger, Hans (Hrsg.), Die Realität der Idealisten. Friedrich Schiller, Wilhelm von Humboldt, Alexander von Humboldt. Köln [u.a.] 2008, S. 203–213.

Profitlich, Ulrich, Schillers Briefe an Humboldt in der Zeit der Entstehung von ›Über naive und sentimentalische Dichtung‹, in: Feger, Hans (Hrsg.), Die Realität der Idealisten. Friedrich Schiller, Wilhelm von Humboldt, Alexander von Humboldt. Köln [u.a.] 2008, S. 177–186.

Prüll, Cay-Rüdiger, Kulturelle Praxis und theoretisches Konstrukt. Medizin, Biologie und Humboldts Ideen 1810–1945, in: Schwinges, Rainer Christoph (Hrsg.), Humboldt International. Der Export des deutschen Universitätsmodells im 19. und 20. Jahrhundert. Basel 2001, S. 445–467.

Quillien, Jean, La tâche de l'historien d'après G. de Humboldt, in: Social science history 25/2, 1986, S. 339–381.

Quillien, Jean, L' anthropologie philosophique de G. de Humboldt. Lille 1991.

Rabe, Uwe, Der Einzelne und sein Eigentum. Individualität und Individuum bei Wilhelm von Humboldt (Dortmunder Beiträge zur Pädagogik, Bd. 5). Bochum 1991.

Raico, Ralph, Le libéralisme allemand authentique du XIXe siècle, in: Nemo, Philippe (Hrsg.), Histoire du libéralisme en Europe. Paris 2006, S. 881–909.

Rang, Adalbert, ›Bildungsbürger‹ or citizen? The case of Wilhelm von Humboldt, in: Paedagogica historica, N. S., 29/3, 1993, S. 711–717.

Rantzau, Johann-Albrecht von, Wilhelm von Humboldt. Der Weg seiner geistigen Entwicklung. München 1939.

Rasch, William, ›Mensch, Bürger, Weib‹. Gender and the limitations of late 18th-century neohumanist discourse, in: German quarterly 66/1, 1993, S. 20–33.

Reed, Terence James, Über Armut und Würde. Schiller, Wilhelm von Humboldt und der Wohlfahrtsstaat, in: Feger, Hans (Hrsg.), Die Realität der Idealisten. Friedrich Schiller, Wilhelm von Humboldt, Alexander von Humboldt. Köln [u. a.] 2008, S. 255–266.

Reill, Peter Hanns, History and the life sciences in the early nineteenth century. Wilhelm von Humboldt and Leopold von Ranke, in: Iggers, Georg G./Powell, James M. (Eds.), Leopold von Ranke and the shaping of the historical discipline. Syracuse/New York 1990, S. 21–35.

Reill, Peter Hanns, The construction of the social sciences in late eighteenth and early nineteenth century Germany, in: Heilbron, Johan (Hrsg.), The rise of the social sciences and the formation of modernity. Conceptual change in context, 1750–1850. Dordrecht [u. a.] 1998, S. 107–140.

Richter, Anja, Bild und Bildung. Zur Aneignung eines Ideals, in: Altertum 53/1, 2008 S. 21–31.

Riedel, Volker, Der Anteil Roms am Antikebild Wilhelm von Humboldts, in: Rügler, Axel (Hrsg.), Italien in Preußen, Preußen in Italien. Ein Kolloquium der Winckelmann-Gesellschaft, des Forschungszentrums Europäische Aufklärung und der Philosophischen Fakultät der Universität Potsdam, vom 25. bis 27. Oktober 2002. Stendal 2006, S. 53–61.

Ringmacher, Manfred, Organismus der Sprachidee. H. Steinthals Weg von Humboldt zu Humboldt. Paderborn/München/Wien 1996.

Ritter, Heidi, Wechselseitige Ergänzung. Wilhelm von Humboldts Geschlechteranthropologie zwischen Erfahrung und Konstruktion, in: Beetz, Manfred (Hrsg.), Physis und Norm. Neue Perspektiven der Anthropologie im 18. Jahrhundert. Göttingen 2007, S. 175–186.

Roberts, John, Wilhelm von Humboldt and German liberalism. A reassessment. Oakville/Ont. [u. a.] 2009.

Roggenbuck, Simone, Die genealogische Idee in der vergleichenden Sprachwissenschaft des 19. Jahrhunderts. Stufen, Stammbäume, Wellen, in: Weigel, Sigrid (Hrsg.), Generation. Zur Genealogie des Konzepts – Konzepte von Genealogie. Paderborn 2005, S. 289–314.

Rommel, Gabriele (Red.), Wilhelm von Humboldt und Burgörner (Schriftenreihe Mansfeld-Museum Hettstedt, N. F., 8). Hettstedt 2005.

Roscher, Rainhard, Sprachsinn. Studien zu einem Grundbegriff im Sprachdenken Wilhelm von Humboldts. Paderborn/München/Wien 2006.

Rosenfeldt, Horst, Wilhelm von Humboldt, Bildung und Technik. Zur Kritik eines Bildungsideals. Frankfurt a. M. 1982.

Rosenstrauch, Hazel, Wahlverwandt und ebenbürtig. Caroline und Wilhelm von Humboldt (Die Andere Bibliothek, 292). Frankfurt a.M. 2009.

Ross, Erhard, Wilhelm Uhden. Vierzig Jahre preußischer Beamter in Rom und Berlin 1795–1835, in: Hauser, Oswald (Hrsg.), Preußen, Europa und das Reich. Köln/Wien 1987, S. 151–193.

Rüegg, Walter, Die deutschen Wegbereiter der modernen Forschungsuniversität, in: Hesse, Christian (Hrsg.), Personen der Geschichte. Geschichte der Personen. Studien zur Kreuzzugs-, Sozial- und Bildungsgeschichte. Festschrift für Rainer Christoph Schwinges zum 60. Geburtstag. Basel 2003, S. 347–361.

Saffer, Stephan, Sprachindividualität. Untersuchungen zum Weltansichtstheorem bei Wilhelm von Humboldt und Martin Heidegger. Aachen/ Mainz 1996.

Saure, Felix,»… meine Grille von der Ähnlichkeit der Griechen und der Deutschen«. Nationalkulturelle Implikationen in Wilhelm von Humboldts Antikekonzept, in: Rosenberger, Veit (Hrsg.),»Die Ideale der Alten«. Antikerezeption um 1800. Stuttgart 2008, S. 113–129.

Sauter, Christina M., Der junge Wilhelm von Humboldt, Georg Forster und ihre Auffassung von»Toleranz«, in: Jamme, Christoph (Hrsg.), Mainz »Centralort des Reiches«. Politik, Literatur und Philosophie im Umbruch der Revolutionszeit. Stuttgart 1986, S. 236–254.

Sauter, Christina M., Wilhelm von Humboldt und die deutsche Aufklärung (Historische Forschungen, 39). Berlin 1989.

Sauter-Bergerhausen, Christina, Vom»blutigen Krieger« zum»friedlichen Pflüger«. Staat, Nation und Krieg in Wilhelm von Humboldts»Ideen zu einem Versuch, die Gränzen der Wirksamkeit des Staats zu bestimmen«, in: Forschungen zur brandenburgischen u. preußischen Geschichte, N. F. 12/2, 2002, S. 211–262.

Sauter-Bergerhausen, Christina, Bildung und Religion bei Wilhelm von Humboldt, in: Heitger, Marian (Hrsg.), Kanzel und Katheder. Zum Verhältnis von Religion und Pädagogik seit der Aufklärung. Paderborn [u.a.] 1994, S. 207–226.

Schaffstein, Friedrich, Wilhelm von Humboldt. Ein Lebensbild. Frankfurt a.M. 1952.

Schalenberg, Marc, Humboldt auf Reisen? Die Rezeption des»deutschen Universitätsmodells« in den französischen und britischen Reformdiskursen, 1810–1870 (Veröffentlichungen der Gesellschaft für Universitäts- und Wissenschaftsgeschichte, Bd. 4). Basel 2002.

Schalenberg, Marc,»… der deutschen Wissenschaft eine kaum noch gehoffte Freistatt eröffnen«. Überlegungen zur Vorgeschichte der Gründung der Berliner Universität, in: Engelhardt, Dietrich von (Hrsg.), Christian Gottfried Nees von Esenbeck. Politik und Naturwissenschaften in der ersten Hälfte des 19. Jahrhunderts. Leopoldina-Meeting am 20. und 21. Juni 2003 in Halle (Saale). Stuttgart 2004, S. 101–113.

Scharf, Hans-Werner (Hrsg.), Wilhelm von Humboldts Sprachdenken (Kultur und Erkenntnis, Bd. 5). Essen 1989.

Scharf, Hans-Werner, Das Verfahren der Sprache. Humboldt gegen Chomsky. Paderbron/München/Wien 1994.

Schelsky, Helmut, Einsamkeit und Freiheit. Idee und Gestalt der deutschen Universität und ihrer Reformen. Reinbek bei Hamburg 1963.

Schiewer, Gesine Lenore, Strukturen sprachlicher Gewalt in ›Gyges und sein Ring‹. Friedrich Hebbels Sprachreflexion im Kontext von Wilhelm Humboldt und Moritz Lazarus, in: Saletta, Ester (Hrsg.),»Das Weib im Manne zieht ihn zum Weibe; der Mann im Weibe trotzt dem Mann«. Geschlechterkampf oder Geschlechterdialog. Friedrich Hebbel aus der Perspektive der Genderforschung. Berlin 2008, S. 95–118.

Schiller, Hans-Ernst, Freiheit, Fortschritt und Naturgeschichte. Geschichtsansichten bei Wilhelm von Humboldt, in: Wicke, Erhard (Hrsg.), Menschheit und Individualität. Zur Bildungstheorie und Philosophie Wilhelm von Humboldts. Weinheim 1997, S. 49–64.

Schiller, Hans-Ernst, Die Sprache der realen Freiheit. Sprache und Sozialphilosophie bei Wilhelm von Humboldt. Würzburg 1998.

Schlerath, Bernfried, Die Geschichtlichkeit der Sprache und Wilhelm von Humboldts Sprachphilosophie, in: ders. (Hrsg.), Wilhelm von Humboldt. Vortragszyklus zum 150. Todestag. Berlin/New York 1986, S. 212–238.

Schlerath, Bernfried (Hrsg.), Wilhelm von Humboldt. Vortragszyklus zum 150. Todestag. Berlin [u.a.] 1986.

Schlesier, Gustav, Erinnerungen an Wilhelm von Humboldt. Zwei Theile. Stuttgart 1843.

Schmied-Kowarzik, Wolfdietrich, Reflexionen zu Wilhelm von Humboldts Phänomenologie der Geschlechter, in: Wicke, Erhard (Hrsg.), Menschheit und Individualität. Zur Bildungstheorie und Philosophie Wilhelm von Humboldts. Weinheim 1997, S. 181–198.

Schmitter, Peter (Hrsg.), Multum – non multa? Studien zur»Einheit der Reflexion« im Werk Wilhelm von Humboldts. Mit der Edition zweier bisher unveröffentlichter Texte aus Humboldts baskischen Arbeitsbüchern (Studium Sprachwissenschaft, 14, Beiheft). Münster 1991.

Schmitter, Peter, Das »allgemeine« und »vergleichende Sprachstudium« bei Wilhelm von Humboldt. Zu Inhalt und Genese eines linguistischen Forschungsprogramms (1789–1820), in: Haßler, Gerda (Hrsg.), Sprachdiskussion und Beschreibung von Sprachen im 17. und 18. Jahrhundert. Münster 1999, S. 455–491.

Schmitter, Peter, Georg Forsters »allgemeine Naturgeschichte« und die »allgemeine Sprachkunde« Wilhelm von Humboldts, in: Garber, Jörn (Hrsg.), Wahrnehmung, Konstruktion, Text. Bilder des Wirklichen im Werk Georg Forsters. Tübingen 2000, S. 162–192.

Schnabel, Franz, Deutsche Geschichte im 19. Jahrhundert. 4 Bde. Freiburg i. Br. 1929–1937. Ndr. München 1987.

Schneider, Frank, Der Typus der Sprache. Eine Rekonstruktion des Sprachbegriffs Wilhelm von Humboldts auf der Grundlage der Sprachursprungsfrage (Studium Sprachwissenschaft, 24, Beiheft). Münster 1995.

Schöne, Albrecht, Johann Wolfgang Goethe. Der letzte Brief. Braunschweig 1998.

Schöneburg, Volkmar, Strafgerechtigkeit bei Wilhelm von Humboldt, in: Sitzungsberichte der Leibniz-Sozietät 48/5, 2001, S. 41–53.

Schulze, Hagen, Humboldt oder das Paradox der Freiheit, in: Schlerath, Bernfried (Hrsg.), Wilhelm von Humboldt. Vortragszyklus zum 150. Todestag. Berlin/New York 1986, S. 144–168.

Schwinges, Rainer Christoph, Eine Einführung, in: ders. (Hrsg.), Humboldt International. Der Export des deutschen Universitätsmodells im 19. und 20. Jahrhundert. Basel 2001, S. 1–13.

Schwinges, Rainer Christoph (Hrsg.), Humboldt International. Der Export des deutschen Universitätsmodells im 19. und 20. Jahrhundert. Red. Nicole Staub u. Kathrin Jost (Veröffentlichungen der Gesellschaft für Universitäts- und Wissenschaftsgeschichte, Bd. 3). Basel 2001.

Scurla, Herbert, Wilhelm von Humboldt. Werden und Wirken. 3., veränd. Aufl. Berlin 1985.

Secker, Wilfried, »Wiederholte Spiegelungen«. Die klassische Kunstauffassung Goethes und Wilhelm von Humboldts (Tübinger Studien zur deutschen Literatur, 9). Frankfurt a. M. [u. a.] 1985.

Sorkin, David, Wilhelm von Humboldt. The theory and practice of selfformation (Bildung), 1791–1810, in: Jorunal of the History of Ideas 4/1, 1983, S. 55–73.

Spitta, Dietrich, Die Staatsidee Wilhelm von Humboldts (Schriften zur Rechtsgeschichte, H. 114). Berlin 2004.

Spitta, Dietrich, Menschenbildung und Staat. Das Bildungsideal Wilhelm von Humboldts angesichts der Kritik des Humanismus. Stuttgart [u. a.] 2006.

Spranger, Eduard, Wilhelm von Humboldt und die Humanitätsidee. Berlin 1909.

Spranger, Eduard, Wilhelm von Humboldt und die Reform des Bildungswesens. Berlin 1910, dritte, unveränderte Auflage Tübingen 1965.

Steinberg, Heinz, Wilhelm von Humboldt (Preußische Köpfe, 32). Berlin 2001.

Stroeder, Ulrike, Influences et regards croisés franco-allemands sur l'enseignement, in: Béhar, Pierre (Hrsg.), Frontières, transferts, échanges transfrontaliers et interculturels. Actes du XXXVIᵉ Congrès de l'Association des Germanistes de l'Enseignement Supérieur. Bern [u.a.] 2005, S. 543–554.

Stubbs, Elsina, Wilhelm von Humboldt's philosophy of language, its sources and influence. Lewiston [u.a.] 2002.

Stupperich, Robert, Wilhelm von Humboldt und die Religion. Ein Gedenktag für die Gegenwart, in: Westfälische Zeitschrift 142, 1992, S. 153–168.

Sweet, Paul R., Young Wilhelm von Humboldt's writings (1789–1793) reconsidered, in: Jorunal of the History of Ideas 34/3, 1973, S. 469–482.

Sweet, Paul Robinson, Wilhelm von Humboldt. A biography. Columbus 1978 (T:1)/1980 (T:2).

Tauber, Christine, Nachrevolutionärer Klassizismus. Wilhelm von Humboldts Spanienreisen, in: Archiv für Kulturgeschichte 80/1, 1998, S. 193–212.

Tessitore, Fulvio, Hegel e Humboldt. L'antico tra ontologia e antropologia, in: Momigliano, Arnaldo / Christ, Karl (Hrsg.), L'antichità nell'ottocento in Italia e Germania. Die Antike im 19. Jahrhundert in Italien und Deutschland. Berlin 1988, S. 145–177.

Tessitore, Fulvio, Wilhelm von Humboldt und der Historismus, Nürnberg 1998.

Tintemann, Ute, Von Tegel bis Santiago de Chile. Wilhelm von Humboldts Netzwerke, in: Holtz, Bärbel (Hrsg.), Kennen Sie Preußen – wirklich? Das Zentrum »Preußen – Berlin« stellt sich vor. Berlin 2009, S. 178–188.

Tortarolo, Edoardo, Wilhelm e Alexander von Humboldt e l'eredità controversa dell'illuminismo, in: Malandrino, Corrado (Hrsg.), Politica, scienze e cosmopolitismo Alexander e Wilhelm von Humboldt. Milano 1997, S. 181–193.

Trabant, Jürgen, Apeliotes oder Der Sinn der Sprache. München 1986.

Trabant, Jürgen, Traditionen Humboldts. Frankfurt a.M. 1990.

Trabant, Jürgen, Wilhelm von Humboldts Akademiereden über die Sprache, in: Wicke, Erhard (Hrsg.), Menschheit und Individualität. Zur Bildungstheorie und Philosophie Wilhelm von Humboldts. Weinheim 1997, S. 83–109.

Trabant, Jürgen, Mithridates im Paradies. Kleine Geschichte des Sprachdenkens. München 2003.

Trabant, Jürgen, Wallenstein und die Sprachen des Neuen Kontinents, in: Feger, Hans (Hrsg.), Die Realität der Idealisten. Friedrich Schiller, Wilhelm von Humboldt, Alexander von Humboldt. Köln [u.a.] 2008, S. 53–67.

Trejnowska-Supranowicz, Renata, Sprache und Volk. Zur Johann Georg Hamanns, Johann Gottfried Herders und Wilhelm von Humboldts Sprachphilosophie, in: Wawrzyniak, Zdzisław (Hrsg.), Germanistik als interkultureller Brückenschlag. Rzeszów 2000, S. 35–50.

Tschong, Youngkun, Charakter und Bildung. Zur Grundlegung von Wilhelm von Humboldts bildungstheoretischem Denken (Epistemata, Rh.: Philosophie, Bd. 97). Würzburg 1991.

Tsuda, Sumiko, Fortwirken der Idee der Akademischen Freiheit bei Wilhelm v. Humboldt, Fichte und Schleiermacher. Hans Schmidkunz und seine ›Akademische Pädagogik‹ in ihrer Bedeutung für die Lerngesellschaft der Gegenwart, in: Donnert, Erich (Hrsg.), Europa in der Frühen Neuzeit. Festschrift für Günter Mühlpfordt. Köln [u.a.] 2008, S. 665–676.

Underhill, James W., Humboldt, worldview and language. Edinburgh 2009.

Ungern-Sternberg, Jürgen von, Wilhelm von Humboldts Bildungsideen. Von der freien Entfaltung des Individuums zum Schulmodell, in: Archiv für Kunst und Geschichte 87/1, 2005, S. 127–148.

Vallentin, Rudolf, Wilhelm von Humboldts Bildungs- und Erziehungskonzept. Eine politisch motivierte Gegenposition zum Utilitarismus der Aufklärungspädagogik (Profession 15). München [u.a.] 1999.

Vick, Brian, Of Basques, Greeks, and Germans. Liberalism, nationalism, and the ancient republican tradition on the thought of Wilhelm von Humboldt, in: Central European History 40/4, 2007, S. 653–681.

Vogel, Ursula, Humboldt and the romantics. Neither Hausfrau nor citoyenne. The idea »self-reliant femininity« in German romanticism, in: Kennedy, Ellen (Hrsg.), Women in Western political philosophy. Kant to Nietzsche. Brighton 1987, S. 106–126.

Wachsmuth, Andreas, Goethe und die Gebrüder von Humboldt. Die Jenaer Jahre 1794–1797, in: Holtzhauer, Helmut und Bernhard Zeller (Hrsg.), Studien zur Goethezeit. Weimar 1968, S. 446–464.

Wagner, Hans-Josef, Die Aktualität der strukturalen Bildungstheorie Humboldts. Weinheim 1995.

Walther, Helmut G., Reform vor der Reform. Die Erfahrungen Wilhelm von Humboldts in Jena 1794 bis 1797, in: Schwinges, Rainer Christoph (Hrsg.), Humboldt International. Der Export des deutschen Universitätsmodells im 19. und 20. Jahrhundert. Basel 2001, S. 33–52.

Webler, Wolff-Dietrich, Zur Entstehung der Humboldtschen Universitätskonzeption. Statik und Dynamik der Hochschulentwicklung in Deutschland. Ein historisches Beispiel (Buchreihen und Hefte aus Forschung und Praxis, Rh. 4: Beruf: Hochschullehrer/in. Karrierebedingungen, Berufszufriedenheit und Identifikationsmöglichkeiten in Hochschulen, 2). Bielefeld 2008.

Weil, Hans, Die Entstehung des deutschen Bildungsprinzips. Bonn 1930.

Weisz, Peter, Beziehungserfahrung und Bildungstheorie. Die klassische Bildungstheorie im Lichte der Briefe Caroline und Wilhelm von Humboldts (Europäische Hochschulschriften, Rh. 11: Pädagogik, Bd. 924). Frankfurt a. M./Berlin/Bern 2005.

Welbers, Ulrich, Verwandlung der Welt in Sprache. Aristotelische Ontologie im Sprachdenken Wilhelm von Humboldts. Paderborn/München/Wien 2001.

Welbers, Ulrich, Humboldt, ein Traum. Über Sprache, Geschichte, Bildung in idealischer Perspektive. Mit einem Beitr. von Hans-Werner Scharf u. zu seinem 60. Geburtstag. Düsseldorf 2003.

Welke, Klaus (Hrsg.), Sprache, Bewußtsein, Tätigkeit. Zur Sprachkonzeption Wilhelm von Humboldts. Berlin 1986.

Wicke, Erhard (Hrsg.), Menschheit und Individualität. Zur Bildungstheorie und Philosophie Wilhelm von Humboldts. Mit Beitr. von Dietrich Benner (Studien zur Philosophie und Theorie der Bildung, 38). Weinheim 1997.

Wicke, Erhard, Der Beitrag der Bildungstheorie Wilhelm von Humboldts zur Selbstaufklärung der Aufklärung, in: ders. (Hrsg.), Menschheit und Individualität. Zur Bildungstheorie und Philosophie Wilhelm von Humboldts. Weinheim 1997, S. 11–31.

Wilm, Marie-Christin, Die »Reduktion empirischer Formen auf ästhetische«. Zur poetologischen Bestimmung von Wirklichkeit und Stoff durch Schiller, Goethe und Wilhelm von Humboldt, in: Feger, Hans (Hrsg.), Die Realität der Idealisten. Friedrich Schiller, Wilhelm von Humboldt, Alexander von Humboldt. Köln [u.a.] 2008, S. 113–144.

Wimmer, Michael, Vom individuellen Allgemeinen zur mediatisierten Singularität. Sprache als Bildungsmedium bei Humboldt und Derrida, in: ders. (Hrsg.), Medien, Technik und Bildung. Paderborn [u.a.] 2009, S. 57–83.

Wuthenow, Ralph Rainer, Wilhelm und Alexander von Humboldt, in: Deutsche Brüder. Zwölf Doppelporträts. Berlin 1994, S. 129–163.

Zeil, Liane, Zur Neuorganisation der Berliner Wissenschaft im Rahmen der preußischen Reformen, in: Jahrbuch für Geschichte 35, 1987, S. 201–235.

Zimmermann, Klaus, Wilhelm von Humboldt und die Erforschung der amerikanischen Sprachen, in: Jahrbuch Preußischer Kulturbesitz 29, 1992/1993, S. 223–239.

Zöllner, Detlef, Wilhelm von Humboldt. Einbildung und Wirklichkeit. Das
bildungstheoretische Fundament seiner Sprachphilosophie (Internationale Hochschulschriften (Waxmann-Portrait), 10). Münster [u.a.] 1989.

BILDNACHWEIS

Personenregister

Peter Michalzik
Kleist

DICHTER, KRIEGER, SEELENSUCHER

560 Seiten mit 16 Seiten s/w-Abbildungen
Gebunden mit Schutzumschlag
ISBN 978-3-549-07324-7

Exzessiv, rätselhaft, tragisch – bis heute fasziniert Heinrich von Kleist. Er war ein Mann der Extreme, kriegserprobter preußischer Offizier einerseits, Erfinder großer Frauenfiguren und einer herzerweichenden Sprache andererseits. Mit Hingabe und Präzision erzählt Peter Michalzik die Geschichte dieses kurzen, geheimnisumwitterten Lebens. Er berichtet klar und schnörkellos, was wir von Kleist wissen können, frei von Spekulationen und Pathos. Ein Buch, das der Modernität des großen Dichters gerecht wird.

»Leserfreundlich geschrieben, ausgezeichnet recherchiert.«
DIE LITERARISCHE WELT

PROPYLÄEN VERLAG
www.propylaeen-verlag.de

Johannes Unger
Friedrich

Ein deutscher König

320 Seiten mit 16 Seiten Farb- und s/w-Abbildungen
Klappenbroschur
ISBN 978-3-549-07413-8

Wer war Friedrich der Große? Hochbegabter Visionär oder gefürchteter
Tyrann? Schöngeistiger Philosoph oder kalt berechnender Feldherr?
Zweifellos war er ein König der Widersprüche, der mit der französischen
Aufklärung sympathisierte, Preußen reformierte und zur Toleranz aufrief,
aber auch Friedensverträge brach und verlustreiche Kriege führte.
Johannes Unger holt ihn vom Sockel der Heroenverehrung herunter auf
den Boden der historischen Tatsachen und wirft in seinem Buch
Schlaglichter auf die Leistungen und Ruhmestaten, aber auch auf die
Schattenseiten des großen Königs.

PROPYLÄEN VERLAG
www.propylaeen-verlag.de

Ich finde unter mein

geistliches Lexicon nicht

auch dem ich die von

notiert, doch ich diese

27ten October 1820 geliehen

Wohlgeboren dasselbe

haben, so ersuche ich

nicht übel zu deuten

Anfrage erlauben

baren die Güte zu

dasselbe vielleicht noch

herzsagen her:

meinem ausgezeichnet,

Berlin, den 12ten

Sr

Herrn Consistorialrath

und Director Bellermann

Wohlgeboren